Der Informationsgehalt der Berichterstattung in der *currency markets* Kolumne des *Wall Street Journals*

Europäische Hochschulschriften

Publications Universitaires Européennes
European University Studies

Reihe V
Volks- und Betriebswirtschaft

Série V   Series V
Sciences économiques, gestion d'entreprise
Economics and Management

Bd./Vol. 2980

PETER LANG
Frankfurt am Main · Berlin · Bern · Bruxelles · New York · Oxford · Wien

Joachim Keller

Der Informationsgehalt der Berichterstattung in der *currency markets* Kolumne des *Wall Street Journals*

Eine empirische Untersuchung der Berichtsqualität

PETER LANG
Europäischer Verlag der Wissenschaften

Bibliografische Information Der Deutschen Bibliothek
Die Deutsche Bibliothek verzeichnet diese Publikation in der Deutschen Nationalbibliografie; detaillierte bibliografische Daten sind im Internet über <http://dnb.ddb.de> abrufbar.

Zugl.: Saarbrücken, Univ., Diss., 2002

D 921
ISSN 0531-7339
ISBN 3-631-50791-7

www.peterlang.de

Meinem Vater

Vorwort

Herrn Professor Dr.Dr.h.c. Richter möchte ich für seine Geduld, seine Ermunterungen und geistige Anleitung danken. Mein Dank gilt auch Herrn Professor Dr. Friedmann für anregende Diskussionen und seine Hilfe bei der Überwindung von statistischen Stolpersteinen. Herrn Professor Dr. Eichberger danke für die Integration in einen jungen, lebhaften Lehrstuhl und sein kritisches Interesse an meiner Arbeit. Herrn Privatdozent Dr. Willy Spanjers bin ich für sein jederzeit offenes Ohr und seine Diskussionsfreude sehr verbunden. Der Kommission zur Bewilligung von Stipendien gemäß des Landesgraduiertenförderungsgesetz (LGFG) danke ich für die Mittel, die sie mir gewährt hat.

Wertvolle Hilfe und Ermutigungen habe ich in verschiedenen Stadien der Arbeit von meinen Freunden und Kollegen am Lehrstuhl und in der Außenwirtschaftsabteilung der Deutschen Bundesbank erhalten. Besonders erwähnen möchte ich Iris Merten, Christian Pfeil, Karin Radeck, Rasmus Rüffer und Jens Tapking.

Für wertvolle Kommentare bin ich Owen Humpage und insbesondere Ben R. Craig von der Federal Reserve Bank in Cleveland dankbar sowie den Seminarteilnehmern auf dem „Spring Meeting of Young Economists, Berlin 1998“ und auf dem „Western Economic Association Meeting, Vancouver 1999“. Noch verbleibende Fehler gehen selbstverständlich voll zu meinen Lasten.

Meiner Mutter danke ich für die große Zuversicht, die sie mir vermittelte und für den starken Rückhalt, den sie mir über die Jahre gegeben hat. Groß ist meine Dankesschuld Tatiana gegenüber, für ihre Solidarität, ihr Verständnis und ihre liebevolle Unterstützung.

Inhaltsverzeichnis

Verzeichnis der Tabellen

KAPITEL 1

TABELLEN 1.2

Verzeichnis der Abbildungen

Kapitel 1

Abbildungen 1.1

Abbildungen 1.2

Kapitel 2

Kapitel 3

Einleitung

Informationen spielen eine herausragende Rolle auf modernen Finanz- und Devisenmärkten. Die für den einzelnen Marktteilnehmer Überfülle an Informationen wird von Journalisten aufbereitet und verdichtet und unter anderem in Wirtschaftsfachzeitungen veröffentlicht.

Aber ist die den Druckmedien eigene Verbreitungsträgheit nicht zu groß, als daß ein Leser aus der Lektüre einer Zeitung einen Informationsvorteil ziehen könnte und erfolgt nicht die Bewertung von Finanzmarktpreisen auf informationseffizienten Märkten so schnell, daß die Beschäftigung mit Zeitungsartikeln eigentlich als Zeitverschwendung zu werten ist, da sich ja alle bewertungsrelevante Informationen sofort in den Preisen wiederspiegeln? Oder lohnen sich doch die Mühen und Ressourcen, die für die Informationsbeschaffung und die Verarbeitung aufgewendet werden?

Um diese Fragen zu beantworten, werden verschiedene Aussagen einer in Finanzfachkreisen weitverbreiteten Zeitung mit einem guten Ruf, dem 1882 von Charles Dow und Edward Jones gegründeten *Wall Street Journals* (WSJ), mit wissenschaftlichen Methoden auf ihre Güte und auf ihren Nutzen für den Leser hin untersucht. In dieser Zeitung erscheint unter anderem seit Anfang der siebziger Jahre werktäglich eine Kolumne, die *„currency markets“* Kolumne, die in erster Linie über den D-Mark/US-Dollar Devisenmarkt berichtet.[1] Diese Kolumne ist der eigentliche Untersuchungsgegenstand der Arbeit.

Üblicherweise enthält die Kolumne des WSJ Kommentare und Einschätzungen über den Wechselkursverlauf des Vortages sowie Vorhersagen nicht nur über den Wechselkurs, sondern auch über für die Wechselkursentwicklung relevanter Fundamentalfaktoren. Nach diesen Aussagen hin, also nach den Prognosen sowie nach den Ereignissen, von denen der jeweilige Korrespondent behauptet, sie hätten einen Einfluß auf den Wechselkurs gehabt, wird die Kolumne systematisch ausgewertet. Der Untersuchungszeitraum erstreckt sich vom 2. Januar 1989 bis zum 31. Januar 1993 und umschließt 1065 Kolumnen des *Wall Street Journals*. Dieser mit über 4 Jahren sehr lange Auswertungszeitraum bot sich an, da er einen oberen und unteren Wendepunkt eines amerikanischen Zinszyklus überdeckt, Episoden starker Auf- und Abwertungen der D-Mark gegenüber dem US-Dollar mit Interventionen in beide

Marktrichtungen enthält und Phasen globaler Anspannung, wie z.B. den Golfkrieg, beinhaltet. [2]

Erstes Ziel dieser Arbeit ist es, mit quantitativen Methoden die Qualität dieser journalistischen Tätigkeit während dieses Zeitraums zu evaluieren. Zweites Ziel ist es, die durch die Auswertung gewonnenen Informationen für weitergehende Untersuchung über die Effizienz des Devisenmarktes zu verwenden und indirekt ebenfalls in die Evaluierung der Güte miteinzubinden. Dazu werden in den Kapiteln 1 bis 3 quantitative Verfahren eingesetzt, die in der Schußbetrachtung zu einer qualitativen Gesamtevaluierung zusammengefaßt werden.

Der Kolumnentext wird nach vier verschiedenen Prognosearten und drei verschiedenen Klassen von Ereignissen differenziert. Die Prognosearten werden unterschieden in A) unbedingte (nicht ereignisbezogene) Prognosen, bei denen Fachleute um eine nicht näher zu erläuternde Punkteinschätzung gebeten werden, in B) ereignisbezogene Prognosen, bei denen die Prognose auf das Eintreten politischer Ereignisse oder auf die Realisation einzelner Fundamentaldaten bedingt ist, in C) Bereichsprognosen, bei denen Korridore abgesteckt werden, innerhalb derer sich der Wechselkurs nach Aussage der Journalisten während eines bestimmten Zeitraumes aufhalten wird und schließlich in D) technische Prognosen bei denen die von den Journalisten erfragte Einschätzung „charttechnisch" arbeitender Händler in der Kolumne wiedergegeben wird.

Die in die Auswertung einbezogenen Ereignisse werden je nach Informationsgehalt in drei Klassen unterteilt. Unterschieden werden Ereignisse danach, ob bekannt ist, wann genau ein kursrelevantes Ereignis stattfand und ob der Typ des Ereignisses genau festgelegt werden kann: Klasse I Ereignisse sind typen- und zeitspezifisch, Klasse II Ereignisse sind typen-, aber nicht zeitspezifisch und Klasse III Ereignisse, die „Restklasse", sind weder typen- noch zeitspezifisch.[3]

---

[1] Eine repräsentatives „Muster" der Devisenmarkt Kolumne *„currency markets"* im WSJ ist auf Seite 259 im Anschluß an die Schlußbetrachtung zu finden.

[2] Für den ausgewerteten Zeitraum fehlen die Artikel vom 15. Aug. 1989, 4. Juni 1990, 15. Aug. 1990 sowie 19. und 23. Nov. 1992, die allerdings weder auf der elektronischen Datenbank des WSJ Europe, noch in den Archiven der Universitätsbibliothek Mannheim, der einzigen deutschen Universität, die das WSJ archiviert, zu finden waren.

[3] Muster der Prognosen und Ereignisse, die der Kolumne entnommen wurden, sind dem Appendix von Kapitel 1 beigefügt. Eine vollständige Dokumentation ist auf CD erhältlich (siehe Kapitel 1.1).

In Kapitel 1.1 dieser Arbeit wird überprüft, ob die von den Berichterstattern erfragten Wechselkurs- und Makroprognosen der Hypothese rationaler Erwartungen genügen. Testbare Implikationen dieser Hypothese sind die Unverzerrtheit und die Effizienz der Prognosen. Ob die Beziehung zwischen erwarteten und realisierten Werten unverzerrt ist, also die Abweichungen der Realisationen von ihren Erwartungen rein zufällig sind, wird dabei mittels zweier Verfahren (Kleinstquadratschätzung und Kointegrationsbeziehungstest) untersucht. Die Frage nach der Effizienz einer Prognose bezieht sich darauf, ob und inwieweit die Marktteilnehmer bei gegebenem Informationsstand die bestmögliche Prognose bilden. Je nach Informationsstand auf dem die Prognose basiert wird dabei entsprechend der Fama-Einteilung zwischen schwacher, mittelstarker und starker Effizienz unterschieden. Hier werden die Vorhersagen daraufhin getestet, ob sie der schwachen und mittelstarken Informationseffizienz genügen, d.h. es wird überprüft, ob die laufenden Prognosefehler unkorreliert sind mit vergangenen Prognosefehlern (schwache Effizienz), bzw. ob sie nicht in systematischer Verbindung mit den Realisationen anderer makroökonomischer Variablen stehen (mittelstarke Effizienz).

Untersucht wird darüber hinaus auch die Präzision der Umfrageprognosen im Vergleich zu den Vorhersagen auf Grundlage von Irrfahrts- bzw. autoregressiven Modellen. Dabei wird die relative Güte der Punktprognosen (unbedingte, bedingte und technische Prognosen) anhand statistischer Bewertungsmethoden (mittlerer quadratischer Fehler, mittlerer Absoluter Fehler) abgeschätzt, während für die Bereichsprognosen ein eigenes Bewertungsverfahren entwickelt wird, das auf die Ausbruchswahrscheinlichkeiten aus einem prognostizierten Korridor abstellt.

Nach der Bestandshaltepreistheorie des Wechselkurses (asset price theory) werden Wechselkursbewegungen entscheidend von neuen nicht antizipierten Entwicklungen kursrelevanter Faktoren beeinflußt. Dabei hängt die Relevanz einer Nachricht einerseits von numerisch bestimmbaren Werten, wie beispielsweise der Höhe des Erwartungsfehlers ab, andererseits aber auch von quantitativ nur schwer erfaßbaren Größen wie dem allgemeinen Stimmungsumfeld. Vor diesem Hintergrund wird in Kapitel 1.2 mittels einer Ereignisstudie überprüft, wie gut die Berichterstatter der *"currency markets"* Kolumne einzuschätzen vermögen, ob eine einkommende Nachricht für den Markt eine „Neuigkeit" darstellt oder nicht. Getestet wird dabei, ob die von den WSJ Journalisten als „Neuigkeiten" dargestellten Nachrichten im Vergleich zu den als „Nicht-Neuigkeiten" berichteten Nachrichten mit signifikant verschiedenen Wechselkursvolatilitäten assoziiert sind. Darüber hinaus wird für den Fall von makroökonomischen Daten, deren Veröffentlichungstermine im voraus bekannt sind, geprüft, ob die journalistische, kontextsensitive Aufteilung von Ankündigungen in „Neuigkeiten“ und „Nicht Neuigkeiten“ einer rein „statistischen“ Zerlegung überlegen sind. Untersucht wird auch, ob diejenigen makroökonomischen Daten mit festen Veröffentlichungsterminen von denen der Journalist nicht berichtet, tatsächlich keine Bedeutung für die Bestimmung des Wechselkurses haben. Schließlich wird der Sonderfall der zum Zeitpunkt der Durchführung geheimen Interventionen behandelt und untersucht, wieviele Interventionen die Berichterstatter trotzdem in der Lage waren zu identifizieren.

Darüber hinaus wird der Frage nachgegangen, ob die Entscheidung des Journalisten, eine Nachricht als „Neuigkeit“ zu berichten sich durch die Wechselkursbewegungen erklären läßt, die zeitgleich zur Bekanntgabe der Nachricht auftreten. Dahinter steht der Gedanke, daß eine Nachricht umso eher als „Neuigkeit“ gewertet wird, desto ausgeprägter die beobachteten Preisänderungen und damit desto größer der Neuigkeitsgehalt einer auf den Markt treffenden Information ist.

Nach dem Vermögensansatz der Wechselkursbestimmung sind die Veränderungen einer Zeitreihe ein Reflex der auf den Markt treffenden Neuigkeiten. Ist nun der Neuigkeitsfluß stetig, dann ist auch das Volatilitätsmuster stetig. Ist hingegen der Neuigkeitsfluß sprunghaft oder saisonal, dann ist auch das Volatilitätsmuster der Zeitreihe sprunghaft und saisonal. In Kapitel 2.1 wird deshalb untersucht, ob wochentags- und tageszeitpunktspezifisch berechnete empirische Standardabweichungen von Intratagesdaten saisonale Muster aufweisen.

Kann dies bejaht werden, dann – so lautet die hier vertretene These – beinhaltet eine solide journalistische Arbeit, daß die Berichterstatter von den Neuigkeiten berichten, die die Saisonmuster verursachen. In diesem Zusammenhang wird die Hypothese getestet, ob die Saisonalität der Zeitreihe auch dann erhalten bleibt, wenn diejenigen Zeitpunkte bei der Ermittlung der zeitpunktspezifischen Standardabweichungen nicht beachtet werden, die der Berichtererstatter in Verbindung zu einer Neuigkeit setzt. Anders gewendet ist das die Frage danach, wie viele „Neuigkeiten“ durch die Lektüre des WSJ identifiziert werden können.

In Kapitel 2.2 wird eingehender untersucht, ob Händler, die sich am Markt auf einen Terminkurs einigen müssen, bei der Aushandlung auf ein bei Vertragsabschluß unter Umständen bekanntes Volatilitätsmuster achten. Wenn ja, zeigt sich das möglicherweise in einer Risikoprämie die für Kontrakte gezahlt werden, die an Tagen mit hoher Volatilität reifen. Mit anderen Worten: Hier wird überprüft, ob – wochentagsspezifisch – die realisierte prozentuale Wechselkursänderung im Durchschnitt von der Terminkursprämie (Differenz zwischen Terminkurs und Kassakurs) abweicht und – verbunden damit – ob diese Abweichung in einem systematischen Zusammenhang mit der Volatilität der Zeitreihe steht.

In Kapitel 3 wird einem „Rätsel" des Devisenmarktes nachgegangen, das darin besteht, daß es offenbar möglich ist, mit einfachen, jedem zugänglichen Handelsregeln Gewinne zu erzielen, wie es ja auch die Erwähnung von „technischen" Prognosen in der Kolumne des Wall Street Journals nahelegt. Diese Beobachtung steht im Kontrast zu der sonst grundsätzlich akzeptierten Hypothese informationseffizienter Devisenmärkte. Eine deren Implikationen ist es ja gerade, daß es nicht möglich ist, aus der Beobachtung vergangener Kurse gewinnbringende Strategien abzuleiten. Als Erklärung dieses Phänomens wird in der Literatur verschiedentlich eine verzögerte Reaktion der Preise auf neue Information, also Ereignisse, genannt. Nun steht aber durch die Auswertung des WSJ ein exzellenter Datensatz zur Verfügung, um zu überprüfen, ob durch „Neuigkeiten" verursachte Wechselkursreaktionen zu Anpassungsbewegungen führen, die durch technische Handelsregeln aufgespürt und zum Aufbau gewinnbringender Positionen genutzt werden könnten. In diesem Abschnitt der Arbeit werden deshalb zwei Hypothesen überprüft. Erstens wird der Frage nachgegangen, ob technische Analyse, wie sie im Wall Street Journal wiedergegeben wird, überhaupt plausibel ist und zweitens ob mögliche substantielle Gewinne in Verbindung mit einer stockenden Verarbeitung von „Neuigkeiten" angefallen sind. Das gilt für makroökonomische Neuigkeiten genauso wie für Interventionen.

In der Schlußbetrachtung schließlich werden die Einzelergebnisse zusammengefaßt und Kriterien entwickelt nach denen es möglich ist, zu einer Gesamtbewertung zu gelangen.

1 Die Qualität der Berichterstattung und der Prognosen im WSJ

1.1 Die Prognosen im Wall Street Journal (WSJ)

In den Kolumnen „currency markets" und „tracking the economy" des Wall Street Journal gibt es vier unterschiedliche Typen von Prognosen, die hinsichtlich ihrer Prognosegüte und – dort wo es möglich ist – bezüglich ihrer Effizienz und Rationalität für den Zeitraum von Januar 1989 bis Januar 1993 untersucht werden.[4]

Erstens gibt es die „nicht ereignisbezogenen" oder unbedingten Prognosen. Bei dieser Art der Prognose handelt es sich um nicht kontingente Vorhersagen, die durch Umfragen bei Händlern bzw. Analysten, also bei „Fachleuten", ermittelt werden. Die Prognosen sind „unbedingt", weil die Fachleute um eine Gesamteinschätzung gebeten werden, unabhängig von der möglichen Realisation einzelner Elemente des Datenkranzes.[5,6]

Unter diese Art der Vorhersagen fallen die nahezu monatlich veröffentlichten Wechselkursprognosen des „consensus of a survey", der von Mitarbeitern des Dow Jones International News Service durch Umfrage ermittelt und in die Kolumne eingestellt wird.[7] Für diesen Marktüberblick befragen Journalisten zehn Wechselkursanalysten, die über den gesamten Globus verstreut arbeiten, nach ihren Einschätzungen über den zukünftigen Wechselkurs in einem Monat bzw. in drei Monaten, seltener auch über den Wechselkurs in sechs Monaten oder einem Jahr. Die Fachleute geben unbedingte, d.h. nicht szenarienbezogene Prognosen ab, deren Median und Extreme veröffentlicht werden. Ein typisches Beispiel einer solchen in der "currency markets" Kolumne des Wall Street Journal veröffentlichten Umfrage findet sich z.B. in der Ausgabe vom 6. Januar 1989:

---

[4] Siehe Tabelle 1.1.1. Darüber hinaus befindet sich eine Auflistung der Prognosetextstellen, untergliedert nach Typ, Datum und Prognosehorizont, im Verzeichnis winword/WSJ/Prognosen der beigefügten CD-Rom.

[5] Davon abzugrenzen sind „bedingte Prognosen" im Zusammenhang mit „rationalen Erwartungen", bei denen der Vorhersagewert dem auf der Informationsmenge bedingten mathematischen Erwartungswert entspricht.

[6] So werden „Prognoseszenarien" erst im Abschnitt „Bedingte Prognosen" der Arbeit untersucht Bei dieser Art der Prognose werden Aussagen des Typs getroffen, daß sich der Wechselkurs in einem Monat bei „X" befinden wird, wenn die Bedingung „Y", daß ein Makroindikator eine bestimmte Ausprägung annimmt, erfüllt ist.

[7] Die Ein-, Drei- und Sechs-Monatsprognose sind im Verzeichnis winword/WSJ/Prognosen/wechselkurse in den Dateien prog_wk_1m.doc, prog_wk_3m.doc und prog_wk_6m.doc abgespeichert. Die 1 Jahresprognosen finden sich unter prog_wk_1j.doc, Tages und Wochenprognosen unter prog_wk_tg.doc prog_wk_wch.doc.

> That's the consensus of a survey of 10 currency analysts around the world, the latest in a series conducted monthly by Dow Jones International News Service. According to the average estimates of the analysts, the dollar will slip to 1.9758 marks and 140.85 yen at the end of June and trade around 1.9873 marks and 140.43 yen on Aug. 31. Minus one analyst with a bearish outlook, the consensus of the other nine calls for the dollar to be at 1.9800 marks and 141.21 yen at the end of June, and 2.016 marks and 141.70 yen by Aug. 31.

Darüber hinaus gibt es unbedingte Prognosen für die Wechselkursentwicklung für den nächsten Tag und für die nächste Woche, die direkt bei den verschiedenen Devisenhändlern erfragt werden. Am 17. September 1991 findet sich in der Kolumne z.B. folgende Einschätzung:

> D. Ogg [Credit Swiss, New York] The dollar is likely to move a bit higher today, perhaps testing 1.685.

Neben den monatlichen Consensus Wechselkursprognosen werden jeweils montags im WSJ monatliche Consensus Prognosen von makroökonomischen Daten abgedruckt, die in der laufenden Woche zur Veröffentlichung anstehen.[8] Dabei handelt es sich um Consensus Markteinschätzungen bezüglich der Entwicklung von Makro-Kennziffern, wie z.B. den Handelsbilanz- oder den Arbeitsmarktdaten im Berichtsmonat. Zwar werden die reinen Umfrageergebnisse in der WSJ-Spalte „tracking the economy" veröffentlicht, in Bezug zum Wechselkurs gesetzt und kommentiert werden sie allerdings in der "currency markets" Kolumne des WSJ. Von Interesse sind diese Makrodaten deshalb, weil sie sich auf Fundamentalfaktoren beziehen, die den Wechselkurs indirekt – z.B. über die Handelsbilanzdaten – oder direkt über Arbitragebeziehungen – z.B. über die Veränderung des Zinsdifferenzials zwischen den Währungen – beeinflussen. Eine maßgebliche Rolle fällt diesen Daten im Bereich der weiter unten behandelten Ereignisstudien zu. [9]

Zweitens gibt es neben den unbedingten Prognosen eine Reihe von bedingten, d.h. ereignisbezogenen Wechselkursprognosen. Dabei befragen Journalisten des WSJ diverse Händler danach, wie sich ihrer Einschätzung nach der Wechselkurs in Abhängigkeit der Realisation von Fundamentalfaktoren entwickelt. Ein typisches Beispiel findet sich z.B. in der "currency markets" Kolumne des WSJ vom 10. Januar 1992:

> If employment is off slightly, they [A. Mills, Lehman Brothers] expect the currency to trade near 1.55 marks for a few days. But if „it's down a whole lot, like 300,000

---

[8] Die Markteinschätzungen für den jeweiligen Marktindikator werden gewöhnlich freitags in einem Zeitraum von bis zu zwei Wochen vor der Veröffentlichung (ausgenommen sind Feiertage) per Fax oder Telefon erhoben. Befragt werden neben Wertpapier- und Wechselkurshändlern führender Bankhäuser, auch Volkswirte von Broker- und Beratungsfirmen, sowie Mitarbeiter von Universitäten. Die Anzahl der Gesamtantworten bei den makroökonomischen Variablen variiert zwischen 15 und 40 pro Woche.

[9] Die Consensus Makroprognosen finden sich in alphabetischer Ordnung im Verzeichnis winword/WSJ/Prognosen/consensus.

(jobs), the dollar's going back down to 1.50 marks. If it's up, even a little, the dollar could test 1.60 marks pretty quickly."

Neben diesen ereignisbezogenen oder bedingten Prognosen auf Grundlage von makroökonomischen Fundamentaldaten sind in der „currency markets" Kolumne des WSJ auch ereignisbezogene Prognosen veröffentlicht, die sich auf politische Ereignisse, wie z.B. auf den Golfkrieg oder auf Unruhen im EWS (Europäisches Währungssystem) beziehen.[10] Ein Beispiel einer solchen politisch bedingten Prognose findet sich in der WSJ-Kolumne vom 24. Dezember 1991:

J. Hickely [Kansallis Osake Paniki]. [...] odds for a shooting war seem to be growing because of Iraq's refusal to leave Kuwait. In such a scenario, the dollar may very will be on its way to 1,56 marks. D. Horner [Merrill Lynch & Co.]: „Dollar levels of 1,575 are within reach."

In diesem Beispiel wird die Bedingung mit Beginn der alliierten Bombenangriffe am 16. Januar als erfüllt gewertet.

Die dritte Prognosekategorie in der „currency markets" Kolumne des WSJ besteht aus Bereichsvorhersagen, bei denen Wert- und Zeitkorridore für die künftige Wechselkursentwicklung angegeben werden. Die Korridore überdecken dabei Zeitspannen von einem Tag bis zu mehreren Wochen. Ein typisches Beispiel für eine Bereichsprognose – in diesem Fall für einen Tag – kann dem Bericht vom Montag, den 9. Oktober 1989 entnommen werden:

E. Johnson [Harris Trust & Savings Bank] sees the dollar fluctuating this week in ranges of DM 1,87 to DM 1,92.

Erhoben werden diese Prognosen direkt bei Devisenhändlern, die von den WSJ-Journalisten um eine Einschätzung gebeten werden.[11]

Die vierte in der „currency markets" Kolumne des WSJ veröffentlichte Prognosekategorie enthält technische Prognosen, die sich meist auf Wechselkursentwicklungen innerhalb des Tagesverlaufs beziehen. Diese Verfahren beruhen ausschließlich auf der Extrapolation von Vergangenheitswerten, z.B. in Form von verzögerten Trendanpassungen oder Musterwiederkennungen (vgl. Kapitel III). Beispielhaft für diesen Typ der Vorhersage ist z.B. ein Abschnitt im WSJ vom 28. Mai 1991:

---

[10] Die ereignisbezogenen „bedingten" Prognosen befinden sich im Verzeichnis winword/WSJ/Prognosen/bedingt/ in den Dateien prog_wk_bdng_makro.doc und prog_wk_bdng_politik.doc.

[11] Die Bereichswechselkursprognosen sind im Verzeichnis winword/WSJ/Prognosen/bereich/ in den Dateien prog_wk_brch_tag.doc bzw. prog_wk_brch_wch.doc.

> Traders say they expect the dollar to be weak today. But sentiment could turn if the currency is unable to break through 1.68 marks, one German analyst said. That could mean a technical rally as high as 1.75 marks.

Die Journalisten erhalten auch in diesem Fall die Markteinschätzungen durch eine Umfrage, vor allem von „nahe am Markt" operierenden Händlern, bei denen technische Analysemethoden weit verbreitet sind.[12]

Der Rest des Kapitels ist wie folgt gegliedert. Abschnitt 1 enthält einen Literaturüberblick über Arbeiten in denen Umfrageergebnisse bezüglich der Entwicklung bestimmter Marktpreise bzw. Indikatoren ausgewertet werden. In Abschnitt 2 werden die in der WSJ Kolumne veröffentlichten Umfrageergebnisse der unbedingten Prognosen auf Effizienz und Unverzerrtheit untersucht, sowie die Güte der Vorhersagen mittels verschiedener quantitativer Kriterien abgeschätzt (Durchschnittlicher Fehler (DF), Durchschnittlicher Absoluter Fehler (DAF) und Wurzel des Durchschnittlichen Quadratischen Fehlers (WDQF)). In Abschnitt 3 wird die Güte der Prognose der ereignisbezogenen Prognosen untersucht. Die Bereichsprognosen werden in Abschnitt 4 behandelt. Das Augenmerk richtet sich dabei auf die Güte der Varianzprognosen und auf die Häufigkeit mit der Prognosekorridore verlassen werden. In Abschnitt 5 werden die technischen Kauf- bzw. Verkaufsratschläge analysiert. Die Güte dieser Prognosen wird über die Gewinne bzw. Verluste abgeschätzt, die ein Händler realisiert hätte, wenn er Positionen entsprechend der Aussagen in der Kolumne eingegangen wäre.

1.1.1 Literaturüberblick

Mit dem Bedeutungszuwachs von „rationalen Erwartungen" in der ökonomischen Literatur, stieg das Interesse daran, Erwartungen von Individuen direkt auf Rationalität hin zu untersuchen. Dabei gelten Erwartungen üblicherweise dann als rational, wenn sie unverzerrt und effizient sind. Nicht eingegangen wird hier auf die Mechanismen der Erwartungsbildung und auf die Frage, welche Rolle heterogene Erwartungen spielen (z.B. Fundamentalisten versus Chartisten) bzw. welchen Einfluß der Prognosehorizont auf die Erwartungsbildung nimmt.[13]

---

[12] Die technischen Prognosen liegen im Verzeichnis winword/WSJ/Prognosen/technik/ in der Datei prog_wk_tchnk.doc.

[13] Zur Erwartungsbildung vgl. Frankel und Froot [1987, 1990] und Tagaki [1991]. Sie unterscheiden extrapolative, adaptive und regressive Erwartungen. Eine Erwartungsbildung ist *adaptiv*, wenn die erwartete Wechselkursbewegung aus einer Linearkombination aus dem laufenden Wechselkurs und der Prognose der

Für den Wechselkursbereich testet z.B. Dominguez [1986] auf Grundlage der Umfrageergebnisse des Money Market Services (MMS) und des Japanese Center for International Finance (JCIF) für den Zeitraum für 1983 bis 1985 vorhergesagte Wechselkursänderungen anhand der realisierten Wechselkursänderungen auf Unverzerrtheit und verwirft die Nullhypothese für verschiedene Prognosehorizonte (1-Woche, 1-Monat, 3-Monate). Ito [1994] verwendet ebenfalls (JCIF) Umfragedaten und verwirft die Nullhypothese von Unverzerrtheit für den sechs Monatshorizont und weniger deutlich für einige kurzfristigere Erwartungen. Chinn und Frankel [1994] verwenden monatliche Wechselkursumfragedaten von „Currency Forecasters' Digest (CFD)", einer Firma, die Erwartungsdaten für 25 Länder erhebt. Sie bekräftigen die Resultate von verzerrten Erwartungen. Im Gegensatz dazu können Liu und Maddala [1992] und Osterberg [1998] für den Zeitraum von 1984 bis 1989 bzw. von 1989 bis 1997 mit MMS-Daten die Nullhypothese von Unverzerrtheit nicht zurückweisen. Hinweise für eine nicht effiziente Ausnutzung der Information bei Wechselkursprognosen finden u.a. Dominguez [1986], Frankel und Froot [1989], Ito [1993] und Osterberg [1998].

Außerhalb des Devisenmarktes im Bereich der Makroprognosen gibt es eine Fülle von Untersuchungen, welche die Rationalität von Umfrageergebnissen analysiert. Eine besondere Rolle kommt dabei den Erwartungen bzgl. der Inflation zu, die in verschiedenen Ländern erhoben werden. In den USA z.B. durch den „Michigan Survey Research Center (MSRC)", durch den „Survey of Professional Forecasters (SPF)" bzw. im Rahmen der „Livingston Survey (LS)" Umfrage, die z.Z. von der Federal Reserve Bank von Philadelphia durchgeführt wird. Im Vereinigten Königreich gibt es z.B. die „Gallup-Umfrage" unter Beschäftigten. Untersuchungen auf Rationalität der Inflationserwartungen gibt es z.B. von Baghestani [1992] (für MSRC), Pacquet [1992]

---

letzten Periode gebildet wird. Bei *extrapolativen* Erwartungen (oder „bandwagon" bzw. Herdenerwartungen) besteht die Wechselkursprognose aus einer Projektion der letzten Wechselkursbewegungen in die Zukunft. Unter *regressiven* Erwartungen versteht man Prognosen bei denen davon ausgegangen wird, daß der Wechselkurs nach temporären Abweichung wieder auf einen durch z.B. durch die Kaufkraftparität vorgezeichneten Gleichgewichtspfad einschwenkt (vgl. das bekannte „overshooting modell" von Dornbush [1976]).

Daß unterschiedliche Erwartungen in der Praxis von Relevanz sind, also Marktteilnehmer heterogene Erwartungen haben, zeigen z.B. Ito [1994, 372], Menkoff [1995, 85] sowie McDonnald und Marsh [1996]. Auf dem Devisenmarkt scheint dabei die Art der Erwartungsbildung von der Länge des Prognosehorizonts abzuhängen (Frankel und Froot [1987]), bzw. von der Gruppe, zu der die Befragten gehören (Ito [1994]). Frankel und Froot [1990] führen die Heterogenität der Erwartungen darauf zurück, daß für die kurze Frist technische Methoden und für die lange Frist Fundamentalmodelle zur Prognose verwendet werden. Ito [1994] stellt „Wunschdenken" bei befragten Exporteuren und Importeuren fest. Beide Gruppen haben Erwartungen die ihnen – bei Erfüllung – nutzen würden.

sowie Scotese [1994] (für LS). Einen neueren Überblick liefert Lloyd [1999]. Auftrieb hat diese Literatur auch durch die Diskussion um die geldpolitische Strategie einer direkten Inflationssteuerung erhalten. Erwartungen bzgl. anderer Makrovariablen (z.B. von Consensus Forecast), werden z.B. von Aggarwal et. al [1995] auf Rationalität untersucht.

Die Resultate der Untersuchungen ergeben kein einheitliches Bild. So ändern sich die Ergebnisse mit dem Untersuchungszeitraum und mit der analysierten Makroreihe. Generell kann öfters die Hypothese der Effizienz verworfen werden, als die der Unverzerrtheit.

Dabei mag es überraschen, wie häufig die Hypothese von „rationalen Erwartungen" verworfen wird. Unter Umständen ist allerdings bei der Interpretation der Resultate Vorsicht geboten. So wird z.B. eingewandt, daß sich Umfrageergebnisse nicht eignen, um die Rationalität der Erwartungsbildung zu testen. Thomas [1999] weist z.B. darauf hin, daß die befragten Personen nicht immer professionelle Händler seien, und daß für sie – selbst bei schlechten Prognosen – wenig auf dem Spiel stünde. Sie hätten deshalb keinen Anreiz Ressourcen auf die Erstellung guter Prognosen zu verwenden. [14]

Ein weiteres Problem ergibt sich auch bezüglich der Verläßlichkeit der Aussagen. So mögen Individuen zwar verfügbare Information optimal nutzen, bei ihrer Weitergabe werden sie allerdings nicht uneigennützig, sondern möglicherweise listig handeln (Williamson [1975, 258f.]). Da die Beschaffung und die Verarbeitung von Informationen mit Mühen verbunden ist, sind sie unter Umständen nicht bereit, auf Anfrage ihre eigene „beste" Prognose bekannt zu geben. Statt dessen verhalten sie sich aus verschiedenen Gründen strategisch (Ehrbeck und Waldmann [1996] und Laster et al. [1999]). So spielt möglicherweise Herdenverhalten eine Rolle (Eichberger [1999]). Isoliert sich ein Händler mit seiner besten Prognose von der „Herde" der anderen Händler und geht er davon aus, daß die Kunden die Glaubwürdigkeit seine Prognose relativ zur Consensus-Vorhersage der „Herde" beurteilen, dann wird er – um sich gegen eventuelle Kundenabwanderungen abzusichern – bei seiner Prognose die Abweichungen von der Herde mitberücksichtigen und sich – wider besseren Wissens

---

[14] Im Falle der im WSJ abgedruckten Prognosen ist das Anreizproblem etwas abgemildert, da – für alle nicht standarisierten Prognosen, d.h. bei den bedingten und technischen Prognosen, sowie bei den Bereichsprognosen – Händler meist namentlich einschließlich der Institution bei der sie arbeiten genannt werden. Bei schlechten Prognosen läuft der befragte Analyst Gefahr, seine Reputation und damit Einkommen zu verlieren, was disziplinierend wirken wird.

– dorthin gesellen, wo er die anderen Händler vermutet. Die Händler bilden somit einen Gruppe, deren genannte Median-Prognose nicht die beste Prognose sein muß.[15]

Schließlich spielen mögliche Regime-Wechsel eine Rolle, die auch als „Peso-Problem" bzw. „Problem der kleinen Stichprobe" bekannt sind. Angenommen ein Händler wird während des Schwelens einer Wechselkurskrise in einem Festkurssystem mit fallweise änderbaren Wechselkursen (wie z.B. im Falle der britischen EWS Krise) gebeten, eine Punktprognose für den Wechselkurs (GBD/D-Mark) abzugeben. Die Entwickelung des Kurses schätzt er ab, indem er, um im Beispiel zu bleiben, dem Regime I, „Verbleib des Vereinigten Königreiches im EWS" und dem Regime II „Ausscheren des Vereinigten Königreiches aus dem EWS" gewisse Realisationswahrscheinlichkeiten unterlegt. Unter Regime I sagt er einen hohen und unter Regime 2 einen niedrigen Wechselkurs vorher. In der Punktprognose des Händlers spiegeln sich – je nach Realisationswahrscheinlichkeit des Regimes – beide Szenarien, daß heißt eine Mischung aus „hohem" und „niedrigem" Wechselkurs. Da aber aus der ex post Sicht nur eines der beiden Regimes vorherrschte, also entweder der Wechselkurs „hoch" oder „niedrig" war, scheint die Vorhersage – bei kleiner Stichprobe – aus der ex post Sicht verzerrt. Somit kann selbst bei rationalen Erwartungen aus der ex post Sicht der Vorhersagefehler seriell korreliert sein (z.B. Chinn und Frankel [1994]). Außerhalb der Wechselkurse im Bereich der monetären Regime, weisen Cukiermann und Meltzer [1982] und Cukiermann [1986] auf die Möglichkeit sich wiederholender einseitiger „rationaler" Vorhersagefehler hin, wenn die Geldbenutzer, bei ihrer Erwartungsbildung vorübergehend nicht in der Lage sind zwischen temporären und permanenten Schocks zu unterscheiden.

Insgesamt scheint damit eine gewisse Vorsicht bei der Auslegung der Resultate in Richtung „Ineffizienz des Devisenmarktes" angebracht zu sein.

1.1.2 Prognoseart 1 im WSJ: Nicht-ereignisbezogene Prognosen

In diesem Abschnitt werden die Consensus-Prognosen untersucht, die im Zeitraum von Januar 1989 bis Januar 1993 in der „currency markets" Kolumne veröffentlicht wurden.[16]

---

[15] Es ist halt, wie Keynes [1936] den Gedanken auf den Punkt bringt „better for reputation to fail conventionally than to succeed unconventionally."

Insgesamt beziehen die Journalisten, die in der „currency markets" Kolumne des WSJ schreiben, 22 Vorhersagen von makroökonomischen US-Variablen in ihre Analyse des Wechselkursgeschehens mit ein und veröffentlichen D-Mark/US-Dollar Wechselkursprognosen mit sechs unterschiedlichen Zeithorizonten (siehe Tabellen 1.1.1 und 1.1.2).

Tabelle 1.1.1

Anzahl Prognosen im Wall Street Journal (geordnet nach Typ)

Zusammenfassende Tabelle
02.01.1989 bsi 31.01.1993

Makroprognosen	
Consensus Prognosen (Makrodaten inkl. M1, M2, M3) (unbedingte Prognosen)	791
Wechselkursprognosen	
Consensus- Wechselkursprognosen (unbedingte 1 Monat, 3 und 6 Monate, 1 Jahr)	114
Prognose für den nächsten Tag	33
Prognose für die nächste Woche	101
Ereignisbezogene Prognosen (bedingte Makro- und Politikprognosen)	48
Bereichsprognosen	41
Technische Prognosen	19

Die Angaben zu den makroökonomischen Variablen stehen wie oben erwähnt im jeweils montags erscheinenden „tracking the economy" Teil des WSJ. Dieser Artikel enthält die Termine und die Prognosewerte (Median des „consensus forecast") der in

[16] Alle „Tracking the economy" Artikel sind auf der beigefügten CD-Rom im Verzeichnis WSJ\Tracking abgespeichert.

der laufenden Woche zur Veröffentlichung anstehenden makroökonomischen Variablen, sowie die realisierten Werte der Vorwoche.[17]

Der Prognosehorizont bezüglich der US-amerikanischen Makrodaten beträgt meist einen Monat, in einigen Fällen aber auch drei Monate (wie z.B. im Falle der Veränderungsrate des GDP in den USA). Diese längerfristigen Prognosen werden allerdings einmal im Monat korrigiert, so daß diese ebenfalls monatlich erwähnt werden. Um „Insidergeschäfte" möglichst auszuschließen, ist der Inhalt einer Bekanntgabe bis zu einem auf die Minute genau terminierten Berichtszeitpunkt geheim.

In Tabelle 1.1.2 befindet sich eine Liste der veröffentlichten Variablen in der Reihenfolge frühst möglicher Berichtszeitpunkte im Monatsverlauf (vgl. Fleming und Remolana [1997, 37]). Das erste Listenelement, der „consumer confidence (cc)" Index, ist z.B. diejenige Kennziffer, die im Berichtsmonat (meist) als erste veröffentlicht wird. Die Pressenotiz über die Entwicklung der US-amerikanischen Handelsbilanzdaten hingegen ist diejenige Information, die häufig als letztes im Monat veröffentlicht wird. Die Reihenfolge der Veröffentlichung kann sich dabei unter Umständen verschieben, da sich die monatlichen Veröffentlichungszeiträume der Makrovariablen – mit einer Weite von bis zu 7 Werktagen – z.T. überlappen.

Die Anzahl der Beobachtungen für die einzelnen Variablen liegen zum Teil unter 49, da das WSJ nicht immer erwartete und realisierte Werte veröffentlicht. Die Variable „consumer confidence (cc)" wird erst nach Beginn des Auswertungszeitraumes, zum ersten Mal im Juli 1991, in der „tracking the economy" Kolumne erwähnt. Der „NAPM-report (napm)" erscheint erst ab Januar 1990 regelmäßig. In Tabelle 1.1.2 ist hinter dem Namen der Makrovariablen jeweils die Anzahl der Erwähnungen und die Anzahl der fehlenden Angaben in den „currency markets" bzw. „tracking the economy" Kolumnen des WSJ vermerkt. Werden die napm und cc Prognosen nicht miteinbezogen fehlen 13 Prognosen. Das entspricht einer Fehlquote von 1,9 p.H.

Die sechs D-Mark/US-Dollar Wechselkursvorhersagen überdecken unterschiedlich lange Zeiträume. Der kürzeste Prognosezeitraum ist ein Tag. Darüber hinaus gibt es

---

[17] Ende Dezember 1989 wurde in der „tracking the economy" Rubrik u.a. folgende Meldung veröffentlicht: „Analysts expect payroll employment for December, which will be reported on Friday, to show a gain of about 250,000, about equal to the average for the July-October period but well below the huge 463,000 gain in November. The general belief is that the unemployment rate remained unchanged in December at 5.4% of the labor force." Im unteren Abschnitt des Artikels befinden sich die Daten, der in der letzten Woche veröffentlichten Reihen: „Statistics Released in the Week Ended Dec. 30: Purchasing managers' index Dec. 58.1 +2.65%".

Tabelle 1.1.2

Die Anzahl der makroökonomischen Prognosen mit vorher bekannten Veröffentlichungszeitpunkten (Klasse I)
(Veröffentlichungstermine in der Reihenfolge frühstmöglicher Berichtszeitpunkte im Monatsverlauf)

Name der Veröffentlichung	Anzahl der Erwähnungen im "Tracking"	Anzahl der fehlenden Berichte	Uhrzeit der Veröffentlichung
Consumer Confidence [1]	14		16:00 MEZ
NAPM [2]	35		16:00 MEZ
Employment Report [3]	49		14:30 MEZ
PPI	49		14:30 MEZ
CPI	49		14:30 MEZ
Retail Sales	49		14:30 MEZ
Industrial Production and Capacity Utilisation	48	1	15:15 MEZ
Housing Starts	49		14:30 MEZ
GNP / GDP [4]	48	1	14:30 MEZ
Durable Goods	48	1	14:30 MEZ
Personal Income and Personal Consumption	48	1	16:00 MEZ
Home Sales	48	1	16:00 MEZ
Leading Indicators	48	1	14:30 MEZ
Factory Orders	48	1	16:00 MEZ
Business Inventories	43	6	16:00 MEZ
Trade Balance	49		14:30 MEZ
Alle Ankünd. zusam.	722	13	
Alle Ankünd. um 8:30	438		

[1] Ab Juli 1991 in der Kolumne *"currency markets"*

[2] Ab Januar 1990 in der Kolumne *"currency markets"*

[3] Der Employment-Report enthält Zahlen üebr die Arbeitslosenquote und die Beschäftigten im Nicht-Agrarsektor (non-farm payrolls)

[4] Ab 1992 GDP anstelle GNP.

Tabelle 1.1.2 (fortgesetzt)

Vollständige Bezeichnung	Veröffentlichende Institution	Mo	Di	Mi	Do	Fr
Consumer Confidence Index	Bureau of Labor Statistics	1	12			1
National Association of Purchasing Management Report on Business	National Association of Purchasing Management	12	6	5	6	6
The Employment Situation	Bureau of Labor Statistics					49
Producer Price Index	Bureau of Labor Statistics		2	3	11	33
Consumer Price Index	Bureau of Labor Statistics		14	11	11	13
Advance Retail Sales	Bureau of Census		14	7	14	14
Industrial Production and Capacity Utilisation	Federal Reserve Board	5	10	9	5	19
Housing Starts and Building Permits	Bureau of Census		17	17	9	6
Gross Domestic Product Gross National Product	Bureau of Economic Analysis		8	14	16	10
Advance Report on Durable Goods Manufacturers' Shipments and Orders	Bureau of Census		14	17	8	9
Personal Income and Outlays	Bureau of Labor Statistics	11		9	13	15
New-One-Family Houses Sold and For Sale	Bureau of Census	7	15	13	8	5
Composite Indexes of Leading, Coincident and Lagging Indicators	Bureau of Economic Analysis	1	13	14	2	18
Manufactors' Shipments, Inventories, and Orders Management Report on Business	Bureau of Census	1	10	13	14	10
Manufactoring and Trade: Inventories and Sales	Bureau of Census	9	4	11	5	14
Report of U.S. Merchandise Trade	Bureau of Census and Bureau of Economic Analysis		7	10	17	15
		47	146	153	139	237
		1	89	93	88	167

Entwicklungseinschätzungen über eine Woche, einen Monat, drei Monate, sechs Monate und ein Jahr. Während die Umfragen für Zeiträume von einem Monat bis zu einem Jahr durch den Dow Jones International News Service standarisiert sind und auf der Mittelung von mehreren Angaben beruhen, stützen sich die kurzfristigen Prognosen mit einem Horizont von einem Tag bis zu einer Woche meistens auf nur einen Händler. Die kurzfristigen Prognosen erfolgen dabei häufig in Form von Korridorangaben, bei denen Ober- und Untergrenzen für den zukünftigen Wechselkursverlauf genannt werden. In diesen Fällen wird der Mittelwert der Korridorgrenzen als Punktprognose verwendet.[18] Die Journalisten des WSJ erheben allerdings die Händlereinschätzungen über die Wechselkursentwicklungen im Laufe des Tages recht unregelmäßig und unsystematisch. Insgesamt gibt es in den untersuchten Kolumnen lediglich 33 Prognosen für den Stand des Wechselkurses am Ende des nächsten Tages (17:00 MEZ). Davon fallen 91% in den Zeitabschnitt von April 1991 bis Dezember 1992. Daneben gibt es 101 Vorhersagen für den Kursstand am Ende der Woche, die über den gesamten Berichtszeitraum verstreut sind. Systematisch ist der Datensatz bei den Monatsprognosen, die jeweils um den Monatsersten veröffentlicht werden (46 Prognosen bei 48 möglichen). Mit längeren Prognosezeiträumen nimmt die Häufigkeit der Veröffentlichungen hingegen ab. So fällt die Anzahl der Beobachtungen von 35 Datenpunkten bei den Drei-Monats-Prognosen über 20 bei den Halbjahres-Vorhersagen auf 13 bei den Einschätzungen über die Wechselkursverhältnisse in einem Jahr.

Die Analyse der nicht-ereignisbezogenen Prognosen stellt zum einen auf die „Rationalität“ der Umfrageergebnisse ab und zum anderen auf die relative Güte der Umfrageprognosen im Vergleich zu anderen Vorhersagen. „Rationalität“ wird hier so interpretiert, daß die Händler bei der Erwartungsbildung die ihnen zur Verfügung stehenden Informationen optimal nutzen. Das schließt mit ein, daß die Erwartungen unverzerrt und effizient sind. Zur Abschätzung der relativen Güte der Vorhersagen werden die Prognosefehler der Umfragen mit den Prognosefehlern des Irrfahrtmodells („random-walk“) und von autoregressiven Modellen verglichen.

---

[18] Am 15. März 1990 erschien z.B. folgende Prognose für den Tagesverlauf: *„R. Pontius [First Interstate of California] predicted the dollar will hold between 1,750 marks and 1,725 marks through Friday.“* Die in diesem Fall in die Zeitreihe eingestellte Punktprognose hat einen Kurs von 1,73750.

1.1.2.1 Test der Unverzerrtheit der nicht-ereignisbezogenen Prognosen

1.1.2.1.1 Testspezifizierung (Kleinstquadratschätzung und Kointegrationstest)

Im folgenden werden die unbedingten Erwartungen bezüglich der makroökonomischen Variablen, sowie die unbedingten Wechselkurserwartungen der Händler auf ihre Unverzerrtheit und Effizienz hin untersucht. Der Test auf Unverzerrtheit der Erwartungen wird hier auf zwei Arten durchgeführt.

1.1.2.1.1.1 Test 1 (Kleinstquadraschätzung)

Zum einen wird folgende KQ-Regression geschätzt:

$$X_{i,t+k} = \alpha + \beta X^{e}_{i,t,t+k} + e_{it} \qquad t \in \{1,...T\} \tag{1}$$

wobei $X_{i,t+k}$ dem tatsächlichen Wert der beobachteten Makrovariablen oder Wechselkurszeitreihe X_i zum Zeitpunkt t+k und $X^{e}_{i,t,t+k}$ dem zum Zeitpunkt t für t+k vorhergesagten Wert entspricht. Sind die Erwartungen unverzerrt kann die verbundene Hypothese $\alpha=0$, $\beta=1$ nicht verworfen werden.[19,20] Wird von der oben erwähnten Regime-Wechselproblematik und den Signalextraktionsschwierigkeiten der Agenten abgesehen sind darüber hinaus die Residuen der Schätzung (1) seriell unkorreliert.[21]

Problematisch an Spezifikation (1) ist, daß bei einer Reihe von makroökonomischen Variablen die Hypothese, das sie eine Einheitswurzel enthalten, d.h. integriert vom Grade eins sind (I(1)), nicht verworfen werden kann und sie damit möglicherweise

---

[19] Ein signifikant von Null verschiedenes α (bei $\beta=1$) impliziert einen systematischen Niveaufehler während ein signifikant von 1 verschiedenes β (bei $\alpha=0$) einen systematischen prozentualen Fehler beinhaltet.

[20] Unverzerrte Erwartungen lassen allerdings keine Aussage darüber zu, wie exakt die Prognose ist. So ist z.B. ein Meßgerät, daß die exakte Temperatur bis auf $\mp$ 5 Grad Celsius bestimmen kann genauso unverzerrt wie ein Thermometer, daß die Temperatur auf $\mp$ 1 Grad genau mißt. Wesentlich dabei ist, daß Abweichungen nach unten im Mittel genauso häufig vorkommen, wie Abweichungen nach oben.

[21] Ein Test auf serielle Unkorreliertheit der Residuen ist somit ein Test auf die verbundene Hypothese, daß a) die Individuen keine systematischen Fehler bei der Erwartungsbildung machen und daß b) kein Signalextraktions- bzw. Regime-Shift Problem vorliegt. Wegen der Ambiguität der Interpretation der Resultate lehnt z.B. Thomas [1999] ein Test auf serielle Korrelation der Residuen im Zusammenhang mit der Unverzerrtheit von Erwartungen ab.

nicht stationär sind.[22] In diesem Fall wäre eine Kleinstquadrat-Schätzung von (1) irreführend oder „spurious" in der Terminologie von Granger and Newbold [1974].[23]

1.1.2.1.1.2 Test 2 (Kointegrationsbeziehung)

Da allerdings die Individuen bei rationalen Erwartungen alle relevante Informationen verwenden, werden sie auch die Prozeßeigenschaften bei ihrer Prognose mit berücksichtigen.[24] Haben die Zeitreihen, auf die sich die Prognosen beziehen ein Absolutglied, einen deterministischen oder stochastischen Trend, so müssen – bei rationalen Erwartungen – auch die vorhersagten Zeitreihen diese Eigenschaften beinhalten. Werden in diesem Fall die erwarteten Werte einer Zeitreihe von den realisierten Werten abgezogen, „reinigt" man die Zeitreihen von ihren gemeinsamen Eigenschaften, also auch von einem möglicherweise vorliegenden stochastischen Trend. Die Rationalität der Erwartungen impliziert infolgedessen, daß realisierte und erwartete Werte einer nicht stationären Zeitreihe kointegriert vom Grade 1 sind, mit dem Kointegrationsvektor $\phi=[1,-\alpha,-\beta]=[1,0,-1]$.[25] Existiert dieser Kointegrationsvektor, so ist er im Falle zweier I(1) Prozesse eindeutig.[26]

---

[22] Der Integrationsgrad I(d) einer Zeitreihe ist bestimmt durch die Anzahl d der in ihr enthaltenen Einheitswurzeln (unit roots). I(0) Zeitreihen sind trendstationär. I(1) Zeitreihen, wie z.B. das Irrfahrtmodell (random walk) enthalten genau eine Einheitswurzel.

[23] Vor dem Einzug der Kointegrationsanalyse wurde in der Wechselkursliteratur recht lebhaft diskutiert, ob es Sinn macht, auf Grundlage der KQ-Schätzung (1) zu überprüfen, ob der Devisenterminkurs ein guter „Vorhersager" für den zukünftigen Kassakurs ist. Eine Reihe von Autoren warnte vor Spezifikationen in Niveaugrößen, wie in Gleichung (1), da Kassa- und Terminkurse eine Einheitswurzel (unit root) enthalten (vgl. Hansen und Hodrick [1980], Meese und Singelton [1982], Meese und Rogoff [1983], Corbae und Ouliaris [1986] und MacDonald und Kearney [1987]). Als Alternative zu (1) schlugen sie eine Schätzung in Differenzen vor, bei der erwartete Änderungen (Differenz zwischen Termin- und Kassakurs) auf realisierte Änderungen des Wechselkurses regressiert werden. Dabei wurde allerdings übersehen, daß die Differenz zwischen Termin- und Kassakurs nur dann stationär ist, wenn beide Zeitreihen den gleichen stochastischen Trend enthalten.

[24] Vgl. dazu Liu und Maddela [1992].

[25] Die Komponenten eines Zeitreihenvektors $y(t)=(y_1(t),y_2(t),\dots,y_n(t))$ haben die Kointegrationsordnung d,b, wenn alle Komponenten $y_n(t)$ vom Integrationsgrads d, also I(d), sind und es einen Vektor $\phi=(\phi_1, \phi_2,\dots,\phi_n)'$ gibt, der die Eigenschaft hat, daß $\phi' y(t)$ integriert ist von der Ordnung d-b, mit $b \in N^+$. Die Kointegrationsordnung eines Zeitreihenvektors y(t) wird auch bezeichnet mit $y(t) \sim CI(d,b)$. Im unserem Fall entspricht $y'(t)=(x_t(t),1,x^e_{t,t+k}(t))$ mit $\phi'=[1,-\alpha,-\beta]=[1,0,-1]$ und $y(t) \sim CI(1,1)$, so daß $e_{it} \sim I(0)$ (vgl. Enders [1995, 355ff.]).

[26] Im Falle von *n* I(1) Prozessen gibt es maximal *(n-1)* linear unabhängige Kointegrationsvektoren. Stock und Watson [1988] zeigen, daß es für *n* I(1) Prozesse mit *r* CI(1,1) Kointegrationsbeziehungen, jeweils einen Kointegrationsvektor für jede echte Teilmenge aus *(n-r)* Variablen gibt. In unserem Fall ist $n=2$ $(x_t(t),x^e_{t,t+k}(t))$ mit einem unabhängigen Kointegrationsvektor, so daß $r=1$ ist. Falls die Kointegrationsbeziehung existiert, ist sie somit – bis auf einen Skalierungsfaktor – eindeutig.

Mit diesem zweiten Verfahren (Test auf Kointegrationsbeziehung) ist es möglich, Erwartungen, die bei einem Test auf Grundlage der Kleinstquadratschätzung verzerrt sind, näher zu untersuchen. Dazu werden beim zweiten Testverfahren (Kointegrationsbeziehung) die Vorhersagefehler der Zeitreihen als Residuen einer restringierten Kointegrationsbeziehung aufgefaßt und mit Einheitswurzeltests direkt auf Stationarität hin untersucht. Dabei werden zuerst die Variablen einzeln auf ihren Integrationsgrad untersucht. Sind erwartete und realisierte Werte vom gleichen Integrationsgrad, wird im zweiten Schritt geprüft, ob die Zeitreihen der Vorhersagefehler (also die restringierten Kointegrationsbeziehungen) stationär sind. In diesem Fall sind die Erwartungen unverzerrt.

1.1.2.1.2 Testergebnisse (Kleinstquadratschätzung und Kointegrationsbeziehung)

1.1.2.1.2.1 Test 1 (Kleinstquadratschätzung)

In der Tabelle 1.1.3 (siehe Seite 21) sind die Resultate der unrestringierten KQ-Schätzung der Gleichung (1) für die Markovariablen und die Wechselkurse eingetragen. Spalte 1 der Tabelle enthält die Anzahl der Beobachtungen n. In den Spalten zwei und drei befinden sich die Punktschätzungen für die Parameter α,β, wobei unterhalb der Schätzergebnisse die Standardabweichungen eingetragen sind. Spalte vier enthält den χ^2-Wert für den Test der verbundenen Hypothese $[\alpha,\beta]=[0,1]$. Unterhalb des χ^2-Wert befindet sich das dazugehörige marg. Signifikanzniveau. In Spalte fünf ist das Bestimmtheitsmaß R^2 der KQ-Schätzung eingetragen. Die Spalten sechs und sieben bergen den χ^2-Wert der Ljung-Box Q-Statistik bzw. den F-Wert des Breusch-Godfrey Lagrange Multiplier Test auf serielle Korrelation bis zur Ordnung n/4. Die Testsstatistikwerte sind je nach marg. Signifikanzniveau durch unterschiedliche Schattierungen gekennzeichnet.

Es stellt sich heraus, daß bei 6 der 19 Makrovariablen (plus drei Geldmengen-zeitreihen) nach Spezifikation (1) die Nullhypothese „unverzerrter Erwartungen" verworfen werden muß. Im Falle des US-Konsumenten-Vertrauensindexes „consumer confidence (cc)", des nordamerikanischen Managereinkaufsindex „NAPM" und des US-amerikanischen Produzentenpreisindexes „producer price index (ppi)" wird die Hypothese zu einem marg. Signifikanzniveau von 0,01, im Falle des US-amerikanischen persönlichen Einkommens „personal income (pi)", der US-amerikanischen Hausverkaufszahlen „new home sales (nhs)" und der US-amerikanischen vorlaufenden Indikatoren „leading indicator (li)" zu einem marg. Signifikanzniveau von 0,04

Tabelle 1.1.3

Test auf Unverzerrtheit
Unrestring. Schätzung: $x_t = \alpha + \beta^* E_{t-1}[x_t] + e_t$

Zeitraum 1.1.1989 bis 31.01.1993

Neuigkeit [1]	n	α *	β *	X^2	R^2	Q-Statistik [2]	LM-Test [3]
Consumer confidence	12	-3.57 1,28***	2.49 0,42***	7.33 0,01***	0.78 0.00	17.99 0,01***	3.54 0,08*
NAPM	35	0.10 0.30	1.93 0,28***	5.48 0,01***	0.58 0.00	1.88 0.93	0.51 0.61
Unemployment rate	49	0.00 0.16	1 0,03***	0.07 0.94	0.97 0.00	1.59 0.95	0.43 0.65
Non-farm-payrolls	49	-30.91 18.87	0.98 0,14***	2.09 0.14	0.52 0.00	3.44 0.75	0.54 0.59
Producer price index	49	-0.09 0,05*	1.37 0,11***	5.57 0,01***	0.76 0.00	7.89 0.25	2.24 0.12
Consumer price index	49	0.02 0.04	0.96 0,09***	0.33 0.72	0.69 0.00	2.93 0.82	1.11 0.34
Retail sales	49	-0.05 0.08	0.87 0,16***	0.81 0.45	0.38 0.00	7.13 0.31	3.28 0,05**
Industrial production	48	-0.04 0.04	1.17 0,09***	2.18 0.12	0.78 0.00	9.98 0.13	0.65 0.52
Capacity utilisation	48	0.02 0.06	1.27 0,19***	1.02 0.37	0.50 0.00	2.14 0.91	0.29 0.75
Housing starts	45	83.84 83.24	0.94 0,07***	0.63 0.54	0.81 0.00	8.01 0.24	4.42 0,02***
GNP	47	0.07 0.11	0.96 0,05***	0.40 0.67	0.89 0.00	8.92 0.18	2.91 0,07*
Durable goods	46	-0.09 0.57	1.4 0,36***	0.61 0.55	0.25 0.00	5.10 0.53	2.40 0.10
Personal income	48	-0.11 0.08	1.41 0,17***	3.56 0,04***	0.59 0.00	7.14 0.31	0.42 0.66

Makrovariablen

Tabelle 1.1.3 (fortgesetzt)

Personal consumption	47	-0.02 0.07	1.18 0,15***	1.73 0.19	0.59 0.00	32.21 0,00***	6.49 0,00***	
New single-family home sales	43	-2.32 1,06**	0.87 0,31***	2.83 0,07*	0.16 0.00	1.26 0.97	0.28 0.75	
Leading indicators	49	-0.02 0.03	1.14 0,06***	2.61 0,08*	0.88 0.00	13.30 0,04**	6.37 0,00***	
Factory orders	42	-0.31 0.20	0.9 0,09***	2.15 0.13	0.69 0.00	2.72 0.84	0.62 0.54	
Business inventories	35	0.04 0.04	1.1 0,12***	1.14 0.33	0.71 0.00	2.20 0.90	0.70 0.51	
Trade balance	49	0.22 0.72	0.97 0,09***	0.07 0.94	0.70 0.00	5.62 0.47	1.03 0.36	
Wechselkurs (Tag)	34	0.06 0.04	0.96 0,02***	2.45 0,1*	0.98 0.00	0.92 0.99	0.71 0.51	Wechselkurse
Wechselkurs (Woche)	99	0.11 0,04*	0.96 0,02***	4.72 0,01***	0.95 0.00	0.50 1.00	0.73 0.48	
Wechselkurs (Ein Monat)	46	0.25 0.10	0.85 0,06**	3.09 0,06*	0.81 0.00	4.50 0.61	0.17 0.85	
Wechselkurs (Drei Monate)	35	0.83 0.20	0.49 0,12***	12.26 0,00***	0.36 0.00	25.47 0,00***	10.80 0,00***	
Wechselkurs (Sechs Monate)	20	1.82 0.25	-0.09 0,15***	28.29 0,00***	0.02 0.00	12.04 0,06*	3.61 0,05***	
Wechselkurs (Zwölf Monate)	13	1.89 0.26	-0.14 0,14***	51.06 0,00***	0.08 0.00	3.9 0.69	0.85 0.46	

* Schätzwert (Standardabweichung unterhalb). KQ-Schätzung mit Newey-West Heteroskedastie und Autokorrelation (HAC) konsistenten Standardabweichungen.

[1] In Reihenfolge frühstmöglichher Bekanntgabe (Quelle: Business Week ; Office of Management and Budget, Schedule of Release Dates for Principal Federal Economic Indicators, 1993 / 1994)

[2] LM Test auf serielle Korrelation: Breusch-Godfrey Test. F-Statistik Wert (Wahrscheinlichkeit unterhalb)

[3] Ljung-Box Q-Statistik. X^2-Wert (Wahrscheinlichkeit unterhalb)

☐ : relevante Teststatistik.

Signifikanzlegende:
(marg. Signifikanzniveau)
1% : ***
5% : **
10% : *

bzw. 0,07 und 0,08 abgelehnt. Darüber hinaus kann die Hypothese seriell unkorrelierter Residuen in 6 Schätzungen nicht bestätigt werden (cc, den Einzelhandelsumsätzen in den USA „retail sales (rt)", den US-amerikanischen Baubeginnen „housing starts (hst)", dem US-amerikanischen BIP (gnp), dem US-amerikanischen persönlichen Verbrauch „personal consumption (pc)" und li). Insgesamt verstoßen 9 der 22 untersuchten Reihen gegen Implikationen der Rationalität, drei davon zu einem Signifikanzniveau von kleiner oder gleich 0,01.

Für das US-amerikanische Konsumentenvertrauen (cc) und den nordamerikanischen Managereinkaufsindex (NAPM) liegen die Werte für den Steigungskoeffizienten nahe bei zwei, was darauf hindeutet, daß für den Beobachtungszeitraum die realisierten Werte der Indizes systematisch unterschätzt wurden.

Bei der Interpretation der Ergebnisse muß allerdings bedacht werden, daß die Schätzgleichung für den cc-Index auf nur 12 Werten beruht, die unmittelbar nach der US-amerikanischen Rezession im Frühjahr bis Herbst 1991 erfaßt wurden und somit möglicherweise Ausfluß der oben umrissenen Regimewechselproblematik sind. Da zu Beginn der einsetzenden konjunkturellen Erholung dem Aufschwung (Regime I) permanent das Risiko einer erneuten Rezession (Regime II) bei Seite stand, sind die Schätzparameter in kleinen Stichproben aus der ex post Sicht verzerrt. Dafür sprechen zumindest die sich wiederholenden einseitigen Fehlern, die sich in der hohen Korrelation der Residuen bei der Schätzung für das Konsumentenvertrauen niederschlagen. Möglicherweise spiegeln sich darin die von den Marktteilnehmern unterstellte Wahrscheinlichkeit dafür, daß die Konjunktur wieder in eine rezessive Phase zurückgleitet. Das Argument läßt sich aber nicht auf die Schätzung der NAPM-Indexreihen übertragen, da für diese 35 Beobachtungen vorliegen, die nicht nur einen Teil eines Konjunkturzyklus abgreifen. Darüber hinaus sind die Residuen nicht korreliert. Ebenfalls verworfen werden muß die Hypothese der Unverzerrtheit für die Reihen li und nhs, wenn auch die Abweichungen des Steigungsparameters von eins nicht so dramatisch sind. Interessanterweise kann für den Beobachtungszeitraum die Hypothese unverzerrter Erwartungen ebenfalls für den wichtigen Produktionspreisindex ppi verworfen werden.

Geradezu dramatisch schlecht sind die Ergebnisse der Wechselkursprognosen. Bei allen sechs ausgewerteten unbedingten Prognosen (Tag, Woche, Monat, drei Monate, sechs Monate, ein Jahr) muß die Nullhypothese der Unverzerrtheit abgelehnt werden, lediglich bei den Tagesprognosen und den Ein-Monatsprognosen ist man bereit, zu einem marginalen Signifikanzniveau von 0,1 bzw. 0,05 die Nullhypothese nicht zu verwerfen. Bei den Prognosen, die über den ein Monatshorizont hinausgehen, liefern die geäußerten Erwartungen nahezu keinen Erklärungsbeitrag für den realisierten Wechselkurs. Jedenfalls ist in keiner Schätzung der Steigungsparameter signifikant von null verschiedenen. Bei den Prognosen für den nächsten Tag, bzw. für das Ende der Woche, liegt der β-Schätzwert bei 0,96. Es zeigt sich aber auch hier, daß die verbundene Nullhypothese $\alpha=0$, $\beta=1$ verworfen werden muß.

1.1.2.1.2.2 Test 2 (Kointegrationsbeziehung)

Die erwarteten und realisierten Werte sowie die Vorhersagefehler der Makrovariablen und des Wechselkurses (für die Prognosehorizonte von einem bis zwölf Monate) werden mit dem erweiterten Dickey-Fuller (ADF) [1979] und dem Phillips Perron (PP) [1988] Test daraufhin untersucht, ob sie eine Einheitswurzel enthalten. Die Ergebnisse sind in Tabelle 1.1.4 (siehe Seite 25) eingetragen.[27] Es stellt sich heraus, daß bei den D-Mark/US-Dollar Wechselkurszeitreihen mit einem Prognosehorizont ab einem Monat, dem US-Konsumenten-Vertrauensindex (cc), der US-amerikanischen Arbeitslosenquote (uemp), den US-amerikanischen Baubeginnen (hst) und dem US-BIP (gnp) die Null-Hypothese, daß eine Einheitswurzel vorliegt, nicht zurückgewiesen werden kann, während alle anderen Variablen trendstationär sind. Unter den Zeitreihen, die nach Spezifikation (1) verzerrt sind, weisen nur das cc und die Wechselkurszeitreihen eine Einheitswurzel auf.[28] Auffallend ist, daß Realisationen und Erwartungen einer Variablen immer vom gleichen Integrationsgrad sind und auch bzgl. des Zeittrends und des Absolutglieds die gleichen Eigenschaften aufweisen. Die Reihen der erwarteten Werte übernehmen – wie man bei rationalen Erwartungen vermuten würde – die stochastischen und deterministischen Beschaffenheiten der realisierten Reihen.

---

[27] Zur Bestimmung der relevanten ADF-Regressionsgleichung (ob mit oder ohne Zeittrend und Konstante und der richtigen „Lag"-Länge bzw. „Truncation"-Struktur) wird zuerst ein allgemeines Modell (mit Trend und Konstante und vielen Verzögerten) geschätzt, welches dann auf Grundlage der Signifikanz des Zeittrends und der Konstanten bzw. auf Grundlage der AIC und Schwarz–Informationskriterien für die „Lag"-Länge „verschlankt" wird.

[28] Bei den Tages- und Wochenprognosen ist ein Einheitswurzeltest nicht durchführbar, da die Stichprobe diskontinuierlich ist und damit die zur Durchführung der Tests notwendigen Differenzen nicht gebildet werden können.

Tabelle 1.1.4

Test auf Unverzerrtheit
Restringierte Kointegrationsvektoren

Zeitraum 1.1.1989 bis 31.01.1993

Neuigkeit [1]	n	mit Trend, mit Konst.		ohne Trend, mit Konst.		ohne Trend, ohne Konst.	
		PP	DF	PP	DF	PP	DF
Consumer confidence (Lag-Länge: 0,0,0)							
realisierter Wert: x_t		-1.76	-1.19	-1.5	-1.34	-1.97	-1.99
erwarteter Wert: $E_{t-1}[x_t]$		-1.8	-2.08	-1.54	-1.22	-1.37	-0.63
restring. Kointegration: $e_t = x_t - \beta^* E_{t-1}[x_t] - \alpha$, mit $\alpha=0$, $\beta=1$	12	-2.37	-6.77	-2.39	-1.99	-3,28***	-2,58*
NAPM (Lag-Länge: 0,0,0)							
realisierter Wert: x_t		-4.82	-3.06	-4.88	-3.09	-4,91***	-3,12***
erwarteter Wert: $E_{t-1}[x_t]$		-3.34	-2.46	-3.38	-2.47	-3,39***	-2,49***
restring. Kointegration: $e_t = x_t - \beta^* E_{t-1}[x_t] - \alpha$, mit $\alpha=0$, $\beta=1$	35	-5.95	-3.68	-6.03	-3.75	-6,08***	-3,79***
Unemployment rate (Lag-Länge: 0,0,0)							
realisierter Wert: x_t		-2.33	-2.46	0	0	0	0
erwarteter Wert: $E_{t-1}[x_t]$		-2.28	-1.96	0	0	0	0
restring. Kointegration: $e_t = x_t - \beta^* E_{t-1}[x_t] - \alpha$, mit $\alpha=0$, $\beta=1$	49	-6.81	-5.4	-6.86	-5.39	-6,93***	-5,42***
Non-farm-payrolls (Lag-Länge: 0,0,0)							
realisierter Wert: x_t		-3.8	-2.58	-3.43	-2.84	-3,37***	-2,91***
erwarteter Wert: $E_{t-1}[x_t]$		-2.64	-1.88	-2.44	-2.07	-2,21*	-2,02*
restring. Kointegration: $e_t = x_t - \beta^* E_{t-1}[x_t] - \alpha$, mit $\alpha=0$, $\beta=1$	49	-7.69	-4.74	-7,75***	-4,84***	-7.13	-4.11
Producer price index (Lag-Länge: 1,0,1)							
realisierter Wert: x_t		-4.72	-5.35	-4,5***	-5,11***	0	0
erwarteter Wert: $E_{t-1}[x_t]$		-4.7	-4.3	-4,39***	-3,9***	0	0
restring. Kointegration: $e_t = x_t - \beta^* E_{t-1}[x_t] - \alpha$, mit $\alpha=0$, $\beta=1$	49	-5.28	-6.29	-5.27	-6.38	-5,34***	-6,45***
Consumer price index (Lag-Länge: 0,0,0)							
realisierter Wert: x_t		-4,98***	-3.89	0	0	0	0
erwarteter Wert: $E_{t-1}[x_t]$		-4,21***	-4,48***	0	0	0	0
restring. Kointegration: $e_t = x_t - \beta^* E_{t-1}[x_t] - \alpha$, mit $\alpha=0$, $\beta=1$	49	-6.3	-5.6	-6.4	-5.66	-6,38***	-5,62***

Retail sales (Lag-Länge: 0,0,1)							
realisierter Wert: x_t		-8.21	-5.04	-8,06***	-4,85***	0	0
erwarteter Wert: $E_{t-1}[x_t]$		-6.61	-4.94	-6,72***	-5,02***	0	0
restring. Kointegration: $e_t = x_t - \beta^* E_{t-1}[x_t] - \alpha$, mit $\alpha=0$, $\beta=1$	49	-7.76	-3.38	-7.5	-3.15	-7,5***	-3,18***
Industrial production (Lag-Länge: 0,0,0)							
realisierter Wert: x_t		-5.35	-3.95	-5.41	-4	-5,46***	-4,04***
erwarteter Wert: $E_{t-1}[x_t]$		-5.32	-3.26	-5.4	-3.37	-5,43***	-3,4***
restring. Kointegration: $e_t = x_t - \beta^* E_{t-1}[x_t] - \alpha$, mit $\alpha=0$, $\beta=1$	48	-6.83	-5.52	-6.81	-5.47	-6,76***	-5,37***
Capacity utilisation (Lag-Länge: 0,0,0)							
realisierter Wert: x_t		-6.14	-4.41	-6.2	-4.44	-6,03***	-4,18***
erwarteter Wert: $E_{t-1}[x_t]$		-4.91	-3.18	-4.97	-3.26	-4,62***	-2,91***
restring. Kointegration: $e_t = x_t - \beta^* E_{t-1}[x_t] - \alpha$, mit $\alpha=0$, $\beta=1$	48	-6.72	-5.29	-6.71	-5.23	-6,78***	-5,28***
Housing starts (Lag-Länge: 0,0,0)							
realisierter Wert: x_t		-2.03	-2.1	-2.27	-2.73	-0.68	-1.01
erwarteter Wert: $E_{t-1}[x_t]$		-0.31	-0.47	-0.4	-0.71	0.41	0.25
restring. Kointegration: $e_t = x_t - \beta^* E_{t-1}[x_t] - \alpha$, mit $\alpha=0$, $\beta=1$	45	-8.62	-6.94	-8.37	-6.43	-8,24***	-6,32***
GNP (Lag-Länge: 0,0,0)							
realisierter Wert: x_t		-2.03	-1.51	-2.18	-1.75	-1.45	-1.13
erwarteter Wert: $E_{t-1}[x_t]$		-2.8	-2.11	-2.96	-2.38	-1.62	-1.09
restring. Kointegration: $e_t = x_t - \beta^* E_{t-1}[x_t] - \alpha$, mit $\alpha=0$, $\beta=1$	47	-7.63	-3.7	-7.61	-3.62	-7,69***	-3,67***

[1] In Reihenfolge frühstmöglicher Bekanntgabe (Quelle: Business Week ; Office of Management and Budget, Schedule of Release Dates for Principal Federal Economic Indicators, 1993 / 1994)

Krit. Werte nach Mc Kinnon bei Test mit Trend und Konstante Signifikanzniveau bei 45 Fg: 1%; 5%; 10%: -4,16; -3,50; -3,18

Krit.Werte nach Mc Kinnon bei Test ohne Trend mit Konstante Signifikanzniveau bei 46 Fg: 1%; 10%: -3,57; -2,92; -1,95

Krit.Werte nach Mc Kinnon bei Test ohne Trend und ohne Konstante Signifikanzniveau bei 47 Fg: 1%; 5%; 10%: -2,61; -2,60; -1,62

☐: relevante Teststatistik. Signifikanzlegende: 1% : ***; 5 % : **; 10 % : *.

PP: Philipp Peron, DF: Dickey Fuller

Tabelle 1.1.4 fortgesetzt (restringierte Kointegrationsvektoren)

Neuigkeit [1]	n						
Durable goods (Lag-Länge: 0,0,0)							
realisierter Wert: x_t		-7.52	-5.57	-7.52	-5.55	-7,5***	-5,52***
erwarteter Wert: $E_{t-1}[x_t]$		-5.75	-3.65	-5.68	-3.61	-5,68***	-3,62***
restring. Kointegration: $e_t = x_t - \beta^* E_{t-1}[x_t] - \alpha$, mit $\alpha=0$, $\beta=1$	46	-7.74	-6.03	-8.01	-6.16	-8,07***	-6,04***
Personal income (Lag-Länge: 1,1,1)							
realisierter Wert: x_t		-6,43***	-4,69***	0	0	0	0
erwarteter Wert: $E_{t-1}[x_t]$		-7,64***	-5,64***	0	0	0	0
restring. Kointegration: $e_t = x_t - \beta^* E_{t-1}[x_t] - \alpha$, mit $\alpha=0$, $\beta=1$	48	-6.4	-4.78	-6.39	-4.68	-6,3***	-4,51***
Personal consumption (Lag-Länge:: 2,1,5)							
realisierter Wert: x_t		-10.08	-7.11	-9.9	-6.88	-4,59***	-2,38***
erwarteter Wert: $E_{t-1}[x_t]$		-6.74	-4.28	-6.56	-4.02	-2,8***	-1.51
restring. Kointegration: $e_t = x_t - \beta^* E_{t-1}[x_t] - \alpha$, mit $\alpha=0$, $\beta=1$	47	-10.14	-8.5	-10.2	-8.6	-9,42***	-2,24**
New single-family home sales (Lag-Länge: 0,0,1)							
realisierter Wert: x_t		-8.7	-6.76	-8.36	-6.49	-8,18***	-6,29***
erwarteter Wert: $E_{t-1}[x_t]$		-6.6	-4.44	-6.03	-4.3	-5,2***	-3,13***
restring. Kointegration: $e_t = x_t - \beta^* E_{t-1}[x_t] - \alpha$, mit $\alpha=0$, $\beta=1$	43	-6.95	-4.33	-6,27***	-3,44**	-5.75	-2.83
Leading indicators (Lag-Länge: 0,0,0)							
realisierter Wert: x_t		-5.68	-3.6	-5.63	-3.46	-5,59***	-3,43***
erwarteter Wert: $E_{t-1}[x_t]$		-5.3	-3.21	-5.26	-3.1	-5,17***	-3,04***
restring. Kointegration: $e_t = x_t - \beta^* E_{t-1}[x_t] - \alpha$, mit $\alpha=0$, $\beta=1$	49	-9.79	-6.79	-9.67	-6.64	-9,77***	-6,7***
Factory orders (Lag-Länge: 1,1,2)							
realisierter Wert: x_t		-9.52	-6.48	-9.64	-6.59	-9,77***	-6,68***
erwarteter Wert: $E_{t-1}[x_t]$		-7.32	-4.66	-7.23	-4.75	-6,77***	-4,51***
restring. Kointegration: $e_t = x_t - \beta^* E_{t-1}[x_t] - \alpha$, mit $\alpha=0$, $\beta=1$	42	-9.51	-4.93	-9.94	-4.89	-10,23***	-4,87***
Business inventories (Lag-Länge: 0,0,0)							
realisierter Wert: x_t		-4.44	-3.17	-4.42	-3.26	-4,22***	-3,18***
erwarteter Wert: $E_{t-1}[x_t]$		-3.3	-2.67	-2.91	-2.6	-2,87***	-2,67***
restring. Kointegration: $e_t = x_t - \beta^* E_{t-1}[x_t] - \alpha$, mit $\alpha=0$, $\beta=1$	35	-6.92	-3.68	-6.78	-3.51	-6,1***	-3,13***

Trade balance (Lag-Länge: 1,0,0)							
realisierter Wert: x_t		-4.23	-2.89	-3,66***	-2.87	0	0
erwarteter Wert: $E_{t-1}[x_t]$		-2.18	-2.12	-2.18	-2.54	0	0
restring. Kointegration: $e_t = x_t - \beta^* E_{t-1}[x_t] - \alpha$, mit $\alpha=0$, $\beta=1$	49	-7.71	-5.96	-7.67	-5.88	-7,74***	-5,93***
Wechselkurs (Ein Monat) [2] (Lag-Länge: 0,1,0)							
realisierter Wert: x_t		-2.3	-2.17	-1.95	-1.73	-0.73	-0.59
erwarteter Wert: $E_{t-1}[x_t]$		-2.86	-1.77	-2.05	-1.48	-1.08	-0.88
restring. Kointegration: $e_t = x_t - \beta^* E_{t-1}[x_t] - \alpha$, mit $\alpha=0$, $\beta=1$	46	-7.47	-4.46	-7.47	-4.44	-7,57***	-4,48***
Wechselkurs (Drei Monate) [2] (Lag-Länge: 0,0,0)							
realisierter Wert: x_t		-2.23	-2.12	-2.41	-2.37	-1.03	-1.11
erwarteter Wert: $E_{t-1}[x_t]$		-2.27	-1.74	-1.96	-1.67	-0.54	-0.67
restring. Kointegration: $e_t = x_t - \beta^* E_{t-1}[x_t] - \alpha$, mit $\alpha=0$, $\beta=1$	35	-3.28	-2.52	-3.35	-2.54	-3,13***	-2,3**
Wechselkurs (Sechs Monate) [2] (Lag-Länge: 0,0,1)							
realisierter Wert: x_t		-2.57	-2.68	-3.13	-3.11	-0.76	-0.53
erwarteter Wert: $E_{t-1}[x_t]$		-2.11	-2.71	-2.11	-2.78	-0.21	-0.33
restring. Kointegration: $e_t = x_t - \beta^* E_{t-1}[x_t] - \alpha$, mit $\alpha=0$, $\beta=1$	20	-2.31	-3.13	-2.43	-3.25	-2,43**	-3,28***
Wechselkurs (Zwölf Monate) [2] (Lag-Länge: 0,0,1)							
realisierter Wert: x_t		-4.12	-2.19	-4.16	-2.11	0.13	0.1
erwarteter Wert: $E_{t-1}[x_t]$		-3.25	-3.13	-3.4	-3.28	0.15	-0.56
restring. Kointegration: $e_t = x_t - \beta^* E_{t-1}[x_t] - \alpha$, mit $\alpha=0$, $\beta=1$	13	-3.23	-2.81	-3.33	-3.03	-2,24**	-2,11**

[1] In Reihenfolge frühstmöglicher Bekanntgabe (Quelle: Business Week ; Office of Management and Budget, Schedule of Release Dates for Principal Federal Economic Indicators, 1993 / 1994)

Krit. Werte nach Mc Kinnon bei Test mit Trend und Konstante Signifikanzniveau bei 45 Fg: 1%; 5%; 10%: -4,16; -3,50; -3,18

Krit.Werte nach Mc Kinnon bei Test ohne Trend mit Konstante Signifikanzniveau bei 46 Fg: 1%; 10%: -3,57; -2,92; -1,95

Krit.Werte nach Mc Kinnon bei Test ohne Trend und ohne Konstante Signifikanzniveau bei 47 Fg: 1%; 5%; 10%: -2,61; -2,60; -1,62

[ ]: relevante Teststatistik. Signifikanzlegende: 1% : ***; 5 % : **; 10 % : *.

Lags beim ADF Test: Die Lag-Länge bezieht sich auf die Anzahl der nach AIC bzw. BIC Kriterium ausgewählten verzögerten Variablen in der ADF Regression.

Bei fast allen Vorhersagefehlerreihen kann die Nullhypothese, daß eine Einheitswurzel („unit root") vorliegt zum einprozentigen Signifikanzniveau verworfen werden, unabhängig vom eingesetzten Testverfahren. Ausnahme davon bilden bei den Makrovariablen die Fehlerreihen des cc und der pc, sowie bei den Wechselkursprognosen die Fehlerreihen der drei und zwölf monatigen Vorhersagen. Bei diesen Reihen kann auf Grundlage des ADF nur zum fünfprozentigen Signifikanzniveau die Nullhypothese abgelehnt werden. Der robustere PP-Test ermöglicht aber auch in diesen Fällen (mit Ausnahme der zwölf monatigen Wechselkursvorhersagen), die Hypothese zum einprozentigen Niveau zurückzuweisen. Damit kann die Hypothese nicht verworfen werden, daß I(1) Makrovariablen sowie die Wechselkurszeitreihe und die entsprechenden Zeitreihen der Erwartungswerte jeweils den gleichen stochastischen Trend aufweisen, der durch die Kointegrationsrestriktion aus der Fehlerreihe „herausgefiltert" wird. In allen Fällen, mit Ausnahme der 12 Monats Wechselkursprognose, kann damit die Nullhypothese, daß die Kointegrationsrestriktion $[1,-\alpha,-\beta]=[1,0,-1]$ nicht gilt, verworfen werden.

Allerdings gibt es bei zwei Vorhersagefehlerreihen Hinweise darauf, daß die wirkliche Entwicklung systematisch unterschätzt wurde. So enthalten die ADF und PP Regressionen für die nfp („nonfarm payrolls": US-amerikanische Beschäftigung außerhalb des Agrarsektors) und die nhs Konstanten, die zu einem Signifikanzniveau von 0,05 kleiner Null sind.

Insgesamt gesehen gibt es damit eine Prognose (nhs), die nach beiden Verfahren verzerrt ist sowie eine Prognose, die nur nach dem Kointegrationsverfahren verzerrt ist und zwölf Prognosen, die nur nach dem Kleinstquadrat-Verfahren verzerrt sind. Nach dem Kleinstquadrat-Verfahren sind vor allem die Wechselkursprognosen verzerrt. Möglicherweise dominieren gerade bei Finanzmarktpreisen die oben umrissenen anreiztheoretischen Probleme, eine korrekte Prognose zu erstellen und bekanntzugeben.

1.1.2.2 Test der Effizienz der nicht-ereignisbezogenen Prognosen

Ein weiterer Aspekt der Rationalität der Erwartungen ist die Informationseffizienz. Damit ist gemeint, daß Individuen bei gegebenem Informationsstand die bestmögliche Prognose bilden, sie also keine Information verschwenden. Die Gesamtheit der verfügbaren Information, einschl. der Strukturbeziehungen eines Modells, wird als Informationsmenge bezeichnet. Die Nullhypothese in diesem Zusammenhang lautet, daß a) die Erwartungen über die Variablen – beispielsweise über die Preise – dem auf der Informationsmenge bedingten mathematischen Erwartungswert des von den Akteuren verwendeten Modells entsprechen und b) im Erwartungsgleichgewicht die Individuen so entscheiden, daß die realisierte Wahrscheinlichkeitsverteilung, der erwarteten entspricht. Damit sind langfristig systematische Erwartungsfehler ausgeschlossen, lediglich in der kurzen Frist kann bei kleinem Stichprobenumfang das „Peso-Problem" aufscheinen. Abweichungen einer Realisation vom erwarteten Wert sind rein zufällig. Die stochastischen Prozesse der Erwartungsfehler sind Martingale.[29]

Zurückgehend auf Fama [1970] wird die Informationseffizienz des Marktes mit Hinblick auf die Kosten der Informationsbeschaffung in drei Untergruppen zerlegt. Ein Markt ist schwach informationseffizient, wenn die Marktpreise die gesamte Information über die Geschichte der analysierten Zeitreihe enthält. Dabei wird davon ausgegangen, daß Vergangenheitswerte – im Unterschied zu anderen Daten – kostenlos zur Verfügung stehen und die Marktakteure diese bei ihrer Prognose vollständig berücksichtigen. So müßten in einer Vorhersage Autokorrelationseigenschaften einer Reihe genauso berücksichtigt sein, wie mögliche verzögerte Anpassung an langfristige Trends. Bei Geltung der Nullhypothese der Informationseffizienz des Marktes ist es für einen Händler demnach z.B. unmöglich, aus extrapolierten Vergangenheitswerten Handelsstrategien abzuleiten, die eine Überschußrendite abwerfen. Aus der Sicht des Händlers sind die Preisänderungen zufällig und nicht vorhersagbar.

Ein Markt ist mittelstark informationseffizient, wenn die Marktpreise alle öffentlich zugängliche Information, einschl. der Information über die vergangenen Preise, enthalten. Genügt der Markt dieser Form der Effizienz kann die Präzision einer Vorhersage nicht dadurch verbessert werden, daß andere ökonomische Zeitreihen wie z.B. Geldmenge, Zinsen, Produktionsvolumen usw. bei einer Schätzung verwendet werden.

Ein Markt ist stark effizient, wenn die Marktpreise sämtliche öffentlich zugängliche sowie alle private Information reflektieren. Insbesondere sind „geheime" Zentralbankinterventionen und Zinsbeschlüsse des Zentralbankrates in der Informationsmenge, auf die die Preise bedingt sind, enthalten. Für keinen Marktteilnehmer ist es möglich eine systematisch erfolgreiche Strategie zu entwickeln, um Überschußrenditen zu erwirtschaften.

---

[29] Ein stochastischer Prozeß $(X(t))_{t \in T}$ mit diskreter (oder stetiger) Zeit heißt Martingal, wenn für

1.1.2.2.1 Testspezifizierung (Informationseffizienz der nicht-ereignisbezogenen Prognosen)

Formal bedeutet dies, daß unter der Nullhypothese informationseffizienter Prognosen die Vorhersagefehler nicht autokorreliert sind und eine Regression von Elementen der Informationsmenge auf die Reihe der Prognosefehler keine signifikanten Koeffizienten enthält.[30] Zur Überprüfung verschiedener Hypothesen bzgl. der Informationseffizienz werden die Residuen der Vorhersagefehler daraufhin untersucht, ob sie systematische Komponenten enthalten.

$$E_{t-1}[e_{it} \mid \Omega_{t-1}] = 0 \qquad (2),$$

wobei e_{it} der beobachtete Prognosefehler der Makro- und Wechselkurszeitreihe i zum Zeitpunkt t ist und Ω_{t-1} der Informationsmenge entspricht. Hier enthält Ω_{t-1} die um eine Periode verzögerte Vorhersagefehler, sowie verzögerte realisierte Werte der verschiedenen Makrozeitreihen. Im Falle eines informationseffizienten Marktes ist der bedingte mathematische Erwartungswert des Prognosefehlers immer gleich null.

Getestet werden hier die Hypothesen der schwachen und mittelstarken Informationseffizienz und zwar mittels einer KQ-Schätzung. Im Falle der schwachen Informationseffizienz wird getestet, ob vergangene Vorhersagefehler bzw. vergangene erwartete bzw. realisierte Werte der untersuchten Makrozeitreihe i einen signifikanten Erklärungsbeitrag für den aktuellen Vorhersagefehler der Makrozeitreihe i liefern. Im Falle der mittelstarken Informationseffizienz wird der Regressionsansatz noch um die 21 beobachteten Makrozeitreihen erweitert. Diese dienen als Proxy für die öffentlich verfügbare Information. Starke Informationseffizienz wird nicht überprüft.

1.1.2.2.2 Testergebnisse (Informtionseffizienz der nicht-ereignisbezogenen Prognosen)

Die Ergebnisse der Schätzung sind in den Tabellen 1.1.5a und 1.1.5b (siehe Seiten 32 und 34) eingetragen. Demnach kann bei sieben der 22 Prognosen die Hypothese der schwachen und mittelstarken Informationseffizienz nicht verworfen werden.[31] In

---

$t_1<t_2<...<t_n<t_{n+1}$ gilt $E[X(t_{n+1})|X(t_1)=x_1, X(t_2)=x_2, X(t_n)=x_n]=x_n$. Vgl. z.B. Hayashi [2000, 103].

[30] Zur Interpretation von Autokorrelation von Vorhersagefehlern siehe Einleitung dieses Kapitels.

[31] Es handelt sich um die Prognosen bzgl. des CPI, der Kapazitätsauslastung (capacity utilisation), der Baubeginne (housing starts), der langlebigen Wirtschaftsgüter (durable goods), der Geschäftsausstattungen (business inventories) und den Geldmengen M2 M3.

Tabelle 1.1.5a

Test auf Informationseffizienz der makroökonomischen Prognosen mit vorher bekannten Veröffenltichungsterminen (Ein-Monats-Umfrageergebnisse im WSJ)

Zeitraum 1.1.1989 bis 31.01.1993

Prognosefehler regressiert auf :	cc[3]	NAPM	nfp	ur	ppi	cpi	rt
Erklärende Variablen in der Informationsmenge [1] (Niveau zum Zeitpunkt t:=N_t bzw. Wachstum:=W_t) ** (*)							
Schwache Informationseffizienz							
Verzögerte Vorhersagefehler (t-1, t-2)		N_{t-1}**	N_{t-1}**		N_{t-1}*		
Verzögerter Zeitreihenwert (t-1, t-2)		N_{t-1}**			N_{t-1}*		N_{t-2}*
Mittelstarke Informationeffizienz							
Absolutglied			N*	N*	N**		
Consumer confidence (cc)							
NAPM		/					
Employment report							
Non-farm-payrolls (nfp)			/				
unemployment-rate (ur)				/			
Producer price index (ppi)					/		
Consumer price index (cpi)						/	
Retail sales (rt)		N_{t-1}**					/
Industrial production (ind) and Capacity utilisation (cap)					N_{t-1}**		
Housing starts (hs)							
GDP							
Durable goods (dg)			N_{t-1}**				
Personal income (pi) and Personal consumption (pc)							
New single-family home sales (nhs)							
Leading indicators (li)							
Factory orders (fo)							
Business inventories (bi)				N_{t-1}**			
Trade balance (tb)			N_{t-1}**				
Monetary aggregates (ab'91)			N_t*				
M1							
M2							
M3							
F-Stat		3.8 **	4,9*	3.8*	6,1*		2,0**
R^2		0.30	0.17	0.08	0.01		0.07

[1] In Reihenfolge frühstmöglichher Bekanntgabe (Quelle: Business Week ; Office of Management and Budget, Schedule of Release Dates for Principal Federal Economic Indicators, 1993 / 1994)

[2] Auf den Einfluß von M1 zurückzuführen, Schätzung instabil und sensibel bzgl. M1

[3] zu wenige Beobachtungen

**(*) Signifikant bei Feherwahrscheinlichkeit < 0,01 (< 0.05)

Tabelle 1.1.5a (fortgesetzt)

Zeitraum 1.1.1989 bis 31.01.1993

ip	cap	hs	GDP	dg	pi²	pc	nsh	li	fo	bi	tb	M1	M2	M3
			N_{t-1}^{**}				N_{t-1}^{**}	N_{t-1}^{**}						
							N_{t-2}^{*}				N_{t-2}^{*}			
							N^{*}	N^{*}	N^{*}		N^{*}	N^{*}		
					N_{t-1}^{**}									
					N_{t-1}^{**}	N_{t-1}^{**}	N_{t-1}^{**}	N_{t-1}^{*}						
			N_{t-1}^{**}		N_{t-1}^{**}									
N_{t-1}^{**}					N_{t-1}^{**}									
					N_{t-1}^{**}									
			N_{t-1}^{**}		N_{t-1}^{**}			N_{t-1}^{*}						
/			N_{t-1}^{**}											
	/													
		/			N_{t-1}^{**}	N_{t-1}^{*}								
			/								N_{t-1}^{**}			
			N_{t-1}^{*}	/	N_{t-1}^{**}			N_{t-1}^{**}	N_{t-1}^{**}					
			N_{t-1}^{**}		/									
						/								
							/	N_{t-1}^{*}						
					N_{t-1}^{**}			/						
									/					
					N_{t-1}^{**}					/				
			N_{t-1}^{**}								/			
					N_{t-1}^{**}							/		
													/	
														/
4.9*			7,0*		5.7**	4.4*	3,5**	8,3**	2.6*		2.7 *			
0.10			0.59		0.89	0.17	0.02	0,50	0.25		0.1			

Tabelle 1.1.5b

Test auf Informationseffizienz der Wechselkursprognosen
Zeitraum 1.1.1989 bis 31.01.1993

Prognosefehler regressiert auf :	Ein-Monatsprognosen
Erklärende Variablen in der Informationsmenge 1 (Niveau zum Zeitpunkt t:=Nt bzw. Wachstum:=Wt) ** (*)	43
Schwache Informationseffizienz	
Verzögerte Vorhersagefehler (t-1, t-2)	
Verzögerter Zeitreihenwert (t-1, t-2)	
Mittelstarke Informationeffizienz	
Absolutglied	
Consumer confidence (cc)	
NAPM	
Employment report	
Non-farm-payrolls (nfp)	
unemployment-rate (ur)	
Producer price index (ppi)	
Consumer price index (cpi)	
Retail sales (rt)	
Industrial production (ind) and	
Capacity utilisation (cap)	
Housing starts (hs)	
GDP	N_{t-1}*
Durable goods (dg)	
Personal income (pi) and	
Personal consumption (pc)	
New single-family home sales (nhs)	
Leading indicators (li)	
Factory orders (fo)	
Business inventories (bi)	W_{t-1}*
Trade balance (tb)	
Monetary aggregates (ab'91)	
M1	
M2	
M3	
F-Stat	3,8**
R^2	0.16

[1] In Reihenfolge frühstmöglichher Bekanntgabe (Quelle: Business Week ; Office of Management and Budget, Schedule of Release Dates for Principal Federal Economic Indicators, 1993 / 1994)

[2] Auf den Einfluß von M1 zurückzuführen, Schätzung instabil und sensibel bzgl. M1

[3] zu wenige Beobachtungen

**(*) Signifikant bei Feherwahrscheinlichkeit < 0,01 (< 0.05)

Tabelle 1.1.5b (fortgesetzt)

Zeitraum 1.1.1989 bis 31.01.1993

Drei-Monatsprognosen	Sechs-Monatsprognosen	Ein-Jahresprognosen
35	21	13
N_{t-1}*	N_{t-1}*	
N_{t-2}*	N_{t-2}*	
N*	N*	N*
7,9**	17,3**	2,5*
0.34	0.68	

acht Fällen (NAPM, nfp, ppi, „retail sales (rs)“, gdp, nhs, „leading indicators (li)“ und „trade balance (tb)“) ist der laufende Prognosefehler mit vergangenen Prognosefehlern bzw. mit verzögerten Werten der Zeitreihen korreliert, die den Prognosen zugrunde liegen. Die Hypothese schwacher Informationseffizienz wird in diesen Fällen zurückgewiesen.

In den anderen Fällen besteht ein systematischer, wenn auch oftmals durch die Multikollinarität der Reihen sehr labiler, signifikanter Zusammenhang zwischen Zeitreihen aus der Informationsmenge und den beobachteten Prognosefehlern.[32] So können die Vorhersagefehler der Zeitreihen napm, nfp, „unemployment rate (ur)“, ppi, rt, „industrial production (ip)“, gdp, pi, pc, nsh, li, „factory orders (fo)“, tb, M1 z.T. durch Elemente der Informationsmenge erklärt werden. Mit einem Bestimmtheitsmaß von 0,59 ist z.B. der Erklärungsgehalt der KQ-Schätzung von Reihen der Informationsmenge auf die GDP-Prognosefehler besonders hoch. In diesem Fall hätte die Prognose des GDP-Wachstums durch Berücksichtigung von Informationen des Vormonats über die Arbeitslosenquote, des Handelsbilanzdefizits, der Einzelhandelsumsätze, der Entwicklung der Privaten Einkommen, der Industrieproduktion und des Auftragstandes der Dauerhaften Wirtschaftsgüter deutlich verbessert werden können. Auf Grund der Tatsache, daß verfügbare Information nicht vollständig genutzt wurde, wird für diese Reihen die Hypothese der mittelstarken Informationseffizienz verworfen.

Für den Bereich der Wechselkursprognosen für einen Zeitraum ab einem Monat kann die Hypothese von schwacher Informationseffizienz nur für die Ein-Monatsprognose nicht abgelehnt werden. Die Fehler aus längerfristigen Vorhersagen (ohne die Ein-Jahresprognose) sind grundsätzlich mit den eigenen verzögerten Fehlern bzw. mit Wechselkursbewegungen des Vormonats korreliert. Das legt die Vermutung nahe, daß die Erwartungen während des Beobachtungszeitraums adaptiv oder extrapolativ gebildet werden. Die Prognosefehler der Ein-Monatsvorhersage enthalten Information, die durch das US-BIP Wachstum bzw. durch die Veränderungsrate der langlebigen Wirtschaftsgüter erklärt werden können. Die Hypothese mittelstarker Informationseffizienz wird deshalb zurückgewiesen. Insgesamt gesehen ist die Evidenz für informationseffiziente Prognosen schwach. Bei nur sechs (cpi, „capacity utilisation (cap)“, „housing starts (hs)“, dg, M2, M3) der insgesamt 26 (inkl.

Wechselkursprognosen) Prognosen konnte die Nullhypothese mittelstarker Informationseffizienz nicht verworfen werden.

1.1.2.3 Fehlerabschätzung der nicht-ereignisbezogenen Prognosen (Quantitative Testverfahren)

In diesem Abschnitt werden die Prognosefehler – definiert als die Differenz zwischen dem prognostizierten und dem realisierten Wert – der Umfrageprognosen verglichen mit den Prognosefehlern des jeweiligen Irrfahrtmodells („random walk (RW)") bzw. des jeweiligen autoregressiven Modells einschl. einer Trendvariablen (AR).[33] Gütekriterien für die Prognosen sind der „Durchschnittliche Absolute Fehler (DAF)" und die „Wurzel des Mittleren Quadratischen Fehlers (WMQF)". Die Gütekriterien sind um so kleiner, je geringer die Prognosefehler sind. Der „Durchschnittliche Fehler (DF)" eignet sich hier nicht zum Gütemaß, da er – unter der Nullhypothese der Unverzerrtheit der Prognosen – nicht von Null verschieden ist, unabhängig davon, wie nahe die Erwartungen an den realisierten Werten liegen.

1.1.2.3.1 Testspezifizierung (quantitative Gütebeurteilung der nicht-ereignisbezogenen Prognosen)

Der Durchschnittliche Fehler (DF) ist definiert als Summe der beobachteten Prognosefehler, geteilt durch die Anzahl der Beobachtungen:

$$DF_i = \frac{1}{n}\sum_{i=1}^{n} e_{it}, \qquad (3),$$

wobei e_{it} der beobachtete Prognosefehler der Makro- und Wechselkurszeitreihe i zum Zeitpunkt t ist. n ist die Anzahl der Beobachtungen. Der DF kann als einfaches Verzerrtheitsmaß betrachtet werden. Ein signifikant von null verschiedener positiver DF bedeutet z.B. daß die befragten Händler die zu prognostizierende Variable in der Regel unterschätzen.

Der Durchschnittliche Absolute Fehler (DAF) berechnet sich als die Summe der Absolutbeträge der Prognosefehler, dividiert durch die Beobachtungen:

---

[32] Die Korrelation zwischen den beobachteten Reihen ist im generellen sehr hoch und ist im Einzelfall um die 90 Prozent.

[33] Die Prognose auf Grundlage des AR-Modells ist eine „in-sample" Vorhersage und erfolgt auf Grundlage der geschätzten AR- und Trendkoeffizienten. Tendenziell ist die Vorhersage deshalb zu gut, da diese Vorgehensweise impliziert, daß die auf Grundlage von zum Zeitpunkt der Prognose unbekannten

$$DAF_i = \frac{1}{n}\sum_{i=1}^{n}|e_{it}|, \qquad (4)$$

Das DAF ist ein Maß der Akkuratesse, das die durchschnittliche absolute Entfernung des Prognosewertes von der Realisation angibt. Beim Vergleich zweier Prognosen ist die Prognose genauer, die einen kleineren DAF aufweist. Die Hypothese, ob die DAFs zweier Prognosen voneinander verschieden sind, kann mit einem t-Test auf Signifikanz überprüft werden.

Die Wurzel des Mittleren Quadratischen Fehlers (WMQF) entspricht der Wurzel aus der Summe der quadrierten Prognosefehler, dividiert durch die Anzahl der Beobachtungen:

$$WMQF_i = \sqrt{\frac{1}{n}\sum_{i=1}^{n} e_{it}^2} \qquad (5)$$

Die WMQF betont aufgrund der Quadrierung der Fehler relativ zum DAF die Ausreißer einer Prognose. Unter der Bedingung, daß die DF beider Prognosen gleich null sind, kann die Nullhypothese, gleicher Varianz (im Sinne der quadrierten Abweichungen vom DF) der Prognosen durch einen F-Test überprüft werden.

1.1.2.3.2 Testergebnisse (quantitative Gütebeurteilung der nicht-ereignisbezogenen Prognosen)

In den Tabellen 1.1.6a und 1.1.6.b (siehe Seiten 39und 40) sind die Werte für die Gütekriterien (3) bis (5) für die WSJ-Umfrageprognose, die naive Prognose (Irrfahrtmodell oder „random walk") und die AR-Prognose zusammengefaßt. Im Falle der Wechselkurszeitreihen wurden die Prognosewerte der Umfrage nicht mit den Vorhersagewerten eines AR-Modells, sondern mit dem Terminkurs verglichen.[34]

Zum Signifikanzniveau von 0,01 kann die Nullhypothese eines DFs von Null für keine der Vorhersagen verworfen werden. Zu einem Signifikanzniveau von 0,05 muß allerdings die Hypothese eines DFs von Null bei den nf, den nhs, bei M1 sowie der dreimonatigen und zwölfmonatigen Wechselkursprognose abgelehnt werden. Für die

Realisationen geschätzten Koeffizienten zum Zeitpunkt der Prognose den Wirtschaftssubjekten bekannt sind.

[34] Unter der verbundenen Nullhypothese von „rationalen Erwartungen" und „Risikoneutralität" ist der Terminkurs unverzerrter effizienter Schätzer des zukünftigen Wechselkurs. Kapitel 2 beschäftigt sich ausgiebig mit dieser These.

Tabelle 1.1.6a

Die Leistungsfähigkeit der makroökonomischen Prognosen mit vorher bekannten Veröffentlichungszeitpunkten
Zeitraum 1.1.1989 bis 31.01.1993

		Umfrage			Naiv: $E(x_t) = x_{t-1}$			AR[3]: $E(x_t)=c_1+c_2\rho x_{t-1}(+ c_3 t)$	
Neuigkeit[1]	n	DF[2]	DAF	WMQF	DF[2]	DAF	WMQF	DAF	WMQF
Consumer confidence	12	-1.775	4.925	5.805	-2.04	5.22	6.549	4.501	5.424
NAPM	35	0.169	1.551	1.987	-0.174	2,885***	3,502***	2,166*	2,665*
Employment report									
Non-farm-payrolls	49	-32,26*	85.48	113.217	4.479	112,688*	140,747*	97.737	124.151
unemployment-rate[3]	49	-0.008	0.118	0.158	-0.042	0.133	0.166	0.126	0.152
Producer price index	49	0.004	0.22	0.282	0.004	0,446***	0,596***	0,374***	0,492***
Consumer price index[3]	49	0.012	0.098	0.119	0.004	0,181***	0,234***	0,148***	0,188***
Retail sales	49	-0.076	0.431	0.522	-0.029	0,842***	1,001***	0.538	0.645
Industrial production and	48	-0.034	0.205	0.255	-0.002	0,5***	0,651***	0,398***	0,509***
Capacity utilisation	48	-0.01	0.277	0.381	-0.006	0,551***	0,719***	0,4**	0,529**
Housing starts	45	7,6*	63.2	80.162	4.625	83,583**	107,85*	71,994*	101,293*
GDP	47	0.006	0.462	0.618	-0.052	0,857***	1,289***	0,853***	1,219***
Durable goods	46	-0.03	2.948	3.786	-0.056	5,398***	6,851***	3,504***	4,598*
Personal income[3] and	48	0.05	0.204	0.297	-0.013	0,435***	0,569***	0,315***	0,401*
Personal consumption	47	0.051	0.209	0.258	0.004	0,504***	0,628***	0.287	0.363
New single-family home sales	43	-2.421	5.807	7.064	0.006	9,627***	11,373***	5.915	7.294
Leading indicators	49	-0.007	0.164	0.226	-0.021	0,617***	0,795***	0,502***	0,617***
Factory orders	42	-0.349	0.823	1.287	0.226	3,135***	3,799***	1,746***	2,206***
Business inventories	35	0.051	0.189	0.243	0.011	0,304***	0,419**	0,27***	0,351*
Trade balance[3]	49	-0.022	0.972	1.187	0.104	1,504***	1,842***	1,29**	1,557*
Monetary aggregates									
M1	23	1,857*	3.326	4.555	0.041	5,677***	7,077**	3.83	4.564
M2[3]	23	-0.174	4.922	6.767	-0.064	9,509***	11,423***	4.78	6.542
M3	23	-2.474	5.665	8.512	0.100	12,573***	14,876***	6.356	8.661

[1] In Reihenfolge frühstmöglichher Bekanntgabe (Quelle: Business Week ;
Office of Management Budget and Schedule of Release Dates for Principal Federal Economic Indicators, 1993 / 1994)
DF = Durchschnittlicher Fehler, DAE = Durchschnittlicher absoluter Fehler, WMQF = Wurzel des Mittleren quadratischen Fehlers
[2] H_0: DF = 0.0, unter H_0 ist Teststatistik t verteilt
n: Anzahl der Beobachtungen
[3] Signifikante Trendvariabel im AR-Modell ,
Signifikanzlegende: WSJ Prognose signifikant unter "random walk", ar(1)-Prognose zum Signifianzniveau:1%):***, 5%):**, 10%):*.

Tabelle 1.1.6b

Die Leistungsfähigkeit der Wechselkursprognosen

Zeitraum 1.1.1989 bis 31.01.1993

		Umfrage			Naiv: $E_t(s_{t+1}) = s_t$			Forward: $E_t(s_{t+1}) = f_t$		
Prognosehorizont	n	DF[2]	DAF	WMQF	DF[2]	DAF	WMQF	DF[2]	DAF	WMQF
Ein Monat	46	0.004	0.053	0.067	0.007	0.047	0.059	0.009	0.469	0.060
Drei Monate	35	-0,044**	0.115	0.146	0.024	0.098	0.119	0.020	0.098	0.119
Sechs Monate	20	-0.026	0.173	0.045	-0.035	0.133	0.166	-0.017	0.133	0.162
Ein Jahr	13	-0,170**	0.224	0.287	0.017	0.163	0.186	0.052	0.147	0.171
Prognose für den nächsten Tag	32	0.0019	0,006**	0,008**	-0.0010	0,009**	0,01**			
Prognose für den Wochenverlauf	99	0.0051 0.005	0.0242 0.0244	0.0318 0.032	-0.0027 -0.0013	0.0209 0.0199	0.0257 0.0236			
Auf Makroereignisse bedingte Prognosen	17	-0.0021	0,0134§	0,0177§§	0.0019	0,0169§	0,0206§§			

[1] In Reihenfolge frühstmöglichher Bekanntgabe (Quelle: Business Week ; Office of Management and Budget, Schedule of Release Dates for Principal Federal Economic Indicators, 1993 / 1994).
DF = Durchschnittlicher Fehler, DAF = Durchschnittlicher absoluter Fehler, WMQF = Wurzel des Mittleren quadratischen Fehlers
n: Anzahl der Beobachtungen

Signifikanzlegende: WSJ Prognose signifikant unter "random walk", ar(1)-Prognose zum Signifianzniveau:1%):***, 5%):**, 10%):*.
§ marginales Signifikanzniveau: 0,4
§§ marginales Signifikanzniveau: 0,7

nf und die nhs Prognosen werden damit die Ergebnisse der Einheitswurzeltests von möglicherweise verzerrten Erwartungen bestätigt.

Wird die Güte der unterschiedlichen Vorhersagen auf Grundlage der DAF- und WMQF-Werte beurteilt, schlagen bei fast allen Makrovariablen die Umfrageprognosen die Prognosen des Irrfahrtmodells („random walk") und der AR-Prognosen. Ausnahme hiervon sind lediglich M2 und – auf Grundlage des WMQF-Wertes – die „unemployment rate" (ur). Das gilt insbesondere auch für die nach dem DF-Maß verzerrten Problemreihen. Darüber hinaus zeigt sich, daß der DAF aus den Umfrageprognosen mit Ausnahme vom cc und von der „unemployment rate (ur)" signifikant unter den Vorhersagefehlern des Irrfahrtmodells („random walk") liegt und zwar – mit Ausnahme von zwei Fällen – zu einem Signifikanzniveau von 0,01. Etwas weniger eindeutig sind die Ergebnisse, wenn anstelle des naiven Modells das AR-Modell zum Vergleich herangezogen wird.[35] Der DAF bei den Umfrageergebnissen liegt nur noch bei 13 der 22 überprüften Variablen signifikant unterhalb des DAFs des AR-Modells (darunter die Kapazitätsauslastung cap bei einem Signifikanzniveau von 0,05 und die Baubeginne (hst) sowie die Handelsbilanz (td) zu einem Signifikanzniveau von 0,1).

Ein völlig anders Bild zeigt sich beim Vergleich des Prognosegehalts der verschiedenen Wechselkursprognosemodelle. Für alle Umfrageprognosen mit einem Prognosehorizont von über einem Tag ist der DAF signifikant schlechter als der DAF des Irrfahrmodells bzw. des durch den Terminkurs implizierten DAFs. Eine Sonderrolle nimmt die Wechselkursprognose für den nächsten Tag ein. Obwohl die Prognose im Sinne der Schätzgleichung (1) verzerrt ist, liegt ihr DAF signifikant unter der der naiven Prognose. Mit anderen Worten: Händler, die der „Prognose für den nächsten Tag" des WSJ gefolgt wären, hätten während des Untersuchungszeitraumes einen signifikanten Gewinn erwirtschaftet.

Wird der Exaktheit der Makro- und Wechselkursprognosen mit dem WMQF abgeschätzt, bleiben die Ergebnisse im Wesentlichen unverändert. Allerdings kann bei fünf Makrovariablen nur noch zum Signifikanzniveau von 0,01 die Hypothese gleicher Prognosegüte der AR-Modelle und der WSJ Prognosen verworfen werden. Das deutet darauf hin, daß „Ausreißer", oder Extremereignisse, nur in wenigen Fällen eine gewisse Rolle spielen.

---

[35] Da das naive Modell „random walk" ein restringiertes AR Modell ist, mit einem Absolutglied von Null und einem Steigungskoeffizienten von eins, kann sich beim AR-Modell die Prognosekraft nur erhöhen.

Bei der Interpretation der Prognoseergebnisse des Wechselkurses muß man sich allerdings vor Augen halten, daß der Wechselkurs unter den untersuchten Variablen der einzige „wirkliche" Finanzmarktpreis ist, und damit die einzige Zeitreihe, bei der ine gute Prognose – und eine darauf bedingte Positionierung auf dem Devisenmarkt – direkt in Gewinne umgesetzt werden könnte. Möglicherweise spielen aber bei der Erhebung der Erwartungsdaten die oben umrissenen Anreizprobleme eine Rolle.

1.1.3 Prognoseart 2 im WSJ: Ereignisbezogene (bedingte) Prognosen

1.1.3.1 Fehlerabschätzung der bedingten Prognosen

In der „currency markets" Kolumne des WSJ werden neben den oben beschriebenen unbedingten Prognosen auch bedingte Prognosen veröffentlicht. Die hier betrachteten bedingten Prognosen beziehen sich auf die Veröffentlichung makroökonomischer Daten sowie auf das Eintreten politischer Ereignisse.

Im Falle der auf die Entwicklung makroökonomischer Variablen bedingten Wechselkursprognosen wird die Auswertung auf die 22 Makrovariablen beschränkt, die in der „tracking the economy" Kolumne veröffentlicht sind. Da den Marktteilnehmern der Veröffentlichungszeitpunkt dieser Daten genau bekannt ist, kann leicht überprüft werden, ob die genannten Bedingungen eingetreten sind. Insgesamt werden während des Auswertungszeitraumes 33 bedingte makroökonomische Prognosen in der WSJ-Kolumne gemacht unter denen 17 sind bei denen die genannten Bedingungen eintreffen (siehe Tabelle 1.1.7 auf Seite 43). 11 der Bedingungen beziehen sich auf die Arbeitsmarktdaten (nfp), jeweils zwei auf die BIP-Zahlen (gnp) bzw. Einzelhandelsumsätze (rt) und jeweils eine auf den Produktionspreisindex (ppi) bzw. auf die Handelsbilanzdaten (tb). Der Prognosehorizont der bedingten makroökonomischen Prognosen beträgt im Schnitte ein bis zwei Tage, in vier Fällen auch fünf bis sechs Tage.

Neben den auf die Bekanntgabe der Makrovariablen bedingten Vorhersagen treffen die Journalisten des WSJ auch 15 bedingte Prognosen auf Grundlage von politischen Ereignissen. Anders als bei den bedingten Prognosen auf Grundlage der makroökonomischen Faktoren bei denen der exakte Zeitpunkt bekannt ist zu dem eine Variable veröffentlicht wird, ist das genaue Eintreffen einer politischen Bedingung zeitlich unbestimmt. Deshalb sind die Zeiträume zu dem eine politische Bedingung eintreten kann weiter geschnitten. In Tabelle 1.1.8 (siehe Seite 45) sind die Bedingungen aufgelistet, auf die sich die bedingten politischen Prognosen beziehen.

Tabelle 1.1.7

Bedingte Prognosen auf Grundlage makroökonomischer Ereignisse

Zusammenfassende Tabelle

02.01.1989 bis 31.01.1993

Anzahl der auf makokönomische Realisationen bedingten Wechselkursprognosen [1]	33
Eintreten der Bedingungen [2]	17

[1] Prognose auf Grundlage von neuer Information in der "Tracking" Kolumne
[2] Der bedingte Prognosefehler ergibt sich als Differenz aus dem Prognosewert und dem Wechselkurs um 17:00 MEZ am Tag der Bekanntgabe der makroökonomischen Neuigkeit.

Leistungsfähigkeit der bedingten Prognose

	Anzahl	Bedingte Prognose	Irrfahrtsmodell ("random walk")
DF	17	-0.0021	0.0019
DAF	17	0.0134	0.0169
WMQF	17	0.0179	0.02

DF: Durchschnittlicher Fehler
DAF: Durchschnittlicher absoluter Fehler
WMQF: Wurzel des mittleren quadratischen Fehlers

Tabelle 1.1.7 (fortgesetzt)

Wechselkursentwicklung im Einzelnen [1]
02.01.1989 bis 31.01.1993

Kategorie	Datum der bedingten Prognose	Wechselkurs am Tag der bedingten Prog.	Veröffentlichungsdatum für Makro-Information	Prog. Entwicklung bei Realisation über/unter den Erwartungen	Eintreten der Bedingung	Wechselkurs um 17:00 MEZ nach Eintreten der Bedingung
Arbeitsmarktdaten						
	2/ Jan 89	1.774	6/ Jan 89	1,80 / 1,76	über	1.813
	1/ Feb 89	1.871	3/ Feb 89	1,88 /	über	1.881
	4/ May 89	1.891	5/ May 89	1,91 / 1,89	unter	1.899
	26/ Oct 90	1.516	2/ Nov 90	/ 1,49	unter	1.502
	5/ Jun 91	1.748	7/ Jun 91	1,765 /	über	1.769
	9/ Oct 91	1.689	10/ Oct 91	/ 1,69	unter	1.698
	9/ Jan 92	1.561	10/ Jan 92	1,60 / 1,50	über	1.586
	2/ Mar 92	1.639	6/ Mar 92	1,665 / 1,645	über	1.668
	30/ Mar 92	1.653	3/ Apr 92	1,68 / 1,635	unter	1.625
	1/ May 92	1.641	8/ May 92	1,67 /	über	1.648
	6/ Aug 92	1.482	7/ Aug 92	1,51 / 1,465	unter	1.466
Handelsbilanzdaten						
	15/ Aug 89		18/ Aug 89	1,97 /	über	1.956
GNP Zahlen						
	28/ Aug 89	1.955	29/ Aug 89	1,98 /	über	1.933
	23/ Aug 91	1.753	30/ Aug 91	1,71 / 1,78	unter	1.747
PPI						
	13/ Sep 89	1.982	18/ Sep 89	/ 1,97	unter	1.947
Retail sales						
	11/ Nov 91	1.640	12/ Nov 91	/ 1,625	unter	1.635
	11/ Mar 92	1.667	12/ Mar 92	1,67 /	über	1.672

[1] Hier sind nur die 17 Ereignisse angegeben, bei denen die Bedingung der Prognose zutrifft.

Tabelle 1.1.8

Prognosen auf Grundlage politischer Ereignisse

Zusammenfassende Tabelle
02.01.1989 bis 31.01.1993

Anzahl der bedingten Prognosen [1]	15
Eintreten der Bedingungen	7
darunter:	
Zutreffen der Prognose nach 1 Tag	4
Nicht Eintreten der Bedingung	8

[1] Prognose auf Grundlage von politischen Ereignissen

Leistungsfähigkeit der bedingten Prognose

	Bedingte Prognose	Irrfahrtsmodell ("random walk")
DF	0.0369	0.000614
DAF	0.044	0.014
WMQF	0.044	0.022

DF: Durchschnittlicher Fehler
DAF: Durchschnittlicher absoluter Fehler
WMQF: Wurzel des mittleren quadratischen Fehlers

Tabelle 1.1.8 (fortgesetzt)

Wechselkursentwicklung im Einzelnen
02.01.1989 bis 31.01.1993

Datum der bedingten Prog.	Wechselkurs am Tag der bedingten Prog.	Eintreten der Bedng.	Prog. Entwicklung bei Eintreten der Bedng.	Wechselkurs um 17:00 MEZ nach Eintreten der Bedng.[5]	Vorzeichen richtig
05.12.1990 [1a]	1.501 DM	07/ 12/ 1990	1.450 DM	1.477 DM	Ja
24.12.1990 [1b]	1.540 DM	16/ 01/ 1991	1.577 DM	1.543 DM	Ja
02.01.1991 [1c]	1.499 DM	16/ 01/ 1991	1.650 DM	1.543 DM	Ja
26.02.1991 [1d]	1.523 DM	25. 02. bis 28.2.1991	1.540 DM	1,523 DM [4)]	unverändert
20.06.1991 [2a]	1.797 DM	25/ 06/ 1991	1.875 DM	1.797 DM	unverändert
07.07.1992 [2b]	1.497 DM	13/ 07/ 1992	1.488 DM	1.478 DM	Ja
30.11.1992 [3]	1.592 DM	03/ 12/ 1992	>1,62 DM	1.581 DM	Nein

[1]Golfkrieg: [1a] (Friedensinitiative am 7.12.), [1b] (Odds for shooting war rising),[1c] (Outbreak of war), [1d] (during course of military operations on ground)

[2] G-7 Treffen, [2a] anything than short of a concrete agreement, [2b] Once the summit is out of the way

[3] EWS-Turmoil

[4] Durchschnittlicher Wechselkurs vom 25.02. Bis 28.02.91. Wechselkurs am 28.02.: 1,5275.

[5] 17:00 MEZ wird nur bei Fehlen expliziter Angaben gewählt.

Insgesamt trifft siebenmal die politische Bedingung der Prognosen ein. Vier darunter beziehen sich auf den Golfkrieg, zwei auf ein G-7 Treffen und eines auf Wechselkursturbulenzen im EWS. In sechs Fällen tritt die Bedingung innerhalb von fünf Tagen und in einem Fall nach drei Wochen ein.

1.1.3.1.1 Testspezifizierung (bedingte Prognosen)

Zur Berechnung der bedingten Prognosefehler wird – beim Zutreffen der Bedingung – der prognostizierte bedingte Wechselkurs vom realisierten Wechselkurs (17:00 MEZ) des Tages abgezogen, an dem die Bedingung eintritt. Der prognostizierte bedingte Wechselkurs ist in den Tabellen 1.1.7 und 1.1.8 (siehe Seiten 43 und 45) in der Spalte „Prog. Entwicklung" eingetragen.

Für den Fall der bedingten makroökonomischen Prognosen bedeutet dies, daß zur Berechnung des Prognosefehlers die Differenz gebildet wird zwischen dem prognostizierten Wechselkurs und dem Wechselkurs (17:00 MEZ) am Tage des vorher bekannten Veröffentlichungstermins der Makrodaten. Bei den politisch bedingten Prognosen ist die Auswahl des Referenztages schwieriger, da ex ante der genaue Zeitpunkt des möglichen Eintritts der Bedingung nicht bekannt ist. Hier wird sich so beholfen, daß eine Bedingung dann als erfüllt gilt, wenn das WSJ eine entsprechende Meldung in der „currency markets" Kolumne abdruckt. Beim Fehlen von Tageszeitangaben wird der Wechselkurs um 17:00 MEZ verwendet.

Die so ermittelten Prognosefehler werden mit den Vorhersagefehlern eines Irrfahrtmodells verglichen. Diese werden berechnet, indem der Wechselkurs des Tages, an dem die Prognose erstellt wurde, als prognostizierter Wert fortgeschrieben und vom realisierten Wert (17:00 MEZ) des „Neuigkeitstages" subtrahiert wird. Gütekriterien sind wie bei den unbedingten Prognosen der DAF und die WMQF. Um zu überprüfen, ob die bedingten Vorhersagen verzerrt sind, wird der DF auf „Verschiedenheit von Null" getestet.

1.1.3.1.2 Testergebnisse (bedingte Prognosen)

Die Werte für die Gütekriterien befinden sich ebenfalls in den Tabellen 1.1.7 und 1.1.8 (siehe Seiten 43 und 45). Bei beiden bedingten Prognosen kann die Nullhypothese, daß die Vorhersagen unverzerrt sind, nicht verworfen werden. Legt man DAFs und WMQFs bei der Beurteilung der Güte der verschiedenen Prognosen zugrunde, schlägt das Irrfahrtmodell die bedingten politischen Prognosen. Die bedingten makroökonomischen Prognosen hingegen stellen sich als leistungsfähiger als das

Irrfahrtmodell heraus. Allerdings kann in beiden Fällen die Nullhypothese, daß die DAFs und die WMQFs gleich groß sind, nicht zu üblichen Signifikanzniveaus verworfen werden.

1.1.4 Prognoseart 3 im WSJ: Bereichsprognosen

Über die bedingten und unbedingten Punktprognosen hinaus werden in der „currency markets“ Kolumne des WSJ auch Bereichsprognosen gemacht. Die Bereichsprognosen umfassen eine obere und untere Korridorgrenze, sowie eine Angabe über das Zeitintervall in der diese Grenzen, nach Angaben der im WSJ zitierten Händler, nicht über- bzw. unterschritten werden. Dieses Zeitintervall wird im folgenden auch als Prognosehorizont des Korridors bezeichnet. Explizit ausgewertet wird die Kolumne mit Hinblick auf Tages- und Wochenverlaufskorridore.[36]

Die Auswertung der Artikel ist dabei zum Teil mit einigen Textauslegungen verbunden. So können Ausdrücke wie z.B. „in the near term“ nicht direkt mit einem bestimmten Prognosehorizont verbunden werden. Oftmals ergeben sich aber Interpretationshilfen, wie z.B. in der Aussage: „Last week's gradual dollar climb gave rise to predictions for a near-term move above resistance at 1,68 DM/US-Dollar.“, bei der es naheliegt, den Radius der Vorhersage, dem Radius der Vergangenheitsbetrachtung gleichzusetzen. Eine gewisse Unschärfe ist aber bei dieser Vorgehensweise nicht auszuschließen.

Insgesamt werden bei der Auswertung 14 Tageskorridore (darunter drei Zweitageskorridore) und 24 Wochenkorridore mit einer Reichweite von 3 bis 11 Tagen berücksichtigt (siehe Tabelle 1.1.9a und 1.1.10a auf den Seiten 58ff., 60ff.). Das arithmetische Mittel der Korridorlänge bei den Wochenbereichsprognosen liegt etwas über einer Werktagswoche bei knapp 6 Tagen (5¾) mit einer Standardabweichung von aufgerundet zwei Tagen (1,7). Die am häufigsten genannte Korridorlänge (Modus) bei den Wochenverlaufsprognosen ist 5 Tage.

Die durchschnittliche Korridorbreite „DKB“ – gemessen als die Differenz zwischen der Ober- und Untergrenze des Korridors – beträgt bei den Wochenkorridoren 3,9 Pfennige, wobei bei der Berechnung dieser Kennziffer die unterschiedlichen Pro-

---

[36] Beispielsweise wird die eingangs zitierte Aussage: *„E. Johnson [Harris Trust & Savings Bank] sees the dollar fluctuating this week in ranges of DM 1,87 to DM 1,92* als eine Bereichsprognose interpretiert in den Grenzen von 1,87 bis 1,92 D-Mark/US-Dollar mit einem Horizont von 4 Tagen (bis Freitag, den 13. Oktober 17:00 MEZ).

gnosehorizonte („Länge" der Korridore) mitberücksichtigt werden.[37] Bei den Tageskorridoren beträgt diese Spanne 2 Pfennige.

In den Graphiken 1.1.1a und 1.1.2a (siehe Seiten 51 und 52) sind die prognostizierten Ober- und Untergrenzen sowie der tatsächliche Wechselkursverlauf eingezeichnet. An der Ordinate der Graphik 1.1.1a ist der D-Mark/US-Dollar Kurs und an der Abszisse ist die Zeit in Halbstundenintervalle abgetragen. Jeder der „Kästen" im Schaubild ist einer der analysierten Tagesverlaufskorridore, wobei beachtet werden muß, daß die Kästen in Realzeit nicht aufeinander folgten. Jeder einzelne Kasten „steht" für sich allein. Die Graphik 1.1.2a und 1.1.2b mit den Wochenverlaufsprognosen ist analog dazu aufgebaut. Der einzige Unterschied besteht darin, daß auf der Zeitachse Tage und nicht Halbstundenintervalle abgetragen sind. In beiden Fällen bedeutet ein Durchbrechen der gestrichelten parallel zur Zeitachse verlaufenden Linie, daß der prognostizierte Korridor verlassen wird.

1.1.4.1 Fehlerabschätzung der Bereichsprognosen

In diesem Abschnitt der Arbeit wird der Informationsgehalt dreier dem WSJ entnommenen Aussagen über Wechselkurskorridore untersucht.

1.1.4.1.1 Testspezifizierung (Bereichsprognosen)

1) Erstens wird analog zu den Punktprognosen durch eine KQ-Schätzung getestet, ob die im WSJ vorhergesagte Korridorbreite K_i (Differenz zwischen der in der „currency markets" Kolumne vorhergesagten Ober- und Untergrenze) ein unverzerrter Schätzer für die tatsächliche empirische Korridorbreite „EKB_i" (Differenz zwischen maximalem und minimalem Wechselkurs während des Zeitintervalls L_i, d.h. Differenz zwischen der ex post realisierten Obergrenze und der ex post realisierten Untergrenze während L_i) der Wechselkursbewegungen der Bereichsprognose ist.

2) Zweitens wird ebenfalls durch eine KQ-Schätzung kontrolliert, ob die Breite des vorhergesagten Korridors K_i mit der zukünftigen Volatilität $\hat{\sigma}_i$ (im Sinne der empirischen Standardabweichung während des Zeitintervalls L_i der Bereichsprognose i) in

[37] Die durchschnittliche gewichtete Korridorspanne *DKB* wird berechnet als: $\sum_{i=1}^{24}[(L_i/L_{Summe})(K_i)]$, wobei $L_{Summe} = \sum_{i=1}^{24} L_i$ ist, $K_i = (K_i^o - K_i^u)$, d.h. der Differenz zwischen Ober- (K_i^o) und Untergrenze (K_i^u) der Bereichsprognose *i* entspricht und L_i den Prognosehorizont der Bereichsprognose *i* angibt.

einem systematischen Zusammenhang steht und in diesem Sinne ein guter Vorhersager für die zukünftige Volatilität ist.

3) Drittens wird überprüft, wie oft der prognostizierte Korridor verlassen wird und ob der Leser einen Informationsvorteil durch die Lektüre der WSJ Bereichsprognose erhält. Dies ist der Fall, wenn die „bedingte“ (auf den WSJ-Berichten fußende) Wahrscheinlichkeit P^{WSJ} dafür, daß der Wechselkurs aus einem vom WSJ-Berichterstatter abgesteckten Korridor der Zeitlänge L_i ausbricht, kleiner ist als die „unbedingte“, aus vergangenen Beobachtungen abgeleitete Wahrscheinlichkeit P(.), daß der Wechselkurs zu einem beliebigen anderen Zeitpunkt einen „repräsentativen“ WSJ-Wochen- bzw. Tageskorridor (mit einer durchschnittlichen Korridorbreite und einem durchschnittlichen Zeitintervall) verläßt. Dazu werden im ersten Schritt obere und untere „unbedingte“ Wahrscheinlichkeitsabschätzungen (P^{obere}, P^{untere}) dafür vorgenommen, daß ein Wechselkurs diesen repräsentativen Korridor mit einer bestimmten Breite und Zeitlänge verläßt. Diese „unbedingte“ Wahrscheinlichkeit wird dann im zweiten Schritt mit der „bedingten“ Wahrscheinlichkeit dafür verglichen, daß ein vom WSJ prognostizierter Korridor verlassen wird. Dabei lassen sich drei Fälle unterscheiden. Die „bedingte“ Wahrscheinlichkeit liegt unter der „unbedingten“ Wahrscheinlichkeit ($P^{WSJ}<P^{untere}$). In diesem Fall ist die Bereichsangabe eine interessante Information für den Leser.

a) Die „bedingte“ Wahrscheinlichkeit liegt im Abschätzungsintervall der „unbedingten“ Wahrscheinlichkeit ($P^{untere}<P^{WSJ}<P^{obere}$). Dies bedeutet, daß die Frage, ob die Bereichsangabe Information enthält nicht entschieden werden kann.

b) Die errechnete „bedingte“ Wahrscheinlichkeit liegt über der „unbedingten“ Wahrscheinlichkeit ($P^{obere}<P^{WSJ}$). In diesem Fall bergen die von WSJ Journalisten zitierten Aussagen der Händler keine zusätzlichen Informationen.[38]

Die bedingte Wahrscheinlichkeit P^{WSJ} dafür, daß die im WSJ angegebenen Korridorgrenzen durchbrochen werden, wird hier definiert als das Verhältnis aus der Anzahl der vom Wechselkurs verlassenen Korridore zu der Anzahl der insgesamt genannten Bereichsprognosen.

---

[38] Für den einzelnen Händler wäre die Information in dem Sinne von Bedeutung, als daß es sich bei signifikanten Fehleinschätzungen lohnen würde, Position zu beziehen, die denen vom WSJ angeratenen genau entgegenstehen.

Graphik 1.1.1a

Korridor und Wechselkursverlauf (Tag)

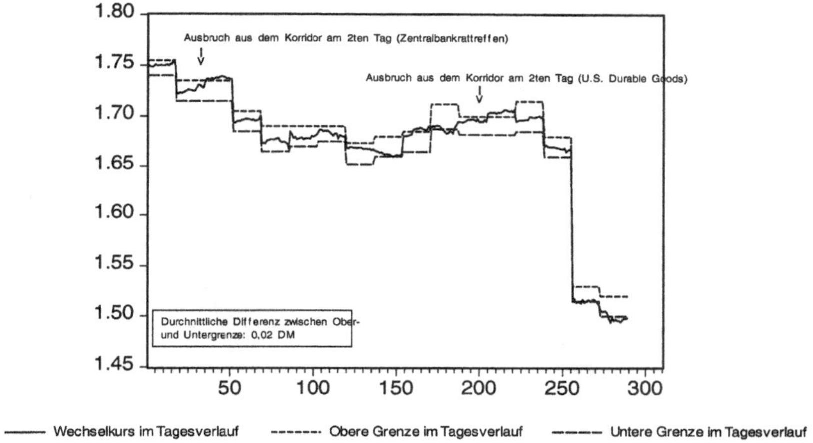

Graphik 1.1.1b

Zusammenhang zwischen empirischer Standard-abweichung und Korridorbreite (Tag)

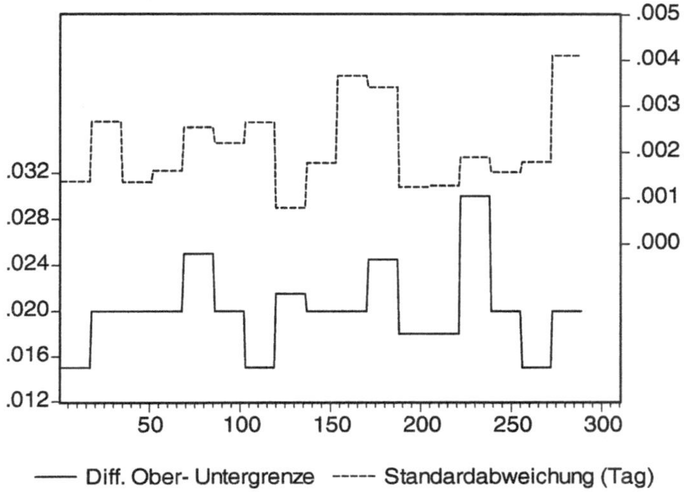

Graphik 1.1.2a

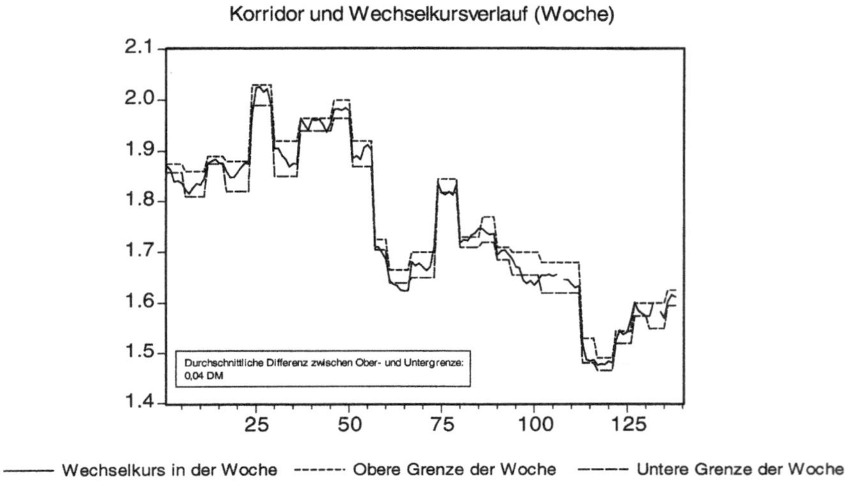

Graphik 1.1.2b

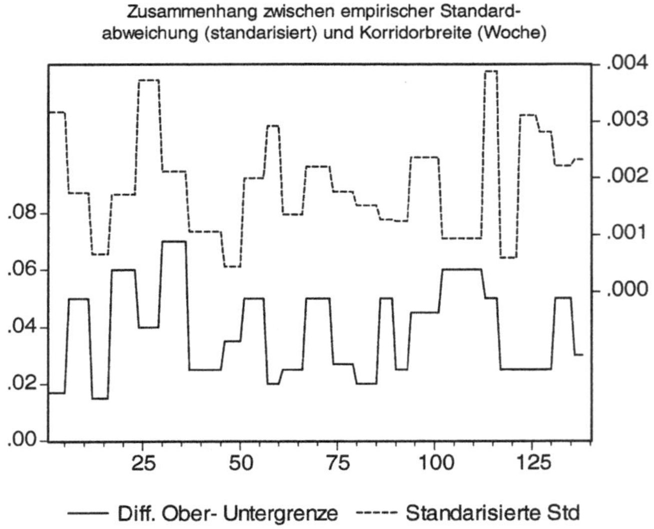

Die Abschätzung der unbedingten Wahrscheinlichkeit P(.) zukünftiger Wechselkursbewegungen erfolgt durch Annäherung der relevanten Quantile der aus vergangenen Wechselkursbeobachtungen abgeleiteten Dichten.

Dazu wird zum einen die als Wahrscheinlichkeit interpretierte relative Häufigkeit berechnet, daß in einem bestimmten Zeitraum eine Wechselkursbewegung in mindestens der Höhe der gesamten durchschnittlichen Korridorbreite („DKB") stattfindet (hinreichende Bedingung für das Verlassen eines Korridors). In diesem Fall wird der Korridor auf jeden Fall verlassen, unabhängig davon, wo sich zu Beginn der Bereichsvorhersage der Wechselkurs im Korridor befindet. Dies ist die untere Wahrscheinlichkeitsgrenze dafür, daß der prognostizierte Korridor verlassen wird.

Zum anderen wird die als Wahrscheinlichkeit interpretierte relative Häufigkeit berechnet, daß eine Wechselkursbewegung stattfindet, die – bei Beginn einer Bereichsprognose – echt größer ist als der durchschnittlich minimale Abstand („DMA") zu einer Korridorgrenze. Maximal beträgt dieser minimale Abstand eine halbe Korridorbreite und zwar genau dann, wenn die Korridorgrenzen symmetrisch um den aktuellen Wechselkurs liegen. Dies ist die obere Wahrscheinlichkeit dafür, daß ein Korridor verlassen wird.

Zur Abschätzung, wie weit der Wechselkurs zu Beginn einer Bereichsprognose von den Korridorgrenzen entfernt liegt, wird die „Relative Startposition (RS_i)" des Korridors i berechnet, als:

$$RS_i = \left|wk_i - \overline{K}_i\right| / \left(K_i^o - K_i^u\right) \qquad (6),$$

wobei $\overline{K}_i$ den Mittelpunkt $((K_i^o + K_i^u)/2)$ des Korridors i mit oberen (K_i^o) und unteren (K_i^u) Grenzen angibt und wk_i dem Wechselkurs zum Zeitpunkt des Beginns der Korridorprognose i entspricht. Liegt der Wechselkurs in der Mitte des Korridors wird das Maß null, liegt er am Rand nimmt es den Wert 0,5 an.

Der relative Abstand zur Korridorgrenze RA_i (gemessen an der Korridorbreite des Korridors i) beträgt dann

$$RA_i = \left(0{,}5 - RS_i\right) \qquad (7),$$

Liegt der Wechselkurs bei Prognosebeginn in der Mitte des Korridors beträgt der Abstand zur Korridorgrenze genau eine halbe Korridorbreite. Liegt der Wechselkurs hingegen an einem der Ränder des Korridors, dann beträgt der relative Abstand zur Korridorgrenze null Korridorbreiten.

In der Graphik 1.1.3 (Bereichsprognosen) sei das kurz veranschaulicht:

Graphik 1.1.3 (Bereichsprognosen)

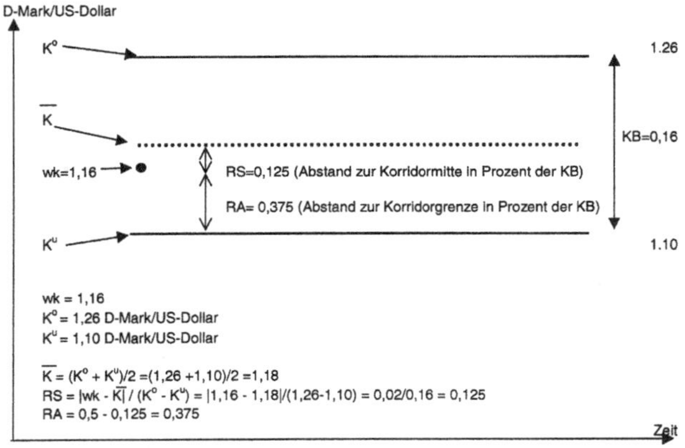

In der Graphik 1.1.3 liegt der aktuelle Wechselkurs zum Beginn der Bereichsprognose i bei 1,16 D-Mark/US-Dollar. In der folgenden Beschreibung der Graphik 1.1.3 wird der Subskript i fallengelassen. Die Korridorobergrenze K^o liegt bei 1,26 D-Mark/US-Dollar und die Korridoruntergrenze K^u bei 1,10 D-Mark/US-Dollar. Der Korridormittelpunkt $\overline{K}$ ist bei 1,18 D-Mark/US-Dollar und die Korridorbreite KB beträgt 0,16 D-Mark/US-Dollar. Die relative Startposition entspricht $RS = \frac{|-0{,}02|}{0{,}16} = 0{,}125$.

Der relative Abstand zur Korridorgrenze (in Prozent der Korridorbreite) beträgt damit $RA = 0{,}05 - 0{,}125 = 0{,}375$.

Wird dann der relative Abstand über alle n Korridore gemittelt ergibt sich der „Durchschnittliche Relative Abstand (DRA)".

$$DRA = \frac{1}{n}\sum_{i=1}^{n}(0{,}5 - RS_i) = 0{,}5 - \frac{1}{n}\sum_{i=1}^{n} RS_i = (0{,}5 - DRS) \tag{8},$$

wobei mit $DRS = \sum_{i=1}^{n} RS_i / n$ die "Durchschnittliche Relative Startposition (DRS)" bezeichnet wird.

Aus den zwei Durchschnittsgrößen "Durchschnittliche Korridorbreite (DKB)" und "Durchschnittliche Relativer Abstand (DRA)" wird dann der sogenannte "Durchschnittliche Minimale Abstand (DMA)" gebildet: [39]

$$DMA = DRA \cdot DKB \tag{9}$$

Sei nun $\widetilde{\Delta wk}_{\overline{L},\min}$ eine Zufallsvariable, die den „Ereignissen der Welt während eines Zeitintervalls der Länge $\overline{L}$" reellwertige Wechselkursänderungen für dieses Zeitintervall zuordnet und sei $F_{min}(x)$, mit

$$F_{\min}(x) = P\left(\left|\widetilde{\Delta wk}_{\overline{L},\min}\right| \le x\right) \qquad x \in R_+ \tag{10}$$

die Verteilungsfunktion von $\left|\widetilde{\Delta wk}_{\overline{L},\min}\right|$, die für einen Zeitraum $\overline{L}$ (also in der Zeit vom Prognosebeginn bis zum Prognoseende des „repräsentativen" Korridors) jedem (betragsmäßig) maximalen Abstand x des Wechselkurses von seinem Anfangskurs zu Prognosebeginn die Wahrscheinlichkeit $P\left(\left|\widetilde{\Delta wk}_{\overline{L},\min}\right| \le x\right)$ zuordnet (zur Veranschaulichung siehe Graphik 1.1.4).

Zur Bestimmung der Wahrscheinlichkeiten wird davon ausgegangen, daß die relativen Häufigkeiten $f_n(.)$ von Ereignissen $\left|\widetilde{\Delta wk}_{\overline{L},\min}\right| \in I$, wobei $I = \left\{a \le \left|\widetilde{\Delta wk}_{\overline{L},\min}\right| \le b\right\}$ ein abgeschlossenes Intervall in den Grenzen a und b ist, mit einer wachsenden Zahl von

---

[39] Alternativ zu DMA könnte auch $DMA' = \frac{1}{n}\sum_{i=1}^{n}(0{,}5 - RS_i)KB_i$ berechnet werden. Der Unterschied zwischen DMA und DMA' entspricht dem Unterschied zwischen $\frac{1}{n}\sum_{i=1}^{n}(RS_i KB_i)$ und $\frac{1}{n^2}\left(\sum_{i=1}^{n}(RS_i)\sum_{i=1}^{n}(KB_i)\right)$. Da die relative Startposition RS_i unabhängig von der Korridorbreite KB_i ist, sind DMA und DMA' allerdings nahezu gleich groß.

n gegen die Wahrscheinlichkeiten von $P\left(\left|\widetilde{\Delta}wk_{\overline{L},\min}\right| \in I\right)$ konvergieren und damit $f_n\left(\left|\widetilde{\Delta}wk_{\overline{L},\min}\right| \in I\right) \xrightarrow{n\to\infty} P\left(\left|\widetilde{\Delta}wk_{\overline{L},\min}\right| \in I\right)$ gilt.

Beispiel: Das arithmetische Mittel der Korridorlänge Länge $\overline{L}$ beträgt im Falle der Wochenbereichsprognosen gerundet 6 Tage und die DKB für diese Prognosen beträgt 3,9 Pfennige. Zur Abschätzung der Wahrscheinlichkeit $F_{\min}(3{,}9)$, also der Wahrscheinlichkeit dafür, daß der maximale Abstand des Wechselkurses von seinem Anfangskurs zu Prognosebeginn während des Zeitabschnitts von 6 Tagen kleiner oder gleich 3,9 Pfennige beträgt, wird der gesamte Untersuchungszeitraum in 167 nicht-überlappende 6 Tage-Intervalle unterteilt und die 6 Wechselkursänderungen (also die 1 Tag Wechselkursänderung, die 2 Tage Wechselkursänderung bis hin zur 6 Tage Wechselkursänderung) innerhalb dieser 6 Tage-Intervalle berechnet. Mit Hilfe dieser Wechselkursänderungen wird dann die relative Häufigkeit gebildet mit der $f_{n=167}\left(\left|\widetilde{\Delta}wk_{\overline{L},\min}\right| \le 3{,}9\right)$ ist und diese relative Häufigkeit wird dann als $F_{\min}(3{,}9)$ interpretiert.

Die obere Ausbruchswahrscheinlichkeit "P^{obere}" des Wechselkurses (notwendige Bedingung) während des Zeitintervalls $\overline{L}$ ist dann definiert als:

$$P^{obere} = P\left(\widetilde{\Delta}wk_{\overline{L},\min} > DMA\right) = 1 - P\left(\widetilde{\Delta}wk_{\overline{L},\min} \le DMA\right) \qquad (11),$$

wobei DMA dem durchschnittlichen minimalen Abstand entspricht.

Sei nun $\widetilde{\Delta}wk_{\overline{L},\max}$ ebenfalls eine Zufallsvariable, die den „Ereignissen der Welt während eines Zeitintervalls der Länge $\overline{L}$" reellwertige Wechselkursänderungen für dieses Zeitintervall zuordnet und sei $F_{\max}(x)$, mit

$$F_{\max}(x) = P\left(\left|\widetilde{\Delta}wk_{\overline{L},\max}\right| \le x\right) \qquad x \in R_+ \qquad (12)$$

die Verteilungsfunktion von $\left|\widetilde{\Delta}wk_{\overline{L},\max}\right|$, die jeder (betragsmäßigen) Differenz x zwischen dem maximalen und minimalen Wechselkurs über einen Prognosehorizont $\overline{L}$ (also der Zeitlänge des „repräsentativen" WSJ-Korridors) die Wahrscheinlichkeit $P\left(\left|\widetilde{\Delta}wk_{\overline{L},\max}\right| \le x\right)$ zuordnet. Die Überlegungen zur Interpretation der relativen Häufigkeit als Wahrscheinlichkeiten gelten analog zu oben (siehe auch Graphik 1.1.4).

Die untere Ausbruchswahrscheinlichkeit "P^{untere}" des Wechselkurses (hinreichende Bedingung) während des Zeitintervalls $\overline{L}$ ist dann definiert als:

$$P^{untere} = P\left(\widetilde{\Delta} wk_{\overline{L},\max} > DKB\right) = 1 - P\left(\widetilde{\Delta} wk_{\overline{L},\max} \leq DKB\right) \qquad (13),$$

wobei DKB der durchschnittlichen (gewichteten) Korridorbreite entspricht.

Graphik 1.1.4

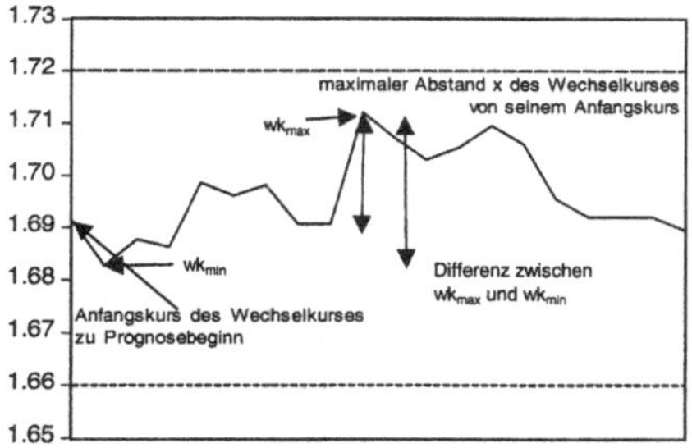

1.1.4.1.2 Testergebnisse (Bereichsprognosen)

Die Ergebnisse der Untersuchung sind in den Tabellen (1.1.9a bis 1.1.9c auf den Seiten 58 und 59) und (1.1.10a bis 1.1.10c auf den Seiten 60) eingetragen.

Zu 1) Es besteht im Falle der Wochenverlaufsprognosen bei einer Fehlerwahrscheinlichkeit von 5 Prozent ein signifikant positiver Zusammenhang zwischen der prognostizierten Korridorbreite (K_i) und der empirischen Differenz zwischen dem maximalen und minimalen Wechselkurs im Zukunftskegel der Prognose (EKB_i, siehe Tabelle 1.10b auf Seite 61). Je breiter der angegebene Korridor K_i im WSJ ist, desto größer wird in der Regel der Abstand zwischen den empirischen Extremen EKB_i im Vorhersagezeitraum sein.[40] Die Prognose erfüllt allerdings nicht die oben erwähnten Rationalitätskriterien. So ist der gewichtete Durchschnitt (DKB) des Korridors (0,39 D-Mark), signifikant über dem Durchschnitt der Differenz der tatsächlichen Bewegungsgrenzen (DEKB) des Wechselkurses (0,28 DM). Die Hypothese der Unverzerrtheit der Prognose - bei einem Steigungsparameter K_i von 1.0 und einer Konstanten von 0.0 - muß zu einem Signifikanzniveau von 0,0003 verworfen werden.

---

[40] Jedes Beobachtungspaar besteht aus der Breite des Korridors und dem Max/Min Abstand der Wechselkursbewegung während des Prognosezeitraumes.

Tabelle 1.1.9a

Die Anzahl der Korridorprognosen im Tagesverlauf (Intratagesdaten)

Zusammenfassende Statistik
2.1.1989 bis 31.01.1993

Anzahl der Korridorangaben für einen Tag (darunter zwei Tage)	14 (3)
Prognostizierte durchnittliche Korridorspanne im WSJ (DKB) [1]	0.02 DM
Durchschnittliche empirische Korridorspanne (DEKB) [2]	0.01 DM
Durchschnittliche Relative Startposition (DRS) im Korridor [3]	0.201
Durchschnittlicher mininaler Abstand (DMA) [4]	0.006
Untere Pr^{untere} (obere Pr^{obere}) empirische Ausbruchswahrscheinlichkeit [5]	18,8% (64,5%)
Anzahl der Tage, an denen der Wechselkurs den Korridor verließ (darunter Zweitageskorridor)	6 (2)
WSJ Ausbruchswahrscheinlichkeit (Pr^{WSJ}) [6]	42,9%

[1] Durchschnittl. Diff. zwischen Ober- und Untergrenze (im Tagesverlauf): $\Sigma^n(K_i^o - K_i^u)/n$

[2] Durchschnittliche empirische Differenz zwischen maximalem und minimalem Wechselkurs im Tagesverlauf

[3] Relative Startposition im Korridor i mit der Breite K_i: gemessen als: $|Wk_i - K'_i|/(K_{io}-K_{iu})$, wobei
Wk_i der Wechselkurs um 8:30 MEZ zu Beginn des Tageskorridors$_i$,
$K'_i = (K_i^o + K_i^u)/2$ der Korridormittelpunkt von Korridor i und K_i^o - K_i^u die Breite des Korridors i ist.
Das Maß schwankt zwischen Null (Wk_i in der Mitte von K_i) und 0,5 (Wk_i am Rand von K_i).
Die "Durchschnittliche Relative Startposition" (DRS) entspricht dem artihmetischen Mittel der einzelnen Relativen Startpositionen.

[4] DMA=(0,5-DRS)DKB :=(0,5-0,201)*0,02 DM

[5] Anteil der Wochen in Prozent, an denen der Absolutbetrag der Wechselkursbewegung DKB(=0,02 DM) und DMA(=0,006 DM) überschreitet.

[6] Anteil der Tage in Prozent, an denen der vorhergesagte Korridor verlassen wurde (6/14).

Tabelle 1.1.9b

Abhängige Variable: Empirische Differenz zwischen maximalen und minimalen Wert (EKB_i)

Kleinstquadratschätzung, Bebachtungen: 17

Variable	Koeffizient	Std. Abw.	t-Statistic	Prob.
K_i	0.247	0.160	1.543	0.144
Konstante	0.002	0.003	0.753	0.463

R^2	0.137
F-Statistik (Prob.)	2,38 (0,14)
Arthmethisches Mittel der unabhängigen Var.	0.0198
Arthmethisches Mittel der abhängigen Var.	0.0073
H_0: "DEKB - DKB > 0", t-Wert (Prob.)	1,1 (0,27)

K_i = Differenz zwischen maximalem und minimalem Bereichsprognosewert

Verbundener Test auf H_0: K_i = 1.0, Konstante = 0.0; F-Wert: 213 (0,00)

Tabelle 1.1.9c

Abhängige Variable: empirische Standardabweichung ($\hat{}\sigma_i$)

Kleinstquadratschätzung, Bebachtungen: 17

Variable	Koeffizient	Std. Abw.	t-Statistic	Prob.
K_i	0.043	0.063	0.680	0.507
Konstante	0.001	0.001	0.979	0.343

R^2	0.0299
F-Statistik	0,46 (0,50)
Arthmethisches Mittel der unabhängigen Var.	0.0198
Arthmethisches Mittel der abhängigen Var.	0.0021

K_i = Differenz zwischen maximalem und minimalem Bereichsprognosewert

Tabelle 1.1.10a

Die Anzahl der Korridorprognosen im Wochenverlauf (Tagesdaten)
Zusammenfassende Statistik
2.1.1989 bis 31.01.1993

Anzahl der Korridorangaben für Zeiträume zwischen 3 und 11 Tagen	24
Arithmetisches Mittel der Korridorlänge (Standardabweichung)	5,75 (1,7)
Median der Korridorlänge (Anzahl)	5 (6)
Prognostizierte durchnittliche Korridorspanne im WSJ (DKB) [1]	
Durchschnittl. Diff. zwischen Ober- und Untergrenze im Korridor (ungewichtet)	0.037 DM
Durchschnittl. Diff. zwischen Ober- und Untergrenze im Korridor (gewichtet) [2]	0.039 DM
Durchschnittliche empirische Korridorspanne (DEKB) [3], 5 Tage (6 (Tage))	0,025 (0,03) DM
Durchschnittliche Relative Startposition im Korridor (DRS) [4]	0.0062
Durchschnittlicher mininaler Abstand (DMA) [5]	0.0193
Untere Pr^{untere} (obere Pr^{obere}) empirische Ausbruchswahrscheinlichkeit [6]	16,5% (54,5%)
Anzahl der Tage an denen der Wechselkurs den Korridor verließ (darunter: vorübergehend)	11 (2)
WSJ Ausbruchswahrscheinlichkeit (Pr^{WSJ}) [7]	45,8 %

[1] Durchschnittl. Diff. zwischen Ober- und Untergrenze (im Wochenverlauf): Sn(Kio - Kiu)/n
[2] Gewichtung entspricht der Summe aus "Relativer Korridorlänge$_i$" {=Korridorlänge/Gesamtlänge}* Korridorbreite$_i$, wobei der Korridorbreite die Differenz aus Obergrenze K_o und Untergrenze K_u des Korridors$_i$ entspricht.
[3] Empirische Differenz zwischen maximalem und minimalem Wechselkurs im Wochenverlauf
[4] Relative Startposition im Korridor i mit der Breite K_i: gemessen als: $|Wk_i - K'_i|/(K_{io}-K_{iu})$, wobei Wk_i der Wechselkurs am Tage des Beginns der Bereichsprog. i, $K'_i = (K_i^o + K_i^u)/2$ der Korridormittelpunkt von Korridor i und $K_i^o - K_i^u$ die Breite des Korridors i ist.
Das Maß schwankt zwischen Null (Wk_i in der Mitte von K_i) und 0,5 (Wk_i am Rand von K_i).
Die "Durchschnittliche Relative Startposition" (DRS) entspricht dem artihmetischen Mittel der einzelnen Relativen Startpositionen.
[5] DMA=(0,5-DRS)DKB :=(0,5-0,0062)*0,039 DM
[6] Anteil der Wochen in Prozent, an denen der Absolutbetrag der Wechselkursbewegung DKB(= 0,039 DM) und DMA(=0,0193 DM) überschreitet.
[7] Anteil der Tage in Prozent, an denen der vorhergesagte Korridor verlassen wurde (11/24).

Tabelle 1.1.10b

Abhängige Variable: Empirische Differenz zwischen maximalen und minimalen Wert (EKB_i)

Kleinstquadratschätzung, Bebachtungen: 23

Variable	Koeffizient	Std. Abw.	t-Statistic	Prob.
K_i	0.351	0.176	1.999	0.059
Konstante	0.015	0.007	2.106	0.047

R^2	0.160
F-Statistik (Prob.)	3,994 (0,058)
DEKB: Arthmethisches Mittel der unabhängigen Var.	0.039
DKB: Arthmethisches Mittel der abhängigen Var.	0.028
H_0: "DEKB - DKB > 0", t-Wert (Prob.)	2,9 (0,01)

K_i = Differenz zwischen maximalem und minimalem Bereichsprognosewert

Verbundener Test auf H_0: K_i = 1,0; Konstante = 0,0; F-Wert: 12,63 (0,00)

Tabelle 1.1.10c

Abhängige Variable: empirische Standardabweichung ($\hat{}\sigma_i$)

Kleinstquadratschätzung, Bebachtungen: 23

Variable	Koeffizient	Std. Abw.	t-Statistic	Prob.
K_i	0.006	0.003	2.241	0.036
Konstante	0.120	0.067	1.807	0.085

R^2	0.14
F-Statistik	3,26 (0,085)
Arthmethisches Mittel der unabhängigen Var.	0.039
Arthmethisches Mittel der abhängigen Var.	0.011

K_i = Differenz zwischen maximalem und minimalem Bereichsprognosewert

Im Bereich der Tagesverlaufsprognose sind die geschätzten Koeffizienten nicht signifikant. Die Nullhypothese der Unverzerrtheit der Erwartungen muß ebenfalls abgelehnt werden.

Zu 2) Es besteht für die Wochenkorridore eine signifikante positive Verknüpfung zwischen der prognostizierten Korridorbreite K_i (als Proxy für zukünftige Volatilität) und der realisierten Volatilität $\hat{\sigma}_i$ (definiert als die empirische Standardabweichung) über den Prognosezeitraum (Tabelle 1.1.10c auf Seite 61).[41] Dieser Zusammenhang zwischen der Korridorbreite K_i und der empirischen Standardabweichung $\hat{\sigma}_i$ der Wochenbereichsprognose ist in Graphik 1.1.2b anhand einer dualen Maßstabsgraphik veranschaulicht, wobei auf der linken vertikalen Achse die Korridorbreite in D-Mark/US-Dollar Einheiten und auf der rechten Seite die realisierte empirische Standardabweichung abgetragen ist. Die horizontale Achse ist die Zeitachse. Bei einem perfekten Zusammenhang müßten die gestrichelte und die massive Linie vollständig synchron verlaufen. Im hier vorliegenden Fall ist die Verbindung eher lose (marginales Signifikanzniveau des gesamten Erklärungsansatzes 0,085). Für die Tagesverlaufsprognose und der empirischen Intratagesvolatilität (gemessen als die empirische Standardabweichung von halbstündigen Intratagesnotierungen von 8:30 MEZ bis 16:30 MEZ) kann keine signifikante Korrelation festgestellt werden (Tabelle 1.1.9c, Seite 59).

Zu 3) Die bedingten Wahrscheinlichkeiten P^{WSJ} dafür, daß ein WSJ Korridor verlassen wird belaufen sich auf 45,8 Prozent bei den Wochenverlaufs- und 42,8 Prozent bei den Tagesverlaufskorridoren.

Die durchschnittliche relative Startposition (DRS) liegt bei den Wochenbereichsprognosen nahe bei Null (DRS=0,0062), d.h. die Korridorgrenzen sind für die längeren Vorhersagezeiträume nahezu symmetrisch um den aktuellen Wechselkurs zentriert. Bei den Tagesverlaufsprognosen hingegen ist eine klare Asymmetrie zu erkennen. Im Durchschnitt liegt zum Zeitpunkt des Beginns der Bereichsprognose der Mittelpunkt des Korridors gut ein Fünftel einer Korridorbreite K_i (DRS=0,201) vom Wechselkurs entfernt. Die befragten Händler scheinen im Tagesverlauf also Ab- und Aufwertungswahrscheinlichkeiten unterschiedlich stark zu gewichten – im Gegensatz zu

[41] Ein Test auf Unverzerrtheit kann hier nicht durchgeführt werden, da der unverzerrte Skalierungsfaktor zwischen der zukünftigen empirischen Standardabweichung und der vorhergesagten Korridorbreite unbekannt ist.

den Wechselkursänderungserwartungen, die sich z.B. bei einem Irrfahrtmodell („random walk") ohne Drift des Wechselkurses ergäben. Aus den DKB und DMA, sowie den historischen Wechselkursbewegungen (Tagesdaten, bzw. halbstündige Daten für den Tagesverlauf) ergeben sich damit für die Wochenverlaufsprognosen eine unbedingte Ausbruchswahrscheinlichkeit zwischen P^{untere} 16,5 und P^{obere} 54,4 Prozent und für die Tagesverlaufsprognosen zwischen P^{untere} 18,8 und P^{obere} 74,5 Prozent. Die bedingten Wahrscheinlichkeiten liegen also im durch die unbedingten Wahrscheinlichkeiten abgesteckten Bereich b) in denen keine klare Aussage über die Güte der WSJ Prognosen getroffen werden kann. Erwähnenswert ist allerdings, daß die bedingten Prognosen deutlich unter den oberen Ausbruchswahrscheinlichkeiten liegen.

1.1.5 Prognoseart 4 im WSJ: Technische Prognosen

1.1.5.1 Fehlerabschätzung der technischen Prognosen

Die letzten hier untersuchten Prognosen sind im WSJ abgedruckte Wechselkursvorhersagen, die nach Aussage des WSJ Journalisten auf Grundlage von technischen Analysen erstellt wurden. Grundlage dieser Prognosetechnik sind numerische und graphische Instrumente mit deren Hilfe die Händler versuchen, aus vergangenen Wechselkursbewegungen zukünftige Kursentwicklungen abzuleiten und gewinnbringende Kauf- und Verkaufssignale herauszufiltern.[42] Insgesamt werden 19 solcher – nach Angaben des WSJ Korrespondenten – auf technische Signale beruhende Prognosen in die Analyse einbezogen (siehe Tabelle 1.1.11 auf Seite 65).

1.1.5.1.1 Testspezifizierung (technische Prognosen)

Bei der Auswertung der 19 Beobachtungen wird eine Bedingung als erfüllt betrachtet, wenn sie – in Abwesenheit expliziter Zeitangaben, wie z.B. today – nach maximal fünf Kalendertagen eintritt. Dieses Fünf-Tage Kriterium traf bei 14 der 19 bedingten Prognosen zu. Darunter waren zehn, bei denen die Bedingung am Tag des Berichts in der „currency markets" Kolumne des WSJ eintrat.

Um die Güte der Prognosen zu testen wird bei jeder einzelnen Prognose mit Eintritt der Bedingung dem – impliziten – Kauf- oder Verkaufssignal des im WSJ zitierten Händlers gefolgt. Im Beispiel der in der Einführung zitierten Aussage bedeutet dies,

---

[42] Im dritten Kapitel wird die Profitabilität von einfachen Handelsregeln näher untersucht.

daß ein (fiktiver) Dollar gekauft wird, nachdem die D-Mark im Laufe des 28. Mai 1991 (von 8:30 MEZ bis 17:00 MEZ) die Barriere von 1,68 D-Mark/US-Dollar nicht durchbrochen hat.[43]

Anschließend wird der Gewinn/Verlust berechnet, der nach einem bzw. zwei Tagen Halten der jeweiligen Position angefallen wäre. Diese Vorgehensweise wird für alle bedingten technischen Prognosen wiederholt. Die sich darausergebenden Einzelgewinne bzw. -verluste werden addiert und das Gesamtergebnis auf Verschiedenheit von Null getestet.

Bei diesem Test werden mehre Hypothesen gemeinsam getestet. Zum einen wird stillschweigend vorausgesetzt, daß es a) verzögerte (und damit ineffiziente) Marktreaktionen gibt, die b) von technischen Handelsanalyseinstrumenten aufgespürt werden können. Zum anderen wird angenommen, daß der WSJ Journalist nicht nur ein Gespür für die guten und damit zu befragenden „technischen" Händler besitzt, sondern darüber hinaus noch die Aussagen der Händler so gut beschreibt, daß ein Leser davon profitieren kann.

1.1.5.1.2 Testergebnisse (technische Prognosen)

Der Gesamtgewinn, der sich eingestellt hätte, wenn jede Position einen bzw. zwei Tage gehalten worden wäre, beläuft sich auf 1,34 Pfennige nach einem Tag bzw. auf 2,66 Pfennige nach zwei Tagen Halten pro eingesetzte D-Mark. Die Nullhypothese, daß der Gewinn nicht signifikant von Null verschieden ist, kann für den Fall, daß Positionen zwei Tage gehalten werden, zu einem marginalen Signifikanzniveau von 2 Prozent verworfen werden. Nur bei drei der 14 eingegangenen „technischen" Positionen wäre ein Verlust angefallen. Dieses Ergebnis läßt den Rückschluß zu, daß die technische Berichterstattung im WSJ gut ist.

1.1.6 Zusammenfassung des Kapitels 1.1

Ein wichtiger Teilaspekt der journalistischen Arbeit ist es, Marktstimmungen über die zukünftige Entwicklung verschiedener Finanzmarktdaten einzufangen und für den Leser der Kolumne zu Prognosen zu verdichten. Die Berichterstatter erheben dabei

---

[43] Das Zitat lautete: „*Traders say they expect the dollar to be weak today. But sentiment could turn if the currency is unable to break through 1.68 marks, one German analyst said. That could mean a technical rally as high as 1.75 marks.*"

Tabelle 1.1.11

Technische Prognosen

Zusammenfassende Tabelle über technische Prognosn im WSJ
02.01.1989 bis 31.01.1993

Anzahl der bedingten technischen Prognosen [1]	19
Eintreten der Bedingungen [2]	14
Zutreffen der Prognose nach einem Tag	10
Zutreffen der Prognose nach zwei Tagen	11
Nicht Eintreten der Bedingung	5

[1] Prognose auf Grundlage von Vergangenheitsbewegungen des Wechselkurses
[2] Hier gilt - bei Fehlen von expliziten Angaben - eine Bedingung als erfüllt, wenn sie innerhalb von 5 Handelstagen eintritt

Wechselkursentwicklung im Einzelnen
02.01.1989 bis 31.01.1993

Datum	Gewinn nach 1 Tag halten		Gewinn nach 2 Tagen halten	
13/12/89	0.01 DM	0.70%	0.02 DM	1.08%
02/04/91	0.01 DM	0.60%	0.00 DM	-0.06%
28/05/91	-0.01 DM	-0.52%	0.03 DM	1.79%
23/07/91	0.02 DM	1.36%	0.02 DM	1.40%
10/10/91	0.00 DM	0.27%	0.02 DM	1.05%
11/11/91	-0.01 DM	-0.41%	-0.01 DM	-0.41%
29/11/91	-0.02 DM	-1.19%	-0.01 DM	-0.86%
14/01/92	0.05 DM	3.19%	0.05 DM	3.09%
13/03/92	0.01 DM	0.78%	0.01 DM	0.74%
20/03/92	0.00 DM	0.29%	0.00 DM	-0.16%
12/08/92	0.04 DM	2.77%	0.04 DM	3.06%
29/09/92	0.02 DM	1.72%	0.04 DM	2.54%
30/09/92	-0.03 DM	-1.84%	-0.02 DM	-1.57%
18/11/92	0.02 DM	1.41%	0.02 DM	1.05%
Erfolg (in DM)	0.145 DM		0.204 DM	

Test auf Signifikanz des Gewinnns
H_0:= arithmetisches Mittel des Gewinns ist gleich Null.

	Gewinn nach 1 Tag halten	Gewinn nach 2 Tagen halten
t- Test Wert:	1.34	2.66
Prob.	0.20	0.02

ihre Prognosen entweder selber direkt bei den Händlern oder greifen auf marktnahe Umfrageergebnisse anderer zurück. Insgesamt bereiten die Journalisten der "currency markets" Kolumne des WSJ den Informationsstrom zu vier verschiedenen Prognosetypen auf. Unterscheiden lassen sich szenarienunabhängige Punktprognosen, ereignisbezogene (bedingte) Prognosen, Bereichsprognosen und technische Prognosen. Die letzten drei Vorhersagetypen werden dabei von den Journalisten allein für den Wechselkurs erstellt, während Punktprognosen auch für andere Makrovariablen abgefaßt sind. Der Schwerpunkt der Vorhersagen liegt allerdings bei den D-Mark/US-Dollar Wechselkurspunktprognosen, von denen – bei unterschiedlicher Erscheinungshäufigkeit – Prognosen zu 6 verschiedenen Zeithorizonten in der "currency markets" Kolumne abgedruckt sind. Ziel dieses Abschnitts der Arbeit war es, die Punktprognosen daraufhin zu durchleuchten, ob sie effizient und unverzerrt sind. Darüber hinaus wurde die Güte aller Prognosen quantitativ abgeschätzt.

Es zeigt sich, daß bei den Punktprognosen in den meisten Fällen die Hypothese, unverzerrter Vorhersagen nicht verworfen werden kann, wenn auch die Resultate zum Teil vom eingesetzten Testverfahren abhängen. Besonders deutlich wird das im Falle der Wechselkursprognosen. So können bei diesen zwar einerseits die durch die Hypothese der Unverzerrtheit der Erwartungen implizierten Restriktionen auf den Koeffizienten der Kleinstquadratschätzung verworfen werden. Andererseits ist es nicht möglich, die Hypothese unverzerrter Erwartungen auf Grundlage der Methode der restringierten Kointegrationsvektoren abzulehnen. Relativiert werden die Ergebnisse der Kleinstquadratschätzung allerdings durch den recht kleinen Stichprobenumfang, so daß die Frage nicht abschließend geklärt werden kann, ob die Vorhersagen verzerrt sind, oder ob ein „Peso-Problem“ vorliegt.

In fast allen Fällen kann die Hypothese effizienter Punktprognosen abgelehnt werden. Bei 20 der 26 untersuchten Variablen enthalten die Vorhersagefehler Informationskomponenten, die in einem signifikanten, wenn auch labilem Zusammenhang mit Elementen der Informationsmenge stehen.

Zur quantitativen Güteabschätzung der Prognosen werden die Vorhersagefehler der Umfragen mit denen des Irrfahrtmodells und des AR-Modells verglichen. Dabei stellt sich heraus, daß eine klare Trennlinie zwischen der Leistungsfähigkeit der Wechselkursprognosen und derjenigen der Vorhersagen der Makrovariablen verläuft. So schlagen bei den Makrovariablen die Prognosen auf Grundlage der Umfragen sämtliche Alternativprognosen (mit Ausnahme der Umfrageprognose bzgl. M2). Im Gegensatz dazu schneiden die auf den Umfragen fußenden Wechselkursvorhersagen nahezu systematisch schlechter ab als die modellgestützten Prognosen. Lediglich die kurzfristigen Tagesprognosen bilden davon eine Ausnahme.

Zu den ereignisbezogenen oder bedingten Vorhersagen zählen die politisch- und makroökonomisch bedingten Prognosen. Es zeigt sich, daß die „politischen" Wechselkursprognosen weniger genau sind als Vorhersagen, die auf Grundlage des Irrfahrtmodells getroffen werden. Auf der anderen Seite scheinen die befragten Händler ein „Gespür" dafür zu haben in welche Richtung sich der Wechselkurs entwickelt, wenn eine durchschnittliche Markterwartung enttäuscht wird. Dafür spricht zumindest, daß die bedingten Makroprognosen kleinere Werte bei den Gütekriterien aufweisen als die Alternativmodelle.

Durch die nach Händlerangaben abgesteckten Bereichsprognosen geben die Journalisten des WSJ einen Bewegungsraum für die Entwicklung des Wechselkurses innerhalb des nächsten Tages bzw. innerhalb der nächste(n) Woche(n) an. Im Ergebnis stellt sich heraus, daß – im Falle der Wochenbereichsprognosen, im Gegensatz zu den Tagesverlaufskorridoren – sowohl die empirische Korridorbreite, als auch die ex post gemessene Standardabweichung über den entsprechenden Zeitraum signifikant mit der vorhergesagten Korridorbreite korreliert ist. Allerdings ist die Prognose für die empirische Korridorbreite verzerrt. Die aus dem Verhältnis aus erfüllten und nicht erfüllten Bereichsprognosen abgeleitete Wahrscheinlichkeit dafür, daß der Wechselkurs aus einem prognostizierten Korridor ausbricht beträgt für beide Prognosehorizonte um die 45 Prozent. Das ist allerdings nicht geringer als die aus den Wechselkurbeobachtungen abgeleitete empirische Wahrscheinlichkeit dafür, daß eine Wechselkursbewegung stattfindet, die größer ist als der mittlere Abstand zu einer Korridorgrenze.

Bei den marktnah bei Händlern erfaßten technischen Prognosen kann die Hypothese, daß sie gewinnbringend eingesetzt werden können nicht verworfen werden.

1.2 Die Qualität der Berichterstattung im Wall Street Journal (WSJ)

Neben den Vorhersagen finden sich in der „currency markets" Kolumne des WSJ auch Kommentare über vergangene Wechselkursentwicklungen. Dabei ziehen die Journalisten bei der Wiedergabe des Devisenmarktgeschehens eine Verbindung zwischen Wechselkursbewegungen und bestimmten Ereignissen, ohne allerdings auf ein konkretes Modell bei der Erklärung ökonomischer Zusammenhänge zurückzugreifen. Vielmehr gibt es einen lockeren Verbund von singulären Argumentationssträngen, die je nach Situation unterschiedlich zusammengeknüpft werden.

Wichtige Referenzpunkte oder "Gemeinsame Gedankenmodelle" im Sinne von Denzau und North [1994] bei der Erklärung des Devisenmarktgeschehens sind sowohl für die Händler als auch für die verschiedenen Berichterstatter das Zinsdifferential und dessen Änderungen, sowie makroökonomische und politische Neuigkeiten. Es scheint Konsens zwischen diesen beiden Personengruppen darüber zu bestehen, daß Veränderungen dieser Faktoren (Ereignisse) den Wechselkurs beeinflussen. Während die Erklärungsmodelle der Berichterstatter direkt der Kolumne entnommen werden können, sind die der Händler durch verschiedene „Feldstudien" bekannt, bei denen die Testpersonen Fragebögen ausfüllen oder bei Interviews um ihre Meinung gebeten werden. Aus den Ergebnissen geht hervor, daß die „Praktiker" ebenfalls besonders Zinsen und makroökonomischen Variablen einen starken Einfluß zusprechen (vgl. Menkoff [1995, 90 ff] sowie Cheung und Chinn [2001]). Ziel dieses Abschnitts der Arbeit ist es, die Güte dieser ereignisbezogenen Berichterstattung der Journalisten zu überprüfen.[44]

Dieser Berichterstattung geht ein Entscheidungsprozeß voraus bei dem der Journalist des WSJ Informationen nach ihrer Bedeutung für den Devisenmarkt beurteilt. Hier wird unterstellt, daß es das Ziel des Berichterstatters ist, möglichst genau wiederzugeben, ob ein Ereignis die Marktteilnehmer überrascht hat und wie stark der Wechselkurs darauf reagiert. Zur Überprüfung der Qualität dieser journalistischen Arbeit wird der Frage nachgegangen, ob der Journalist möglichst fehlerfrei Informationen filtert, d.h. wie gut er zwischen antizipierter und nicht antizipierter Information unterscheidet. Das dabei hier mehrfach eingesetzte Untersuchungsverfahren ist eine Ereignisstudie. Ohne auf eine bestimmte Preisbildungstheorie zu rekurrieren wird bei dem Verfahren davon ausgegangen, daß neue Information („Neuigkeiten" oder News") in einer Welt in der Preiserwartungen rational gebildet werden – d.h. dem bedingten mathematischen Erwartungswert entsprechen – Preise verändert. Das Grundprinzip einer Ereignisstudie besteht darin, die zeitgleich zu einem Ereignis gemachten Beobachtungen eines Finanzmarktpreises – hier des Wechselkurses mit einer halbstündigen Notierungsfrequenz – in die Gruppen „Neuigkeit" und „Nicht

[44] Möglicherweise bestehen Rückkopplungseffekte zwischen dem gedanklichen Konsens über die Struktur und der Struktur selber. So führt z.B. die Überzeugung, daß makroökonomische Neuigkeiten den Wechselkurs beeinflussen dazu, daß die Bekanntgabe von Neuigkeiten, „Announcements", streng geregelt ist (vgl. North [1990, 3]). Diese Rückkopplungseffekte werden nicht näher untersucht.

Neuigkeit" zu zerlegen und die Gruppen daraufhin zu testen, ob sie signifikante Unterschiede aufweisen. Dahinter steht der Gedanke, daß beim Verarbeiten von neuer Information in der Gruppe „Neuigkeit" eine Preisreaktion entsteht, die in der Kontrollgruppe nicht zu beobachten ist. Grundsätzlich sollte dabei – bei bekanntem Veröffentlichungszeitpunkt – die Trennschärfe zwischen den beiden Gruppen mit zunehmender Notierungsfrequenz zu nehmen.

Die „Herausforderung" einer Ereignisstudie liegt dementsprechend darin, die Beobachtungen des Finanzmarktpreises nach möglichst objektiven Kriterien, die sich an den Ereignissen festmachen, in „Neuigkeiten" und „Nicht-Neuigkeiten" aufzugliedern. Die Zerlegung kann dabei nach verschiedenen Methoden erfolgen. In dieser Arbeit werden die Beobachtungen auf Grundlage der Ereigniseinschätzung der Journalisten des WSJ unterteilt, die der „currency markets" Kolumne des WSJ entnommen wurden. Ein Datenpunkt der Wechselkurszeitreihe wird bei diesem Verfahren nur dann in die Neuigkeitsgruppe einsortiert, wenn die Ereignisinformation von dem Journalisten explizit als „Neuigkeit" gewertet und in der „currency markets" Kolumne als solche dargestellt wird. Im Falle einer schlechten unsystematischen „Informationsfilterung" der Journalisten erfolgt die Einteilung in die beiden Gruppen „Neuigkeit" und „Nicht-Neuigkeit" zufällig, so daß die Gruppen statistisch nicht zu unterscheiden sind. Getestet wird deshalb die Nullhypothese, ob die Varianzen in beiden Gruppen gleich groß sind. Läßt sich die Hypothese „gleicher Varianz" verwerfen, „filtert" der Journalist die auf den Markt treffende Information richtig und die Qualität der Berichterstattung ist hoch.

Alternativ dazu besteht für einige standardisierte Fundamentaldatenveröffentlichungen, deren Erwartungswerte- und Realisationen numerisch vorliegen, die Möglichkeit, die Ereignisinformation „technisch" aufzuspalten. Dies wird gemacht, indem Fundamentalwert-Ankündigungen, die mehr als eine Standardabweichung von ihren durch Umfragen erhobene Vorhersagewerte abweichen, als Neuigkeit interpretiert werden.

Durch einen Vergleich der Resultate der beiden Verfahren „statistische Neuigkeit" versus „Neuigkeit nach Einschätzung des Journalisten der „currency markets" Kolumne des WSJ" wird nachgeprüft, ob die vom Journalisten vorgenommene auf einer Gesamteinschätzung beruhenden Aufgliederung der Information nach ihrem Neuigkeitsgehalt einer eklektischen nach statistischen Verfahren durchgeführten Zerlegung überlegen ist. Statistisch wird dabei überprüft ob die Trennschärfe zwischen den Gruppen durch die journalistische Arbeit zugenommen hat.

Darüber hinaus wird überprüft, wie groß der Einfluß auf den Wechselkurs derjenigen makroökonomischen Ereignisse ist, deren Veröffentlichungstermine bekannt sind, aber von denen die Journalisten nicht berichten. Dazu wird kontrolliert, ob die durchschnittliche Wechselkursvolatilität zu den Zeitpunkten, zu denen diese nicht berichteten Ereignisse bekanntgegeben werden, tatsächlich nicht höher liegt.

Der Rest des Kapitels ist wie folgt gegliedert. In Abschnitt 1 wird ein Literaturüberblick über Arbeiten gegeben, die sich mit dem Effekt von – unterschiedlich definierten – Neuigkeiten auf dem Devisenmarkt beschäftigen. In Abschnitt 2 wird ein allgemeines strukturelles Wechselkursmodell mit „Neuigkeiten" eingeführt anhand dessen die Auswirkungen von neuer Information auf den Wechselkurs skizziert wird. In Abschnitt 3 wird die Methode der Ereignisstudie erklärt und zur Abschätzung der Güte der WSJ-Berichte eingesetzt. In Abschnitt 4 werden die Resultate der Studie präsentiert.

1.2.1 Literaturüberblick

Bei der Auswertung der Kolumnen fällt auf, daß die Journalisten zur faktischen Tatsachenbehauptung wie beispielsweise „The dollar rose as encouraging U.S. economic news forced dollar bears to buy the currency." neigen. Strenge Bezüge zu einer bestimmten Wechselkurstheorie lassen sich auf den ersten Blick nicht ausmachen. Trotzdem muß ein Versuch die Aussagen zu bewerten mit der Frage beginnen, durch die Brille welchen Erklärungsansatzes, die Journalisten das Geschehen auf dem Devisenmarkt wahrnehmen. Im folgenden wird begründet, warum hier davon ausgegangen wird, daß die Berichterstatter zumindest implizit auf Grundlage des „Vermögensansatz der Wechselkursbestimmung" (oder auch „asset approach") argumentieren.

Ein stilisierter Fakt des Devisenmarktes in der Nach-Bretton-Woods Ära – also unter den Bedingungen des internationalen Papierstandards – ist die hohe kurzfristige Volatilität des Wechselkurses. Traditionelle Modelle wie beispielsweise die KKP (Cassel [1919]), der in den zwanziger und dreißiger Jahren entwickelte Elastizitätenansatz (Marshall [1929] und Robinson [1933]) oder auch Modelle keynesianischer Spielart im Sinne der IS/LM/RR Logik (Mundell [1960] und Flemming [1962]) ziehen in der Regel laufende Fundamentaldaten wie Kaufkraftunterschiede, Inflationsdifferenzen usw. für Wechselkursbewegungen heran. Überhaupt stehen bei diesen Modellen eher güterwirtschaftliche Stromgrößen der Handelsbilanz im Mittelpunkt der Betrachtung.

Gemeinsam ist diesen Ansätzen, daß sie keine Erklärungen bieten, für die hohe kurzfristige Volatilität des Wechselkurses. Diese bietet aber gerade der oben erwähnte Vermögensansatz des Wechselkurses, der rationale Erwartungen und deren Revisionen durch neue Information in das Zentrum der Analyse rückt. Ein früher Vertreter, vielleicht sogar der Erfinder dieses Ansatzes war der Saarbrücker Volkswirt Stützel [1969], der die in den Sechziger Jahren in Deutschland heftig geführte Debatte um flexible versus feste Wechselkurse prägte. Später – in den Siebziger Jahren – wurde er dann von Frenkel [1976], Branson [1976], Mussa [1976], Dornbusch [1976] und Lucas [1978] formalisiert. Der Devisenkurs bildet sich danach als Relativpreis zwischen Vermögenspapieren. Ähnlich wie bei anderen finanziellen Vermögensanlagen spielen die Erwartungen über den Wiederverkaufspreis eine entscheidende Rolle. Der Wechselkurs ist demnach – in der Terminologie von Stützel – ein „Bestandshaltepreis" in einem auf Erwartungen ausgerichteten Markt. In seiner reduzierten Form beschreibt das Modell das Niveau des heutigen Kassakurses, durch auf die Gegenwart abdiskontierte erwartete Fundamentalwerte, jeweils unter Ausschöpfung aller Informationen (Svensson [1991, 30], Froot und Obstfeld [1991, 62]). Unter dem weiten Begriff der Information können alle Ereignisse subsumiert werden, die möglicherweise Einfluß auf den Wechselkurs beziehungsweise die Wechselkurserwartungen nehmen. Dazu zählen neben den „klassischen" makroökonomischen Variablen, wie z.B. die Geldmenge, das Preisniveau oder die gesamtwirtschaftliche Produktionsentwicklung auch die erwartete Zins- und Interventionspolitik der Zentralbank, sowie Naturereignisse und politische Änderungen beziehungsweise die Ankündigung von politischen Änderungen. Richter [1989] berichtet z.B. in diesem Zusammenhang von einer erfolgreichen „open-mouth" Politik des damaligen US Treasury Secretary Baker, der bewußt durch offizielle und halb-offizielle Verlautbarungen, Einfluß auf die Erwartungen der Devisenhändler nahm und dadurch eine Wechselkursreaktion auslöste. Im Vermögensansatz der Wechselkursbestimmung sind insofern sämtliche hier untersuchten drei Ereignisklassen für den Wechselkurs von Bedeutung. Die kurzfristige Volatilität des Wechselkurses resultiert dabei aus sich ändernden oder enttäuschten Erwartungen über den heutigen bzw. zukünftigen Verlauf von Fundamentalfaktoren. Frenkel [1981] ist der Überzeugung, daß diese „News" der entscheidende Faktor für das Wechselkursverhalten sind. Mussa [1979] führt sogar 90 Prozent der Volatilität auf nicht antizipierte Information zurück.

Genau hier ist die Schnittstelle zur Berichterstattung im WSJ. Es ist diese Betonung des Einflusses der Neuigkeiten, der die generelle journalistische Linie in der Kolumne ausmacht. Im Evaluierungsteil wird deshalb davon ausgegangen, daß der Vermögensansatz der Wechselkursbestimmung ein adäquates Modell des Wechselkurses ist. Die Akteure sind demnach rational und die kurzfristige Volatilität wird durch Erwartungsrevisionen verursacht. Getestet werden hier also nicht nur Hypothesen über die Güte der Berichterstattung, sondern verbunden damit auch immer die Theorie des „Vermögensansatz des Wechselkurs".

Die Literatur über die Auswirkungen von neuer Information auf verschiedene Finanzpreise ist recht umfangreich. Sie läßt sich unterscheiden nach Märkten (Devisenmarkt, Rentenpapiermarkt, Aktienmarkt), nach Typ der Notierungen (Preise, Umsatz), Frequenz der Notierungen (Monatsdaten, Tagesdaten, Intratagesdaten) und Art der Neuigkeitserzeugung (statistische Innovationen, Ankündigungseffekte). Hier wird näher auf die Literatur bzgl. des Devisenmarktes eingegangen.[45] Im Zentrum des Interesses steht dabei häufig der D-Mark/US-Dollar Devisenmarkt, der nahe an das Ideal eines perfekten Markes heranreicht. Es ist gemessen am Umsatz der größte Markt der Welt, ist hochliquide und hat niedrige Transaktionskosten. Darüber hinaus ist er, mit Ausnahme des asiatischen Morgens, nahezu 24 Stunden am Tag geöffnet.

Zur empirischen Überprüfung der Bedeutung von „Neuigkeiten" für den Wechselkurs werden die Veröffentlichungszeitpunkte und sowohl die erwarteten als auch die realisierten Werte der Variablen benötigt. Die erwarteten Kurse werden dabei entweder über ein Modell „statistisch" erzeugt, oder aber direkt Umfragen entnommen. Einige Arbeiten – vor allem auf Basis von Intratagesdaten – gehen davon aus, daß jede Veröffentlichung, unabhängig vom Inhalt der Veröffentlichung, eine Neuigkeit beinhaltet.

1.2.1.1 Statistische Neuigkeiten

Erste Ansätze sogenannter „statistischer Innovationen" zur Erzeugung von für den Wechselkurs relevanter Neuigkeiten gehen auf Dornbusch [1980], Frenkel [1981] und Turnowsky und Ball [1983] sowie Edwards [1983] zurück. Frenkel [1981] z.B. verwendet ein von Barro [1977] erstmalig angewendetes 2-stufiges univariates OLS Verfahren, um auf Basis von Monatsdaten ein „gleichgewichtiges" US-Dollar B-Pfund

[45] Einen guten Überblick über Studien bzgl. des Aktien- bzw. Rentenpapiermarktes gibt Fleming und Remolana [1997].

Zinsdifferential zu schätzen und interpretiert die Residuen dieser Schätzung als Zinsdifferentialneuigkeiten. Turnowsky und Ball [1983] schätzen einen ähnlichen Ansatz auf Basis von US-amerikanischen und australischen Quartalsdaten. Edwards [1983] greift auf relative Geldangebotsdaten zurück, verwendet allerdings eine **V**ektor**A**uto**R**egression (VAR) um Neuigkeiten zu isolieren. In allen Fällen ist die empirische Evidenz für den Einfluß von statistischen über die Zeitreihenmethode erzeugte Neuigkeiten auf den Wechselkurs eher schwach. Dies liegt möglicherweise daran, daß die unterstellten Gleichgewichtsmodelle und damit auch die durch sie implizierten Neuigkeiten nicht vollständig sind. Möglicherweise führt auch die Verwendung von Monatsdaten zu einer zu hohen Informationsaggregation um einen systematischen Einfluß aufzudecken.

1.2.1.2 Neuigkeiten durch Auswertung

Alternativ zur Zeitreihenmethodik verwenden eine Vielzahl von Autoren makroökonomische Ankündigungen und Umfrageergebnisse um Neuigkeiten zu erhalten.

Frühe Arbeiten in diesem Bereich stammen von Engel und Frankel [1984] für tägliche D-Mark/US-Dollar Wechselkursänderungen in Reaktion auf Neuigkeiten bei den wöchentlichen M1 Daten sowie von Hakkio und Pearce [1985] in Reaktion auf Ankündigungen bzgl. der U.S.-Inflations-, Industrieproduktions-, Arbeitsmarkt- sowie der wöchentlich veröffentlichten Geldangebotszahlen. Ito und Roley [1987] studieren den Effekt von U.S.-amerikanischen und japanischen Ankündigungen auf den täglichen Yen/US-Dollar Wechselkurs und stellen fest, daß vor allem amerikanische Daten für den Devisenmarkt von Bedeutung sind. Hardouvelis [1988] untersucht die Auswirkungen von Neuigkeiten bzgl. des Geldangebots, der Handelsbilanzdaten sowie einiger Konjunkturindikatoren und findet Evidenz für einen systematischen Zusammenhang zwischen den Neuigkeiten und der Wechselkursreaktion. Die Arbeiten untersuchen dabei nicht nur Volatilitäts- sondern auch Niveaueffekte der Neuigkeiten auf den Wechselkurs.

Kim und Karfakis [1995] bzw. Kim [1998] arbeiten mit australischen Handelsbilanzdaten bzw. im späteren Aufsatz neben australischen auch mit amerikanischen CPI, GDP, Arbeitsmarktdaten bzw. Einzelhandelsumsätzen (retail sales). Als stetiges Neuigkeitsmaß verwenden sie die Differenz zwischen angekündigten und realisierten Daten. Auf der Basis von Tagesdaten finden sie Evidenz dafür, daß sowohl das Niveau, als auch die bedingte Varianz des Wechselkurses von den Neuigkeiten beeinflußt werden.

Lee und Ederington [1993] sowie Andersen und Bollerslev [1998] und Almeida, A. ed.al. [1998] untersuchen 5-Minuten Intratagesintervalle des D-Mark US-Dollar Wechselkurses und interpretieren verschiedene US-amerikanische und deutsche makroökonomische Ankündigungen als Neuigkeiten, unabhängig von ihrem Informationsgehalt im Sinne der Abweichung der Ankündigung von den Umfrageerwartungen. Sie sind in der Lage einen klaren Volatilitätseffekt der Ankündigungen zu identifizieren. Almeida, A. ed.al. [1998] finden darüber hinaus Niveaueffekte des Wechselkurses, die sie darauf zurückführen, daß die Marktpartizipanten möglicherweise anstehende Zinsentscheidungen der Zentralbanken als Reaktion auf die Ankündigungen antizipieren.

DeGennaro und Shrieves [1997] analysieren die Volatilität der 10-Minuten Intervalle des US-Dollar/Yen Wechselkurses. Zur Konstruktion eines stetigen Neuigkeitsmaßes benutzen sie die Anzahl der Neuigkeitsmeldungen (ebenfalls innerhalb des 10 Minuten Intervalls) des Reuters Informationsdienstes, wie er Händlern am Netz (online) zur Verfügung steht. Dabei beziehen sie zwar alle Neuigkeiten des Reuters-Bildschirm mit ein, sie verzichten allerdings auf die Zerlegung einer Meldung in einen antizipierten und einen nicht-antizipierten Teil. Im Ergebnis bestätigen sie einen Volatilitätseffekt von Neuigkeiten.

Der Beitrag dieses Teils der vorliegenden Arbeit zur Literatur besteht darin, über eine direkte Auswertung der Artikel der „currency marktet" Kolumne des WSJ zu überprüfen, wie präzise die von den Journalisten vorgenommene Zerlegung von Meldungen in antizipierte und nicht-antizipierte Informationen ist. Ein möglicherweise vorliegender Neuigkeitseffekt wird genutzt, um die Güte der Berichterstattung des WSJ abzuschätzen. Dabei geht der hier vorgestellte Ansatz in zweierlei Hinsicht über Ereignisstudien in der Literatur hinaus. So verwenden beispielsweise Lee und Ederington [1993], Anderson und Bollerslev [1998] sowie Almeida et.al. [1998] usw., wie oben erwähnt, hohe Notierungsfrequenzen und spalten die Beobachtungen der gesamten Zeitreihe auf in Tage an denen Daten über die ökonomische Entwicklung zu festen Veröffentlichungsterminen bekannt gegeben werden und in Tage an denen das nicht der Fall ist. Das Ereignis ist in diesem Fall der „Ankündigungstag" (announcement days). Das eigentlich relevante, ob an Ankündigungstagen neue Information auf den Markt trifft, kann bei dieser Vorgehensweise nicht direkt untersucht werden. Das liegt daran, daß nur nicht antizipierte Information eine Marktreaktion hervorrufen, die Ereignisgruppe der oben erwähnten Autoren aber alle „Ankündigungen" enthält und damit verwässert ist. Die Arbeit hier geht auf diesen Mangel ein.

Anstelle der groben Untergliederung in „Ankündigungstage" und „Nicht-Ankündigungstage" werden alle Ankündigungstage, aufgeteilt in die Gruppen „Neuigkeit" und „Nicht-Neuigkeit". Darüber hinaus gibt es meines Wissens keine Studien, die technisch erzeugte Neuigkeiten mit aus Zeitungskolumnen herausgelösten Neuigkeiten vergleicht.

1.2.2 Ein Neuigkeitsmodell des Wechselkurses

Im Folgenden wird der Vermögensansatz der Wechselkursbestimmung formal erläutert, und gezeigt, daß der heutige Wechselkurs auf neue Information reagiert.

In seiner allgemeinen Form hängt der Wechselkurs bei diesem Modell zum Zeitpunkt t von zwei Faktoren ab. Zum einen vom Stand eines stochastischen Fundamentalwertindikators f_t und zum anderen von der – auf der Informationsmenge Ω_t zum Zeitpunkt t fußenden – erwarteten Wechselkursänderungen $E_t([s_{t+1} - s_t] | \Omega_t) = E_t[s_{t+1} - s_t]$ in der Zeit von t bis t+1. Daraus ergibt sich folgende Grundgleichung des Modells:

$$s_t = f_t + \gamma E_t[s_{t+1} - s_t] + \varepsilon_t \qquad (14),$$

wobei der Parameter $0<\gamma<1$ ein Sensitivitätsmaß des heutigen Wechselkurses auf erwartete Wechselkursänderungen darstellt und ε_t eine zufällige unsystematische Abweichung ist mit Erwartungswert Null und endlicher Varianz σ_ε^2.

Durch sukzessives Einsetzten von $E_t[s_{t+1}]$, $E_t[s_{t+2}]$, ...erhält man – bei rationalen Erwartungen – die intertemporale Vorwärtslösung in den Fundamentalwerten von (14)[46]:

$$s_t = \frac{f_t}{1+\gamma} + \frac{1}{1+\gamma}\sum_{i=1}^{\infty}\left(\frac{\gamma}{1+\gamma}\right)^i E_t[f_{t+i}] + \frac{1}{1+\gamma}\varepsilon_t \qquad (15)$$

In (15) hängt der Wechselkurs von der Zufallsstörung ε_t, sowie den heutigen und – mit geometrisch abnehmenden Gewichten – von den erwarteten Realisationen zukünftiger Fundamentalwerte ab.

---

[46] Gleichung (14) ist eine Differenzengleichung erster Ordnung *in der Zeit* im erwarteten Wechselkurs, wenn man von beiden Seiten der Gleichung (14) den Erwartungswert nimmt. Die gesamte Lösungsmenge einer Differenzengleichung setzt sich aus der Summe zweier Komponenten zusammen: Einer partikulären (einer speziellen) und einer homogenen Lösung. Im ökonomischen Kontext wird für die partikuläre Lösung die sog. Fundamentallösung genommen, während der homogene Lösungsteil unter bestimmten Bedingungen eine sog. spekulative Blase beinhalten kann. Hier wird im weiteren davon ausgegangen, daß keine spekulative Blase existiert, mithin die Integrationskonstante des homogenen Lösungsanteil gleich null ist.

Nicht antizipierte Wechselkursänderungen zum Zeitpunkt t+k ($s_{t+k} - E_t[s_{t+k}]$) können nach Umformung der Gleichung (15) dargestellt werden als:

$$s_{t+k} - E_t[s_{t+k}] = \psi \sum_{i=0}^{\infty} (1-\psi)^i (E_{t+k}[f_{t+k+i}] - E_t[f_{t+k+i}]) + \psi\varepsilon_{t+k} \qquad (16),$$

mit $\eta_{t+k} = \psi\varepsilon_{t+k}$, $\psi=1/(1+\gamma)$ und $E_{t+k}[f_{t+k}] = f_{t+k}$. Dies entspricht der Neuigkeitsform des Grundmodells in (14), wobei $\psi(1-\psi)^i \; E_{t+k}[f_{t+k+i}] - E_t[f_{t+k+i}]$ für $i = 0,\ldots,\infty$ den Einfluß spezifiziert, den die aktuelle (also in t+k) Erwartungsrevision bezüglich der künftigen Fundamentalfaktorentwicklung in t+k+i auf den Wechselkurs in t+k nimmt. Nach Gleichung (16) resultiert also die kurzfristige Volatilität des Wechselkurses aus sich ändernden $(E_{t+k}[f_{t+k+i}] - E_t[f_{t+k+i}])$ oder enttäuschten $(f_{t+k} - E_t[f_{t+k}])$ Erwartungen über den heutigen bzw. zukünftigen Verlauf von Fundamentalfaktoren, also „Neuigkeiten", und aus der Realisation der Zufallsvariabeln ε_{t+k}.

Der Einfluß von neuen Fundamentaldaten (Ankündigungen) kann wie folgt abgeschätzt werden: Sei A die Menge, die sich aus N+M Renditen (Differenzen der logarithmierten Wechselkursnotierungen) zu den Zeitpunkten der Ankündigungen von Fundamentaldaten zusammensetzt. Diese Menge kann nun in Teilmengen zerlegt werden und zwar in eine Menge A_N=„Neuigkeit" mit M Beobachtungen, die mit Neuigkeiten (mit $f_{t+k} - E_t[f_{t+k}] \neq 0$, bzw. mit $(\boldsymbol{E}_{t+k}[\boldsymbol{f}_{t+k+i}] - \boldsymbol{E}_t[\boldsymbol{f}_{t+k+i}]) \neq 0$) assoziiert sind und in eine Menge A_{KN}=„Nicht-Neuigkeiten" mit N Beobachtungen, die nicht mit Neuigkeiten in Verbindung stehen (mit $f_{t+k} - E_t[f_{t+k}] = 0$ bzw. $(\boldsymbol{E}_{t+k}[\boldsymbol{f}_{t+k+i}] - \boldsymbol{E}_t[\boldsymbol{f}_{t+k+i}]) = 0$). Die empirische Varianz der M Beobachtungen der Menge A_N entspricht dabei $\left[\psi^2\hat{\sigma}_\varepsilon^2 + \sum_{i=1}^{n} \psi^2 (1-\psi)^{2(i-1)} \hat{\sigma}_{i-1,F}^2\right] = \hat{\sigma}_N^2$ und die empirische Varianz der N Beobachtungen der Menge A_{KN} $\psi^2\hat{\sigma}_\varepsilon^2 = \hat{\sigma}_{KN}^2$. Daraus ergibt sich, daß die geschätzte Varianz des Wechselkurses im Falle von Neuigkeiten $f_{t+k} - E_t[f_{t+k}] \neq 0$, bzw. mit $(\boldsymbol{E}_{t+k}[\boldsymbol{f}_{t+k+i}] - \boldsymbol{E}_t[\boldsymbol{f}_{t+k+i}]) \neq 0$ größer ist als bei Nicht-Neuigkeiten $f_{t+k} - E_t[f_{t+k}] = 0$ bzw. $(\boldsymbol{E}_{t+k}[\boldsymbol{f}_{t+k+i}] - \boldsymbol{E}_t[\boldsymbol{f}_{t+k+i}]) = 0$. Die Unterschiede sind um so deutlicher, desto besser es gelingt, Zeitpunkte mit „Neuigkeiten" von Momenten mit „Nicht-Neuigkeiten" zu trennen. Die Güte der Berichterstattung im WSJ wird deshalb danach beurteilt wie gut es möglich ist, auf Grundlage der Berichte der Devisenmarktkolumne im WSJ „Neuigkeiten" von „Nicht-Neuigkeiten" zu unterscheiden.

1.2.3 Ereignisstudien als Methode zur Abschätzung der Güte der Berichterstattung

Die Methode der Ereignisstudie geht gedanklich auf Arbeiten von Dolley [1933] und – statistisch ausgefeilter – auf Fama et.al. [1969] zurück. In Anlehnung an Campbell, Lo und MacKinlay [1997] wird hier in fünf Schritten vorangegangen:

Die Ereignisdefinition: Im ersten Schritt werden das Ereignis, die Ereignismenge, das Ereignisfenster, der Untersuchungshorizont und der Beobachtungszeitraum festgelegt.

1.2.3.1 Die Definition der Ereignisse

Bei einem Ereignis handelt es sich hier um ein Geschehen, daß – nach Aussage der WSJ-Journalisten – den Devisenmarkt beeinflußt. Die in der „currency markets“ Kolumne des WSJ wiedergegebenen Ereignisse werden in dieser Arbeit in Abhängigkeit davon, ob ex ante a) der Zeitpunkt der Veröffentlichung (zeitspezifisch), b) der Typ der veröffentlichten Information (typenspezifisch) oder c) beide Informationen bekannt sind, in drei Klassen unterteilt.

Klasse I: Ereignisse, die sowohl typen- als auch zeitspezifisch sind werden als Klasse I Ereignisse bezeichnet. Die makroökonomischen Variablen, die in der „tracking Kolumne“ des WSJ veröffentlicht werden, gehören zu dieser Art von Ereignissen (beispielsweise „report on retail sales in May, set for release on Thursday“, 9:00 EST). Sowohl der Typ (retail sales) als auch der Zeitpunkt (9:00 EST) sind genau bestimmbar. Darüber hinaus sind die jeweiligen von den Marktakteuren gemachten Vorhersagefehler der markroökonomsichen Variablen bekannt, die sich aus der Differenz zwischen dem erwarteten „Consensus“ und dem veröffentlichten Wert ergeben.

Neben diesen makroökonomischen Variablen zählen auch Interventionen zur ‚Marktpflege‘ (Jurgensen [1984]), welche die Deutsche Bundesbank von Zeit zu Zeit beim Frankfurter Fixing um 13:00 MEZ durchführte, zu den Klasse I Ereignissen (beispielsweise „Bundesbank intervened at the Frankfurter dollar fixing to sell 20,8 million dollar, [...].“).

Klasse II: Ereignisse, die zwar typen- aber nicht zeitspezifisch sind werden als Klasse II Ereignisse bezeichnet. Dazu gehören insbesondere Interventions- und Zinsentscheidungen der Zentralbanken, bei denen der genaue Zeitpunkt, zu dem eine Entscheidung öffentlich bekannt wird, unbekannt ist.

Klasse III: Ereignisse, die weder typen- noch zeitspezifisch sind, welche aber den Devisenmarkt beeinflussen, werden als Klasse III Ereignisse bezeichnet. In diese Ereignisklasse fallen allgemein ökonomische Informationen (wie beispielsweise Kommentare von Zentralbankern, die Aufschluß über den zukünftigen Kurs der Notenbank geben), sowie „globale", politische Ereignisse (wie beispielsweise der Golfkrieg, der bei den weltweiten Anlegern eine Flucht in den sicheren Hafen („save haven") der US-Währung auslöste).[47]

1.2.3.1.1 Die Ereignismenge

Eine Ereignismenge A (der durch die Ereignisdefinition festgelegten Ereignisse) besteht aus sämtlichen Kursbeobachtungen, die zur Ereignisstudie herangezogen werden, d.h. sowohl aus den Datenpunkten zum exakten Zeitpunkt als auch aus den Datenpunkten aus dem zeitlichen Umfeld der definierten Ereignisse.

Skizze 1.2.1
Ereignisstudie

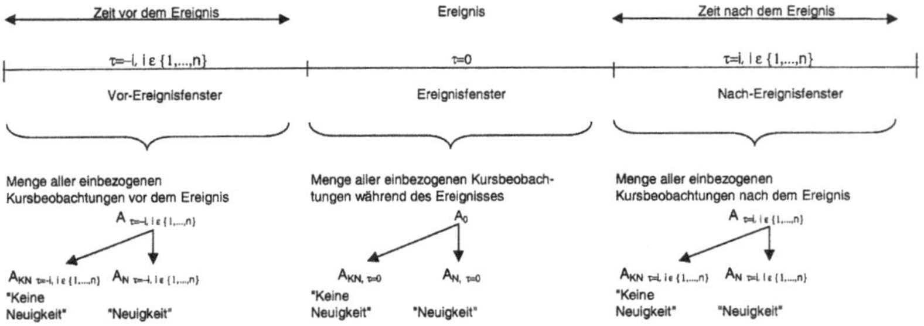

Beispiel: Angenommen man möchte anhand halbstündlicher Wechselkursnotierungen überprüfen, ob die Klasse I Ereignisse „Bekanntgabe der monatlichen Arbeitsmarktdaten um 8:30 EST während des Zeitraums von Januar 1989 bis Januar 1993" besondere Wechselkursreaktionen hervorrufen. Insgesamt wurden während dieses Zeitraums an 49 Tagen Arbeitsmarktdaten veröffentlicht. Zur Ereignisstudie heran-

---

[47] Beispielsweise wird der 14. Dezember 1989 als ein politischer Tag gewertet: Schlagzeile: Gorbatchev Rumors trigger seesaw day for the dollar. *Text: False rumors that Soviet leader Mikhail Gorbatchev had resigned gave the dollar a brief boost Wednesday as currency traders rushed to take profits on long mark positions. In a matter of minutes the dollar bolded from around 1,725 marks to 1,735 marks in New York. But word that Soviet embassy in Washington had flatly denied the rumors cooled the mini-rally and sent the dollar back to earlier levels.*

gezogen werden in diesem Fall die Beobachtungen an den 49 Tagen und zwar a) die Wechselkursänderungsraten während des Zeitraums 8:30 – 9:00 EST, b) eine bestimmte Anzahl von Wechselkursänderungsraten vor 8:30 EST und c) eine bestimmte Anzahl von Wechselkursänderungsraten nach 9:00 EST. Die Ereignismenge A besteht damit aus den Beobachtungen vor, während und nach dem Ereignis (siehe auch obenstehende Skizze 1.2.1 auf Seite 78).

Die Wechselkursänderungsraten in der Ereignismenge A, die zeitlich eindeutig vor (nach) dem Ereignis liegen, bilden die Teilmengen $A_{\tau=-i}$ ($A_{\tau=i}$) mit $i \in \{1,...n\}$. Die Wechselkursänderungsraten in der Ereignismenge A, die zum Zeitpunkt des Ereignisses gemacht wurden, bilden die Teilmenge $A_{\tau=0}$. $i \in \{1,...n\}$ zeigt dabei an, wie „weit“ (im Sinne der Anzahl i der Beobachtungen vor oder nach dem Ereignis) eine Beobachtung jeweils vom untersuchten Ereignis entfernt ist (Ereigniszeit). Je nach Datenfrequenz kann diese über i definierte „Weite“ beispielsweise eine halbe Stunde oder ein Tag pro „Schritt“ betragen. Kann der Zeitpunkt eines Ereignisses nicht auf eine Kursbeobachtung genau eingegrenzt werden, werden mehrere Beobachtungen der Teilmenge $A_{\tau=0}$ zugeordnet.

Beispiel: Im Fall von oben besteht $A_{\tau=-1}$ aus allen halbstündlichen Kursänderungsraten zwischen 8:00 und 8:30 EST an den 49 Tagen, an denen US-amerikanische Arbeitsmarktdaten veröffentlicht wurden. $A_{\tau=0}$ besteht aus den Wechselkursänderungsraten zwischen 8:30 und 9:00 EST. Könnte hingegen die Bekanntgabe der Arbeitsmarktdaten beispielweise nur auf den Zeitraum zwischen 8:00 und 9:00 EST eingegrenzt werden, bestünde $A_{\tau=0}$ aus den Kursänderungsraten zwischen 8:00 und 8:30 EST und 8:30 und 9:00 EST. $A_{\tau=-1}$ verschöbe sich in diesem Fall auf die Wechselkursänderungsraten in der Zeit von 7:30 und 8:00 EST.

Den Wechselkursbeobachtungen in den Teilmengen $A_{\tau=-i}$, $A_{\tau=i}$, $A_{\tau=0}$ mit $i \in \{1,...n\}$ werden darüber hinaus – nach noch zu spezifizierenden Kriterien – die Merkmale „Keine Neuigkeit“=KN oder „Neuigkeit“=N zugeordnet. $A_{N,\tau=i}$ ($A_{KN,\tau=i}$) besteht dabei aus den Wechselkursänderungsraten, die zur Ereigniszeit τ=i gemacht wurden und die das Merkmal „Neuigkeit“=N („Keine Neuigkeit“=KN) tragen. Fällt der Subskript τ=i weg, dann bezeichnet A_{KN} (A_N) – unabhängig von der Ereigniszeit – die Menge alle Beobachtungen aus A mit dem Merkmal „Keine Neuigkeit“=KN („Neuigkeit“=N).

Beispiel: Bezogen auf die Bekanntgabe der US-Arbeitsmarktdaten bedeutet dies, daß alle Wechselkursänderungsraten an einem bestimmten Veröffentlichungstag –

unabhängig von der Ereigniszeit τ – entweder das Merkmal „Neuigkeit“=N oder aber das Merkmal „Keine Neuigkeit“=KN zugeordnet bekommen.

Die Bestimmung der Ereignismenge A sowie ihre Zerlegung in die jeweiligen Teilmengen A_N und A_{KN} (und deren Untermengen $A_{N,\tau=i}$ und $A_{KN,\tau=i}$ mit $i \in \{1,...n\}$) sind das Herzstück einer Ereignisstudie. Diese Bestandteile einer Ereignisstudie werden in dieser Arbeit auf der Grundlage vier verschiedener Kriterien und Methoden festgelegt.

1.2.3.1.1.1 Einteilung der Beobachtungen nach Aussagen im WSJ

1.2.3.1.1.1.1 Einteilung der Beobachtungen der Klasse I Ereignisse nach expliziten Aussagen im WSJ

Ereignismenge A: Alle Wechselkursbeobachtungen zum Zeitpunkt der Bekanntgabe von Klasse I Ereignissen, die explizit in der „currency markets“ Kolumne des WSJ kommentiert sind (Bekanntgabe von makroökonomischen Variablen bzw. Durchführung von Fixing-Interventionen), sowie die 3 Beobachtungen (1½ Stunden) vor und nach diesen Ereignissen. Die Ereignismenge mit diesen Beobachtungen wird mit $A^{WSJ/Tracking}$ bezeichnet.

Teilmengen $A_N^{WSJ/Tracking}$, $A_{KN}^{WSJ/Tracking}$: Unterteilung der Ereignismenge $A^{WSJ/Tracking}$ in die Teilmengen $A_N^{WSJ/Tracking}$ (mit Neuigkeit) nach expliziter Einschätzung des Journalisten des WSJ und $A_{KN}^{WSJ/Tracking}$ (ohne Neuigkeit) nach expliziter Einschätzung des Journalisten des WSJ.

Erläuterungen zu 1.2.3.1.1.1.1): In die Ereignismenge $A^{WSJ/Tracking}$ werden nur Wechselkursbeobachtungen im Zusammenhang mit Klasse I Ereignissen aufgenommen, die ausdrücklich in der „currency markets“ Kolumne des WSJ als „Neuigkeit“ oder „Nicht-Neuigkeit“ kommentiert werden. Wechselkursbeobachtungen im Zusammenhang mit im „Tracking“ Teil des WSJ veröffentlichten makroökonomischen Ankündigungen, die nicht in der „currency markets“ Kolumne aufgegriffen werden, werden nicht berücksichtigt. Die Einstufung in die Teilmengen $A_{KN}^{WSJ/Tracking}$ („Neuigkeit“) bzw. $A_{KN}^{WSJ/Tracking}$ („Nicht-Neuigkeit“) erfolgt auf Grundlage des Textes in der Kolumne. So wird beispielsweise die Veröffentlichung der Arbeitsmarktdaten am Freitag, den 13. März 1989 wie folgt kommentiert:

> „The dollar was bolstered Friday by robust February employment data showing a non-farm payrolls rise of 289,000.“

Da der Journalist eine eindeutige Beziehung zwischen der Veröffentlichung der Daten und der Wechselkursbewegung herstellt, wird die „Ankündigung" als eine Neuigkeit eingestuft. Insgesamt gibt es im Falle der Arbeitsmarktdaten 31 „Neuigkeiten".

Ein Beispiel für eine „Nicht-Neuigkeit" gibt es in der Ausgabe des WSJ vom 10. September 1990:

> :"[...] U.S. employment data for August which, while unimpressive, weren't sharply weaker than traders expected."

Hier sieht der Journalisten keine Beziehung zum Wechselkurs und der Berichtsinhalt der Nachricht wird als nicht überraschend gewertet. Deshalb zählt diese Ankündigung zu der Gruppe „Keine Neuigkeit".[48]

1.2.3.1.1.1.2 Einteilung der Beobachtungen der Klasse I Ereignisse nach impliziten Aussagen im WSJ

Ereignismenge A: Alle Wechselkursbeobachtungen zum Zeitpunkt der Bekanntgabe makroökonomischer Variablen bzw. von Fixing-Interventionen (Klasse I), sowie die 3 Beobachtungen (1½ Stunden) vor und nach dem Ereignis. Die Ereignismenge mit diesen Beobachtungen wird mit A^{WSJ} bezeichnet.

Teilmengen A_N^{WSJ}, A_{KN}^{WSJ}: Unterteilung in die Teilmengen A_N^{WSJ} (mit Neuigkeit) nach expliziter Einschätzung des Journalisten des WSJ und A_{KN}^{WSJ} (ohne Neuigkeit) nach impliziter Einschätzung des Journalisten des WSJ.

Erläuterungen zu 1.2.3.1.1.1.2): In der Ereignismenge A^{WSJ} sind alle Wechselkursbeobachtungen im Zusammenhang mit Klasse I Ereignissen enthalten, also auch diejenigen, die zwar nicht in der „currency markets" Kolumne des WSJ kommentiert, deren Angaben aber im „tracking the economy" Teil des WSJ veröffentlicht sind. Die Zuordnung dieser im Vergleich zu 1.2.3.1.1.1.1) zusätzlichen Wechselkursbeobachtungen der Ereignismenge A in die Menge A_{KN}^{WSJ} erfolgt damit für diese „nicht kommentierten" Ereignisse stillschweigend oder „implizit". Die Untermenge A_N^{WSJ} ist in 1.2.3.1.1.1.2) identisch mit 1.2.3.1.1.1.1).

---

[48] Insgesamt werden 1066 *„currency markets"* Kolumnen des WSJ nach 18 in der *Klasse I* enthaltenen Makro-Variablen (zuzüglich 3 Geldmengenvariablen) untersucht.

Bei „Fixing-Interventionen" besteht die Teilereignismenge A_N^{WSJ} aus den 11 vom WSJ berichteten nicht antizipierten Interventionen um 13:00 MEZ am Frankfurter Devisenmarkt. Die Teilereignismenge A_{KN}^{WSJ} besteht aus den Wechselkursbeobachtungen um 13:00 MEZ (also allen potentiellen Fixing – Zeitpunkten), bei denen der Berichterstatter des WSJ nicht von einer Intervention berichtet.

1.2.3.1.1.1.3 Einteilung der Beobachtungen der Klasse II Ereignisse nach Aussagen des WSJ (Zinsentscheidungen der Deutschen Bundesbank)

Ereignismenge A: Alle Wechselkursbeobachtungen am Tag von Zentralbankratssitzungen der Deutschen Bundesbank zwischen 13:30 und 16:00 MEZ (ohne Beobachtungen im Zusammenhang mit Klasse I und Klasse III Ereignissen). Die Ereignismenge mit diesen Beobachtungen wird ebenfalls mit A^{WSJ} bezeichnet.

Teilmengen A_N^{WSJ}, A_{KN}^{WSJ}: Unterteilung in die Teilmengen A_N^{WSJ} – überraschende Zinsentscheidung – und A_{KN}^{WSJ} – keine überraschende Zinsentscheidung.

Erläuterungen zu 1.2.3.1.1.1.3): Die Ereignismenge A^{WSJ} enthält Beobachtungen zwischen 13:30 und 16:00 MEZ an Sitzungstagen des Zentralbankrates der Deutschen Bundesbank (ZBR), da – mit Ausnahme der „außerordentlichen Mitteilung über zinspolitische Maßnahmen" vom Sonntag den 11. September 1992 im Zusammenhang mit den Wechselkursspannungen im EWS – nur im Anschluß an reguläre Zentralbankratssitzungen, Zinsentscheidung der Deutschen Bundesbank bekannt gegeben wurden. Der Zeitraum von 13:30 und 16:00 MEZ wird gewählt, da die exakte Uhrzeit, zu der die jeweiligen Entscheidungen bekannt gegeben wurden, nicht genau bestimmt werden kann. Die Teilmenge A_N^{WSJ} besteht aus Wechselkursänderungen, die mit überraschenden „Zinsneuigkeiten nach WSJ" assoziiert sind und die Teilmenge A_{KN}^{WSJ} der Nicht-Neuigkeiten dementsprechend aus Wechselkursänderungen in der Zeitumgebung von ZBR-Sitzungsterminen der Deutschen Bundesbank, an denen im WSJ davon berichtet wird, daß keine Zinserwartungen enttäuscht wurden.[49]

---

[49] De facto ist diese Gruppe nahezu identisch mit den Sitzungsterminen, der ZBR, an denen keine Zinsänderungsentscheidungen getroffen wurden. Allerdings gibt es Ausnahmen. So wurde z.B. am Donnerstag den 12. Juli 1991 entschieden, die Zinsen nicht zu erhöhen, obwohl der Markt diese erwartet hatte. In diesem Fall führte das Nicht-Eintreffen der Erwartung zur Reaktion des Wechselkurses. Analog zu den *Klasse I* Variablen besteht auch hier eine Neuigkeit nur aus enttäuschten Erwartungen. WSJ-Überschrift: *„Dollar rises sharply after Buba leaves Rates unaltered. After languishing all week, the dollar*

Analog zu 1.2.3.1.1.1.2) stehen damit direkt Zinsneuigkeiten im Sinne von enttäuschten Erwartungen zur Verfügung.

1.2.3.1.1.1.4 Einteilung der Gesamtbeobachtungen in Interventionen/Nicht-Interventionen (Klasse II Ereignisse) nach Aussagen des WSJ

Ereignismenge A: Alle Wechselkursbeobachtungen (ohne Beobachtungen im Zusammenhang mit Klasse I, Klasse II (Zinsen) und Klasse III Ereignissen). Die Ereignismenge mit diesen Beobachtungen wird wieder mit A^{WSJ} bezeichnet.

Teilmengen A_N^{WSJ}, A_{KN}^{WSJ} : Unterteilung in die Teilmengen A_N^{WSJ} – Erwähnung einer Intervention im WSJ – und A_{KN}^{WSJ} – Keine Erwähnung einer Intervention im WSJ.

Erläuterungen zu 1.2.3.1.1.1.4) (Interventionen): Die Ereignismenge A^{WSJ} enthält bis auf die Renditen zum Zeitpunkt der Veröffentlichung von Klasse I, Klasse II (Zinsen) und Klasse III Variablen alle Wechselkursbeobachtungen, da nicht bestimmt werden kann, welche Tage als „potentielle Interventionstage" zur Teilmenge A_{KN}^{WSJ} gerechnet werden könnten. Die Teilmenge A_N^{WSJ} besteht in diesem Fall aus Wechselkursbeobachtungen zu Interventionszeitpunkten, die den Berichten des WSJ entnommen werden. Möglicherweise enttäuschte Interventionserwartungen werden nicht berücksichtigt. Damit wird jede berichtete Intervention, unabhängig davon welche Überraschung tatsächlich mit ihr verbunden ist, als Neuigkeit interpretiert.

1.2.3.1.1.1.5 Einteilung der Gesamtbeobachtungen in Politikereignis/Nicht-Politikereignis (Klasse III Ereignisse) nach Aussagen des WSJ

Ereignismenge A: Alle Wechselkursbeobachtungen (ohne Beobachtungen im Zusammenhang mit Klasse I und Klasse II Ereignissen, sowie ohne Wechselkursbeobachtungen, die – innerhalb einer Zeitspanne von 6 Tagen – möglicherweise von zwei Klasse III Ereignissen gleichzeitig beeinflußt werden). Die Ereignismenge mit diesen Beobachtungen wird wieder mit A^{WSJ} bezeichnet.

Teilmengen A_N^{WSJ}, A_{KN}^{WSJ} : Unterteilung in die Teilmengen A_N^{WSJ} – Bekanntwerden von Klasse III Ereignissen (politische Ereignisse) – und A_{KN}^{WSJ} – Kein Bekanntwerden von Klasse III Ereignissen nach Aussagen des WSJ.

---

marched higher Thursday when the Bundesbank announced it wouldn't change Germany's 6,5% discount

Erläuterungen zu 1.2.3.1.1.1.5): Im Falle der Klasse III Ereignisse werden neben den Beobachtungen im Zusammenhang mit Klasse I und Klasse II Ereignissen auch Beobachtungen ausgeschlossen, die zwischen schnell aufeinanderfolgenden Klasse III Ereignissen liegen. Zugelassen in A sind nur Beobachtungen die mindestens drei Tage vor und mindestens drei Tage nach einem Klasse III Ereignis liegen. Die Aufteilung der Daten in die Teilmengen A_N^{WSJ} erfolgt auf Grundlage der Textauswertung (siehe Definition Klasse II und III Ereignisse). Die Neuigkeitsmenge A_N^{WSJ} besteht aus den gesamten Wechselkursnotierungen der Tage, an denen die Journalisten des WSJ in der „currency markets" Kolumne betonen, daß politische Ereignisse eine besondere Rolle für den Devisenmarkt spielen. Die Teilmenge A_{KN}^{WSJ} ist das Komplement von A_N^{WSJ} in der Ereignismenge A^{WSJ}.

1.2.3.1.1.2 Einteilung der Beobachtungen der Klasse I Ereignisse nach statistischen Verfahren

Ereignismenge A: Alle Wechselkursbeobachtungen zum Zeitpunkt der Bekanntgabe makroökonomischer Variablen für die erwartete als auch realisierte Werte vorliegen, sowie die 3 Beobachtungen (1½ Stunden) vor und nach dem Ereignis. Die Ereignismenge mit diesen Beobachtungen wird mit $A^{technisch}$ bezeichnet.

Teilmengen $A_N^{technisch}$, $A_{KN}^{technisch}$: Unterteilung in die Teilmengen $A_N^{technisch}$ (mit Neuigkeit) und $A_{KN}^{technisch}$ (ohne Neuigkeit) nach Höhe des numerisch bestimmbaren Vorhersagefehlers.

Erläuterungen zu 1.2.3.1.1.2): Die Ereignismenge $A^{technisch}$ in 1.2.3.1.1.2) ist – mit Ausnahme der Veröffentlichungen für die wegen fehlender Angaben kein Vorhersagefehler berechnet werden kann – identisch mit der Ereignismenge A in 1.2.3.1.1.1.2). Die Einteilung der Wechselkursbeobachtungen in die beiden Teilgruppen $A_N^{technisch}$ und $A_{KN}^{technisch}$ erfolgt „technisch". Eine Ankündigung gilt hier dann als Neuigkeit, wenn der Vorhersagefehler – als die Differenz zwischen den erwarteten und der realisierten Werten der Makroreihe – eine Standardabweichung über oder unter dem mittleren Vorhersagefehler der makroökonomischen Zeitreihe liegt. Der Schwellenwert (eine Standardabweichung), den ein Vorhersagefehler überschreiten muß, damit er als Neuigkeit gewertet wird, wurde hier aus Gründen der Vergleich-

---

rate and 9% Lombard rate."

barkeit so festgelegt, daß die Anzahl der „technisch" erzeugten Neuigkeiten ungefähr der Anzahl der Neuigkeiten nach Einschätzung des WSJ-Journalisten entspricht.

Im Falle der „non-farm payrolls" wird beispielsweise eine Nachricht dann als Neuigkeit gewertet, wenn der realisierte Vorhersagefehler 110.000 „non-farm payrolls", das entspricht einer Standardabweichung, überschreitet. Diese „technische" Aufteilung ist nur für quantifizierbare Klasse I Ereignisse möglich. Bei Klasse II und Klasse III Ereignissen, bei denen der Neuigkeitsgehalt einer Veröffentlichung im Gegensatz zu den Klasse I Ereignissen nicht durch den numerischen Wert des Erwartungsfehlers meßbar ist, kann das statistische Zerlegungsverfahren nicht angewendet werden.[50]

1.2.3.1.1.3 Einteilung der Gesamtbeobachtungen nach Ankündigung von Klasse I Ereignissen /Nicht-Ankündigung von Klasse I Ereignissen

Ereignismenge A: Alle Wechselkursbeobachtungen (ohne Beobachtungen im Zusammenhang mit Klasse II oder Klasse III Ereignissen). Die Ereignismenge mit diesen Beobachtungen wird mit $A^{Ankündigung}$ bezeichnet.

Teilmengen $A_N^{Ankündigung}$, $A_{KN}^{Ankündigung}$: Unterteilung in die Teilmengen $A_N^{Ankündigung}$ (Bekanntgabe makroökonomischer Klasse I Variablen) und $A_{KN}^{Ankündigung}$ (Keine Bekanntgabe makroökonomischer Klasse I Variablen).

Erläuterungen zu 1.2.3.1.1.3): Die Ereignismenge $A^{Ankündigung}$ in 1.2.3.1.1.3) umfaßt alle Wechselkursbeobachtungen. Ausgeschlossen sind lediglich diejenigen, die im Zusammenhang mit Klasse II und III Ereignissen stehen. Der Menge $A_N^{Ankündigung}$ werden sämtliche Wechselkursbeobachtungen im Zusammenhang mit der Bekanntgabe makroökonomischer Kennziffern zugeordnet, unabhängig vom Neuigkeitsgehalt der Ankündigung. Beispielsweise enthält die Menge $A_N^{Ankündigung}$ bei den Arbeitsmarktdaten alle 49 Wechselkursbeobachtungen zum Zeitpunkt der Ankündigung (8:30 – 9:00

---

[50] Der Vorhersagefehler (als die Differenz aus erwartetem und realisiertem Wert) einer Makroreihe zu einem bestimmen Ankündigungszeitpunkt sei x, mit einem geschätzten mittleren Vorhersagefehler μ_x und einer geschätzten Standardabweichung von σ_x über den Untersuchungszeitraum. Eine Neuigkeit ist definiert als ein Ereignis bei dem $|x-\mu_x| > \sigma_x$ ist. Man beachte, daß der Vorhersagefehler stationär ist und keine Trendkomponente aufweist. Damit existiert das zweite Moment und σ_x kann als Abweichungsmaß herangezogen werden. Insgesamt enthalten nach diesem Kriterium 185 Ankündigungen „Neuigkeiten" ggü. 236 im Falle des Verfahrens 1.2.3.1.1.1.1).

EST). Die Menge $A_{KN}^{Ankündigung}$ besteht aus allen Wechselkursbeobachtungen zu Nicht-Ankündigungszeitpunkten.[51]

Letztlich handelt es sich bei der Ereignisstudie um ein Werkzeug, mit dem die Güte der Zerlegungen der Ereignismenge A in die Teilmengen A_N und A_{KN} überprüft werden kann. Die Ereignismenge A wird dabei a) auf Grundlage der Lektüre der WSJ-Kolumnen und b) auf Grundlage des statistischen Zerlegungsverfahrens in „Neuigkeiten" und „Nicht-Neuigkeiten" unterteilt.

1.2.3.1.2 Das Ereignisfenster

Das Ereignisfenster ist definiert als die Zeitspanne, in der ein Ereignis möglicherweise den Preis des Finanztitels (hier: den Wechselkurs) beeinflußt.

Das Ereignisfenster bei Klasse I Ereignissen ist eng auf die halbe Stunde im unmittelbaren Anschluß an die offizielle Ankündigungszeit der makroökonomischen Variablen beschränkt (siehe Skizze 1.2.2 auf Seite 87 und Tabelle 1.2.1 auf Seite 96). Für die Interventionen beim Frankfurter „Fixing" wird das Ereignisfenster für 13:00 MEZ geöffnet. In beiden Fällen erhalten die Beobachtungen zu den im voraus bekannten Veröffentlichungszeitpunkten die Ereigniszeit $\tau=0$ zugewiesen.[52]

Bei Klasse II Ereignissen kann der Zeitpunkt der Bekanntgabe der Information nicht auf eine halbe Stunde genau eingegrenzt werden. Der Zeitrahmen der Teilmenge $A_{N,\tau=0}^{WSJ}$ „Zinsneuigkeit" wird deshalb weiter zugeschnitten. Bei deutschen Zinsentscheidungen beträgt die Öffnungslänge des Fensters drei Halbstundenintervalle, wobei das Fenster an Sitzungstagen des Zentralbankrates der Deutschen Bundesbank (ZBR) je nach Zeitangabe im WSJ zwischen 13:30 und 16:00 MEZ geöffnet wird (siehe Skizze 1.2.3). Maximal werden jedoch pro Zinsentscheidung 3 Beobachtungen mit der Ereigniszeit $\tau=0$ belegt. US-amerikanische Zinsentscheidungen, bei denen sich der Zeitpunkt potentieller Zinsentscheidungen nicht genau eingrenzen läßt, werden hier nicht berücksichtigt.[53]

---

[51] Dies entspricht der Vorgehensweise von z.B. Lee und Ederington [1993], Bollerslev [1998], Fleming und Remolana [1997].

[52] Ankündigungszeiten sind in EST Zeit, Wechselkursnotierungen hingegen in MEZ Zeit. Winterzeitbeginn und -ende fallen in den USA und in Deutschland auseinander. Die sich daraus ergebenen Änderungen für die Ereignisfenster sind berücksichtigt.

[53] Darüber hinaus fehlen für die Zeiträume, in denen US-amerikanischen Zinsentscheidungen bekanntgegeben werden, halbstündige Notierungen.

Skizze 1.2.2
Ereignisstudie (Klasse I)

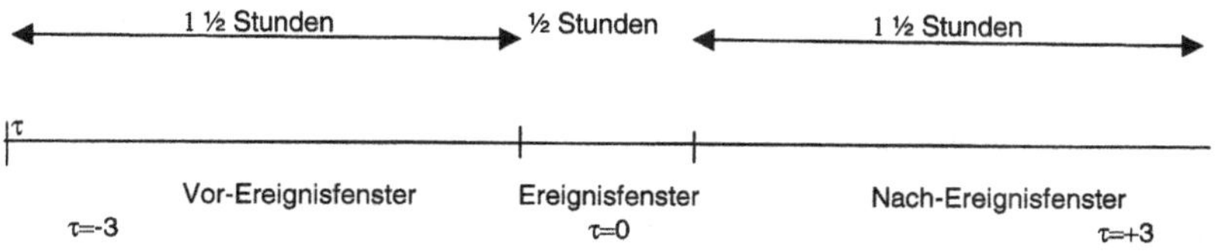

Skizze 1.2.3
Ereignisstudie (Klasse II)

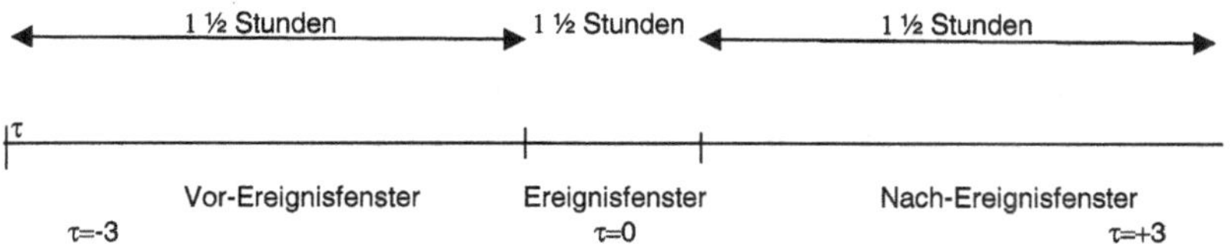

Skizze 1.2.4
Ereignisstudie (Klasse III)

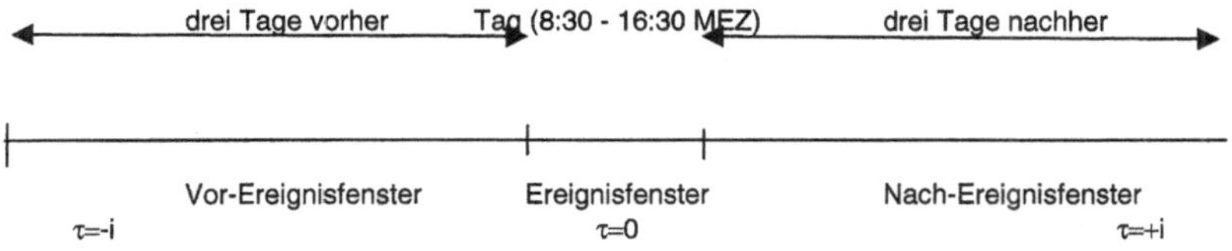

Für die zweite Gruppe an Klasse II Ereignissen, den Interventionen, besteht eine noch größere Unsicherheit über den Zeitpunkt des Interventionsereignisses. Hier wird die Größe des Ereignisfensters nach den Angaben des WSJ-Journalisten festgelegt. Das Ereignisfensters (mit τ=0) besteht dabei maximal aus 4 Beobachtungen.[54]

In beiden Fällen sind im Ereignisfenster mehr Beobachtungen als Ereignisse enthalten. So gibt es 24 „Zinsneuigkeiten“, deren Ereignisfenster sich insgesamt über 67 halbstündige Beobachtungen ausdehnen und 35 „Interventionsneuigkeiten“, deren Ereignisfenster 68 Beobachtungen überspannen. Diese überschlägige Bestimmung der Länge des Ereignisfensters führt tendenziell zu einer „Verwässerung“ der Effekte, die man zu beobachten hofft.

Die Ereignisfenster für Klasse III Ereignisse umspannen jeweils den gesamten Tag von 8:30 bis 16:30 MEZ (siehe Skizze 1.2.4).

Das liegt daran, daß die zu untersuchenden Ereignisse ihrer Natur nach vage sind und sich deshalb in ihrer Wirkung auf den Devisenmarkt nicht auf eine Zeitspanne von einigen halben Stunden eingrenzen lassen. In Ereigniszeit bedeutet dies, daß im Zusammenhang mit politischen Neuigkeiten 16 Beobachtungen die Ereigniszeit τ=0 erhalten. Noch stärker als bei Klasse II Variablen führt diese Vorgehensweise zu einer Aufweichung der Kontraste zwischen den Teilmengen mit und ohne neue Information.

1.2.3.1.3 Der Untersuchungshorizont vor und nach dem Ereignisfenster (Vor- und Nachereignisfenster)

Bei einer Ereignisstudie sind nicht nur die Beobachtungen im Ereignisfenster sondern auch im Umfeld des Ereignisses von Interesse. So kann beispielsweise im Nachereignisfenster überprüft werden wie schnell der Markt neue Information verarbeitet, und im Vorereignisfenster ist es möglich zu untersuchen, ob es im Vorfeld einer Ankündigung schon Marktreaktionen gab, die den Rückschluß erlauben, daß Informationen evtl. schon vor der eigentlichen Veröffentlichung „durchgesickert“ sind.

Bei den Klasse I und Klasse II Ereignissen werden jeweils die 1½ Stunden vor und nach dem Ereignis untersucht. In der Ereigniszeitnotation entspricht damit i=3, d.h. es

---

[54] So wird z.B. auf Grundlage der *"currency markets"* Kolumne des WSJ vom 9. Januar 1989: *„Bundesbank and Fed were reported to be selling dollars at a level of about 1,817 in early New York activity.*

werden drei Beobachtungen vor (τ=0+3) und nach dem Ereignis (τ=0-3) einbezogen. Zu beachten ist dabei, daß im Falle der Klasse II Variablen das Ereignisfenster mehr als nur eine Beobachtung mit τ=0 enthält.

Im Gegensatz dazu werden bei Klasse III Ereignissen bei der Berechnung der Ereigniszeitumgebung ganze Tage verwendet, was bei Verwendung von halbstündigen Quotierungen in der Ereigniszeitnotation i=16 entspricht. Allerdings werden nur – hier als „Nicht–Politikereignis" bezeichnete – Tage für das Vorereignisfenster und das Nachereignisfenster herangezogen. Damit ist gemeint, daß keine Tage verwendet werden, denen – ausgehend von zwei unterschiedlichen Klasse III Ereignissen – zwei Ereigniszeiten zugeordnet sind. Folgen z.B. Politikereignisse schnell aufeinander (wie es im Beispiel des Golfkrieges zutrifft), dann ist z.B. ein Nicht-Ereignis Tag mit Ereigniszeit i=+17 bis i=+32 für das eine Ereignis ein Tag mit Ereigniszeit i=–17 bis i=-32 für das andere Ereignis. Bei der praktischen Umsetzung bedeutet dies, daß zwischen den einzelnen Ereignissen mindestens eine Lücke von 6 Nicht-Ereignistagen bestehen muß, damit die sie umgebenden Beobachtungen sich für die Umgebungsanalyse qualifizieren. Diese Vorgehensweise verhindert ein „Überlappen" der Ereigniszeiten.

1.2.3.1.4 Der Beobachtungszeitraum

Der Beobachtungszeitraum erstreckt sich auf den Zeitraum vom 2. Januar 1989 bis zum 29. Januar 1993 für den die WSJ-Kolumnen ausgewertet wurden. Dieser für Ereignisstudien dieser Art sehr lange Zeitraum enthält einen oberen und unteren Wendepunkt eines amerikanischen Zins- und Konjunkturzyklus, Episoden starker Auf- und Abwertungen der D-Mark gegenüber dem US-Dollar mit Interventionen in beide Marktrichtungen und Phasen globaler Anspannung, wie z.B. den Golfkrieg.

1.2.3.2 Das Auswahlkriterium

Im zweiten Schritt wird der zu untersuchende Finanztitel ausgewählt. In dieser Arbeit ist der – vom WSJ Journalisten kommentierte – D-Mark/US-Dollar Wechselkurs in halbstündiger Notierung von 8:30 bis 16:30 MEZ von Interesse. Bei den Daten handelt es sich um im Interbankenmarkt vorherrschende Ankaufskurse, die von der Deutschen Bundesbank nach Angaben von Wirtschaftsinformationsdienstleistungs-

---

The dollar finished [...] near its intraday peak." das Ereignisfenster von 15:00 bis 16:30 MEZ (8:30 bis 10:00 EST in New York) geöffnet.

unternehmen zusammengestellt werden. Bei der Untersuchung wird die Differenz des Logarithmus des Wechselkurses verwendet.

1.2.3.3 Die Bestimmung der normalen und abnormalen empirischen Standardabweichungen der Wechselkursänderungen

Im dritten Schritt werden – bezogen auf die Ereignismenge – normale und abnormale Volatilitäten definiert. Die normale Volatilität hat dabei die Funktion eines „Eichstabes", anhand dessen die abnormale (mutmaßlich durch das Ereignis dominierte) Volatilität „vermessen" wird. Der abnormalen Standardabweichung $\sigma_{N,\tau=i}$ entspricht dabei die jeweilige empirische Standardabweichung in der Menge $A_{N,\tau=i}$ und der normalen Standardabweichung die jeweilige empirische Standardabweichung $\sigma_{KN,\tau=i}$, in der Mengen $A_{KN,\tau=i}$. Je nach angewendetem Verfahren gibt es systematische Unterschiede in den Teilmengen.

Bei 1.2.3.1.1.1.1) entsprechen den normalen bzw. abnormalen Standardabweichungen im Ereignisfenster – beispielsweise für das Ereignis „Bekanntgabe von Arbeitsmarktdaten" (non-farm payrolls) – die empirischen Standardabweichungen der Beobachtungen der Teilmengen $A_{N,\tau=0}^{WSJ/Tracking}$ und $A_{KN,\tau=0}^{WSJ/Tracking}$ die sich aus den „einsortierten" logarithmischen Differenzen des halbstündigen Wechselkurses in der halben Stunde unmittelbar nach der Veröffentlichung der 49 Arbeitsmarktankündigungen zusammensetzen. Da die Bekanntgabe der Makrovariablen immer zur gleichen Uhrzeit, häufig sogar am gleichen Wochentag – wie beispielsweise bei den US-amerikanischen Arbeitsmarktdaten, die immer am Freitag um 8:30 EST bekannt gegeben werden – erfolgen, sind die sich möglicherweise ergebenden Unterschiede in den beiden Teilmengen $A_{N}^{WSJ/Tracking}$ und $A_{KN}^{WSJ/Tracking}$ nicht auf tageszeitsaisonale Einflüsse zurückzuführen.[55] Bei 1.2.3.1.1.1.2) enthalten die „normalen" Standardabweichungen der Teilmenge A_{KN}^{WSJ} zusätzlich zu 1.2.3.1.1.1.1) die implizit als „Keine Neuigkeiten" gewerteten Wechselkursbeobachtungen zum Zeitpunkt der Bekanntgabe. Dies bedeutet, daß Beobachtungen, die im Zusammenhang mit nicht kommentierten Datenveröffentlichungen stehen, der Teilmenge A_{KN}^{WSJ} zugewiesen wurden. Die

[55] Die Kolumnentexte zu den einzelnen Ereignissen sind in den Verzeichnissen winword/ WSJ/ Ereignisse/ Klasse_I, winword/ WSJ/ Ereignisse/ Klasse_II, winword/ WSJ/ Ereignisse/ Klasse_III abgespeichert. Neben den Texten befindet sich jeweils eine Spalte in der angegeben wird, ob eine Textstelle als Neuigkeit bzw. als Nicht-Neuigkeit gewertet wird.

Standardabweichung der Beobachtungen in der Menge A_N^{WSJ} hat sich gegenüber 1.2.3.1.1.1.1) nicht geändert.

Bei 1.2.3.1.1.1.3) erfolgt die Zuordnung zu den Teilmengen wie bei 1.2.3.1.1.1.1) und 1.2.3.1.1.1.2) über die Textauswertung der Kolumne. Die abnormale Standardabweichung der Ereignismenge A_N^{WSJ} ist aber durch die ungenaue Zeitangabe „verdünnt“ (siehe auch Ziffer 1.2.3.1.1.1.4, 1.2.3.1.1.1.5).

Bei 1.2.3.1.1.1.4) und 1.2.3.1.1.1.5) sind die abnormalen Standardabweichungen der Klasse II Ereignisse (Interventionen) und Klasse III Ereignisse (Politik-Ereignisse) im Vergleich zu 1.2.3.1.1.1.1) „verwässert“, da A_N^{WSJ} sich hier auch aus Nicht-Neuigkeitsbeobachtungen zusammensetzt (Ankündigungen insgesamt). Damit sind die über sie berechneten ereignisbezogenen Standardabweichungen nur Durchschnittswerte, weswegen die Trennschärfe zwischen den Teilmengen abnimmt. Hinzu kommt, daß die Beobachtungen in der Menge A_N^{WSJ} von verschiedenen Wochentagen bzw. Tageszeitpunkten stammen und deshalb u.U. Tageszeiteffekte beinhalten.

Bei 1.2.3.1.1.2) werden die Standardabweichungen nahezu über die gleichen Beobachtungen wie bei 1.2.3.1.1.1.2) berechnet (gleiche Ereignismenge A), allerdings mit unterschiedlichen Zuordnungen zu den Teilmengen $A_{KN}^{technisch}$ und $A_N^{technisch}$.

Bei 1.2.3.1.1.3) fußt die abnormale Standardabweichung der Teilmenge $A_N^{Ankündigung}$ analog zu den Ziffern 1.2.3.1.1.1.4) und 1.2.3.1.1.1.5) zum Teil auf Beobachtungen, die nicht mit Neuigkeiten in Verbindung stehen. Die statistisch erfaßbare Trennschärfe zwischen den Teilmengen A_N^{WSJ} und A_{KN}^{WSJ} nimmt deshalb im Vergleich zu 1.2.3.1.1.1.1) und 1.2.3.1.1.1.2) möglicherweise ab.

Hypothesen und Testverfahren: Im vierten Schritt geht es darum, mögliche Unterschiede bei den jeweiligen empirischen Standardabweichungen $\sigma_{N,\tau=i}$ und $\sigma_{KN,\tau=i}$ in den Teilmengen $A_{N,\tau=i}$ und $A_{KN,\tau=i}$ auf Signifikanz zu überprüfen. Die Nullhypothese lautet grundsätzlich:

$$H_0: \sigma_{N,\tau=i} = \sigma_{KN,\tau=i}, \ \forall \ \tau \in \{-n\ldots, 0 , \ldots+n\}$$

Der Test auf Gleichheit der Varianz ($\sigma_{N,\tau=i} = \sigma_{KN,\tau=i}$) wird mit dem – im Vergleich zum F-Test – robusteren Brown-Forsythe-Test (B-F-Test) durchgeführt (vgl. beispielsweise Lee und Ederington [1993]). Der Vollständigkeit wegen sind auch die Testergebnisse des F-Tests angegeben. Soweit nicht explizit darauf hingewiesen wird, beziehen sich Aussagen über die Signifikanz des Tests auf den B-F-Test.[56]

1.2.3.4 Hypothesen über die Güte der Berichterstattung

Die Ergebnisse des Tests darauf, ob die empirischen Standardabweichungen in den Teilmengen A_N und A_{KN} gleich groß sind, können je nach angewendeter „Zerlegungstechnik" für die Ereignismenge A unterschiedlich interpretiert werden.

1.2.3.4.1 Hypothese I:

Die Standardabweichungen in den beiden Ereignismengen „Neuigkeit nach Aussagen der Journalisten in der „currency markets" Kolumne des WSJ" und „Nicht-Neuigkeit nach Aussagen der Journalisten in der „currency markets" Kolumne des WSJ" ($\sigma^{(WSJ)}{}_{N,\tau=i}=\sigma^{(WSJ)}{}_{KN,\tau=i}$) sind gleich.

Erläuterungen: Mit einem Test auf signifikante Unterschiede zwischen den aus den Teilmengen A_N und A_{KN} berechneten Standardabweichungen wird die Güte der „Neuigkeitseinschätzung des WSJ Journalisten" überprüft. Kann die Nullhypothese gleich großer Varianz für das Ereignisfenster $\tau=0$ verworfen werden, wird das dahingehend interpretiert, daß der Journalist bei seiner Arbeit den Markt sorgfältig beobachtet und richtig zwischen neuer und nicht neuer Information unterscheidet. Diese Interpretation des Tests gilt für alle vom Journalisten kommentierten Klasse I, Klasse II und Klasse III Ereignisse. Unter der verbundenen Nullhypothese, daß der Devisenmarkt effizient und die auf Grundlage der Texte vorgenommene Aufteilung der Beobachtungen in die Ereignismengen gut ist wird neue Information innerhalb der Zeitspanne des Ereignisfensters verarbeitet.[57] Ein signifikanter Volatilitätsunterschied in den Teilmengen A_N und A_{KN} vor bzw. nach dem Ereignis zu Ereigniszeiten $\tau \neq 0$ kann – wegen der Verbundenheit der Hypothesen – auf zwei Arten interpretiert werden. Wird davon ausgegangen, daß der Devisenmarkt effizient ist, dann wäre der Unterschied in den Gruppen auf eine fehlerhafte Berichterstattung, bzw. ein mangelhaftes „Einsortieren" der Beobachtungen zurückzuführen. Nimmt man hingegen an, daß die Berichterstattung und die Auswertung der Kolumnentexte gut waren, dann wären mögliche Differenzen in den Teilmengen auf Ineffizienzen auf dem Devisenmarkt zurückzuführen, da die Informationsverarbeitung auf effizienten Märkten

---

[56] Zur Erläuterung der Brown Forythe Teststatistik siehe Appendix.

innerhalb einer „logischen Sekunde“ erfolgt. Darüber hinaus wird für Klasse I Ereignisse untersucht, in welchem Ausmaß das in Verfahren 1.2.3.1.1.3) angewendete Prinzip, alle Ankündigungen als Neuigkeiten zu interpretieren gegenüber Verfahren 1.2.3.1.1.1.2) die Ergebnisse beeinflußt.

1.2.3.4.2 Hypothese I (modifiziert):

Die Standardabweichungen in den beiden Teilmengen „Neuigkeit nach expliziter Aussage der WSJ Journalisten“ und „Nicht-Neuigkeit nach expliziter Aussage der WSJ Journalisten“ ($\sigma^{(WSJ)}{}_{N,\tau=i}=\sigma^{(WSJ/Tracking)}{}_{KN,\tau=i}$) sind gleich.

Erläuterungen: Im Gegensatz zur Hypothese I wird hier die Standardabweichung $\sigma^{(WSJ/Tracking)}{}_{KN,\tau=i}$ der Nicht-Neuigkeits-Teilmenge (der Klasse I Ereignismenge) $A_{KN}^{WSJ/Tracking}$ nur aus Beobachtungen berechnet, die der WSJ-Journalisten explizit als Nicht-Neuigkeit bezeichnet (Verfahren 1.2.3.1.1.1.1). Dadurch reduziert sich die Anzahl der Beobachtungen in der Nicht-Neuigkeitsmenge. Bei einer guten Berichterstattung beeinflußt dieser Verlust an Freiheitsgraden die Ergebnisse im Vergleich zu Verfahren 1.2.3.1.1.1.2) nur unwesentlich. Mit dem Test der Hypothese I (modifiziert) wird somit indirekt die Güte der Berichterstattung überprüft.

1.2.3.4.3 Hypothese II:

Die Standardabweichungen in den Ereignismengen $A_N^{technisch}$ „Neuigkeit bei einem Vorhersagefehler größer als eine Standardabweichung“ und $A_{KN}^{technisch}$ „Keine Neuigkeit bei einem Vorhersagefehler kleiner als eine Standardabweichung“ ($\sigma^{technisch}{}_{N,\tau=i}$ = $\sigma^{technisch}{}_{KN,\tau=i}$) sind gleich.

Erläuterungen: Bei Vorgehensweise 1.2.3.1.1.2) werden die Ereignismengen A für Klasse I Ereignisse entsprechend der Höhe des Vorhersagefehlers („statistisches“ Verfahren) in die Teilmengen aufgegliedert. Kann die Hypothese, daß die Standardabweichungen in den „technisch“ erzeugten Teilmengen $A_{N,\tau=0}^{technisch}$ und $A_{KN,\tau=0}^{technisch}$ gleich hoch sind verworfen werden, dann ist davon auszugehen, daß das auf den Wechselkurs wirkende Überraschungselement einer Bekanntgabe mit der Höhe der Vorhersagefehler in Verbindung steht.

---

[57] Bei Klasse I Ereignissen entspricht das der halben Stunde nach Veröffentlichung der Daten

1.2.3.4.4 Hypothese III:

Die Standardabweichungen in den beiden Klasse I Ereignismengen $A^{WSJ}_{N,\tau=i}$ (bzw. $A^{WSJ}_{KN,\tau=i}$) „Neuigkeit (bzw. Nicht-Neuigkeit) nach Einschätzung des Journalisten in der „currency markets" Kolumne des WSJ" und in der Ereignismenge $A^{technisch}_{N,\tau=i}$ (bzw. $A^{technisch}_{KN,\tau=i}$) „Neuigkeit (bzw. Nicht-Neuigkeit) bei Vorhersagefehlern größer als eine Standardabweichung" ($\sigma^{(WSJ)}{}_{N,\tau=i}=\sigma^{(technisch)}{}_{N,\tau=i}$ bzw. $\sigma^{(WSJ)}{}_{KN,\tau=i}=\sigma^{(technisch)}{}_{KN,\tau=i}$) sind gleich.

Erläuterungen: Mit dem Test der Hypothese III wird überprüft, ob es signifikante Leistungsunterschiede zwischen Trennverfahren 1.2.3.1.1.1.2) „Neuigkeit nach Einschätzung des Journalisten im WSJ" und 1.2.3.1.1.2) „Technische Neuigkeit" gibt. Dazu wird getestet, ob die abnormalen (bzw. normalen) Standardabweichungen in den Teilmengen $A^{WSJ}_{N,\tau=0}$ und $A^{technisch}_{N,\tau=0}$ (bzw. $A^{WSJ}_{KN,\tau=0}$ und $A^{technisch}_{KN,\tau=0}$) gleich hoch sind. Kann die Nullhypothese nicht verworfen werden, erlaubt das den Rückschluß, daß die gleichen Wechselkursbeobachtungen als Neuigkeiten klassifiziert werden und damit das allgemeine Umfeld in dem Informationen auf den Markt treffen keine Rolle spielt. Eine Marktbeobachtung, die über eine strikte Berücksichtigung der Entwicklung der Mako-Variablen bzw. der Erwartungsfehler hinausgeht, bringt in diesem Fall keine neue Information für den Leser. Die Trennschärfe zwischen relevanter und nicht relevanter Information erhöht sich nicht. Eine effektive Informationsaufbereitung oder Filterung durch den Journalisten findet dann nicht statt.

1.2.3.4.5 Hypothese IV:

Die Standardabweichungen in den beiden Teilmengen „Nicht-Neuigkeit" nach expliziter Einschätzung des Journalisten in der „currency markets" Kolumne des WSJ" und „Nicht-Neuigkeit" nach impliziter Einschätzung des Journalisten ($\sigma^{(WSJ)}{}_{KN,\tau=i}=\sigma^{(WSJ/Tracking)}{}_{KN,\tau=i}$) sind gleich.

Erläuterungen: Nach 1.2.3.1.1.1.2) werden alle nicht explizit vom Journalisten in der „currency markets" Kolumne des WSJ erwähnte Klasse I Variablen die im „tracking"-Teil veröffentlicht sind, zu den „Nicht-Neuigkeiten" gezählt. Diese Vorgehensweise bietet die Möglichkeit indirekt die Güte der Berichterstattung zu überprüfen, da bei einer guten Berichterstattung nur für die Wechselkursbewegungen nicht relevante Ereignisse nicht in der Wechselkurskolumne kommentiert werden. Mit dem Test der Hypothese „$\sigma^{(WSJ)}{}_{KN,\tau=i}=\sigma^{(WSJ/Tracking)}{}_{KN,\tau=i}$" wird deshalb überprüft, ob der Journalist mit seiner Entscheidung, einige Ankündigungen nicht zu berichten, für die Wechselkursbewegungen relevante Informationen systematisch vernachlässigt, wobei $\sigma^{(WSJ)}_{KN,\tau=i}$ die geschätzte Standardabweichung der expliziten Nicht-Neuigkeitsmenge (nach 1.2.3.1.1.1.1) und $\sigma^{(WSJ/Tracking)}_{KN,\tau=i}$ die geschätzte Standardabweichung der impliziten Nicht-Neuigkeitsmenge (nach 1.2.3.1.1.1.2) jeweils in Abhängigkeit von τ ist. Für den Fall, daß der Journalist die Information nicht sorgfältig filtert, kann die Nullhypothese verworfen werden, da dann in der impliziten Nicht-Neuigkeitsmenge (mit $\sigma^{(WSJ)}_{KN,\tau=i}$) fälschlicherweise große Wechselkursveränderungen mit einbezogen werden, die im Durchschnitt oberhalb der Volatilität der explizit erwähnten Nicht-Neuigkeitsgruppe liegt. [58]

1.2.3.5 Die Ergebnisse und die Interpretation der Resultate der Ereignisstudie

Schritt fünf der Methodologie umfassen die Präsentation und Interpretation der Ergebnisse.

1.2.3.5.1 Ein Überblick über die wichtigsten Ereignisse auf dem Devisenmarkt

Tabelle 1.2.1 auf Seite 96 gibt einen Überblick über die 50 größten prozentualen Intratagesänderungen (Halbstundendaten) des Wechselkurses während des Beobachtungszeitraums von Anfang Januar 1989 bis Ende Januar 1993. Neben Spalte I mit den prozentualen Änderungen befinden sich das Datum und der Zeitpunkt der Beobachtung sowie der dazugehörige Kommentar in der „currency markets“ Kolumne des WSJ.

Am unteren Ende der Tabelle 1.2.1 (unter „Merkmale“) gibt es eine zusammenfassende Liste der nach Ereignisklassen kategorisierten höchsten Wechselkursausschläge. Demnach stehen 23 oder knappe 50 Prozent der größten Wechselkursausschläge mit Klasse I Neuigkeiten in Verbindung. Die wichtigsten Ankündigungen sind die Veröffentlichungen der Arbeitsmarktdaten, die mit vier der zehn höchsten Ausschläge in Verbindung stehen. Klasse II Ereignisse machen mit 15 Beobachtungen, oder 30 Prozent, die zweitwichtigste Gruppe aus. Interventionen werden siebenmal

---

[58] Im weiteren Sinne steht dahinter die Idee, daß den Journalisten bei der Bewertung einer Bekanntgabe das gesamtökonomische Umfeld vor Augen steht und ihnen klar ist, welche Ankündigungen potentiell von Relevanz sind und welche nicht. Ein gutes Beispiel sind die Handelsbilanzdaten, die im Frühjahr 1989 eine wichtige Rolle spielen und dann im Zeitverlauf an Bedeutung verlieren. So nimmt die Häufigkeit ab mit der während des UntersuchungsZeitraums Ankündigungen von Handelsbilanzdaten explizit erwähnt werden. Während im Jahr 1989 elf der zwölf Ankündigungen im WSJ explizit als Neuigkeiten oder Nicht-Neuigkeiten klassifiziert werden, sind es 1992 nur noch sechs. Für die Auswertungsarbeit bedeutet dies, daß 1992 sechs der Handelsbilanzankündigungen „stillschweigend“ als Nicht-Ankündigungen eingestuft sind.

Tabelle 1.2.1

Die 50 größten Volatilitätsereignisse

Prozentuale Änderung	Datum	Zeitpunkt MEZ	Ereignis
0.0187	1992:07:20	16:30	Unexpected Central bank intervention (intervention)
-0.0163	1991:08:02	14:30	Employment data (schedueled news)
-0.0149	1992:09:04	14:30	Employment data (schedueled news)
0.0131	1991:05:03	14:30	Employment data (schedueled news)
-0.0114	1990:01:04	15:30	Rumors that the Fed had [...] intervened (intervention)
0.0111	1989:10:16	16:00	Inaccurate report of the U.S. stock market Dow Jones down 4% instead of the actual 0,7% decline (opening)
-0.0111	1992:02:07	14:30	Employment data (schedueled news)
0.0106	1992:09:18	09:00	ERS Turmoil (ERS)
-0.0105	1991:12:19	13:30	Bundesbank raises two key rates by 1/2 point (interest rates)
-0.0104	1990:01:04	10:30	Sudden Intervention by the Bundesbank (intervention)
-0.0101	1992:07:16	14:00	Bundesbank raised its discount rate (interest rates)
-0.0098	1991:06:20	08:30	Schlesinger's comment Little chance of accord about Interventions (intervention)
0.0095	1989:06:15	08:30	In anticipation of the trade balance
-0.0093	1991:04:30	16:00	No Issue on May 1th
-0.0093	1990:12:21	16:00	Dollar's strength (Kein Kommentar)
0.0092	1992:10:02	14:00	Employment data (schedueled news)
0.0089	1991:08:23	14:30	Durable goods (schedueled news)
0.0085	1992:08:11	14:00	Central Bank Intervention (intervention)
0.0083	1992:09:24	14:30	Intervention in support of the French Franc (intervention)
0.0082	1991:03:19	15:00	Poehl's comment, continued: (monetary union is disastrous)
0.0082	1992:09:03	16:00	Bank of England raises its discount rate, Defension of Pound Sterling (ERS, interest rates)
-0.0081	1991:12:20	14:30	Fed Rate Cut (interest rates)
0.0081	1992:02:13	14:30	U.S. Retail Sales data (schedueled news)
0.0077	1992:11:20	09:00	Comment of Mr. Gaddum (Remark on money supply)
0.0077	1989:08:04	14:30	Employment data (schedueled news)
0.0077	1992:09:04	11:30	Bank of Italy raises its discount rate Defension of Italien Lira (ERS, interest rates)
-0.0076	1991:08:05	15:30	Speculative Selling (continued decline of employment report on Friday)
0.0075	1989:09:15	14:30	Trade balance (schedueled news)

Tabelle 1.2.1 (fortgesetzt)

-0.0075	1989:10:17	14:30	Trade balance (schedueled news)
0.0075	1990:12:06	09:30	Hopes for Gulf Peace (Saddam Hussein's offer,save haven)
-0.0074	1992:09:04	15:00	Employment data, continued 4, Spt. '92 (schedueled news)
-0.0074	1991:08:21	16:00	Dollar Plunges as coup fails (save haven)
-0.0073	1991:12:20	15:00	Fed Rate Cut, continued 20. Dez. '91 (interest rates)
0.0073	1992:09:17	09:00	ERS Turmoil (ERS)
-0.0072	1992:07:02	14:30	Employment data (schedueled news)
-0.0072	1991:08:15	15:30	Bundesbank raises key rates (interest rates)
0.0071	1992:09:30	09:30	Ahead of Employment data
-0.0071	1989:05:12	14:30	Producer Prices (schedueled news)
0.0071	1990:01:02	16:00	Purchasing Management Index (schedueled news)
0.0070	1992:10:02	14:30	Employment data, continued 2. Okt. '92 (schedueled news)
0.0069	1989:05:17	14:30	Trade balance (schedueled news)
-0.0069	1992:03:06	14:30	Employment data (schedueled news)
0.0068	1992:09:16	15:30	Britain leaves ERS (ERS)
0.0067	1992:07:24	14:30	Durable goods (schedueled news)
-0.0067	1992:12:10	14:30	Producer Prices (schedueled news)
-0.0066	1992:11:19	15:00	Trade balance (schedueled news)
0.0066	1991:03:19	14:00	Poehl's comment: (monetary union is disastrous)
-0.0066	1991:07:26	14:30	Employment data (schedueled news)
-0.0066	1989:09:26	15:00	Numerous Rounds of Intervention (intervention)
-0.0066	1989:04:20	16:00	Bundesbank raises key rates by 1/2 point (interest rates)

Merkmal	
Ankündigungen	23
Interventionen	7
Zinsen	8
EWS	3
Sicherer Hafen (save haven)	2
Zentralbank Kommentare	3
Kein Kommentar / Keine Ausgabe	2
Andere (Börsen Nachrichten)	2

Der Prozentuale Anteil der im WSJ kommentierten 'Hochvolatiltätsereignisse' beträgt 98%.
darunter: 86%, die in die Güteprüfung einbezogen sind.

als Gründe für die beobachteten Bewegungen genannt, Zinsen achtmal. Zehn der Hochvolatilitätsereignisse, oder 20 Prozent, sind in Klasse III enthalten. Zwei Wechselkursbewegungen von nahezu einem Prozent innerhalb des Halbstundenintervalls sind in der „currency markets" Kolumne des WSJ keine Ereignisse zugeordnet. Das wichtigste Einzelereignis ist nach Angaben des Berichterstatters eine unerwartete Zentralbankintervention am 20. Juli 1992, die mit einer Aufwertung von nahezu 2 Prozent der D-Mark in Verbindung gesetzt wird. Darüber hinaus werden weitere zwei der zehn höchsten Wechselkursbewegungen an Tagen verzeichnet, an denen Interventionen gemeldet werden. Insgesamt gehen nach Angaben des SJ 43 oder 86 Prozent der größten Wechselkursbewegungen auf Ereignisse zurück, die in der oben eingeführten Ereignisstudie aufgegriffen sind.

1.2.3.5.2 Testergebnisse der Hypothesen

1.2.3.5.2.1 Hypothese I

Die geschätzten Standardabweichungen $\sigma_{N,\tau=i}$ und $\sigma_{KN,\tau=i}$ für die jeweiligen Teilmengen A_N und A_{KN} der Ereignisklassen I bis III sind in der Tabelle 1.2.2 (siehe Seite 99) in Abhängigkeit der Ereigniszeit eingetragen bzw. in den Schaubildern 1.2.1 auf Seite 101 (Klasse I, zur Aufschlüsselung nach Einzelereignissen siehe Schaubilder 1.2.2a bis 1.2.2q im Appendix 1.2. auf den Seiten 154-161), 1.2.3a und 1.2.3b auf Seite 102 (Klasse II), 1.2.4 auf Seite 103 (Klasse III), sowie 1.2.6 auf Seite 124 (Ankündigungen) eingezeichnet. In der Spalte 1 der Tabelle 1.2.2 befinden sich,unterteilt in drei Blöcke, die untersuchten Ereignisse. Block 1 enthält in alphabetischer Reihenfolge die 18 Ereignisse der Klasse I. In Block 2 befinden sich die Klasse II Ereignisse Zinsen und Interventionen und im dritten Block ist das Klasse III Ereignis „Politik-Neuigkeit" eingetragen. Spalte 2 und Spalte 3 geben Auskunft über die Anzahl der Gesamtereignisse, sowie deren Aufteilung in „Neuigkeit" bzw. „Nicht-Neuigkeiten". In Spalte 4 sind die teilmengenspezifischen Standardabweichungen in Abhängigkeit der Ereigniszeit eingetragen.

Bei der Betrachtung der nach Verfahren 1.2.3.1.1.1) und 1.2.3.1.1.3) geschätzten Standardabweichungen $\sigma_{N,\tau=0}$ und $\sigma_{KN,\tau=0}$ fällt auf, daß ausnahmslos bei allen Ereignissen – unabhängig von der Ereignisklasse – die Teilmenge $A_{N,\tau=0}$ „Neuigkeit" höhere geschätzte Standardabweichungen aufweisen, als die jeweiligen Kontrollgruppen $A_{KN,\tau=0}$ „Keine Neuigkeit". Die geschätzten Standardabweichung im Vor- und Nachereignisfenster unterscheiden sich deutlich weniger. Im einzelnen:

Tabelle 1.2.2

Die Standardabweichungen in den Gruppen "Neuigkeit nach Angabe des WSJ Journalisten" und "Nicht-Neuigkeit nach Angaben des WSJ Journalisten" (geordnet nach Ereignisklasse)

Klasse I		Anzahl der Ereignisse [5]	Ereigniszeit -3	-2	-1	0	1	2	3
Business Inventories	Neuigkeit [2]	1						/ [4]	/ [4]
	Keine Neuigkeit ('Tracking')	41	0.09	0.18	0.18	**0.23**	0.17	/ [4]	/ [4]
	Keine Neuigkeit ('Kolumne')	5	0.08	0.10	0.04	**0.15**	0.13	/ [4]	/ [4]
Consumer Confidence	Neuigkeit [2]	9	0.11	0.06	0.12	**0.28**	0.09	/ [4]	/ [4]
	Keine Neuigkeit ('Tracking')	5	0.07	0.06	0.08	**0.09**	0.09	/ [4]	/ [4]
	Keine Neuigkeit ('Kolumne')	3	0.05	0.07	0.03	**0.12**	0.04	/ [4]	/ [4]
Consumer Price Index	Neuigkeit [2]	20	0.11	0.07	0.09	**0.27**	0.15	0.12	0.15
	Keine Neuigkeit ('Tracking')	29	0.08	0.12	0.10	**0.15**	0.14	0.11	0.17
	Keine Neuigkeit ('Kolumne')	15	0.07	0.05	0.08	**0.11**	0.15	0.10	0.16
Durable Goods	Neuigkeit [2]	27	0.09	0.06	0.12	**0.32**	0.11	0.13	0.19
	Keine Neuigkeit ('Tracking')	19	0.07	0.08	0.09	**0.10**	0.18	0.15	0.11
	Keine Neuigkeit ('Kolumne')	6	0.11	0.12	0.10	**0.06**	0.08	0.20	0.06
Factory Orders	Neuigkeit [2]	4	0.17	0.11	0.10	**0.184**	0.09	/ [4]	/ [4]
	Keine Neuigkeit ('Tracking')	44	0.14	0.13	0.15	**0.178**	0.11	/ [4]	/ [4]
	Keine Neuigkeit ('Kolumne')	4	0.15	0.10	0.26	**0.10**	0.08	/ [4]	/ [4]
GNP	Neuigkeit [2]	20	0.08	0.23	0.11	**0.29**	0.12	0.12	0.15
	Keine Neuigkeit ('Tracking')	26	0.13	0.08	0.13	**0.21**	0.16	0.12	0.14
	Keine Neuigkeit ('Kolumne')	10	0.05	0.12	0.10	**0.17**	0.12	0.16	0.19
Home Sales	Neuigkeit [2]	8	0.24	0.09	0.09	**0.16**	0.09	/ [4]	/ [4]
	Keine Neuigkeit ('Tracking')	37	0.14	0.14	0.14	**0.13**	0.09	/ [4]	/ [4]
	Keine Neuigkeit ('Kolumne')	6	0.09	0.06	0.14	**0.10**	0.08	/ [4]	/ [4]
Housing Starts	Neuigkeit [2]	4	0.06	0.11	0.04	**0.21**	0.13	0.10	0.22
	Keine Neuigkeit ('Tracking')	43	0.11	0.09	0.21	**0.14**	0.22	0.17	0.16
	Keine Neuigkeit ('Kolumne')	7	0.06	0.05	0.09	**0.10**	0.16	0.26	0.07
Industrial Production and Capacity Utilisation	Neuigkeit [2]	8	0.07	0.09	0.16	**0.25**	0.15	0.08	/ [4]
	Keine Neuigkeit ('Tracking')	39	0.09	0.18	0.25	**0.18**	0.21	0.11	/ [4]
	Keine Neuigkeit ('Kolumne')	14	0.05	0.15	0.24	**0.17**	0.17	0.11	/ [4]
Leading Indicators	Neuigkeit [2]	10	0.04	0.09	0.06	**0.21**	0.15	0.11	0.19
	Keine Neuigkeit ('Tracking')	35	0.12	0.07	0.07	**0.19**	0.16	0.16	0.14
	Keine Neuigkeit ('Kolumne')	7	0.09	0.07	0.07	**0.11**	0.06	0.15	0.15
NAPM	Neuigkeit [2]	12	0.15	0.13	0.10	**0.33**	0.13	/ [4]	/ [4]
	Keine Neuigkeit ('Tracking')	22	0.15	0.15	0.10	**0.15**	0.15	/ [4]	/ [4]
	Keine Neuigkeit ('Kolumne')	5	0.06	0.11	0.04	**0.16**	0.06	/ [4]	/ [4]
Personal Income and Personal Consumption	Neuigkeit [2]	6	0.14	0.09	0.06	**0.28**	0.08	/ [4]	/ [4]
	Keine Neuigkeit ('Tracking')	39	0.15	0.09	0.13	**0.16**	0.10	/ [4]	/ [4]
	Keine Neuigkeit ('Kolumne')	5	0.15	0.13	0.14	**0.20**	0.11	/ [4]	/ [4]
Producer Price Index	Neuigkeit [2]	22	0.06	0.08	0.11	**0.36**	0.25	0.17	0.16
	Keine Neuigkeit ('Tracking')	25	0.09	0.07	0.18	**0.21**	0.13	0.12	0.15
	Keine Neuigkeit ('Kolumne')	13	0.06	0.07	0.15	**0.18**	0.13	0.11	0.13
Retail Sales	Neuigkeit [2]	19	0.07	0.06	0.10	**0.26**	0.14	0.11	0.17
	Keine Neuigkeit ('Tracking')	30	0.07	0.08	0.10	**0.18**	0.15	0.10	0.12
	Keine Neuigkeit ('Kolumne')	15	0.05	0.03	0.07	**0.14**	0.15	0.07	0.12
Trade Balance	Neuigkeit [2]	20	0.05	0.07	0.21	**0.41**	0.18	0.19	0.19
	Keine Neuigkeit ('Tracking')	27	0.10	0.21	0.17	**0.20**	0.16	0.17	0.11
	Keine Neuigkeit ('Kolumne')	12	0.06	0.07	0.21	**0.14**	0.21	0.16	0.12

Tabelle 1.2.2 (fortgesetzt)

	Unemployment Report	Neuigkeit [2]	31	0.06	0.12	0.25	**0.62**	0.21	0.17	0.18
		Keine Neuigkeit ('Tracking')	18	0.14	0.08	0.27	**0.23**	0.26	0.21	0.11
		Keine Neuigkeit ('Kolumne')	12	0.12	0.08	0.29	**0.23**	0.24	0.16	0.11
	Alle 'Neuigkeiten' zusammen 3)	Neuigkeit [2]	202	0.10	0.10	0.15	**0.37**	0.16	0.16	0.17
		Keine Neuigkeit ('Tracking')	376	0.14	0.12	0.16	**0.16**	0.16	0.15	0.13
		Keine Neuigkeit ('Kolumne')	118	0.12	0.11	0.16	**0.15**	0.14	0.14	0.12
		Keine Neuigkeit Tracking ohne Kolumne	258	0.14	0.12	0.16	**0.16**	0.16	0.15	0.13
	Alle 'Ankündigungen' zusammen 15)	Ankündigungen	578	0.13	0.11	0.16	**0.26**	0.16	0.15	0.14
		Keine Ankündigungen	15527	0.12	0.12	0.12	**0.12**	0.12	0.12	0.12
	IV (Fixing)	Neuigkeit [11]	11	0.06	0.08	0.06	**0.101**	0.08	0.11	0.15
Klasse II		Keine Neuigkeit ('Kolumne') [12]	1007	0.09	0.09	0.08	**0.096**	0.08	0.13	0.12
	Zins-Neuigkeiten	Neuigkeit [6]	67	0.09	0.08	0.15	**0.31**	0.20	0.15	0.22
		Keine Neuigkeit ('Kolumne') [7]	228	0.08	0.09	0.12	**0.12**	0.14	0.17	0.17
	IV (Wecheselkurs)	Neuigkeit [8]	68	0.15	0.16	0.13	**0.32**	0.16	0.17	0.12
		Keine Neuigkeit ('Kolumne') [9]	15776	0.11	0.11	0.11	**0.11**	0.11	0.11	0.11
Klasse III		Keine Neuigkeit ('Kolumne*') [10]	16106	0.12	0.12	0.12	**0.12**	0.12	0.12	0.12
							Ereigniszeit			
				-3 Tage	-2 Tage	-1 Tag	**0**	1 Tag	2 Tage	3 Tage
	Politik-Neuigkeiten 13)			0.12	0.12	0.10	**0.13**	0.14	0.13	0.12
				0.11	0.11	0.11	**0.11**	0.11	0.11	0.11
	Anzahl der Beobacht. bei Ereig-	Neuigkeit [14]		455	512	535	**916**	566	533	476
	niszeit (+3,+2,+1,0,-1,-2,-3)	Keine Neuigkeit ('Kolumne')		11611	12066	12584	**14855**	12567	12641	12149

[1] Empirische Standardabweichungen der Untergruppen Neuigkeit/Nicht-Neuigkeit nach "Currency Markets" Kolumne.
[2] Neuigkeiten nach Auswertung des WSJ
[3] Anzahl der Beobachtungen ohne Doppelzählungen (95) und ohne Ereignisse bei denen keine Wechselkursnotiertung (49) vorlag, insgesamt 722 - 144 = 578 bei Ereigniszeit +3 durch Aggregation lediglich 424 Beob., mit 277 Nicht-Neuigkeiten und 147 Neuigkeiten.
[4] Keine Daten, da Veröffentlichungszeitpunkt 17:00 MEZ, Frankfurt am Main (bzw. 10 a.m. EST, NY).
[5] Anzahl der Beobachtungen, untergeliedert nach Neuigkeit und Nicht-Neuigkeit (Tracking / Kolumne) bei den Wechselkursbeobachtung vorliegt.
[6] Angabe -3 bezieht sich hier auf -5, d.h. 2,5 Stunden vor 14:00. -5 ist der erste Zeitpunkt, der nicht mit einer möglichen Zinsentscheidungsdummy überlappt. Neuigkeit: Erwähung in der Kolumne als Neuigkeit.
[7] Potentieller Veröffentlichungszeitraum an Sitzungstagen des ZBR der Deutschen Bundesbank, an denen es nach WSJ keine "Zinsüberraschung" gab.
[8] 35 einzelne Interventionsneuigkeiten (Meldungen im WSJ), darunter 20 die nicht genau terminert werden konnten. Dadurch besteht ein Interventionsereignis aus mehr als aus einer halbstündigen Beobachtung. Insgesamt 68 Beobachtungen.
[9] Durchschnittliche Standardabweichung aller Beobachtungen über Beobachtungszeitraum.
[10] Durchschnittliche Standardabweichung wie [9], ohne Makro-Neuigkeiten nach WSJ-Kolumne und ohne Zinsneuigkeiten.
[11] Ereignis: 11 Interventionen beim Fixing, klassifiziert nach WSJ
[12] Durchschnittliche Standardabweichung zum Zeitpunkt 13:00 (ohne Fixing-Tage nach WSJ), Ausschluß von Klasse I und Klasse II Neuigkeiten
[13] Ereignis: 58 Tage (916 Einzelbeobachtungen), an denen das WSJ von politischen Unruhen berichtet (EMS turmoil, gulf war, etc.). Nicht-Ereignis: Alle Tage ausschl. zuvor als Neuigkeiten klassifizierter Beob.: "ohne announcements ('Kolumne')", ohne Zinsneugikeit, ohne Interventionen.
[14] Ereignisse z.T. geklumpt, d.h. politische Unruhetage folgen aufeinander. Ereigniszeit +3: durchschnittl. Standardabweichung 3 Tage vor dem Ereignis unter der Bedingung, daß mind. 2 Tage voher (bei "-": nachher) kein politisches Ereignis nach WSJ gemeldet wurde. +2, +1, 0, -1, -2, -3 analog.
[15] Ereignis: 578 Makroökonomische Ankündigungen, 15227 Beobachtungen ohne Ankündigungen. Ankündigungen nicht unterschieden zwischen Ankündigungen mit Neuigkeiten und Ankündigungen ohnen Neuigkeiten.

Abb. 1.2.1

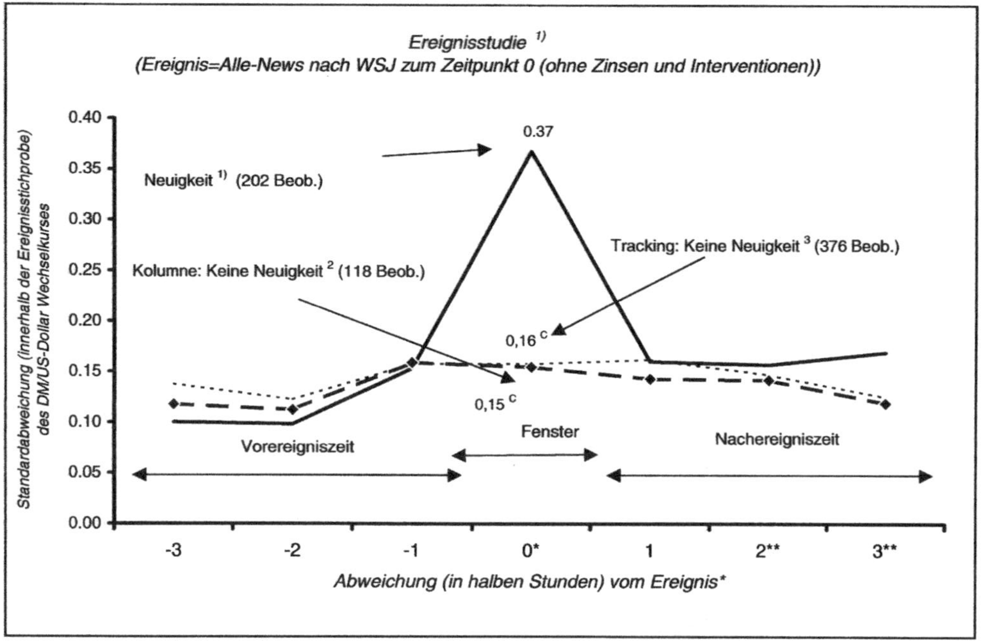

* F-Werte und Werte der Brown-Forsythe Statistik in Tabelle. Hier: Standardabweichung aus 'Keine Neuigkeit' signifikant unter Standardabweichung aus 'Neuigkeit' zum marg. Signifikanzniveau A: 0,1; B: 0,05; C: 0,01, nach Brown-Forsythe Statistik.

** Ohne Doppelzählungen. Anzahl der Beobachtungen reduziert um die Ereignisse, bei denen bei Ereigniszeit 2 und 3 keine Beobachtungen vorliegen.

1) Ereignis: 202 Makroökonomische Neuigkeit, 376 Nicht Neuigkeiten nach Tracking, 118 Nicht Neuigkeiten nach Kolumne, klassifiziert nach WSJ

2) Standardabweichung bei Null (mal 100) der Kolumnen-Gruppe.

3) Standardabweichung bei Null (mal 100) der Tracking-Gruppe.

Abb. 1.2.3a

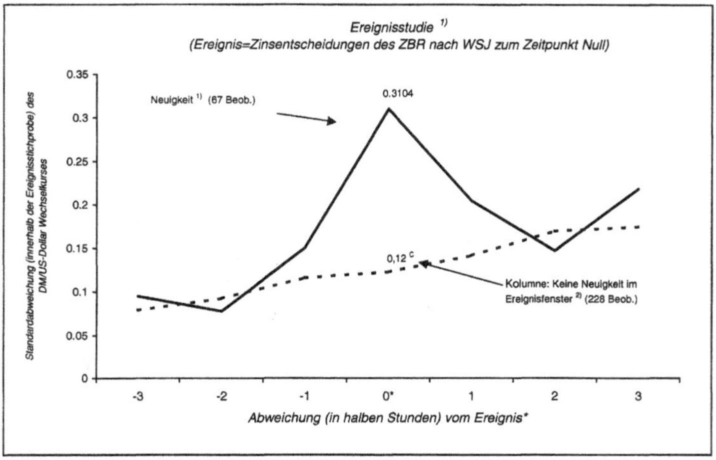

* F-Werte und Werte der Brown-Forsythe Statistik in Tabelle. Hier: Standardabweichung aus 'Keine Neuigkeit' signifikant unter Standardabweichung aus 'Neuigkeit' zum marg. Signifikanzniveau A: 0,1; B: 0,05; C: 0,01, nach Brown-Forsythe Statistik.

1) Anzahl der Zinsereignisse: 24. Bei Fehlen einer exakten Zeitangabe werden zusätzlich zur wahrsch. Bekanntgabe der Zinsentscheidung, ein Variabel vor bzw. nach 14:00 gesetzt. Insgesamt ergeben sich 67 Dummy Variablen. Standardabweichung mal 100.

2) Potentieller Veröffentlichungszeitraum an Sitzungstagen des ZBR (Bbk), an denen es nach WSJ keine "Zinsüberraschung" gab. Alle Angaben im Vor- und Nachereignisfenster beziehen sich auf Zeiträume, die nicht in das Ereignisfenster hineinlappen.

Abb. 1.2.3b

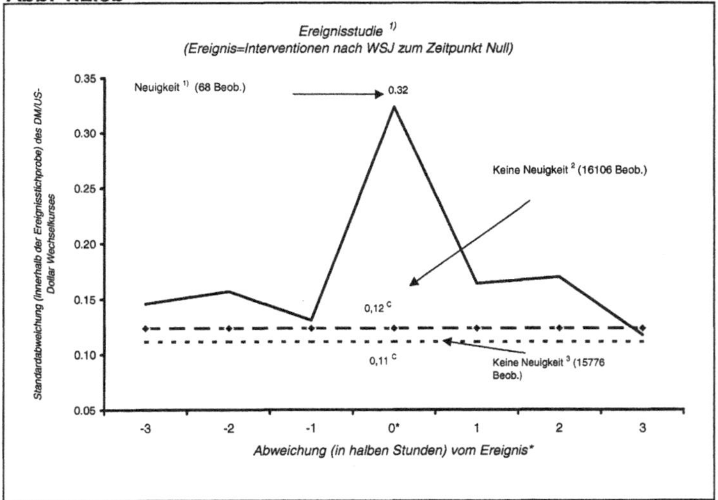

* F-Werte und Werte der Brown-Forsythe Statistik in Tabelle. Hier: Standardabweichung aus 'Keine Neuigkeit' signifikant unter Standardabweichung aus 'Neuigkeit' zum marg. Signifikanzniveau A: 0,1; B: 0,05; C: 0,01, nach Brown-Forsythe Statistik.

1) Ereignis: 35 Interventionen (darunter Interventionen die länger als 1,5 Stunden dauerten, deshalb 68 Beobachtungen), klassifiziert nach WSJ

2) Durchschnittliche Standardabweichung aller Beobachtungen über Beobachtungszeitraum.

3) Durchschnittliche Standardabweichung wie 2), ohne Makro-Neuigkeiten nach WSJ-Kolumne und ohne Zinsneuigkeiten.

Abb. 1.2.4

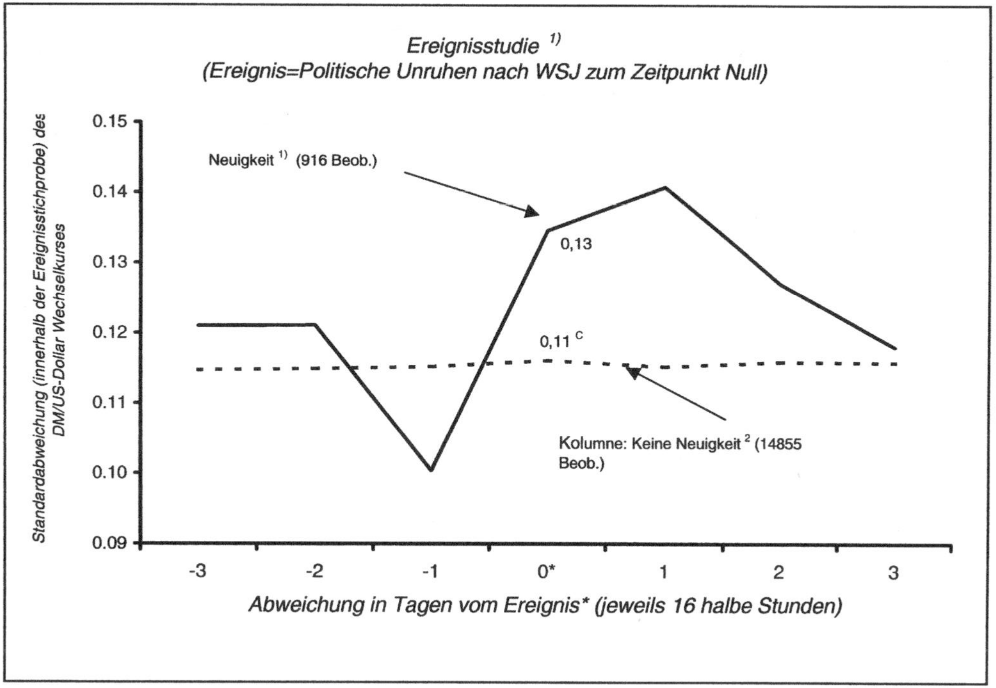

* F-Werte und Werte der Brown-Forsythe Statistik in Tabelle. Hier: Standardabweichung aus 'Keine Neuigkeit' signifikant unter Standardabweichung aus 'Neuigkeit' zum marg. Signifikanzniveau A: 0,1; B: 0,05; C: 0,01, nach Brown-Forsythe Statistik.

1) Ereignis: 58 Tage (916 Einzelbeobachtungen), an denen das WSJ von politischen Unruhen berichtet (EMS turmoil, gulf war, etc.).

2) Nicht-Ereignis: Alle Tage ausschl. zuvor als Neuigkeiten klassifiz. Beob.: "ohne announcements ('Kolumne')", ohne Zinsneugik., ohne Interventionen.

Zur genauen Anzahl der Beobachtungen in Abhängigkeit der Ereigniszeit siehe Tab. 'Standardabweichungen: Neuigkeiten nach WSJ'

Abb. 1.2.5

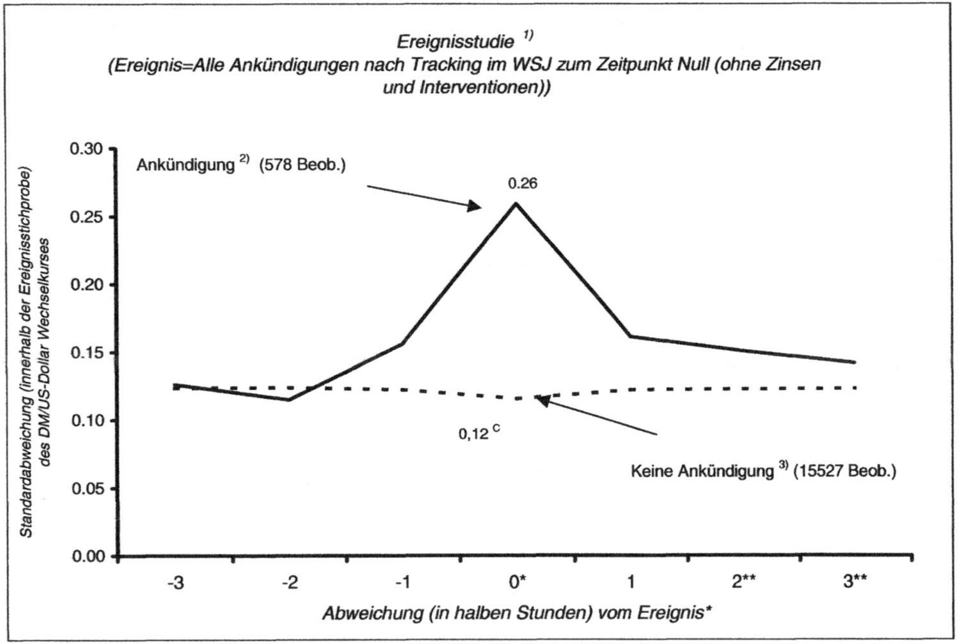

* F-Werte und Werte der Brown-Forsythe Statistik in Tabelle. Hier: Standardabweichung aus 'Keine Neuigkeit' signifikant unter Standardabweichung aus 'Neuigkeit' zum marg. Signifikanzniveau A: 0,1; B: 0,05; C: 0,01, nach Brown-Forsythe Statistik.

** Ohne Doppelzählungen. Anzahl der Beob.reduziert um die Ereignisse, bei denen bei Ereigniszeit 2 und 3 keine Beob. vorliegen.

[1] Ereignis: 578 Makroökonomische Ankündigungen, 15227 Beobachtungen ohne Ankündigungen. Ankündigungen nicht unterschieden zwischen Ankündigungen mit Neuigkeiten und Ankündigungen ohnen Neuigkeiten.

[2] Standardabweichung bei Null (mal 100) der Ankündigungs-Gruppe.

[3] Standardabweichung bei Null (mal 100) der Nicht-Ankündigungsgruppe.

1.2.3.5.2.1.1 Klasse I Ereignisse

Werden Klasse I Ereignisse nach der Höhe der aus den Teilmengen $A^{WSJ}_{N,\tau=0}$ geschätzten Standardabweichungen $\sigma^{(WSJ)}_{N,\tau=0}$ geordnet, stehen „Neuigkeiten" bzgl. des Arbeitsmarktes („nfp") mit einer geschätzten Standardabweichung von $\sigma^{(WSJ)}_{N,\tau=0}=0,62$ an erster Stelle, gefolgt von Neuigkeiten bzgl. der Handelsbilanzdaten („tb") ($\sigma^{(WSJ)}_{N,\tau=0}=0,41$) und bzgl. des Produktionspreisindex („ppi") ($\sigma^{(WSJ)}_{N,\tau=0}=0,36$). Unwichtig für den Devisenmarkt sind hingegen Überraschungen bzgl. der Auftragseingänge („fo") und der Hausverkaufszahlen („hs") (siehe vollständige Tabelle 1.2.4, S. 110). Darüber hinaus sind in der Tabelle 1.2.2 (siehe Seite 99)unter dem Punkt „Alle ‚Neuigkeiten' zusammen" die Standardabweichungen $\sigma^{(WSJ)}_{N,\tau=i}$ aller Klasse I Ereignisse zusammen (mit Ausnahme der Fixing-Ereignisse) eingetragen. Zur Bildung der Gesamtmengen $A^{WSJ}_{N,\tau=i}$, $A^{WSJ}_{KN,\tau=i}$ werden die einzelnen Klasse I Ereignisse über ihre jeweilige Ereigniszeit τ=i aggregiert. Dabei stellt sich für die aggregierten Ereignisse der Klasse I heraus, daß $\sigma^{(WSJ)}_{N,\tau=i}>\sigma^{(WSJ)}_{KN,\tau=i}$.[59]

Wechselkursnotierungen im Zusammenhang mit „Fixing-Interventionen" werden nicht in die „Alle ‚Neuigkeiten' zusammen" Ereignismenge A_τ eingebunden, da ein erfolgreicher und richtig in der Zeitung beschriebener Eingriff auf dem Devisenmarkt volatilitätsglättend wirkte. Es zeigt sich allerdings, daß auch hier $\sigma^{(WSJ)}_{N,\tau}>\sigma^{(WSJ)}_{KN,\tau}$ zutrifft.

Die Volatilitätsunterschiede werden durch F- und Brown-Forsythe Tests (B-F-Test) auf Signifikanz überprüft (H_0: $\sigma^{(WSJ)}_{N,\tau=i}=\sigma^{(WSJ)}_{KN,\tau=i}$). Die Ergebnisse sind in den Tabellen 1.2.3a und 1.2.3b (siehe Seiten 106, 108)in Abhängigkeit der Ereigniszeit abgetragen.[60] Zur Ereigniszeit τ=0 kann – auf Grundlage des (B-F-Tests) – bei 10 der 18 Klasse I Ereignissen die Hypothese $\sigma^{(WSJ)}_{N,\tau=i}=\sigma^{(WSJ)}_{KN,\tau=i}$ verworfen werden. Unter diesen Ereignissen befinden sich auch die drei oben genannten nach dem $\sigma^{(WSJ)}_{N,\tau=0}$–Kriterium wichtigsten Ereignisse (zu einem Signifikanzniveau von einem Prozent). Vor allem für die in $A^{WSJ}_{N,\tau=0}$ (Alle Klasse I „Neuigkeiten nach WSJ") und

---

[59] Ein weiterer Vorteil der Aggregation besteht darin, daß sich die Anzahl der Freiheitsgrade und damit die Macht der Tests erhöht.

[60] Die Ergebnisse der beiden Tests unterscheiden sich nicht maßgeblich, allerdings ist der Brown Forsythe Test robuster. Deshalb beziehen sich die Angaben auf Signifikanz der Standardabweichung grundsätzlich – es sei denn es wird ausdrücklich darauf hingewiesen - auf den Brown-Forsythe Test.

Tabelle 1.2.3a

Neuigkeiten nach Angaben des WSJ Journalisten (gesamter Datensatz)

Der Wert der F-Statistik bei Tests auf Gleichheit der Varianz in den Gruppen "Neuigkeit nach Angaben des WSJ Journalisten" und "Nicht-Neuigkeit nach Angaben des WSJ Journalisten" (gesamter Datensatz: Erwähung im "Tracking" Teil des WSJ)

Wert der F-Test Statistik [1)]	Veröffentlichungen Insg. / im "Tracking" / im "Tracking" (ohne fehlende WK)	Anzahl der Neuigkeiten [2)]	Ereigniszeit -3	-2	-1	**0**	1	2	3
Hypothese I									
Klasse I									
Business Inventories	49 / 43 / 42	1						/ 4)	/ 4)
Consumer Confidence	49 / 14 / 14	9	2,2	1,0	2,4	**10,4*** **	1,0	/ 4)	/ 4)
Consumer Price Index	49 / 49 / 49	20	0,2	3,7***	1,3	**3,2*** **	1,1	1,7	1,3
Durable Goods	49 / 48 / 46	27	1,5	1,7	1,7	**10,8*** **	2,6**	1,3	2,8**
Factory Orders	49 / 48 / 45	4	0,9	0,5 l)	2,3 l)	**1,1**	1,6	/ 4)	/ 4)
GNP	49 / 48 /46	20	2,5** l)	7,7***	0,4	**1,9**	1,8	1,2	1,1
Home Sales	49 / 48 / 45	8	2,9	2,4 l)	2,5* l)	**1,6**	1,1	/ 4)	/ 4)
Housing Starts	49 / 49 / 47	4	3,7** l)	1,5	36*** l)	**2,4**	2,8 l)	2,7 l)	1,8 l)
Industrial Production and Capacity Utilisation	49 / 48 / 47	8	0.24	4,2** l)	2,4** l)	**1,9**	2,2 l)	1,8	/ 4)
Leading Indicators	49 / 48 / 45	10	8,1*** l)	1,4	1,5 l)	**1,3**	1,1	1,9 l)	1,9
NAPM	49 / 35 / 34	12	1,1 l)	1,4 l)	1,1	**4,7*** **	1,3 l)	/ 4)	/ 4)
Personal Income and Personal Consumption	49 / 48 / 45	6	1,3 l)	1,2 l)	4,4*** l)	**3,1**	1,4 l)	/ 4)	/ 4)
Producer Price Index	49 / 49 / 47	22	1,9 l)	1,1	2,9*** l)	**2,9*** **	3,5***	2,1*	1,3
Retail Sales	49 / 49 / 49	19	1,1 l)	1,7 l)	1,1	**2,3***	1,2 l)	1,2	2,0
Trade Balance	49 / 49 / 47	20	4,6*** l)	9,9*** l)	1,5	**4,2*** **	1,3	1,3	2,8**
Unemployment Report	49 / 49 / 49	31	5,8*** l)	2,7***	1,2	**7,5*** **	1,5	1,5	2,9***
Alle 'Neuigkeiten nach WSJ' [3)]	784 / 722 / 697 (578)	236 (202)	1,9*** l)	1,6*** l)	1,1	**4,5*** **	1,0 l)	1,1	1,8***
Alle 'Nicht Neuigkeiten nach WSJ'		118							
Fixing-Neuigkeiten [8)]	/11	11	2,5*** l)	1,1 l)	1,6 l)	**1.1**	1,0 l)	1,3 l)	1.7
Ankündigungs-Neuigkeiten [14)]	722 / 578		1.04	1,1***	1,6***	**5,0*** **	1,7***	1,5***	1,3***
Alle Nicht-Ankündigungs-Neuigk.	15227								
Klasse II									
Zins-Neuigkeiten [5) 6)]	/24	67	1.4	1.4	1.7	**2,5*** **	2,1*	1.3	1.4
Interventions-Neuigkeit [7)]	/35	68	1,6*	1,9**	1.3	**8,0*** **	2,0***	2,2***	1.0

Tabelle 1.2.3a (fortgesetzt)

			-3 Tage	-2 Tage	-1 Tag	**0**	1 Tag	2 Tage	3 Tage
Klasse III									
Politik-Neuigkeiten[9]	/58 Tage		1.0	1.0	1,3***[†]	**1,4*****	1,5***	1,2***	1.0
Anzahl der Beobacht. bei Ereigniszeit (+3,+2,+1,0,-1,-2,-3)[10]			455	512	535	**916**	566	533	476
Anzahl der Nicht-Neuigkeiten			11611	12066	12584	**14855**	12567	12641	12149
Hypothese III									
Klasse I									
Alle 'Neuigkeiten nach WSJ'[11]		202	1.4	1.4	1.1	**1,7*****	1.0	1.1	1.5
Alle 'Neuigkeiten nach STD'		185							
Alle 'Nicht-Neuigkeiten nach STD'[12]		392	1.1	1.2	1.1	**1,7*****	1,3[†]	1.1	1.1
Alle 'Nicht Neuigkeiten nach WSJ'		118							
Hypothese IV									
Klasse I									
Alle 'Nicht-Neuigk. nach Tracking'[13]		258 (376-118)	1.4	1.2	1.0	**1,3***	1,3*	1.1	1.1
Alle 'Nicht-Neuigk. nach WSJ'		118							

[1] Teststatistik bezieht sich auf Unterschiede in den Varianzen der Untergruppen Neuigkeit/Nicht-Neuigkeit der Ereignisgruppe "tracking the economy". *);**);***): Signifikant zum Niveau 0,1; 0,05; 0,01

[2] Neuigkeiten nach Auswertung des WSJ

[3] Werte in Klammern: ohne Doppelzählungen (95) und ohne Ereignisse bei denen keine Wechselkursnotiertung (49) vorlag, insgesamt 722 - 144 = 578

[4] Keine Daten, da Veröffentlichungszeitpunkt 10:00 Frankfurt am Main

[5] Anzahl der Zinsereignisse: 24. Bei Fehler einer exakten Zeitangabe werden zusätzlich zur wahrscheinlichen Bekanntgabe der Zinsentscheidung, eine Variabel vor bzw. nach 14:00 gesetzt. Insgesamt ergeben sich 67 Dummy Variablen.

[6] Angaben beziehen sich auf im Vor- und Nachereignisfenster auf Zeiträume, die nicht mit dem Ereignisfenster überlappen.

[7] Ereignis: 35 Interventionen mit 68 Beobachtungen (wegen ungenauer Zeitangaben im WSJ), klassifiziert nach WSJ

[8] Ereignis: 11 Interventionen beim Frankfurter Fixing 13:00 MEZ, klassifiziert nach WSJ, Nicht-Ereignis: Nicht Fixing-Tage 13:00 MEZ, ohne Klasse I und Klasse II Ereignisse

[9] Ereignis: 58 Tage (916 Einzelbeobachtungen), an denen das WSJ von politischen Unruhen berichtet (EMS turmoil, gulf war, etc.). Nicht-Ereignis: Alle Tage ausschl. Beob. im Zusammenhang mit Neuigkeit "announcements", ohne Zinsneugikeit, ohne Interventionen).

[10] Ereignisse z.T. geklumpt, d.h. politische Unruhetage folgen aufeinander. Ereigniszeit +3: durchschnittl. Standardabweichung 3 Tage vor dem Ereignis unter der Bedingung, daß mind. 2 Tage voher (bei "-": nachher) kein politisches Ereignis nach WSJ gemeldet wurde. +2, +1, 0, -1, -2, -3 analog.

[11] H_0: "Standardabweichung der Gruppe "Neuigkeiten nach WSJ" ist genauso groß wie "Neuigkeiten nach technische Zuordnung"

[12] H_0: "Standardabweichung der Gruppe "Keine Neuigkeiten nach WSJ" ist genauso groß wie "Keine Neuigkeiten nach technische Zuordnung"

[13] H_0: "Standardabweichung der Gruppe "Keine Neuigkeiten nach expliziter Erwähnung der Kolumne" ist genauso groß wei "Keine Neuigkeiten nach WSJ (implizit: Nicht-Erwähnen = Keine Neuigkeit)", Nicht-Neuigkeit insg.: 376, darunter nicht erwähnt in der Kolumne: 258 (376 -118).

[14] Ereignis: 578 Makroökonomische Ankündigungen, 15227 Beobachtungen ohne Ankündigungen. Ankündigungen nicht unterschieden zwischen Ankündigungen mit Neuigkeiten und Ankündigungen ohne Neuigkeiten.

[†] Standardabweichung der Nicht-Neuigkeitstage über der Standardabweichung der Neuigkeitstage. Ohne Sternchen: nicht-signifikant

Tabelle 1.2.3b

Neuigkeiten nach Angaben des WSJ Journalisten
(gesamter Datensatz)

Der Wert der Brown-Forsythe Statistik bei Tests auf Gleichheit der Varianz in den Gruppen "Neuigkeit nach Angaben des WSJ Journalisten" und "Nicht-Neuigkeit nach Angaben des WSJ Journalisten" (gesamter Datensatz: Erwähung im "Tracking" Teil des WSJ)

Wert der Brown-Forsythe (modified Levene) Statistik [1)]	Veröffentlichungen Insg. / im "Tracking" / im "Tracking" (ohne fehlende WK)	Anzahl der Neuigkeiten [2)]	Ereigniszeit -3	-2	-1	0	1	2	3
Hypothese I									
Klasse I									
Business Inventories	49 / 43 / 42	1						/ [4)]	/ [4)]
Consumer Confidence	49 / 14 / 14	9	0.5	0.0	0.8	**6,5****	0.0	/ [4)]	/ [4)]
Consumer Price Index	49 / 49 / 49	20	0.1	0.5	0.0	**4,8****	0.2	0.0	0.1
Durable Goods	49 / 48 / 46	27	0.0	0.0	0.2	**10,3*****	0.8	0.0	2.7
Factory Orders	49 / 48 / 45	4	0.0	0,0[1)]	0,2[1)]	**0.1**	0.8	/ [4)]	/ [4)]
GNP	49 / 48 / 46	20	0,1[1)]	0,4[1)]	0,0[1)]	**4,4****	0,4[1)]	0,1[1)]	0,6[1)]
Home Sales	49 / 48 / 45	8	0.9	0,3[1)]	0,6[1)]	**0.7**	0.0	/ [4)]	/ [4)]
Housing Starts	49 / 49 / 47	4	0,5[1)]	0.4	0,9[1)]	**2.3**	0,4[1)]	0,3[1)]	0,4[1)]
Industrial Production and Capacity Utilisation	49 / 48 / 47	8	1,0[1)]	1,2[1)]	0,5[1)]	**0.6**	0,6[1)]	1,8	/ [4)]
Leading Indicators	49 / 48 / 45	10	2,1[1)]	0.0	0,8[1)]	**1.4**	0.0	0,2[1)]	2.7
NAPM	49 / 35 / 34	12	0,4[1)]	0,0[1)]	0.1	**2,9***	0,9[1)]	/ [4)]	/ [4)]
Personal Income and Personal Consumption	49 / 48 / 45	6	0,0[1)]	0,6[1)]	1,8[1)]	**3,6****	1,1[1)]	/ [4)]	/ [4)]
Producer Price Index	49 / 49 / 47	22	1,6[1)]	0.0	1,9[1)]	**9,3*****	3,3*	1.8	0.4
Retail Sales	49 / 49 / 49	19	0,0[1)]	1,6[1)]	0.0	**2,8***	0,1[1)]	0.1	2.3
Trade Balance	49 / 49 / 47	20	4,3**[1)]	1,1[1)]	0.3	**7,1*****	0.1	0.1	1.3
Unemployment Report	49 / 49 / 49	31	3,5**[1)]	0.4	0.9	**7,9*****	0.9	0.1	2,7*
Alle 'Neuigkeiten nach WSJ' [3)]	784 / 722 / 697 (578)	236 (202)							
Alle 'Nicht Neuigkeiten nach WSJ'		118	12***[1)]	2,1[1)]	0,1[1)]	**86*****	1,1[1)]	0.1	16***
Fixing-Neuigkeiten [8)]	/11	11	0,5[1)]	0,1[1)]	0,2[1)]	**0.3**	0,0[1)]	0,0[1)]	0.7
Ankündigungs-Neuigkeiten [14)]	722 / 578		0.06	2,9*	29,5***	**590 *****	48,0***	45,8***	31,8***
Alle Nicht-Ankündigungs-Neuigk.	15227								
Klasse II									
Zins-Neuigkeiten [5) 6)]	/24	67	1.5	0.5	2.4	**45*****	5,9***	0.2	2.3
Interventions-Neuigkeit [7)]	/35	68	2.0	0.6	0.0	**98*****	10 ***	6,3***	0.0

Tabelle 1.2.3b (fortgesetzt)

			-3 Tage	-2 Tage	-1 Tag	0	1 Tag	2 Tage	3 Tage
Klasse III									
Politik-Neuigkeiten 9)	/58 Tage		2.5	2,8*	2.1	**21,3*** **	18,4***	5,0**	0.2
Anzahl der Beobacht. bei Ereigniszeit (+3,+2,+1,0,-1,-2,-3) 10)			455	512	535	**916**	566	533	476
Anzahl der Nicht-Neuigkeiten			11611	12066	12584	**14855**	12567	12641	12149
Hypothese III									
Klasse I									
Alle 'Neuigkeiten nach WSJ' 11)		202	3,7*	2.3	0.3	**9,4*** **	0.0	0.2	6,3 ***
Alle 'Neuigkeiten nach STD'		185							
Alle 'Nicht-Neuigkeiten nach STD' 12)		392	2.0	0.1	0.1	**8,8*** **	0.0	0.1	0.4
Alle 'Nicht Neuigkeiten nach WSJ'		118							
Hypothese IV									
Klasse I									
Alle 'Nicht-Neuigk. nach Tracking' 13)		258 (376-118)	2,8*	0.6	0.0	**0.2**	0.1	0.1	0.0
Alle 'Nicht-Neuigk. nach WSJ'		118							

1) Teststatistik bezieht sich auf Unterschiede in den Varianzen der Untergruppen Neuigkeit/Nicht-Neuigkeit der Ereignisgruppe "tracking the economy". *);**);***): Signifikant zum Niveau 0,1; 0,05; 0,01. Gegenüber F-Test robuster und mehr Macht.

2) Neuigkeiten nach Auswertung des WSJ

3) Werte in Klammern: ohne Doppelzählungen (95) und ohne Ereignisse bei denen keine Wechselkursnotiertung (49) vorlag, insgesamt 722 - 144 = 578

4) Keine Daten, da Veröffentlichungszeitpunkt 10:00 Frankfurt am Main

5) Anzahl der Zinsereignisse: 24. Bei Fehler einer exakten Zeitangabe werden zusätzlich zur wahrscheinlichen Bekanntagabe der Zinsentscheidung, eine Variabel vor bzw. nach 14:00 gesetzt. Insgesamt ergeben sich 67 Dummy Variablen.

6) Angaben beziehen sich auf im Vor- und Nachereignisfenster auf Zeiträume, die nicht mit dem Ereignisfenster überlappen.

7) Ereignis: 35 Interventionen mit 68 Beobachtungen (wegen ungenauer Zeitangaben im WSJ), klassifiziert nach WSJ

8) Ereignis: 11 Interventionen beim Frankfurter Fixing 13:00 MEZ, klassifiziert nach WSJ
Nicht-Ereignis: Nicht Fixing-Tage 13:00 MEZ, ohne Klasse I und Klasse II Ereignisse

9) Ereignis: 58 Tage (916 Einzelbeobachtungen), an denen das WSJ von politischen Unruhen berichtet (EMS turmoil, gulf war, etc.).
Nicht-Ereignis: Alle Tage ausschl. Beob. im Zusammenhang mit Neuigkeit "announcements", ohne Zinsneugikeit, ohne Interventionen).

10) Ereignisse z.T. geklumpt, d.h. politische Unruhetage folgen aufeinander. Ereigniszeit +3: durchschnittl. Standardabweichung 3 Tage vor dem Ereignis unter der Bedingung, daß mind. 2 Tage voher (bei "-": nachher) kein politisches Ereignis nach WSJ gemeldet wurde. +2, +1, 0, -1, -2, -3 analog.

11) H_0: "Standardabweichung der Gruppe "Neuigkeiten nach WSJ" ist genauso groß wie "Neuigkeiten nach technische Zuordnung"

12) H_0: "Standardabweichung der Gruppe "Keine Neuigkeiten nach WSJ" ist genauso groß wie "Keine Neuigkeiten nach technische Zuordnung"

13) H_0: "Standardabweichung der Gruppe "Keine Neuigkeiten nach expliziter Erwähnung der Kolumne" ist genauso groß wei "Keine Neuigkeiten nach WSJ (implizit: Nicht-Erwähnen = Keine Neuigkeit)", Nicht-Neuigkeit insg.: 376, darunter nicht erwähnt in der Kolumne: 258 (376 -118).

14) Ereignis: 578 Makroökonomische Ankündigungen, 15227 Beobachtungen ohne Ankündigungen.
Ankündigungen nicht unterschieden zwischen Ankündigungen mit Neuigkeiten und Ankündigungen ohne Neuigkeiten.

) Standardabweichung der Nicht-Neuigkeitstage über der Standardabweichung der Neuigkeitstage. Ohne Sternchen: nicht-signifikant

Tabelle 1.2.4

Die Standardabweichungen in der Gruppe „Neuigkeit nach Angaben des WSJ Journalisten", sortiert nach der Höhe der Standardabweichung

		Anzahl der Ereignisse [2]	Ereigniszeit						
			-3	-2	-1	0	1	2	3
Unemployment Report	Neuigkeit [1]	43 / 31	0.06	0.12	0.25	**0.62**	0.21	0.17	0.18
Trade Balance	Neuigkeit [1]	32 / 20	0.05	0.07	0.21	**0.41**	0.18	0.19	0.19
Producer Price Index	Neuigkeit [1]	35 / 22	0.06	0.08	0.11	**0.36**	0.25	0.17	0.16
NAPM	Neuigkeit [1]	34 / 12	0.15	0.13	0.10	**0.33**	0.13	/ [3]	/ [3]
Durable Goods	Neuigkeit [1]	33 / 27	0.09	0.06	0.12	**0.32**	0.11	0.13	0.19
GNP	Neuigkeit [1]	30 / 20	0.08	0.23	0.11	**0.29**	0.12	0.12	0.15
Consumer Confidence	Neuigkeit [1]	14 / 09	0.11	0.06	0.12	**0.28**	0.09	/ [3]	/ [3]
Personal Income and Personal Consumption	Neuigkeit [1]	11 / 06	0.14	0.09	0.06	**0.28**	0.08	/ [3]	/ [3]
Consumer Price Index	Neuigkeit [1]	35 / 20	0.11	0.07	0.09	**0.27**	0.15	0.23	0.23
Retail Sales	Neuigkeit [1]	34 / 19	0.07	0.06	0.10	**0.26**	0.14	0.11	0.17
Industrial Production and Capacity Utilisation	Neuigkeit [1]	22 / 8	0.07	0.09	0.16	**0.25**	0.15	0.08	/ [3]
Leading Indicators	Neuigkeit [1]	17 / 10	0.04	0.09	0.06	**0.21**	0.15	0.11	0.19
Housing Starts	Neuigkeit [1]	11 / 4	0.06	0.11	0.04	**0.21**	0.13	0.10	0.22
Factory Orders	Neuigkeit [1]	8 / 4	0.17	0.11	0.10	**0.18**	0.09	/ [3]	/ [3]
Home Sales	Neuigkeit [1]	14 / 8	0.24	0.09	0.09	**0.16**	0.09	/ [3]	/ [3]

[1] Neuigkeiten auf Grundlage der Auswertung der "*currency markets*" Kolumne des WSJ

[2] Anzahl der Erwähnungen in der Kolumne (Neuigkeiten plus Nicht-Neuigkeiten; siehe Tabelle (2.2a)) / darunter: Neuigkeiten

[3] Keine Daten, da Veröffentlichungszeitpunkt 10:00 MEZ Frankfurt am Main

(Alle Klasse I „Nicht-Neuigkeiten nach WSJ") zerlegte Ereignismenge der zusammengefaßten Klasse I Ereignisse, in der auch die nicht signifikanten Klasse I Ereignisse eingeschlossen sind, kann die Nullhypothese einer gleich hohen Varianz der beiden Teilmengen zu einem Signifikanzniveau von unter einem Prozent zurückgewiesen werden. Bei den „Fixing-Interventionen" hingegen kann die Nullhypothese nicht verworfen werden. Die Ergebnisse der Tests auf Gleichheit der Standardabweichungen $\sigma^{(WSJ)}_{N,\tau=i} = \sigma^{(WSJ)}_{KN,\tau=i}$ zu den Ereigniszeiten i={–3, –2,–1,+1,+2,+3} – also außerhalb des Ereignisfensters, lassen den Schluß zu, daß es im generellen keine Volatilitätsunterschiede zwischen den Teilmengen „Neuigkeit" und „Nicht-Neuigkeiten" gibt. Allerdings gibt es an den „Flügeln" der Vor- und Nacherereignisfenster bei den Ereigniszeiten i={–3,+3} zwei Anomalien ($\sigma^{(WSJ)}_{N,\tau=3} \neq \sigma^{(WSJ)}_{KN,\tau=3}$ und ($\sigma^{(WSJ)}_{N,\tau=-3} \neq \sigma^{(WSJ)}_{KN,\tau=-3}$). So ist 1½ Stunden bevor die Handelsbilanz-, bzw. die Arbeitsmarktdaten veröffentlicht werden die Volatilität bei diesen beiden Ereignissen für „Neuigkeitsstage" signifikant geringer als für „Nicht-Neuigkeitstage". Die geschätzte Volatilität der „Neuigkeitstage" liegt dabei um gute 50 Prozent unterhalb der Volatilität der „Nicht-Neuigkeitstage". Es scheint so etwas wie ein „Ruhe vor dem Sturm"- Effekt zu geben. Dieser Effekt ist so stark, daß er auch bei den aggregierten Klasse I Ereignissen auftritt. Für alle Neuigkeiten zusammen liegt 1½ Stunden vor der Bekanntgabe der Daten die Volatilität an den 202 „Neuigkeitstagen" um ca. 30 Prozent niedriger als an den 376 „Nicht-Neuigkeitstagen".[61] Darüber hinaus ist bei den aggregierten Klasse I Ereignissen die Volatilität 1½ Stunden nach dem Neuigkeitsereignis um 27 Prozent über der empirischen Standardabweichung der „Nicht-Neuigkeitstagen".[62]

Im Schaubild 1.2.1 (siehe Seite 101) ist das Ergebnis der Ereignisstudie „Alle ‚Neuigkeiten' zusammen" versus „Keine Neuigkeiten nach „impliziter Aussage des WSJ Journalisten (Tracking: Keine Neuigkeit)" dargestellt. An der Ordinate ist die geschätzte Standardabweichung $\sigma_{N,\tau=i}$ bzw. $\sigma_{KN,\tau=i}$ und an der Abszisse die Ereigniszeit

[61] Insgesamt gibt es 722 im „tracking the economy" Teil der Zeitung erwähnte Ankündigungen, von den 578 bei den Schätzungen verwendet werden. Diese teilen sich auf in 202 „Neuigkeiten" und 376 „Nicht-Neuigkeiten". Die Differenz zwischen den 772 Ankündigungen im „tracking the economy" und den 578 verwendeten Ankündigungen ergibt sich durch 95 Doppelzählungen (d.h. mehrere Neuigkeiten zu einem Zeitpunkt) und 49 fehlende Wechselkursnotierungen.

[62] Bei Ereigniszeit +3 und +2 verringert sich die Anzahl der zur Verfügung stehenden Wechselkursnotierungen auf 424 Beob., darunter „277 Nicht-Neuigkeiten" und 147 „Neuigkeiten". Die Verringerung der Beobachtungen hängt damit zusammen, daß einige der makroökonomischen Ankündigungen erst um 10:00 EST (16:00 MEZ) erfolgen. Da die halbstündigen Notierungen nur bis 16:30 MEZ gehen, können für Ereigniszeit +2 und +3 keine Volatilitätsangaben gemacht werden.

i={–3,...,0,...+3} abgetragen. Der Zeitraum von I={–3,...,–1} ist die Vorereignis- und die Spanne von i={+1,...,+3} ist die Nachereigniszeit. Die geschätzte Standardabweichung $\sigma^{(WSJ)}_{KN,\tau=i}$ (dünn gestrichelte Linie) verläuft flach in Abhängigkeit der Ereigniszeit, während die geschätzte Standardabweichung $\sigma^{(WSJ)}_{N,\tau=i}$ (durchgezogene Linie) im Ereignisfenster (Ereigniszeit 0) eine Spitze aufweist. Bei Ereigniszeit 0 für $\sigma^{(WSJ)}_{N,\tau=0}$ ist neben den Reihen jeweils der Wert der geschätzten Volatilität angegeben. Die hochgestellten Buchstaben A), B) und C) geben an, ob die geschätzte Standardabweichung $\sigma^{(WSJ)}_{KN,\tau=0}$ signifikant zum Signifikanzniveau 0,1, 0,05, 0,01 unter der geschätzten Standardabweichung $\sigma^{(WSJ)}_{N,\tau=0}$ liegt. Die analog zum Schaubild 1.2.1 aufgebauten Graphiken für die 18 untersuchten Einzelereignisse sind im Anhang zu diesem Kapitel.

Diagramm 1.2.2q (siehe Appendix 1.2) veranschaulicht die Ergebnisse des Ereignisses „Fixing". Im Unterschied zu Schaubild 1.2.1 stimmt in Schaubild 1.2.2q die Ereigniszeit mit der Echtzeit überein, da das Frankfurter Fixing immer um 13:00 MEZ stattfindet. An der Abszisse ist deshalb die Uhrzeit (MEZ) im Tagesverlauf abgetragen.

Werden die Ereignismengen der Klasse I Ereignisse nach 1.2.3.1.1.3) gebildet (Ankündigung) ergibt sich ein etwas anderes Resultat. Im Schaubild 1.2.5 (siehe Seite 104) sind die Ergebnisse eingezeichnet bzw. in Tabelle 1.2.2 (siehe Seite 99) unter „Alle Ankündigungen zusammen" eingetragen. Der Volatilitätsgipfel bei Ereigniszeit 0 für das Ereignis „Ankündigung" bleibt bestehen, wenn auch auf deutlich niedrigerem Niveau. Die geschätzte Standardabweichung sinkt von $\sigma^{(WSJ)}_{N,\tau=0}=0{,}37$ bei „Neuigkeitstagen" auf $\sigma^{(Ankündigung)}_{N,\tau=0}=0{,}27$ bei „Ankündigungstagen", offensichtlich als Folge der „Verwässerung" des Informationsgehalts durch Verfahren 1.2.3.1.1.3) bei dem alle Ankündigungen, unabhängig von ihrem Informationsgehalt, zur Ereignismenge A_N gezählt werden.[63] Deutlich verändert sind auch die Ergebnisse für das Vor- und Nachereignisfenster. Bis auf das Zeitintervall von Ereigniszeit i={–3,–2} wird für den gesamten untersuchten Ereigniszeitraum die Hypothese $\sigma^{(Ankündigung)}_{N,\tau=i}=\sigma^{(Ankündigung)}_{KN,\tau=i}$ auf einem Signifikanzniveau von 1 Prozent verworfen. Dies liegt möglicherweise an der Intratagessaisonalität der Volatilität, denn – im Gegensatz zu Verfahren 1.2.3.1.1.1.2) – besteht die Nicht-Ereignisgruppe A_{KN} bei

[63] Das Ereignis bei Verfahren c) besteht aus den 578 „Ankündigungen", ohne daß zwischen „Neuigkeit" und „Nicht-Neuigkeit" differenziert wird. Das Gegenereignis ist die Abwesenheit von Ankündigungen (einschl. der Nichtbachtung von Interventions- und Zinsereignissen). Dazu zählen 15227 Beobachtungen.

1.2.3.1.1.3) aus allen Beobachtungen an „Nicht-Ankündigungstagen" von Klasse I Ereignissen (ohne Zins- und Interventionsereignissen) und damit auch aus Beobachtungen zu Tageszeiten, die üblicherweise mit einer „niedrigen" Volatilität einhergehen (siehe auch Kapitel 2).

Zusammenfassend läßt sich festhalten, daß sich für Klasse I Ereignisse im großen und ganzen die Hypothese von gleich hohen Standardabweichungen in den beiden Teilmengen „Neuigkeit nach WSJ" und „Nicht-Neuigkeit nach WSJ" verwerfen läßt, was den Rückschluß auf eine gute Qualität der Berichterstattung zuläßt. Darüber hinaus zeigt sich, daß das Verfahren 1.2.3.1.1.1.2) (Neuigkeit nach WSJ/Nicht-Neuigkeit nach WSJ) klarere Ergebnisse erzielt als Verfahren 1.2.3.1.1.3) (Ankündigung/Nicht-Ankündigung).

Problematisch ist zum einen das Ergebnis bei den Fixing-Interventionen. Ein eindeutiger Rückschluß auf eine schlechte Berichterstattung ist allerdings wegen des Problems der verbunden Hypothesen nicht möglich. So sind falsche Berichte über die Fixing-Interventionen nur eine mögliche Erklärung für das Resultat. Eine alternative Erklärung für das Ergebnis wäre beispielsweise, daß die Interventionen das Ziel der Volatilitätsminderung verfehlten und deshalb der Unterschied zwischen den Teilmengen $A^{WSJ}_{N,\tau=0}$ und $A^{WSJ}_{KN,\tau=0}$ nicht signifikant ist.

Zum anderen zeigen sich bei Verfahren 1.2.3.1.1.1.2) signifikante Unterschiede (Brown-Forsythe Test) zwischen $\sigma^{(WSJ)}{}_{N,\tau=i}$ und $\sigma^{(WSJ)}{}_{KN,\tau=i}$ zu den Ereigniszeiten i = {+3,-3} im Falle der zusammengefaßten Neuigkeiten. Diese signifikanten Unterschiede sind vor allem auf Neuigkeiten bei den Handels- und Arbeitsmarktdaten zurückzuführen. Während die erhöhte Volatilität in der Nachereigniszeit möglicherweise auf verzögerte Handelsreaktionen zurückgeht, ist die erhöhte Volatilität im Vorfeld der Veröffentlichung erstaunlich. Möglicherweise sickert bei wichtigen Neuigkeiten durch, daß die Veröffentlichung einer ‚Überraschung' ansteht, ohne daß die Marktteilnehmer wissen, welches Vorzeichen der Vorhersagefehler haben wird. Unter Umständen verhalten sich die Händler in einer solchen Situation „vorsichtig", so daß es – bis zur Bekanntgabe der neuen Information – zu nur schwachen Preisbewegungen kommt. Allerdings können diese Vermutungen anhand der hier vorliegenden Ergebnisse nicht überprüft werden, da alternativ dazu auch ein zeitweilig „ineffizienter" Devisenmarkt oder eine fehlerhafte Beschreibung des Geschehens durch die WSJ-Journalisten sich als Erklärung anböten.

1.2.3.5.2.1.2 Klasse II Ereignisse

Die Volatilitätsunterschiede in den Ereignismengen der Klasse II Ereignisse (24 Zinsereignisse, 35 geheime Interventionen) werden mit den Teilmengen gemäß 1.2.3.1.1.1.3) und 1.2.3.1.1.1.4) untersucht. Die geschätzten Standardabweichungen befinden sich in Tabelle 1.2.2 (siehe Seite 99) bzw. sind in den Schaubildern 1.2.3a und 1.2.3b (siehe Seite 102) eingezeichnet. Die Testergebnisse sind in Tabelle 1.2.3a und 1.2.3b (Siehe Seiten 106 und 108) eingetragen.

Wegen der nur grob bestimmbaren Teilmenge „Keine Interventionsneuigkeit", die nahezu alle Beobachtungen während des Untersuchungszeitraums enthält, unterscheidet sich die mit ihr verbundene Standardabweichung nur unerheblich von der empirischen Standardabweichung des gesamten Beobachtungszeitraums ($\sigma^{(WSJ)}_{KN,\tau=i}$(Interventionen)=0,11 und $\sigma^{(alle)}$=0,12).

Außerdem läßt sich festhalten, daß die geschätzten Standardabweichungen der Teilmenge $A^{WSJ}_{KN,\tau=0}$ „Nicht-Neuigkeiten" bei Ereigniszeit 0 ($\sigma^{(WSJ)}_{KN,\tau=0}$(Interventionen)=0,12 und ($\sigma^{(WSJ)}_{KN,\,\tau=0}$ (Zinsereignisse)=0,12)) deutlich unter denen, der jeweiligen Teilmengen $A^{WSJ}_{N,\tau=0}$ „Neuigkeit" ($\sigma^{(WSJ)}_{N,\tau=0}$(Interventionen)=0,32 und $\sigma^{(WSJ)}_{N,\tau=0}$(Zinsereignisse)=0,31)) liegen. Die Hypothese auf Gleichheit der Standardabweichungen der jeweiligen $\sigma^{(WSJ)}_{N,\tau=0}(.)/\sigma^{(WSJ)}_{KN,\tau=0}(.)$ Paare kann zu einem Signifikanzniveau von einem Prozent klar verworfen werden.

Bei den Zinsneuigkeiten nach Aussagen des WSJ läßt sich in den Vor- und Nachereignisfenstern grundsätzlich die Nullhypothese, daß die geschätzten Standardabweichungen der Teilmengen gleich groß sind nicht verwerfen. Eine Ausnahme ist die halbe Stunde in unmittelbarem Anschluß an die dem WSJ entnommenen Veröffentlichungszeitpunkte. Hier ist $\sigma^{(WSJ)}_{N,\tau=1}$(Zinsen) bei 0,16, während $\sigma^{(WSJ)}_{KN,\,\tau=1}$ (Zinsen) mit 0,11 signifikant darunter liegt.

Bei den Interventionsneuigkeiten nach Aussage des WSJ wird die Nullhypothese für die zwei Halbstundenintervalle nach dem Ereignisfenster zu einem Signifikanzniveau von einem Prozent nicht akzeptiert. Mit einem $\sigma^{(WSJ)}_{N,\tau=1}$(Intervention) von 0,16 und $\sigma^{(WSJ)}_{N,\tau=2}$=0,17 übertreffen sie den Wert von $\sigma^{(WSJ)}_{KN,\tau=1}$(Intervention) und $\sigma^{(WSJ)}_{KN,\tau=2}$(Intervention) jeweils um fast 50 Prozent.

In den Schaubildern (1.2.3a und 1.2.3b, siehe Seite 102) sind die geschätzten Volatilitätsverläufe in Abhängigkeit der Ereigniszeit für die beiden Klasse II Ereignisse eingezeichnet. Im Falle der Interventionen ist neben $\sigma^{(WSJ)}_{KN,\tau=i}$(Intervention) auch die empirische Standardabweichung $\sigma^{(alle)}$ für alle Beobachtungen des Betrachtungszeitraums als flache Linie mit konstantem Wert eingetragen.

Die Ergebnisse legen nahe, daß die Journalisten der „currency markets" Kolumne des WSJ erfolgreich Informationen der Klasse II in „Neuigkeiten" und „Nicht-Neuigkeiten" trennen. Dafür spricht zumindest, daß der signifikante Volatilitätsgipfel im Ereignisfenster liegt und somit die Auswahl der Zeiträume, in denen die mit neuer Information assoziierten Wechselkursbeobachtungen liegen, nicht willkürlich erfolgt. Das in den Nachereignisfenstern zum Teil $\sigma^{(WSJ)}_{N,\tau=i}(.)>\sigma^{(WSJ)}_{KN,\tau=i}(.)$ ist, steht möglicherweise damit in Verbindung, daß die Journalisten des WSJ den Zeitpunkt einiger Zins- und Interventionsentscheidungen möglicherweise falsch wiedergeben. Allerdings könnte es – analog zur Argumentation bei den Fixing-Ereignissen – auch ein Hinweis für eine verzögerte Marktreaktion auf die Zins- und Interventionsneuigkeit sein. Auf Grundlage des hier durchgeführten Tests kann keine der beiden Möglichkeiten ausgeschlossen werden.

1.2.3.5.2.1.3 Klasse III Ereignisse

Die Klasse III Ereignisse (Politikereignisse) werden hier entsprechend 1.2.3.1.1.1.5) untersucht.

Für die Politikereignisse sind die Verläufe der Standardabweichungen $\sigma^{(WSJ)}_{N,\tau=i}$ und $\sigma^{(WSJ)}_{KN,\tau=i}$ in Abhängigkeit der Ereigniszeit im Schaubild 1.2.4 (siehe Seite 103) abgebildet. Die dazugehörenden Schätzwerte sowie die Testergebnisse befinden sich in den Tabellen 1.2.2 (siehe Seite 99) bzw. 1.2.3a und 1.2.3b (siehe Seiten 106, 108). Trotz der Größe und damit der Ungenauigkeit des Ereignisfensters besteht ein signifikanter Unterschied zwischen $\sigma^{(WSJ)}_{N,\tau=0}$ und $\sigma^{(WSJ)}_{KN,\tau=0}$. Während im Vorereignisfenster (Vorereignisfenster) die Nullhypothese (auf Grundlage des Brown-Forsythe-Tests) nicht verworfen werden kann, liegen im Nachereignisfenster die geschätzten Neuigkeitsstandardabweichung $\sigma^{(WSJ)}_{N,\tau=+1}$ und $\sigma^{(WSJ)}_{N,\tau=+2}$ an den zwei Tagen unmittelbar nach der Meldung im WSJ signifikant über den Nicht-Neuigkeitsstandardabweichungen. Darüber hinaus ist $\sigma^{(WSJ)}_{N,\tau=1}$ im Nachereignisfenster größer als $\sigma^{(WSJ)}_{N,\tau=0}$ des Ereignisfensters. Im Falle der Politikereignisse filtern damit die Journalisten der „currency markets" Kolumne des

WSJ den allgemeinen Informationsfluß nur bedingt erfolgreich. Die von ihnen als unruhig bezeichneten „Politiktage" weisen zwar eine signifikant höhere Volatilität auf als „normale" Tage. Allerdings passen die signifikanten Volatilitätsunterschiede im Nachereignisfenster nicht ins Bild. So liegt der Volatilitätsgipfel der „Politikereignisse" einen Tag hinter den Zeitpunkten zu denen die Ereignisse nach Angaben des WSJ stattfanden. Dabei ist eine Interferenz anderer „Politikereignisse" auszuschließen, da der erste Nachereignistag zu den „normalen" Tagen zählt und damit definitionsgemäß mindestens fünf Tage vor einem anderen im WSJ berichten „Politikereignis" liegt. Darüber hinaus sind Klasse I und Klasse II Ereignisse als Neuigkeitsquellen ausgeschlossen. Wegen der Signifikanz des beobachteten Phänomens, besteht ein Erklärungsbedarf, der nicht vom WSJ gedeckt wird. Eine verzögerte und deshalb ineffiziente Marktreaktion die größer ist, als die eigentliche Politikneuigkeit, ist ein Ereignis, das bei guter Qualität der journalistischen Arbeit erwähnt werden müßte. Bei Klasse III Ereignisse bestehen deshalb Zweifel an der Güte der Berichterstattung.

1.2.3.5.2.2 Hypothese I (modifiziert)

Die Ergebnisse der Untersuchung sind in den Tabellen auf Seite 117ff. 1.2.5a (F-Test) und 1.2.5b (B-F-Test) unter Hypothese I (modifiziert) niedergelegt. Die Tabelle ist analog zur Tabelle 1.2.3a (F-Test) und 1.2.3b (B-F-Test) aufgebaut. Allerdings ist nun in Spalte 2 neben der Anzahl der Gesamtveröffentlichungen des Untersuchungszeitraums, die Anzahl der expliziten Erwähnungen der Makro-Variablen in der „currency markets" Kolumne des WSJ angegeben.

Insgesamt besteht die implizite Nicht-Neuigkeitsmenge aus 376 und die explizite Nicht-Neuigkeitsmenge aus 118 Beobachtungen. Es stellt sich heraus, daß die Testresultate robust bzgl. dieser alternativen Abgrenzung der Nicht-Neuigkeiten sind. Bei den – nach Höhe der im Ereignisfenster geschätzten Standardabweichungen – wichtigsten Variablen („nfp", „tb", „ppi" usw.) wird die modifizierte Nullhypothese I unverändert abgelehnt. Die Nullhypothesen I und I (modifiziert) können jeweils zehnmal zur Ereigniszeit $\tau=0$ verworfen werden. Die Zehnergruppen setzen sich dabei bis auf zwei Ausnahmen aus den gleichen Makro-Variablen zusammen.

1.2.3.5.2.3 Hypothese II

Mit dem Test der Hypothese II wird überprüft, ob der Informationsgehalt einer Klasse I Ankündigung in Verbindung mit der Höhe des realisierten Erwartungsfehlers steht (siehe Verfahren 1.2.3.1.1.2). Die empirischen Standardabweichungen und die

Tabelle 1.2.5a
Neuigkeiten nach Angaben des WSJ Journalisten
(reduzierter Datensatz)

Der Wert der F-Statistik bei Tests auf Gleichheit der Varianz in den Gruppen „Neuigkeit nach Angaben des WSJ Journalisten" und „Nicht-Neuigkeit nach Angaben des WSJ Journalisten" (reduzierter Datensatz: Explizite Erwähnung im „Currency Markets" Teil des WSJ)

Wert der F-Test Statistik [1)]	Veröffentlichungen Insg. / in "C. M."	Anzahl der Neuigkeiten [2)]	Ereigniszeit -3	-2	-1	0	1	2	3
Hypothese I (modifiziert)									
Klasse I									
Business Inventories	49 / 6	1						/ [4)]	/ [4)]
Consumer Confidence	49 / 12	9	8,3**	1,6	12,2***	**5,5****	5,9*	/ [4)]	/ [4)]
Consumer Price Index	49 / 35	20	2,4*	6,2***	1,4	**5,8*****	1,0	1,3	1,1
Durable Goods	49 / 33	27	1,6 [l)]	3,8	1,4	**33*****	2,0	2,3	10,3***
Factory Orders	49 / 8	4	1,4	1,3	7,2	**3,4**	1,6	/ [4)]	/ [4)]
GNP	49 / 30	20	2,4*	2,0 [l)]	1,0	**3,0****	1,1	1,9 [l)]	1,8 [l)]
Home Sales	49 / 14	8	6,7**	2,4	2,5 [l)]	**2,6**	1,3	/ [4)]	/ [4)]
Housing Starts	49 / 11	4	1,9	4,9	6,8** [l)]	**4,8**	1,4 [l)]	6,6** [l)]	11*
Industrial Production and Capacity Utilisation	49 / 22	8	2,2	2,6 [l)]	2,2 [l)]	**2,3**	1,5 [l)]	1,9 [l)]	/ [4)]
Leading Indicators	49 / 17	10	4,5** [l)]	1,6	1,3 [l)]	**3,5***	7,0***	1,7 [l)]	1,7
NAPM	49 / 17	12	6,3**	1,3	6,6***	**4,6****	4,9**	/ [4)]	/ [4)]
Personal Income and Personal Consumption	49 / 11	6	1,3 [l)]	2,3 [l)]	4,9*** [l)]	**1,9**	1,8 [l)]	/ [4)]	/ [4)]
Producer Price Index	49 / 35	22	1,0	1,3	2,0 [l)]	**4,2*****	3,7***	2,4*	1,5
Retail Sales	49 / 32	17	1,9	4,1***	2,4*	**3,9*****	1,1 [l)]	3,2**	2,2
Trade Balance	49 / 32	20	1,8	1,1	1,0	**8,1*****	1,3 [l)]	1,4	2,2
Unemployment Report	49 / 43	31	1,9	2,3*	1,4 [l)]	**7,0*****	1,3 [l)]	1,2	2,6**
Alle 'Neuigkeiten' zusammen [3)]	784 / 369 (320)	236 (202)	1,4**	1,3	1,1	**5,7*****	1,3	1,2	1,7***

[1)] Teststatistik bezieht sich auf Unterschiede in den Varianzen der Untergruppen Neuigkeit/Nicht-Neuigkeit der Ereignisgruppe "beichtet in der Kolumne C.M.". *);**);***): Signifikant zum Niveau 0,1; 0,05; 0,01
[2)] Neuigkeiten nach Auswertung des WSJ
[3)] Werte in Klammern ohne Doppelzählungen und ohne Zinsentscheidungen. Einbezug der Zinsentscheidungen verändern das Ergebnis nicht maßgeblicl
[4)] Keine Daten, da Veröffentlichungszeitpunkt 10:00 Frankfurt am Main
[l)] Standardabweichung der Nicht-Neuigkeitstage über der Standardabweichung der Neuigkeitstage. Ohne Sternchen: nicht-signifikant

Tabelle 1.2.5b

Neuigkeiten nach Angaben des WSJ Journalisten (reduzierter Datensatz)

Der Wert der F-Statistik bei Tests auf Gleichheit der Varianz in den Gruppen „Neuigkeit nach Angaben des WSJ Journalisten" und „Nicht-Neuigkeit nach Angaben des WSJ Journalisten" (reduzierter Datensatz: Explizite Erwähnung im „Currency Markets" Teil des WSJ)

Wert der Brown Forsythe (modified Levene) Statistik [1]	Veröffentlichungen Insg. / in "C. M."	Anzahl der Neuigkeiten [2]	Ereigniszeit -3	-2	-1	0	1	2	3
Hypothese I (modifiziert)									
Klasse I									
Business Inventories	49 / 6	1						/ [4]	/ [4]
Consumer Confidence	49 / 12	9	2.6	0.0	1.3	**1.0**	0.6	/ [4]	/ [4]
Consumer Price Index	49 / 35	20	0.0	0.6	0.2	**5,7****	0.0	0.0	0.0
Durable Goods	49 / 33	27	0,5 [l]	0,9 [l]	0.0	**4,9****	0.3	0.0	4,2**
Factory Orders	49 / 4	4	0.2	0.1	1.0	**0.5**	1.1	/ [4]	/ [4]
GNP	49 / 30	20	1.5	0,2 [l]	0.0	**3,4****	0.1	1,0 [l]	1,9 [l]
Home Sales	49 / 14	8	1.1	1.9	1,2 [l]	**1.1**	0.1	/ [4]	/ [4]
Housing Starts	49 / 11	4	0.2	3.2	1.8	**5,3****	0,3 [l]	0,7 [l]	3.2
Industrial Production and Capacity Utilisation	49 / 22	8	0.0	1,3 [l]	0,2 [l]	**0.9**	0,3 [l]	0,3 [l]	/ [4]
Leading Indicators	49 / 17	10	1,2 [l]	0.0	0,2 [l]	**7,9*****	0.6	0,0 [l]	1,7
NAPM	49 / 17	12	0.8	0.2	3,1*	**3,1***	2.1	/ [4]	/ [4]
Personal Income and Personal Consumption	49 / 11	6	0,0 [l]	0,6 [l]	0,3 [l]	**0.7**	0,3 [l]	/ [4]	/ [4]
Producer Price Index	49 / 35	22	0,0 [l]	0.5	0,3 [l]	**8,8*****	2.2	1.4	0.2
Retail Sales	49 / 32	17	0.8	1.4	1.0	**3,6****	0,6 [l]	2.6	2.0
Trade Balance	49 / 32	20	1,6 [l]	0.2	0.0	**6,6*****	0,4 [l]	0.0	0.6
Unemployment Report	49 / 43	31	0,1 [l]	0.2	0,5 [l]	**5,0*****	0,1 [l]	0.3	1.4
Alle 'Neuigkeiten' zusammen [3]	784 / 369 (320)	236 (202)	1,3 [l]	0.1	0.0	**39*****	1.3	0.3	8,2***

[1] Teststatistik bezieht sich auf Unterschiede in den Varianzen der Untergruppen Neuigkeit/Nicht-Neuigkeit der Ereignisgruppe "berichtet im WSJ in C.M.". *);**);***): Signifikant zum Niveau 0,1; 0,05; 0,01.

[2] Beobachtungen, die um mehr als eine Standardabweichung vom Mittelwert abweichen

[3] Werte in Klammern ohne Doppelzählungen und ohne Zinsentscheidungen. Einbezug der Zinsentscheidungen verändern das Ergebnis qualitativ nicht.

[4] Keine Daten, da Veröffentlichungszeitpunkt 10:00 Frankfurt am Main

[l] Standardabweichung der Nicht-Neuigkeitstage über der Standardabweichung der Neuigkeitstage. Ohne Sternchen: nicht-signifikant

Testergebnisse sind in den Tabellen 1.2.3a/b (‚Standardabweichungen, siehe Seiten 106 und 108) sowie in den Tabellen 1.2.6a (F-Test, siehe Seite 120) und 1.2.6b (B-F-Test, siehe Seite 120) eingetragen, bzw. in der Abbildung 1.2.6. (siehe Seite 124) veranschaulicht.

Tabelle 1.2.3a/b (siehe Seiten 106/108) enthält in Spalte I in alphabetischer Reihenfolge die Klasse I Variablen. In Spalte II sind die Anzahl der „Neuigkeiten“ bzw. „Nicht-Neuigkeiten“ eingetragen, die sich aus der Höhe der Erwartungsfehler der jeweiligen Makro-Variablen ergeben. Spalte III enthält die geschätzten Standardabweichung in Abhängigkeit der Ereigniszeit. Insgesamt gibt es 653 Beobachtungen, die in 185 „Neuigkeiten“ und 468 „Nicht-Neuigkeiten“ unterteilt sind. Ohne Doppelzählungen, die dadurch entstehen, daß zu einem Zeitpunkt zwei Variablen veröffentlicht werden, gibt es 170 „Neuigkeiten“ und 392 „Nicht-Neuigkeiten“. Die Anzahl der Neuigkeiten / Nicht-Neuigkeiten nach Verfahren 1.2.3.1.1.2) liegt damit sehr nahe an denen des Verfahren 1.2.3.1.1.1.2) (mit 202 Neuigkeiten / 376 Nicht-Neuigkeiten). Geordnet nach der geschätzten Standardabweichung $\sigma^{(technisch)}_{N,\tau=0}$ in der Teilmenge $A^{technisch}_{N,\tau=0}$ sind auch hier die Veröffentlichungen der Arbeitsmarktzahlen („nfp“) mit $\sigma^{(technisch)}_{N,\tau=0}$ =0,54 die wichtigste Neuigkeit, gefolgt von den Handelsbilanzdaten („tb“) mit $\sigma^{(technisch)}_{N,\tau=0}$=0,42 und der Entwicklung des Produzentenpreisindex („ppi“) mit $\sigma^{(technisch)}_{N,\tau=0}$=0,38. Die kleinsten Ausschläge des Wechselkurses verursachen Vorhersagefehler bzgl. der langfristigen Wirtschaftsgüter („bi“) mit $\sigma^{(technisch)}_{N,\tau=0}$=0,10 und der Auftragseingänge („fo“) mit $\sigma^{(technisch)}_{N,\tau=0}$=0,12. Auch das entspricht (bis auf die langlebigen Wirtschaftsgüter) dem Ergebnis des Verfahrens 1.2.3.1.1.1.1). Bei 9 der 18 untersuchten Klasse I Ereignisse ist $\sigma^{(technisch)}_{N,\tau=0}>\sigma^{(technisch)}_{KN,\tau=0}$ d.h. in der Hälfte der Fälle liegt die geschätzte Standardabweichung in den durch Verfahren 1.2.3.1.1.1.2) erzeugten Neuigkeitsgruppen unter derjenigen der Nicht-Neuigkeitsgruppe. Für den Fall der aggregierten Klasse I Ereignisse (ohne Fixing Interventionen) ist $\sigma^{(technisch)}_{N,\tau=0}$(alle)>$\sigma^{(technisch)}_{KN,\tau=0}$(alle). In der Abbildung 1.2.6 (siehe Seite 124) ist der Verlauf der geschätzten Standardabweichungen $\sigma^{(technisch)}_{N,\tau=0}$(alle) und $\sigma^{(technisch)}_{KN,\tau=0}$(alle) für die aggregierten Klasse I Ereignisse (ohne Fixing Interventionen) in dünnen Linien eingezeichnet.

Die Werte der Teststatistiken (F-Test, B-F Test für die Nullhypothese „$\sigma^{(technisch)}_{N,\tau=i}=\sigma^{(technisch)}_{KN,\tau=i}$“, in den Tabellen 1.2.6a und 1.2.6b, Seite 120ff.) zeigen, daß für

Tabelle 1.2.6a

Neuigkeiten nach statistischen Verfahren

Der Wert der F-Statistik bei Tests auf Gleichheit der Varianz in den Gruppen „Neuigkeit nach statistischem Verfahren" und „Nicht-Neuigkeit nach statistischem Verfahren"

Wert der F-Test Statistik [1]	Veröffentlichungen Insg. / Anzahl Fehler[5]	Anzahl der Neuigkeiten [2]	Ereigniszeit -3	-2	-1	**0**	1	2	3
Hypothese II									
Klasse I									
Business Inventories	49 / 34	8	1,9	7,5**	1,8	**2,5*** [l]	3,4* [l]	/ [4]	/ [4]
Consumer Confidence	49 / 12	5	0,9	0,7	0,9	**0,6**	0,4	/ [4]	/ [4]
Consumer Price Index	49 / 49	9	15*** [l]	1,4	4,8*** [l]	**0,3**	3,3** [l]	5,5*** [l]	2,0
Durable Goods	49 / 46	15	3,7**	1.1	1.1	**2,3***	1	2,4* [l]	1.9
Factory Orders	49 / 39	8	1.7	1.1	4,1*** [l]	**2,8**** [l]	1,3[l]	/ [4]	/ [4]
GNP	49 / 45	8	2,4* [l]	15** [l]	4,9*** [l]	**2,7*** [l]	3,6** [l]	1.8	8,5*** [l]
Home Sales	49 / 39	14	1	4,9***	2,8** [l]	**1** [l]	1.9	/ [4]	/ [4]
Housing Starts	49 / 43	13	3,2**	2	1	**3,4****	2,6*	/ [4]	/ [4]
Industrial Production and Capacity Utilisation	49 / 43	11	1	5,3*** [l]	1.7	**1,8** [l]	1.3	1.2	/ [4]
Leading Indicators	49 / 45	10	2.8	4,8*** [l]	1.1	**2.5**	3,1**	1.7	1.0
NAPM	49 / 31	11	2,1[l]	1,2[l]	1,1[l]	**1.3**	4,9**	/ [4]	/ [4]
Personal Income and Personal Consumption	49 / 36	5	2.2	1.3	1	**2**	1.6	/ [4]	/ [4]
Producer Price Index	49 / 47	19	1	1.4	1.7	**3,6*****	1.3	2,4**	1.4
Retail Sales	49 / 32	17	2	2.2	1.6	**2,2*** [l]	3,1**	1,3[l]	1.7
Trade Balance	49 / 47	20	4,0*** [l]	15*** [l]	1.1	**5,0*****	1.3	2,2*	3,2**
Unemployment Report	49 / 48	12	1.6	2,8** [l]	2.2	**0.63**	1.1	2	1.7
Alle 'Neuigkeiten' zusammen [3]	784 / 694 (586)	185 (179)	0.8	1.4	1.2	**1,5*****	1,4**	1.1	1,0[l]

[1] Teststatistik bezieht sich auf Unterschiede in den Varianzen der Untergruppen Neuigkeit/Nicht-Neuigkeit der Ereignisgruppe "tracking the economy". *);**);***): Signifikant zum Niveau 0,1; 0,05; 0,01

[2] Beobachtungen, die um mehr als ein Standardabweichung vom Mittelwert abweichen

[3] Werte in Klammern ohne Doppelzählungen

[4] Keine Daten, da Veröffentlichungszeitpunkt 10:00 Frankfurt am Main

[5] Anzahl der Beobachtungen, bei denen sowohl der erwartete als auch der realisierte Wert vorliegen (zur Bildung von Erwartungsfehlern)

[l] Standardabweichung der Nicht-Neuigkeitstage über der Standardabweichung der Neuigkeitstage. Ohne Sternchen: nicht-signifikant

Tabelle 1.2.6b
Neuigkeiten nach statistischen Verfahren

Der Wert der Brown-Forsythe Statistik (mod. Levene) bei Tests auf Gleichheit der Varianz in den Gruppen „Neuigkeit nach statistischem Verfahren" und „Nicht-Neuigkeit nach statistischem Verfahren"

Brown-Forsythe (modified Levene) Statistik [1]	Veröffentlichungen Insg. / Anzahl Fehler[5]	Anzahl der Neuigkeiten [2]	Ereigniszeit -3	-2	-1	0	1	2	3
Hypothese II									
Klasse I									
Business Inventories	49 / 34	8	0.17	6,7***	0,2[l]	**0,2[l]**	1.5	/ [4]	/ [4]
Consumer Confidence	49 / 12	5	0.1	0.0	0.0	**0.5**	0.2	/ [4]	/ [4]
Consumer Price Index	49 / 49	9	2,4 [l]	0.5	0,7 [l]	**0.5**	0,8 [l]	2,5 [l]	0.6
Durable Goods	49 / 46	15	0.9	0.0	0,0[l]	**0.2**	0.0	0,3 [l]	0.1
Factory Orders	49 / 39	8	0.5	0.0	1,9 [l]	**0,8[l]**	0,7[l]	/ [4]	/ [4]
GNP	49 / 45	8	0,4 [l]	0,8 [l]	2,4 [l]	**0,8 [l]**	0,9 [l]	0.5	6,1*** [l]
Home Sales	49 / 39	14	0.1	3,1*	0,3 [l]	**0,0 [l]**	2.3	/ [4]	/ [4]
Housing Starts	49 / 43	13	0.3	0.1	4,2**	**1.3**	0.8	/ [4]	/ [4]
Industrial Production and Capacity Utilisation	49 / 43	11	0.2	2,2 [l]	0.3	**0,5 [l]**	0,0 [l]	0.1	/ [4]
Leading Indicators	49 / 45	10	0.4	3,3* [l]	0.3	**1.3**	1.6	0.0	0.0
NAPM	49 / 31	11	0,6[l]	0,3[l]	0,2[l]	**0.0**	3,5*	/ [4]	/ [4]
Personal Income and Personal Consumption	49 / 36	5	0.9	0,5[l]	0,0 [l]	**0.9**	0,5[l]	/ [4]	/ [4]
Producer Price Index	49 / 47	19	0.0	0.6	0,0[l]	**4,9****	0.9	3,6**	0.9
Retail Sales	49 / 32	17	1.6	1.2	1.0	**0,4 [l]**	1.2	0,2[l]	0.3
Trade Balance	49 / 47	20	2,0 [l]	0,7 [l]	0.2	**9,8*****	0.3	1.3	3,5**
Unemployment Report	49 / 48	12	0.9	0,5 [l]	5,3**	**0.3**	0.0	0.1	0,3[l]
Alle 'Neuigkeiten' zusammen [3]	784 / 694 (586)	185 (179)	0.0	0,1 [l]	0.6	**6,4*****	2.4	0.3	0,3[l]

[1] Teststatistik bezieht sich auf Unterschiede in den Varianzen der Untergruppen Neuigkeit/Nicht-Neuigkeit der Ereignisgruppe "tracking the economy". *);**);***): Signifikant zum Niveau 0,1; 0,05; 0,01. Gegenüber F-Test robuster und mehr Macht. (Brown-Forsythe [1974]).

[2] Beobachtungen, die um mehr als ein Standardabweichung vom Mittelwert abweichen

[3] Werte in Klammern ohne Doppelzählungen

[4] Keine Daten, da Veröffentlichungszeitpunkt 10:00 Frankfurt am Main

[5] Anzahl der Beobachtungen, bei denen sowohl der erwartete als auch der realisierte Wert vorliegen (zur Bildung von Erwartungsfehlern)

[l] Standardabweichung der Nicht-Neuigkeitstage über der Standardabweichung der Neuigkeitstage. Ohne Sternchen: nicht-signifikant

Tabelle 1.2.7

Die Standardabweichungen in den Gruppen "Neuigkeit nach statistischem Verfahren" und "Nicht-Neuigkeit nach statistischem Verfahren" (geordnet nach Ereignisklasse)

		Anzahl der Ereignisse [5]	Ereigniszeit -3	-2	-1	0	1	2	3
Klasse I									
Business Inventories	Neuigkeit [2]	8	0.15	0.29	0.14	**0.10**	0.06	/ [4]	/ [4]
	Keine Neuigkeit	26	0.20	0.11	0.19	**0.16**	0.10	/ [4]	/ [4]
Consumer Confidence	Neuigkeit [2]	5	0.09	0.08	0.15	**0.26**	0.07	/ [4]	/ [4]
	Keine Neuigkeit	7	0.08	0.06	0.13	**0.20**	0.01	/ [4]	/ [4]
Consumer Price Index	Neuigkeit [2]	9	0.03	0.07	0.07	**0.14**	0.11	0.07	0.23
	Keine Neuigkeit	40	0.12	0.06	0.15	**0.19**	0.19	0.17	0.16
Durable Goods	Neuigkeit [2]	15	0.11	0.09	0.15	**0.28**	0.16	0.09	0.19
	Keine Neuigkeit	31	0.06	0.06	0.16	**0.18**	0.15	0.14	0.14
Factory Orders	Neuigkeit [2]	8	0.19	0.12	0.08	**0.12**	0.09	/ [4]	/ [4]
	Keine Neuigkeit	31	0.15	0.12	0.17	**0.20**	0.10	/ [4]	/ [4]
GNP	Neuigkeit [2]	8	0.08	0.06	0.06	**0.16**	0.08	0.15	0.17
	Keine Neuigkeit	37	0.13	0.19	0.14	**0.27**	0.15	0.11	0.06
Home Sales	Neuigkeit [2]	14	0.17	0.20	0.18	**0.15**	0.07	/ [4]	/ [4]
	Keine Neuigkeit	25	0.17	0.09	0.11	**0.15**	0.10	/ [4]	/ [4]
Housing Starts	Neuigkeit [2]	13	0.16	0.08	0.20	**0.20**	0.29	0.18	0.12
	Keine Neuigkeit	30	0.09	0.11	0.20	**0.11**	0.18	0.17	0.18
Industrial Production	Neuigkeit [2]	11	0.18	0.12	0.24	**0.16**	0.10	0.13	/ [4]
and Capacity Utilisation	Keine Neuigkeit	32	0.18	0.27	0.19	**0.22**	0.12	0.13	/ [4]

Tabelle 1.2.7 (fortgesetzt)

Die Standardabweichungen in den Gruppen "Neuigkeit nach statistischem Verfahren" und "Nicht-Neuigkeit nach statistischem Verfahren" (geordnet nach Ereignisklasse)

		Anzahl der Ereignisse [5]	Ereigniszeit						
			-3	-2	-1	**0**	1	2	3
Leading Indicators	Neuigkeit [2]	10	0.16	0.04	0.07	**0.25**	0.23	0.12	0.15
	Keine Neuigkeit	35	0.09	0.08	0.07	**0.16**	0.13	0.16	0.15
NAPM	Neuigkeit [2]	11	0.11	0.13	0.12	**0.21**	0.17	/ [4]	/ [4]
	Keine Neuigkeit	20	0.17	0.14	0.13	**0.19**	0.08	/ [4]	/ [4]
Personal Income	Neuigkeit [2]	5	0.01	0.08	0.13	**0.26**	0.08	/ [4]	/ [4]
and Personal Consumption	Keine Neuigkeit	31	0.16	0.09	0.13	**0.18**	0.10	/ [4]	/ [4]
Producer Price Index	Neuigkeit [2]	19	0.07	0.08	0.13	**0.38**	0.21	0.18	0.16
	Keine Neuigkeit	28	0.07	0.07	0.17	**0.20**	0.18	0.11	0.14
Retail Sales	Neuigkeit [2]	17	0.08	0.09	0.12	**0.16**	0.20	0.10	0.13
	Keine Neuigkeit	32	0.06	0.06	0.09	**0.24**	0.12	0.11	0.17
Trade Balance	Neuigkeit [2]	20	0.05	0.06	0.19	**0.42**	0.18	0.22	0.19
	Keine Neuigkeit	27	0.10	0.22	0.20	**0.19**	0.16	0.15	0.11
Unemployment Report	Neuigkeit [2]	12	0.11	0.08	0.34	**0.54**	0.24	0.22	0.12
	Keine Neuigkeit	36	0.01	0.14	0.23	**0.47**	0.23	0.16	0.16
Alle 'Neuigkeiten' zusammen [3]	Neuigkeit [2]	170 (185)	0.13	0.11	0.17	**0.28**	0.17	0.15	0.14
	Keine Neuigkeit	392 (468)	0.13	0.13	0.16	**0.23**	0.14	0.15	0.14

[1] Teststatistik bezieht sich auf die empirischen Standardabweichungen der Untergruppen Neuigkeit/Nicht-Neuigkeit

[2] Beobachtungen, die um mehr als ein Standardabweichung vom Mittelwert abweichen

[3] Werte in Klammern ohne Doppelzählungen

[4] Keine Daten, da Veröffentlichungszeitpunkt 17:00 Frankfurt am Main

[5] Anzahl der Beobachtungen, bei denen sowohl der erwartete als auch der realisierte Wert vorliegen (zur Bildung von Erwartungsfehlern)

Abb. 1.2.6

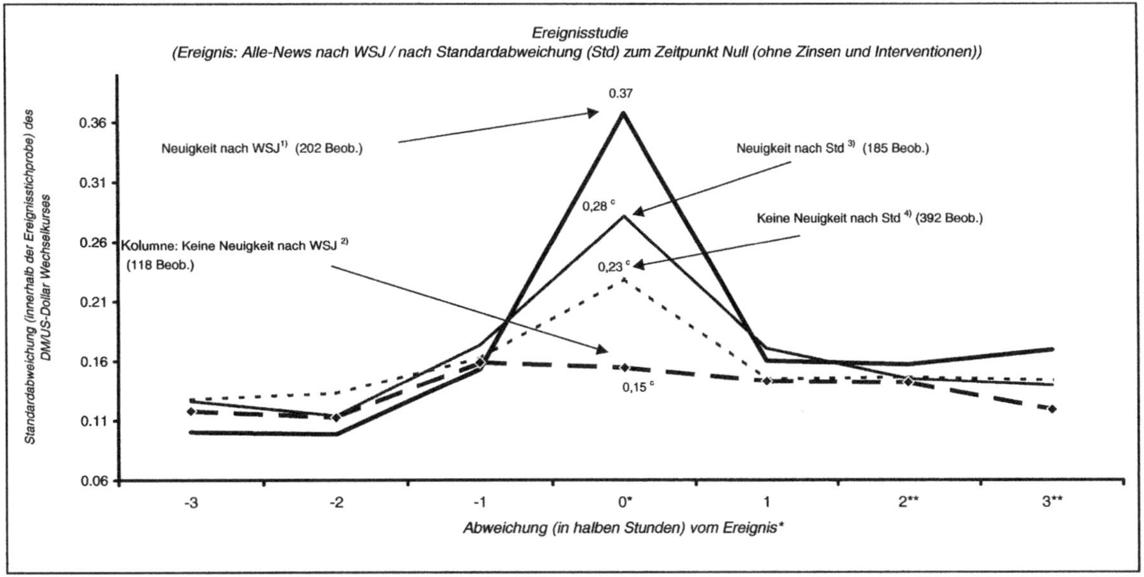

* F-Werte und Werte der Brown-Forsythe Statistik in Tabelle. Hier: Standardabweichung aus 'Keine Neuigkeit nach WSJ' signifikant unter Standardabweichung aus 'Neuigkeit nach WSJ' zum marg. Signifikanzniveau A: 0,1; B: 0,05; C: 0,01, nach Brown-Forsythe Statistik.

** Ohne Doppelzählungen. Anzahl der Beobachtungen reduziert um die Ereignisse, bei denen bei Ereigniszeit 2 und 3 keine Beobachtungen vorliegen.

[1] Ereignis: 202 Makroökonomische Neuigkeit, 118 Nicht Neuigkeiten nach Kolumne, klassifiziert nach WSJ

[2] Standardabweichung bei Null (mal 100) der Kolumnen-Gruppe.
F-Werte und Werte der Brown-Forsythe Statistik in Tabelle. Hier: Standardabweichung aus 'Keine Neuigkeit nach WSJ' signifikant unter Standardabweichung aus 'Keine Neuigkeit nach STD' zum marg. Signifikanzniveau A: 0,1; B: 0,05; C: 0,01, nach Brown-Forsythe Statistik.

[3] Ereignis: 185 Makroökonomische Neuigkeit nach Standardabweichung Methode, signifikant
F-Werte und Werte der Brown-Forsythe Statistik in Tabelle. Hier: Standardabweichung aus 'Neuigkeit nach STD' signifikant unter Standardabweichung aus 'Neuigkeit nach WSJ' zum marg. Signifikanzniveau A: 0,1; B: 0,05; C: 0,01, nach Brown-Forsythe Statistik.

[4] Ereignis: 392 Makroökonomische Nicht-Neuigkeit nach Standardabweichung Methode
F-Werte und Werte der Brown-Forsythe Statistik in Tabelle. Hier: Standardabweichung aus 'Keine Neuigkeit nach STD' signifikant unter Standardabweichung aus 'Neuigkeit nach STD' zum marg. Signifikanzniveau A: 0,1; B: 0,05; C: 0,01, nach Brown-Forsythe Statistik.

Ereigniszeit $\tau=0$ bei nur 2 der 18 untersuchten Variablen (Handelsbilanzdaten („tb") und Produzentenpreisindex („ppi")) die Nullhypothese einer gleich hohen Standardabweichung zurückgewiesen wird. Für die nach der Höhe von $\sigma^{(technisch)}_{N,\tau=0}$ wichtigste Neuigkeit (Arbeitsmarktdaten(„nfp") ist es nicht möglich, die Hypothese zu verwerfen, da die Nicht-Neuigkeitsmenge $A^{technisch}_{KN,\tau=0}$ mit einem $\sigma^{(technisch)}_{KN,\tau=0}=0{,}47$ nur wenig unter dem Wert der Neuigkeitsmenge $A^{technisch}_{N,\tau=0}$ mit $\sigma^{(technisch)}_{N,\tau=0}=0{,}57$ liegt. Im Falle der aggregierten Klasse I Ereignisse (ohne Fixing Interventionen) kann allerdings die Hypothese zu einem Signifikanzniveau von einem Prozent abgelehnt werden. Für die Ereigniszeiten $\tau\neq0$, in den Vorereignis- und Nachereignisfenster, gibt es 9 Neuigkeits-/ Nicht-Neuigkeitspaare, in denen die Nullhypothese $\sigma^{(technisch)}_{N,\tau=i}=\sigma^{(technisch)}_{KN,\tau=i}$ nicht haltbar ist. Bei sieben Makro-Variablen liegt $\sigma^{(technisch)}_{N,\tau=i}>\sigma^{(technisch)}_{KN,\tau=i}$, darunter zweimal im Zeitintervall unmittelbar vor dem offiziellen Veröffentlichungstermin. Im Falle der aggregierten Neuigkeiten kann hingegen vor und nach dem Ereignis die Nullhypothese nicht verworfen werden.

Die Evidenz dafür, daß die Höhe des Erwartungsfehlers die Wechselkursbewegungen verursacht ist somit gemischt. In der Einzelbetrachtung der Variablen besteht nur in der Hälfte der Fälle eine positive Beziehung zwischen der Höhe des Vorhersagefehlers und der Volatilität des Wechselkurses. Auch die Häufigkeit der Anomalien zu den Ereigniszeiten i={-2,-1,+1,+2,+3} sprechen gegen ein gute Informationstrennung durch Verfahren b). In der aggregierten Betrachtung hingegen kann für das Ereignisfenster die Nullhypothese verworfen werden, während dies im Vorereignis- und Nachereignisfenster nicht möglich ist.

1.2.3.5.2.4 Hypothese III

Die geschätzten Standardabweichungen der relevanten Ereignismengen befinden sich unter der Überschrift „Klasse I, Alle ‚Neuigkeiten' zusammen" in den Tabellen 1.2.2 und 1.2.3a/b (siehe Seiten 99 und 106/108). Veranschaulicht sind sie in der Abbildung 1.2.6. Die Testergebnisse bzgl. der Hypothese III (signifikante Leistungsunterschiede der Verfahren 1.2.3.1.1.1.2) und Verfahren 1.2.3.1.1.2) sind in der Tabelle 1.2.3a und 1.2.3b eingetragen.

Die Anzahl der durch die verschiedenen Verfahren als Neuigkeiten eingestuften Klasse I Ereignisse unterscheidet sich nur unwesentlich. So gibt es nach 1.2.3.1.1.1.2) 202 und nach 1.2.3.1.1.2) 179 Neuigkeiten. Berücksichtigt der Journalist nur die Höhe des Erwartungsfehlers bei seiner Berichterstattung und blendet andere Informationen aus, dann müßten die Verfahren 1.2.3.1.1.1.2) und 1.2.3.1.1.2) bzgl. der Trennschärfe der empirischen Standardabweichungen $\sigma^{(WSJ)}{}_{N,\tau=i}$ und $\sigma^{(technisch)}{}_{N,\tau=i}$ keine Unterschiede aufweisen, so daß für jede Ereigniszeit i={-n,...,0,...,n} die Hypothesen $\sigma^{(WSJ)}{}_{N,\tau=i}=\sigma^{(technisch)}{}_{N,\tau=i}$ und $\sigma^{(WSJ)}{}_{KN,\tau=i}=\sigma^{(technisch)}{}_{KN,\tau=i}$.

Für $\tau=0$ (Ereignisfenster) ergeben sich signifikante Unterschiede, sowohl für die geschätzten Standardabweichungen der Neuigkeits-Teilmengen $\sigma^{(WSJ)}{}_{N,\tau=i}>\sigma^{(technisch)}{}_{N,\tau=i}$ als auch der Nicht-Neuigkeits-Teilmengen $\sigma^{(WSJ)}{}_{N,\tau=i}<\sigma^{(technisch)}{}_{N,\tau=i}$. Für die Ereigniszeiten $\tau\neq0$ kann hingegen die Hypothese nicht abgelehnt werden, mit Ausnahme der Ereigniszeit $\tau=3$ im Falle der Neuigkeits-Teilmengen $A^{WSJ}_{N,\tau=3}$ und $A^{technisch}_{N,\tau=3}$.

Darüber hinaus fällt bei der Betrachtung der Einzelergebnisse auf, daß bei Anwendung des Verfahrens 1.2.3.1.1.2) zweimal bei Anwendung des Verfahrens 1.2.3.1.1.1.2) aber zehnmal die Nullhypothese verworfen werden kann, daß bei i=0 (im Ereignisfenster) die geschätzten Standardabweichungen der jeweiligen Ereignismengen $A^{WSJ}_{N,\tau=0}$, $A^{WSJ}_{KN,\tau=0}$ bzw. $A^{technisch}_{N,\tau=0}$, $A^{technisch}_{KN,\tau=0}$ gleich groß sind. Bei der Anzahl der Anomalien in den Vor- bzw. Nachereignisfenster verhält es sich gerade umgekehrt. Bei Verfahren 1.2.3.1.1.2) muß man neunmal, bei Verfahren 1.2.3.1.1.1.2) hingegen nur dreimal die Hypothese gleich großer Standardabweichungen nicht akzeptiert werden.

Die Ergebnisse bestätigen die Vermutung, daß Verfahren 1.2.3.1.1.1.2) dem Verfahren 1.2.3.1.1.2) bei der Trennung der Ereignisinformation in „Neuigkeit“ und „Nicht-Neuigkeit“ überlegen ist. Journalisten des WSJ berücksichtigen bei ihrer Arbeit über die quantitativen Größen des „Erwartungsfehlers“ hinaus qualitative Informationen im Umfeld des Ereignisses.

1.2.3.5.2.5 Hypothese IV

Die geschätzten Standardabweichung der Klasse I Ereignisse sind in der Tabelle 1.2.2 (siehe Seite 99) unter dem Punkt „Alle ‚Neuigkeiten‘ zusammen“ aufgeführt. Insgesamt gibt es 118 explizite („Keine Neuigkeit (‚Kolumne‘)“) und zusätzlich dazu 258 implizite Nicht-Neuigkeiten („Keine Neuigkeit (‚Tracking ohne Kolumne‘)“). Die dazugehörenden Tests auf Signifikanz der Unterschiede finden sich in den Tabellen 1.2.3a (F-Test, siehe Seite 106) und 1.2.3b (B-F-Test, siehe Seite 108). Es stellt sich heraus, daß die Nullhypothese nicht abgelehnt werden kann, mit der Ausnahme von

Ereigniszeit τ=-3, bei der sie zu einem Signifikanzniveau von 0,1 verworfen werden kann. Es gibt also keine stichhaltigen Hinweise darauf, daß die Journalisten des WSJ bei der Entscheidung, ein Ereignis nicht explizit in der Kolumne zu kommentieren, systematisch Informationen weglassen. Im Ergebnis kann bei kritischer Würdigung der Testergebnisse der Hypothese IV und des Vergleichs der Resultate von Hypothese I und I (modifiziert) festgestellt werden, daß die Journalisten des WSJ wechselkursrelevante Klasse I Variablen zwar nicht perfekt aber angemessen häufig erwähnen.

1.2.4 Hängt die Wahrscheinlichkeit der Erwähnung einer Neuigkeit vom Ausmaß der zeitgleich beobachteten Wechselkursvolatilität ab?

In diesem Abschnitt der Arbeit wird untersucht, ob die zeitgleich zur Veröffentlichung von Klasse I Makrovariablen beobachteten Wechselkursänderungen bei der Entscheidung des Journalisten, von der Bekanntgabe (bzw. Ankündigung) einer solchen Variablen zu berichten, bzw. eine Bekanntgabe als Neuigkeit in der Kolumne darzustellen, eine Rolle spielen. Dahinter steckt die Überlegung, daß bei einer guten „Informationsfilterung" potentiell wichtige Ereignisse für den Wechselkurs häufiger in der „currency markets" Kolumne des WSJ erwähnt sein müßten, als unwichtige Ereignisse, wobei die Wichtigkeit mit der Höhe der durch die Neuigkeit ausgelösten Wechselkursreaktion auf dem Devisenmarkt gleichgesetzt wird. Demnach müßte sowohl die Anzahl der berichteten Bekanntgaben, als auch die Anzahl der Neuigkeiten mit stärkeren Wechselkursreaktionen wachsen.

1.2.4.1 Ansatz 1: Kleinstquadratschätzung

1.2.4.1.1 Der Kleinstquadratschätzungsansatz

Um diese Überlegungen zu überprüfen wird mit einer Kleinstquadratschätzung untersucht, ob zwischen der für die einzelnen Klasse I Variablen ermittelten Höhe der geschätzten Standardabweichungen des Wechselkurses im Ereignisfenster ($\sigma^{(WSJ)}{}_{N,\tau=0}$) und der Anzahl der berichteten Ankündigungen A (Neuigkeit und Nicht-Neuigkeit) bzw. der berichteten Neuigkeiten N ein signifikanter Zusammenhang ermittelt werden kann. Formal kann das Modell dargestellt werden als:

$$N_i = a + b\sigma^{(WSJ)}{}_{i,N,\tau=0}$$
$$i \in I = \{"nfp","tb","ppi",....\} \qquad (17),$$

wobei $\sigma^{(WSJ)}_{i,N,\tau=0}$ die geschätzte Standardabweichung der Neuigkeitsgruppe i zum Ereigniszeitpunkt τ=0 ist. i ist ein Element der Indexmenge I, in der die Namensabkürzungen für die Klasse I Ereignisse enthalten sind. N_i entspricht der Anzahl der vom WSJ-Berichterstatter als Neuigkeit dargestellten Ankündigungen der Variablen i. Alternativ zur Anzahl der berichteten Neuigkeiten N_i wird die Anzahl der Berichte A_i (Anzahl der Ankündigungen in der „currency markets“ Kolumne des WSJ), also die Summe der Anzahl der expliziten Neuigkeits- bzw. Nicht-Neuigkeitsberichte, verwendet.

1.2.4.1.2 Ergebnisse der Kleinstquadratschätzung

Die Anzahl der A_i und N_i sowie die Höhe der jeweiligen $\sigma^{(WSJ)}_{i,N,\tau=0}$ sind in der Tabelle 1.2.4 (siehe Seite 110) – geordnet nach der Höhe der geschätzten Standardabweichung – eingetragen und in den Schaubildern 1.2.7a und 1.2.7b (siehe Seite 129) eingezeichnet. Die Werte der $\sigma^{(WSJ)}_{i,N,\tau=0}$ variieren zwischen 0,16 und 0,62. Die Anzahl der vom WSJ-Journalisten berichteten Klasse I Ankündigungen A_i liegt je nach Variable zwischen 8 und 42. Darunter werden zwischen 4 und 31 in der Kolumne als Neuigkeit N_i dargestellt.

Die Regressionsergebnisse zeigen, daß sowohl zwischen $\sigma^{(WSJ)}_{i,N,\tau=0}$ und N_i, als auch zwischen $\sigma^{(WSJ)}_{i,N,\tau=0}$ und A_i ein signifikanter positiver Zusammenhang besteht. Das Absolutglied a unterscheidet sich in beiden Modellen nicht signifikant von Null.[64] Dies impliziert, daß bei einer Standardabweichung von $\sigma^{(WSJ)}_{i,N,\tau=0}=0$ keine Berichte über makroökonomische Variablen im WSJ abgedruckt werden. Im Ergebnis führt jeder Anstieg der Standardabweichung der logarithmischen Differenz der Wechselkursnotierungen im Ereignisfenster $\sigma^{(WSJ)}_{i,N,\tau=0}$ um 0,1, zu durchschnittlich 8 mehr berichteten Ankündigungen (A_i) in der „currency markets“ Kolumne des WSJ, unter denen 5 sind, die als Neuigkeit (N_i) bezeichnet werden.

In die Schaubilder 1.2.7a und 1.2.7b sind sowohl die $\sigma^{(WSJ)}_{i,N,\tau=0}/A_i$ bzw. $\sigma^{(WSJ)}_{i,N,\tau=0}/N_i$ Kombinationen als auch die dazugehörenden Kleinst-Quadrat Regressionsgeraden eingezeichnet. An der Abszisse der Abbildungen ist die Standardabweichung $\sigma^{(WSJ)}_{i,N,\tau=0}$ und an der Ordinate die Anzahl der Neuigkeiten/Ankündigungen (N_i/A_i) abgetragen. Bei i=“nfp“ z.B. ist $\sigma^{(WSJ)}_{nfp,N,\tau=0}=0{,}62$, $A_i=43$ und $N_i=31$. In den Schaubil-

---

[64] Auch Schwarz und AIC Kriterium sind minimal bei einer Schätzung ohne Konstante.

Abb. 1.2.7a
Neuigkeiten

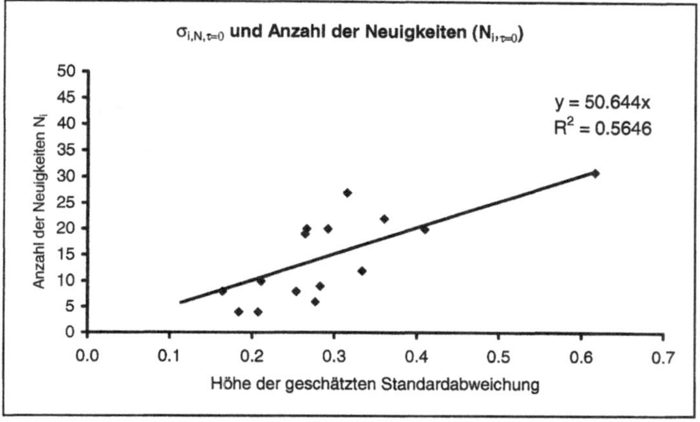

t-Wert des Steigungskoeffizienten (marg. Signifikanzniveau): 10,9 (0,00)
AIC /Schwarz mit Konstante 6.47 / 6.56
AIC /Schwarz ohne Konstante 6.36 / 6.41

Abb. 1.2.7b
Ankündigungen

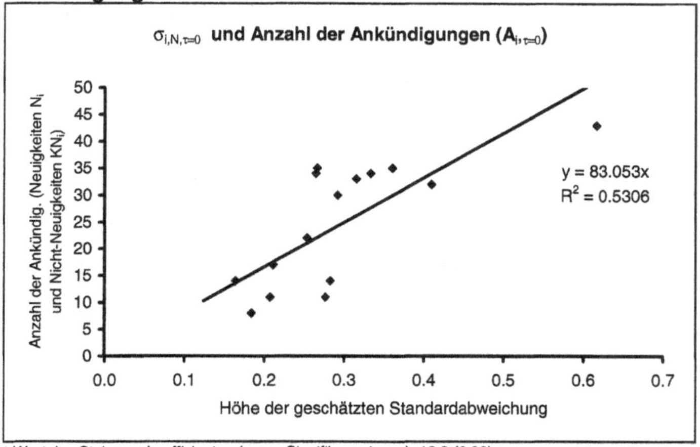

t-Wert des Steigungskoeffizienten (marg. Signifikanzniveau): 12,3 (0,00)
AIC /Schwarz mit Konstante 7.13 / 7.22
AIC /Schwarz ohne Konstante 7.01 / 7.06

dern entsprechen den „nfp“ Beobachtungen jeweils die schwarzen Quadrate am rechten oberen Rand.

Die Journalisten berichten also insgesamt häufiger von Variablen, die mit einer im Sinne der geschätzten Standardabweichung $\sigma^{(WSJ)}_{i,N,\tau=0}$ stärkeren Marktreaktion in Verbindung stehen. Dabei fokussieren sie in ihrer Berichterstattung nicht allein auf die Neuigkeiten N, also auf Informationen, die tatsächlich eine Wechselkursreaktion verursacht haben, sondern beziehen auch potentielle Wechselkursreaktionen mit ein, die mit einer Ankündigung A verbunden sind. Im Ergebnis zeigt sich, daß es desto mehr Berichte über Ankündigungen einer bestimmten Makrovariablen in der „currency markets“ Kolumne des WSJ gibt, je größer die durchschnittliche Wechselkursreaktion im Ereignisfenster ist.

1.2.4.2 Ansatz 2: Logit-Modell

1.2.4.2.1 Das Logit-Modell

Alternativ zur KQ-Schätzung kann mit einem Logit-Modell untersucht werden, ob die Wahrscheinlichkeit, daß eine Ankündigung A zum Zeitpunkt t,i als Neuigkeit N berichtet wird, von der Höhe der beobachteten Wechselkursreaktion zum Zeitpunkt dieser Veröffentlichung abhängt, wobei t für das Datum und i für das Intratagesintervall steht. Analog zur Notation von oben wird der Zeitpunkt einer Ankündigung t,i in Echtzeit mit der Ereigniszeit τ=0 abgekürzt. Das strukturelle Logit-Modell mit latenter Variable hat folgende Form.[65]

$$A^*_{\tau=0} = \alpha + \beta x_{\tau=0} + u_{\tau=0} \qquad (18),$$

wobei $A^*_{\tau=0}$ die latente Variable ist. Letztendlich ist $A^*_{\tau=0}$ die subjektive, nicht beobachtbare Einschätzung des Journalisten, daß die Bekanntgabe einer bestimmten Variable der Klasse I eine Neuigkeit N ist. Die unabhängige erklärende Variable $x_{\tau=0}$ ist $|\Delta \ln(s_{\tau=0})|$, also der Absolutwert der logarithmierten Differenz des Wechselkurses zum Zeitpunkt t,i, bzw. zur Ereigniszeit τ=0. Es gilt, daß

$$A_{\tau=0} = \begin{Bmatrix} 1, & wenn & A^*_{\tau=0} > 0 \\ 0, & wenn & A^*_{\tau=0} < 0 \end{Bmatrix} \qquad (19),$$

[65] Zur genaueren Beschreibung des Logit-Modells siehe Anhang des Kapitels 1.

wobei bei $A_{\tau=0}=1$ der Journalist eine Ankündigung A explizit als „Neuigkeit" N bzw. bei $A_{\tau=0}=0$ eine Ankündigung explizit oder implizit als „Keine Neuigkeit" bezeichnet. (siehe Kapitel 1.2, Einteilung der Beobachtungen nach Aussagen im WSJ, 1.2.3.1.1.1.2)). Bei $A_{\tau=0}$ handelt es sich um die Gesamtheit aller Klasse I Ankündigungen während des Betrachtungszeitraums, mit Ausnahme der Auftragseingänge „fo" und der Hausverkaufszahlen „nhs" Ankündigungen, die die geringsten $\sigma^{(WSJ)}_{i,N,\tau=0}$ aufweisen.

Wie im Appendix gezeigt wird entspricht $\alpha + \beta x_{\tau=0}$ dem Quotienten aus Wahrscheinlichkeit P und Gegenwahrscheinlichkeit (1-P), daß die Ankündigung $A_{\tau=0}=1$ ist:

$$\ln\left(\frac{P}{1-P}\bigg|x_{\tau=0}\right) = (\alpha + \beta x_{\tau=0}) \qquad (20)$$

Damit werden hohe Realisationen von $x_{\tau=0}$ auf eine Wahrscheinlichkeit P nahe 1 abgebildet und kleine Realisationen von $x_{\tau=0}$ auf eine Wahrscheinlichkeit von P nahe 0.

1.2.4.2.2 Ergebnisse des Logit-Modells

Die Ergebnisse der Schätzung befinden sich in Tabelle 1.2.8. (siehe Seite 132) Insgesamt stehen für die Untersuchung 486 Ankündigungen A zur Verfügung, von denen nach Einschätzung der Journalisten des WSJ 192 als Neuigkeiten N gelten.

Es stellt sich heraus, daß die Hypothesen $\alpha=0$ und $\beta=0$ zum einprozentigen Signifikanzniveau verworfen werden können. Mit steigenden Werten von $x_{\tau=0}$ nimmt die Wahrscheinlichkeit P, daß eine Ankündigung $A_{\tau=0}$ die Ausprägung 1 annimmt – also als Neuigkeit N berichtet wird – zu. Wegen des logarithmischen Wahrscheinlichkeitsquotienten ist dieser Zusammenhang nicht linear. Der Quotient reagiert am stärksten, wenn P=0,5 ist, d.h. bei Werten von $x_{\tau=0}$, die bei 0,0035 liegen. Das Mc-Fadden-R^2 liegt bei 0,12 und der hohe Wert der Likelihood Ratio Statistik (LR) zeigt, daß der gesamte Ansatz signifikant ist.[66] In der Tabelle 1.2.8 (siehe Seite 132) sind ebenfalls zwei Leistungsmaße zur Abschätzung des Erklärungsbeitrags von

---

[66] Der Zusammenhang zwischen Wechselkursbewegungen einerseits und der Anzahl der Erwähnungen in der *„currency markets"* Kolumne andererseits ist also nicht perfekt. Ein Grund dafür mag sein, daß die Berichterstatter – als nur unvollständig informierte Individuen – nur mit einiger Verzögerung auf Strukturänderungen des unterliegenden Fundamentalmodells reagieren. So wurden Handelsbilanzdaten z.B. auch dann noch recht häufig in der Kolumne genannt, als die von ihnen ausgelöste Wechselkursbewegung abklangen. Bei eine „perfekten" Berichterstattung hätten Erwähnungen von US-amerikanischen Handelsbilanzdaten in dem Augenblick aus der Kolumne verschwinden müssen, wo ihre Bedeutung für den Devisenmarkt gering wurde.

Tabelle 1.2.8

Ergebnisse der Schätzung eines Logit-Modells zur Modellierung der Berichtswahrscheinlichkeit im WSJ bei Ankündigung[1]
Erklärung der Anzahl der Ankündigung/Neuigkeiten nach WSJ[2]
Zeitraum: 2. Januar 1989 bis 31. Januar 1993

Variabel	Koeffizient	Standard-Abw. (z-Statistik)	Wahrsch.
β [3)]	545.5	94,4 (5,74)	0.000
α	-1.4	0,176 (-7,94)	0.000
McFadden R^2	0.12		
Arith. Mittel abhäng. Var.	0.40		
Likelihood Ratio Stat. (Wahrscheilichkeit)	80 (0,00)		
Korrekt durch Modell (Methode: Erwartungswerte) in % [4]	60.0%		
Korrekt durch konstante Wahrsch. (Methode: Erwartungswerte) in % [5]	52.2%		
Korrekt durch Modell (Methode: kritischer Wert) in % [6]	70.1%		
Korrekt durch konstante Wahrsch. (Methode: kritischer Wert) in % [7]	60.5%		
Anzahl der im WSJ benannten Ereignisse A_i: 486	darunter:		
	Explizit oder implizit keine Neuigkeit nach WSJ (abhäng. Var. = 0)		294
	Explizit Neuigkeit nach WSJ (abhäng. Var. = 1)		192

[1] Schätzverfarhren: Logit-Modell, robuste Varianz/Kovarianz durch GLM Methode, Algorithmus zur Maximierung: BHHH.

[2] Abhängige Variabel $A_{\tau=0}$ ist binär (dichotom): bei Neuigkeit nach WSJ $A_{t=0}$=1,0; sonst 0,0.

[3] Die unabhängige Variable $x_{\tau=0}$ ist hier als der Absolutwert der logarithmischen Differenz des DM/US-$ Wechselkurses definiert, mit $x_{\tau=0} = |\Delta(\ln(DM/US\text{-}\$)|$.

[4] Berechung des Erwartungswertes für $E(\#A_{\tau=0} = 0|P(Modell))$, mit Modell: $\alpha\char94 ,\beta\char94 x_{\tau=0}$
Berechung des Erwartungswertes für $E(\#A_{\tau=0} = 1|P(Modell))$, mit Modell: $\alpha\char94 ,\beta\char94 x_{\tau=0}$
$E(\#A_{\tau=0}= 0|P(Modell)) = Summe_i\ (Prob\{A_{\tau=0} = 0|\alpha\char94 +(x_{\tau=0})\beta\char94 \}) = Summe_i\ F(-\alpha\char94 -(x_{\tau=0})\beta\char94) = 196{,}75;$
$E(\#A_{\tau=0}= 1|P(Modell)) = Summe_i\ (Prob\{A_{\tau=0} = 1|1-(\alpha\char94 +(x_{\tau=0})\beta\char94)\}) = Summe_i\ (1-F(-\alpha\char94 -(x_{\tau=0})\beta\char94)) = 94{,}75$
Prozentualer Anteil $p^k(A_{\tau=0} = 0)$ der Richtigen bei $A_{\tau=0} = 0$ (Spezifizität): 196,7/ 294 = 66,9 %
Prozentualer Anteil $p^k(A_{\tau=0} = 1)$ (Sensiivität): 94,75/192 = 49,35 %
Anteil insgesamt der Richtigen insgesamt = (196,7 + 94,75)/486 = 59,98%

[5] Berechung des Erwartungswertes für $E(\#A_{\tau=0}= 0|P(Konstant)$, mit P(Konstant): $\#(A_{\tau=0}= 0)/(\#(A_{\tau=0}= 0)+\#(A_{\tau=0}=1))$
Berechung des Erwartungswertes für $E(\#A_{t=0}= 1|P(Konstant)$, mit P(Konstant): $\#(A_{\tau=0}= 1)/(\#(A_{\tau=0}= 0)+\#(A_{\tau=0}=1))$
$E(\#A_{\tau=0}= 0|P(Konstant)) = P(Konstant)\cdot(\#(A_{\tau=0}=0)) \Rightarrow (294/486) *294= 177{,}85$
$E(\#A_{\tau=0}= 0|P(Konstant)) = P(Konstant)\cdot(\#(A_{\tau=0}=1)) \Rightarrow (192/486) *192= 75{,}85$
Anteil der Richtigen bei $A_{\tau=0} = 0$ (Spezifizität): 177,8/ 294 = 60,5 %
Anteil der Richtigen bei $A_{\tau=0} = 1$ (Sensitivität): 75,85/192 = 39,51 %
Anteil insgesamt der Richtigen insgesamt = (177,85 + 75,85)/486 = 52,2%

[6] Bezieht sich auf die Prognoseregel: Wenn $Prob\{A_{\tau=0}=1|x_{\tau=0}\beta\char94 ,\alpha\char94 \}>0{,}5$ dann $A_{\tau=0} = 1$

[7] Bezieht sich auf die Prognoseregel: Wenn $Prob\{A_{\tau=0} =1|$ unbedingte Prob. $A_{\tau=0} = 1.0\} > 0{,}5$ dann prognostiziere $A_{\tau=0}=1$

$x_{\tau=0}$ angegeben. Beide Leistungsmaße machen sich den Unterschied zwischen der konstanten Wahrscheinlichkeit der Stichprobe und der im Logit-Modell geschätzten Wahrscheinlichkeit zu Nutze, daß eine Ankündigung $A_{\tau=0}$ die Ausprägung 0 bzw. 1 annimmt.[67]

Bei dem einen Verfahren werden die auf den jeweiligen Wahrscheinlichkeiten beruhenden Erwartungswerte für die einzelnen Ausprägungen berechnet. Es zeigt sich, daß bei konstanter Wahrscheinlichkeit die Erwartungswerte ca. zur Hälfte (52,2 Prozent) und bei den geschätzten Wahrscheinlichkeit zu 60 Prozent der tatsächlichen Anzahl der Ausprägungen entsprechen.

Bei dem alternativen Verfahren werden Prognosen darüber, ob eine Ankündigung $A_{\tau=0}$ die Ausprägung $A_{\tau=0}=1$ annimmt, in Abhängigkeit davon gemacht, ob die geschätzte bzw. konstante Wahrscheinlichkeit einen vom Anwender definierten Wahrscheinlichkeitsschwellenwert überschreitet. Die in der Tabelle 1.2.8 (siehe Seite 132) eingetragenen Ergebnisse beziehen sich auf einen Schwellenwert von P=0,5. Liegt die konstante bzw. geschätzte Wahrscheinlichkeit über diesem Wert, wird davon ausgegangen, daß eine bestimmte Ausprägung zum Zeitpunkt i,t (bzw. zur Ereigniszeit $\tau=0$) den Wert 1 annimmt ($A_{\tau=0}=1$). Der jeweilige Prognoseerfolg wird daran gemessen, wie oft die prognostizierte Ausprägung tatsächlich eintrifft. Beim Zugrundelegen der konstanten Wahrscheinlichkeit werden hier 60,5 Prozent der Ausprägungen, und beim Zugrundelegen der modellgeschätzten (von der Wechselkursentwicklung abhängigen) Wahrscheinlichkeiten 70 Prozent der Ausprägungen korrekt vorausgesagt.

In beiden Fällen schlagen die modellgeschätzten Prognosen die unbedingten Prognosen.

Für die auf Grundlage des Schwellenwertes P=0,5 getroffenen Prognosen liegt bei dem hier geschätzten Logit-Modell die implizierte Fehlerquote bei 30 Prozent. Bei der Interpretation dieser Fehlergröße ist zu beachten, daß beim hier geschätzten Gesamtansatz nicht zwischen verschiedenen Klasse I Variablen und damit nicht zwischen den jeweiligen $\sigma^{(WSJ)}_{i,N,\tau=0}$ der Makrovariablen $i \in I = \{"nfp","tb","ppi",....\}$ unterschieden wird. Die Berechnung der Wahrscheinlichkeit dafür, daß eine Ankündigung $A_{\tau=0}$ als Neuigkeit berichtet wird hängt bei allen in der Untersuchung einbe-

[67] Die Leistungsmaße werden im Anhang des Kapitels 1 näher beschrieben.

zogenen makroökonomischen Ankündigungen nur von der Höhe des beobachteten $x_{\tau=0}$ ab. Damit wird unterstellt, daß der Journalist nur dann von einer Ankündigung berichtet, wenn ein bestimmter für alle Variablen gleichermaßen geltender $x_{\tau=0}$ Wert überschritten wird. Diese Vorgehensweise ist zwar konsistent führt aber zu einer höheren Fehlerquote, als wenn für jede Makro-Variable ein eigenes Logit-Modell und damit ein eigener Schwellenwert geschätzt wird. So liegen z.B. einige der $x_{\tau=0}$ Werte aus der Nicht-Neuigkeitsgruppe des Arbeitslosigkeitsberichts – mit einer geschätzten Standardabweichung von $\sigma^{(WSJ)}_{uempl,KN,\tau=0}$=0,23 – über den $x_{\tau=0}$ Werten der Neuigkeitsgruppe der Einzelhandelsumsätze „rs", mit einer geschätzten Standardabweichung von $\sigma^{(WSJ)}_{rs,N,\tau=0}$=0,26. Das führt dazu, daß einige der auf Grundlage der beobachteten $x_{\tau=0}$ Werte prognostizierten Wahrscheinlichkeiten, daß eine „rs" Ankündigung $A_{\tau=0}$ als Neuigkeit berichtet wird, unter dem Schwellenwert von P=0,5 liegen, obwohl der $x_{\tau=0}$ Wert und damit die Wahrscheinlichkeit innerhalb der „rs" Gruppe relativ hoch ist. Gleiches gilt mit umgekehrtem Vorzeichen für die Beschäftigten außerhalb des Agrarsektors „nfp".

1.2.5 Ein Sonderfall: Die Güte der Berichterstattung über geheime Interventionen

Detailinformationen über Interventionen am Devisenmarkt sind zum Zeitpunkt ihrer Durchführung vertraulich. Geheim ist nicht nur die Höhe des eingesetzten Interventionsbetrages, sondern darüber hinaus auch das Datum und der Zeitpunkt des Markteingriffs. Trotz der Geheimhaltung von offizieller Seite finden sich in der „currency markets" Kolumne des WSJ regelmäßig Berichte über Interventionen, in denen die Journalisten Händlereinschätzungen wiedergeben.[68]

Bei Interventionen handelt es sich allerdings um besondere Ereignisse. Die Besonderheit liegt darin, daß die am Interventionstag geheimen Interventionsdaten von der Deutsche Bundesbank zeitverzögert zu Recherchezwecken zur Verfügung gestellt werden. Aus diesen Angaben geht hervor, wann, in welcher Höhe und an welchem Markt sie aktiv war. Darüber hinaus kann den Angaben entnommen werden, ob die Bundesbank selber oder die US-Währungsbehörde auf ihre Veranlassung hin interveniert hat. Damit ist es möglich zu überprüfen, ob bei der Berichterstattung über

[68] Am 29.03.1989 findet sich im WSJ z.B. folgender Marktbericht: *The intervention, which began at mid-morning New York time when the dollar was trading around 1,8910 marks, temporarily pushed the dollar slightly lower. Traders said that the interventions, by central banks, [...] cooled enthusiasm to push the dollar over DM 1,9. [...] the concerted*

Interventionen Fehler erster bzw. zweiter Art unterlaufen sind. Bei einem Fehler erster Art berichtet der Journalist nicht von einer geheimen Intervention, obwohl sie stattfand und beim Fehler zweiter Art gibt er fälschlicherweise an, daß eine geheime Intervention stattgefunden hätte, obwohl es keine Intervention gab. Darüber hinaus kann mit einem Logit-Modell überprüft werden, ob die Höhe der Interventionssumme, die Wahrscheinlichkeit erhöht, daß ein Bericht über die Intervention in der „currency markets" Kolumne des WSJ erscheint.

Der Rest des Kapitels ist wie folgt gegliedert. Abschnitt 1 gibt einen Überblick über Arbeiten, in denen Zeitungsartikel nach Informationen über Interventionen untersucht werden. In Abschnitt 2 werden die Resultate der WSJ Berichtsauswertung des hier untersuchten Zeitabschnittes vorgestellt. Im letzten Abschnitt dieses Kapitels werden die Ergebnisse der Logit-Schätzung vorgestellt.

1.2.5.1 Literaturüberblick über Interventionsberichterstattung

In der Literatur finden sich nur wenige Arbeiten, bei denen tatsächliche und berichtete Interventionen miteinander verglichen werden. Klein [1993] stellt Interventionsberichte der New York Times und des Wall Street Journal für den Zeitraum von Januar 1985 bis Dezember 1989 den tatsächlichen Interventionen der Fed am D-Mark/US-Dollar und Yen/US-Dollar Devisenmarkt gegenüber. Er kommt zu dem Ergebnis, daß der Fehler 1. Art 28 Prozent und der Fehler 2. Art 12 Prozent beträgt. Für den von ihm untersuchten Zeitraum besteht ein Zusammenhang zwischen der Wahrscheinlichkeit eines Berichts in der Zeitung und der bei der Intervention eingesetzten Interventionssumme.

Osterberg und Humes [1993] greifen auf Zeitungsartikel von Januar 1985 bis Oktober 1991 zurück und unterteilen die Interventionsberichte nach den Kriterien „Höhe des Interventionsbetrages" und „Zeitabschnitt der Intervention" in verschiedene Klassen. Anschließend überprüfen sie, ob es systematische Unterschiede in den einzelnen Unterklassen zwischen berichteten und nicht berichteten Interventionen gibt. Sie kommen zu dem Ergebnis, daß die Hypothese, daß die Fehler in der Berichterstattung unabhängig von den beiden oben genannten Kriterien ist, verworfen werden kann.

---

effort, which was estimated to be between $200 and $300 million... The dollar ended little changed. Siehe auch Definition der Klasse II Variablen in Kapitel 1.2.

Dominguez und Frankel [1993] erstellen eine Liste der tatsächlichen und berichten Interventionen für den Zeitraum von November 1982 und Oktober 1989 aus der hervorgeht, daß die Genauigkeit mit der über Interventionen berichtet wird über die Zeit schwankt.

Abweichend von den drei oben genannten Arbeiten konstruiert Dominguez [1993] auf Basis der nachträglich verfügbaren Interventionsdaten und den von Zeitungen entnommenen Angaben, die Zeitreihen „Geheime Intervention" und „Öffentliche Intervention", wobei sie jede nicht in der Zeitung erwähnte Intervention als „geheim" klassifiziert. Mit den so erstellten Reihen untersucht sie, ob die Momente des Wechselkurses unterschiedlich auf die beiden Arten der Intervention reagiert. Sie kann keinen signifikanten Unterschied in der Reaktion des Wechselkurses auf die so unterteilten Interventionen feststellen.

1.2.5.2 Wie oft wird von Interventionen berichtet: (Die Auswertungsergebnisse der Kolumne mit Hinblick auf Interventionen)

Die Statistiken über die tatsächlichen und die in der „currency markets" Kolumne des WSJ berichteten Interventionen befinden sich in Tabellen 1.2.9a bis 1.2.9e (siehe Seiten 137, 139). Bei den tatsächlich durchgeführten Interventionen handelt es sich um Devisenkäufe und Verkäufe, die – nach offiziellen Angaben – von der Bundesbank selber oder die auf Veranlassung der Bundesbank von der Fed getätigt wurden. Demnach wurde im Zeitraum vom 2. Januar 1989 bis Ende März 1993 insgesamt an 144 der 1066 Untersuchungstagen interveniert. Während dieses Zeitraums erschienen in den ausgewerteten „currency markets" Kolumnen insgesamt 103 Berichte über Interventionen.

Interventionstage sind zeitlich nicht unabhängig voneinander sondern korreliert (siehe Tab. 1.2.9a). So sind die Deutsche Bundesbank und die Fed, wenn sie intervenieren, im Durchschnitt an 2,4 aufeinanderfolgenden Tagen am Devisenmarkt aktiv. In diesen Gesamtdurchschnitt sind allerdings auch einzelne „Marktpflegeinterventionen", wie z.B. Interventionen beim Frankfurter Fixing, miteinbezogen, die in der Regel isoliert erfolgen. Werden kürzere Interventionsperioden – in denen wahrscheinlich nicht mit dem Ziel interveniert wird, das Kursniveau zu beeinflussen – von

Tabelle 1.2.9a

Statistik über Interventionen der Deutschen Bundesbank und der Fed
Zeitraum: 2. Januar 1989 bis zum 31. Januar 1993

Anzahl der Wechselkursnotierungen	1065
Anzahl der Tage, an denen interveniert wurde (Federal Reserve Bank und Deutsche Bundesbank	144
Anzahl der Berichte im WSJ	103
Durchschnittl. Dauer von Interventionen (ohne Unterbrechung)	2.4
Durchschnittl. Dauer von Interventionen (ohne Unterbrechung und länger als zwei Tage)	5.2
Arithmetisches Mittel [1] (IV_t)	-225
Arithmetisches Mittel [1] $(IV_t \mid WSJ_t{=}1)$	-284
t-Test auf Gleichheit der arithmetischen Mittel: t-Wert (Sig.-Niveau)	1,1 (0,2)
Arithmetisches Mittel [1] $(\lvert IV_t\rvert)$	317
Arithmetisches Mittel [1] $(\lvert IV_t\rvert \mid WSJ_t{=}1)$	377
t-Test auf Gleichheit der arithmetischen Mittel: t-Wert (Sig.-Niveau)	1,6 (0,1)
Prob (IV_t)	13.5%
Prob $(IV_t = 0 \mid IV_{t-1} \neq 0)$	6.0%
Prob $(IV_t \neq 0 \mid IV_{t-1} \neq 0)$	60.0%

[1] in Mio DM

Tabelle 1.2.9b

Interventionen und Berichte über Interventionen aufgeschlüsselt nach ausführender Notenbank
Zeitraum: 2. Januar 1989 bis zum 31. Januar 1993

	A	B	C	D	E
Anzahl der Interventionen (insgesamt)	144	53	30	61	21
Anzahl der Ausgaben am folgenden Tag	136	52	30	54	20
darunter im WSJ berichtet:	98	46	20	32	3
Prob $(WSJ_t{=}1 \mid IV_{t-1}{=}1)$	72.1%	88.5%	66.7%	59.3%	15.0%
t-test auf Gleichheit der arithmetischen Mittel der Interventionsbeträge $(IV_t \mid WSJ_t{=}1)$ und $(IV_t \mid WSJ_t{=}0)$	3,1 (0,00)	1,4 (0,17)	2,6 (0,02)	4,2 (0,00)	8,3 (0,00)

[A] Interventionen der Deutschen Bundesbank und/oder der Federal Reserve Bank mit (A=B+C+D)

[B] Interventionen der Deutschen Bundesbank und der Federal Reserve Bank (gemeinsam)

[C] Interventionen der Deutschen Bundesbank (alleine, nur DM-Käufe):

[D] Interventionen der Fed (alleine, DM und $ Käufe)

[E] Interventionen der Fed (allein, nur $-Käufe); E echte Untermenge von D

bis zu zwei aufeinanderfolgenden Tagen ausgeschlossen, steigt die durchschnittliche Interventionsdauer auf 5,2 Tage.[69] Das durchschnittliche (arithmetische Mittel) Interventionsvolumen aller berichteten und nicht berichteten Interventionen zusammen beträgt in Absolutwerten 317 Mio D-Mark. Werden nur die im WSJ berichteten Interventionen betrachtet, liegt dieser Durchschnitt bei 377 Mio. D-Mark. Die Nullhypothese, daß die Differenz zwischen den zwei Mittelwerten gleich Null ist, kann zum Signifikanzniveau von 0,1 verworfen werden. Dies läßt den Schluß zu, daß die Wahrscheinlichkeit eines Berichts über Interventionen mit zunehmenden Interventionsbeträgen wächst. Dieser Vermutung wird weiter unten mit einem Logit-Modell weiter nachgegangen.

Die bedingte Wahrscheinlichkeit dafür, daß interveniert wird, wenn die Zentralbanken am Vortag nicht am Devisenmarkt aktiv waren, beträgt 6 Prozent. Umgekehrt, als probabilistischer Reflex der oben erwähnten zeitlichen Korrelation der Interventionen, beträgt die Wahrscheinlichkeit, daß eine am Vortag begonnene Intervention fortgesetzt wird, 60 Prozent. Die unbedingte Wahrscheinlichkeit einer Intervention beträgt während des Betrachtungszeitraums 13,5 Prozent (Tab. 1.2.9a; Seite 137). In den Tabellen 1.2.9b bis 1.2.9d (siehe Seiten 137 und 139) sind die Häufigkeiten eingetragen mit der tatsächliche Interventionen innerhalb von zwei Tagen in der „currency markets" Kolumne des WSJ erwähnt werden. Berichte, in denen nach mehr als zwei Tagen in allgemeiner Form ohne Angaben eines Datums von Interventionen die Rede ist, werden nicht berücksichtigt. Acht Interventionsbeobachtungen fallen weg, da nur an 136 der 144 offiziell bekannt gegebenen Interventionstagen einen Werktag später eine Ausgabe erschien.

Es stellt sich heraus, daß es in 98, oder 72,1 Prozent (Spalte A) der Ausgaben, einen Bericht in der Kolumne des WSJ über Interventionen gab. Bezogen auf alle getätigten Intervention beträgt damit der Fehler 1. Art 27,9 Prozent. Es zeigt sich darüber hinaus, daß der Fehler 1. Art, und damit Prozentsatz der korrekt berichteten Interventionen, von der Interventionsdurchführung abhängt (Tabelle 1.2.9b). So wird über gemeinsame Interventionen von der Fed und der Bundesbank zusammen (Spalte B: 88,5 Prozent) häufiger berichtet als von Interventionen der Bundesbank (Spalte C: 66,7 Prozent) oder der Fed (Spalte D: 59,3 Prozent) alleine.

---

[69] Formal handelt es sich um den Erwartungswert der durchschnittlichen Interventionsdauer unter der Bedingung, daß die Interventionsdauer zwei Tage überschreitet.

Tabelle 1.2.9c

Interventionen und Berichte über Interventionen aufgeschlüsselt nach Interventionswährung
Zeitraum: 2. Januar 1989 bis zum 31. Januar 1993

	A	B	C
Anzahl der Interventionen (insgesamt)	144	115	29
Anzahl der Ausgaben am folgenden Tag	136	108	28
darunter im WSJ berichtet:	98	87	11
Prob $(WSJ_t=1 \mid IV_{t-1}=1)$	72.1%	80.6%	39.3%
t-test auf Gleichheit der arithmetischen Mittel der Interventionsbeträge $(IV_t \mid WSJ_t=1)$ und $(IV_t \mid WSJ_t=0)$	3,1 (0,00)	2,2 (0,03)	7,9 (0,00)

[A] Interventionen der Deutschen Bundesbank und/oder der Federal Reserve Bank mit (A=B+C)

[B] DM-Kauf Interventionen der Deutschen Bundesbank und/oder der Federal Reserve Bank

[C] $-Kauf Interventionen der Deutschen Bundesbank und/oder der Federal Reserve Bank

Tabelle 1.2.9d

Interventionen und Berichte über Interventionen aufgeschlüsselt nach eingesetzten Interventionsbeträgen
Zeitraum: 2. Januar 1989 bis zum 31. Januar 1993

	Alle	Ausg.	Berichtet	Prob$\{WSJ_t=1 \mid IV_t=1\}$
Anzahl der Interventionen (insgesamt)	144	136	98	72.1%
darunter > 100 Mio DM	19	18	11	61.1%
darunter < 100 Mio DM und > -100 Mio DM	39	37	14	37.8%
darunter < -100 Mio DM	86	81	73	90.1%

Tabelle 1.2.9e

Die Fehler 2. Art bei der Berichterstattung über Interventionen, aufgeschlüsselt nach Interventionswährung
Zeitraum: 2. Januar 1989 bis zum 31. Januar 1993

	A	B	C
Anzahl der berichteten Interventionen (insgesamt)	103	92	11
darunter: tatsächliche Interventionen	98	87	11
Prob $(IV_t=1 \mid WSJ_t=1)$	95.1%	94.6%	100.0%
Prob $(IV_t=0 \mid WSJ_t=1)$[1)]	4.9%	5.4%	0.0%

[A] Interventionen der Deutschen Bundesbank und/oder der Federal Reserve Bank mit (A=B+C)

[B] DM-Kauf Interventionen der Deutschen Bundesbank und/oder der Federal Reserve Bank

[C] $-Kauf Interventionen der Deutschen Bundesbank und/oder der Federal Reserve Bank

[1)] Fehlemeldungen am 6.6.89, 13.6.89, 5.2.91, 11.2.91, 13.3.91.

Tabelle 1.2.9f

Ergebnisse der Schätzung eines Logit-Modells zur Modellierung der Berichtswahrscheinlichkeit im WSJ [1]
Verkauf von US-$ für D-Mark, Absolutwert in Mio. D-Mark
Zeitraum: 2. Januar 1989 bis zum 31. Januar 1993
Abhängige Variabel: Intervention bzw. Nicht-Intervention nach WSJ [2]

Variabel	Koeffizient	Standard-Abw. (z-Statistik)	Wahrsch.
α	-0.222	0,839 (0,79)	0.490
β (*Intervention$_t$* [3])	0.005	0,002 (2,39)	0.000
McFadden R^2	0.14		
Arith. Mittel abhäng. Var.	0.72		
Likelihood Ratio Stat. (Wahrscheinlichkeit)	22 (0,00)		
Korrekt durch Modell (Methode: Erwartungswerte) in % [4]	67.2%		
Korrekt durch konstante Wahrsch. (Methode: Erwartungswerte) in % [5]	59.7%		
Korrekt durch Modell (Methode: kritischer Wert) in % [6]	76.4%		
Korrekt durch konstante Wahrsch. (Methode: kritischer Wert) in % [7]	72.1%		
Anzahl der Beobachtungen: 144	darunter:		
Anzahl der Ausgaben am folgenden Tag: 136	Im WSJ nicht berichtet (abhäng. Var. = 0)		38
	Im WSJ berichtet (abhäng. Var. = 1)		98

[1] Schätzverfarhren: Logit-Modell, robuste Varianz/Kovarianz durch GLM Methode, Algorithmus zur Maximierung: BHHH.
[2] Abhängige Variabel A_i ist binär (dichotom): bei Intervention nach WSJ A_i=1,0; sonst 0,0.
[3] Absolutwert der Intervention auf dem DM / US-$ Devisenmarkt in Mio. DM
[4] Berechung des Erwartungswertes für E(#A_{it}= 0|P(Modell)), mit Modell: α^,ß^,|IV_t|
Berechung des Erwartungswertes für E(#A_{it}= 1|P(Modell)), mit Modell: α^,ß^,|IV_t|
E(#A_{it}= 0|P(Modell)) = $Summe_i$ (Prob{A_i = 0|α+(IV_t)ß^})= $Summe_i$ F(-α-(IV_t)ß^) = 15,68
E(#A_{it}= 1|P(Modell)) = $Summe_i$ (Prob{A_i = 1|1-(α+(IV_t)ß^)})= $Summe_i$ (1-F(-α-(IV_t)ß^)) = 75,68
Prozentualer Anteil p^k(A_{it} = 0) der Richtigen bei A_{it} = 0 (Spezifizität): 15,7/ 38 = 41,3 %
Prozentualer Anteil p^k(A_{it} = 1) (Sensitivität):75,7/98 = 77,2 %
Anteil insgesamt der Richtigen insgesamt = (15,7 + 75,7)/136 = 67,2%
[5] Berechung des Erwartungswertes für E(#A_{it}= 0|P(Konstant), mit P(Konstant): #(A_{it}= 0)/(#(A_{it}= 0)+#(A_{it}=1))
Berechung des Erwartungswertes für E(#A_{it}= 1|P(Konstant), mit P(Konstant): #(A_{it}= 1)/(#(A_{it}= 0)+#(A_{it}=1))
E(#A_{it}= 0|P(Konstant)) = P(Konstant)·(#(A_{it}=0)) => (38/136) *38= 10,6
E(#A_{it}= 0|P(Konstant)) = P(Konstant)·(#(A_{it}=1)) => (98/136) *98= 70,6
Anteil der Richtigen bei A_{it} = 0 (Spezifizität): 10,6/ 38 = 27,9 %
Anteil der Richtigen bei A_{it} = 1 (Sensitivität): 70,62/98 = 72,1 %
Anteil insgesamt der Richtigen insgesamt = (10,62+70,62)/136 = 59,7%
[6] Bezieht sich auf die Prognoseregel: Wenn Prob{A_i=1|(|IV|$_t$;ß^,α}>0,5 dann A_i = 1
[7] Bezieht sich auf die Prognoseregel: Wenn Prob{A_i =1| unbedingte Prob. A_i = 1.0} > 0,5 dann prognostiziere A_i=1

Tabelle 1.2.9g

Berichtswahrscheinlichkeiten im WSJ bei D-Mark Verkaufsinterventionen [1]
Kauf von US-$ gegen D-Mark, Absolutwert in Mio. D-Mark
Zeitraum: 2. Januar 1989 bis zum 31. Januar 1993

	Anzahl der Beobachtungen		
Interventionsbetrag > 234,4	11	darunter abhäng. Var. = 0	11
Interventionsbetrag < 234,4	17	darunter abhäng. Var. = 1	17
Anzahl der Beobachtungen: 30	darunter:		
Anzahl der Ausgaben am folgenden Tag: 29	Im WSJ nicht berichtet (abhäng. Var. = 0)		17
	Im WSJ berichtet (abhäng. Var. = 1)		11

[1] Schätzverfarhren: Logit-Modell nicht möglich, Interventionsbetrag von 234,4 Mio D-Mark ist perfekter Schwellenwert

Über US-Dollar Kaufinterventionen, die auf Geheiß der Bundesbank von der Fed alleine durchgeführt wurden, finden sich hingegen kaum Berichte in der „currency markets“ Kolumne (Spalte E: 15 Prozent).

In allen Fällen (Spalte A, C, D, E) mit Ausnahme der Interventionen, die von der Bundesbank und der Fed gemeinsam getätigt wurden (Spalte B), liegen die arithmetischen Mittel der berichteten Interventionen signifikant über denen der nicht berichteten Interventionen.

Die Exaktheit der Berichterstattung variiert dabei mit der Interventionsrichtung und mit der Höhe der eingesetzten Interventionsbeträge. Bei einer Aufschlüsselung der Interventionen nach Interventionswährung (Tabelle 1.2.9c) stellt sich heraus, daß nahezu 81 Prozent der D-Mark Stützungskäufe von der Finanzpresse wahrgenommen, während es in umgekehrter Interventionsrichtung lediglich gut 39 Prozent sind. Bei einer Aufteilung nach Höhe der Interventionsbeträge (Tabelle 1.2.9d) stellt sich heraus, daß – bei Ausschluß von Interventionen von bis zu 100 Mio. D-Mark – der Prozentsatz der korrekt wiedergegebenen D-Mark-Kauf Interventionen um 10 Prozent auf 90 Prozent steigt und der Prozentsatz bei den US-Dollar Kaufinterventionen um mehr als 20 Prozent auf gut 61 Prozent hochschnellt. Die ungenauere Berichterstattung über US-Dollar Kaufinterventionen ist damit nur zum Teil auf die geringeren dabei eingesetzten Interventionsbeträge zurückzuführen. Kleinere Interventionen werden in der „currency markets“ Kolumne des WSJ zu nur gut 38 Prozent erwähnt.

In Tabelle 1.2.9e sind die relativen Häufigkeiten für Fehler 2. Art – also die relativen Häufigkeiten dafür, daß Interventionen von denen berichtet wird in der Realität nicht stattgefunden haben – eingetragen. Für alle Interventionen zusammen beträgt diese knapp 5 Prozent. Bei einer Aufgliederung nach der Interventionsrichtung zeigt sich, daß alle Berichte über US-Dollar-Kauf Interventionen richtig sind und nur bei D-Mark-Kauf Interventionen Fehler gemacht werden.

Auf den ersten Blick mögen die unterschiedlichen Häufigkeiten mit der Fehler 1. und 2. Art gemacht werden überraschen. Eine Interpretation für dieses Resultat wäre, daß die Chefredakteure in den Zeitungen der Überzeugung sind, daß „Enten“, also Falschmeldung, das Ansehen einer Zeitung bei den Lesern stärker beschädigen als eine nicht berichtete Marktbegebenheit und sie deshalb die Absicht haben, eher nicht, als falsch zu berichten. Eine solche Zielsetzung und ihre entsprechende anreizkompatible Umsetzung im Verlagshaus würde den Journalisten veranlassen, nur dann von Interventionen zu berichten, wenn er die Wahrscheinlichkeit, daß tatsächlich interveniert wurde, für sehr hoch einschätzt.

1.2.5.3 Ist der eingesetzte Interventionsbetrag für die Berichterstattung von Bedeutung (Logit-Modell)

Die oben ausgeführten in den Tabelle 1.2.9b und 1.2.9d eingetragenen Ergebnisse legen den Gedanken nahe, in einem Logit-Modell zu untersuchen, ob die Berichtswahrscheinlichkeit einer tatsächlichen Intervention mit zunehmenden Interventionsbeträgen steigt. Das strukturelle Logit-Modell hat die gleiche Form wie in Gleichung (7).[70] $A^*_{\tau=0}$ ist nun die subjektive, nicht beobachtbare Einschätzung des Journalisten, daß eine Intervention stattgefunden hat. Die unabhängige erklärende Variable $x_{\tau=0}$ ist $|(IV_t)|$, was dem Absolutwert des eingesetzten Interventionsbetrages in D-Mark am Tag t entspricht. Es gilt, daß

$$A_{\tau=0} = \begin{Bmatrix} 1, & wenn & A^*_{\tau=0} > 0 \\ 0, & wenn & A^*_{\tau=0} < 0 \end{Bmatrix} \qquad (21),$$

d.h. die abhängige Variable $A_{\tau=0}$ ist dichotom. $A_{\tau=0}=1$ ($A_{\tau=0}=0$) symbolisiert, daß der Journalist von einer Intervention berichtet (nicht berichtet). Insgesamt stehen für die Schätzung 144 Beobachtungen zur Verfügung. Die abhängige Variable nimmt dabei 98 mal die Ausprägung $A_{\tau=0}=1$ (Bericht in der „currency markets“ Kolumne des WSJ) an.

Die Schätzergebnisse sind in Tabelle 1.2.9f eingetragen. Es zeigt sich, daß der Steigungskoeffizient β signifikant (zu einem Signifikanzniveau von 0,00) von Null verschieden ist und damit die Höhe des Interventionsbetrages einen systematischen Einfluß auf die Berichtswahrscheinlichkeit ausübt. Für das Absolutglied kann die Nullhypothese, daß α gleich Null ist, hingegen nicht verworfen werden. Das impliziert, daß die Wahrscheinlichkeit, daß unabhängig von der Höhe des eingesetzten Betrages (also bei $\beta^*|IV_t|=0$) von einer Intervention berichtet wird, im Modell gegen 0,5 (P=0,5) geht.

Durch die – monotone aber nicht lineare – logarithmische Funktion, nimmt die Wahrscheinlichkeit, daß ein Journalist einen Bericht über eine tatsächliche Intervention in der „currency markets“ Kolumne des WSJ veröffentlicht, mit zunehmenden Interven-

[70] Zur genaueren Beschreibung des Logit-Modells siehe Anhang des Kapitels 1.

tionsbeträgen zu, allerdings mit abnehmenden Zuwachsraten. Bei P=0,5 liegt der marginale Effekt einer Intervention in Höhe von 1 Mio. D-Mark auf die Berichtswahrscheinlichkeit bei 0,0012. Der Mc-Fadden R^2-Wert liegt bei 0,14. Die Nullhypothese, daß der gesamte Ansatz zu verwerfen ist, kann deutlich auf Grundlage eines Likelihood Ratio Tests verworfen werden.

Die Leistungsmaße zur Abschätzung des Erklärungsbeitrages von $|IV_t|$ zeigen, daß die modellgestützten Vorhersagen, dem Modell mit konstanter Wahrscheinlichkeit überlegen sind. Nach der oben erläuterten Methode des Vergleichs der Erwartungswerte steigt der Prozentsatz der korrekt vorhergesagten Ausprägungen von 59,7 Prozent auf 67,2 Prozent. Beim Verfahren auf Grundlage des benutzerdefinierten Trennwertes (P=0,5) nimmt die Wahrscheinlichkeit einer korrekten Vorhersage von 72,1 Prozent auf 76,4 Prozent zu.

Die in der „currency markets" Kolumne des WSJ kaum wahrgenommenen US-Dollar Kaufinterventionen – die Berichtsquote beträgt 39 Prozent (siehe Tabelle 1.2.9c) – werden gesondert untersucht. Dabei stellt sich heraus, daß es, anders als bei der Gesamtbetrachtung der Interventionen, einen perfekten Schwellenwert für die Berichtserstattung gibt. In der „currency markets" Kolumne des WSJ werden lediglich Interventionen berücksichtige, die den Schwellenwert von 234 Mio D-Mark überschreiten. Auf Grundlage der vorliegenden Informationen kann allerdings nicht entschieden werden, ob diese kleineren Interventionen vom Journalisten übersehen oder aber bewußt ignoriert werden.

1.2.6 Zusammenfassung des Kapitels 1.2

Zur Abschätzung der Qualität der Berichterstattung wird in diesem Teil der Arbeit vorgeschlagen zu untersuchen, wie erfolgreich der Journalist relevante Information von nicht relevanter Information für den Devisenmarkt trennt und ob seine Entscheidung, eine Nachricht in der Kolumne als „Neuigkeit" zu berichten, alleine von der beobachteten Wechselkursreaktion abhängt. Somit wird zum einen die tatsächliche Reaktion des Wechselkurses auf als „Neuigkeiten" dargestellte Nachrichten genutzt, um die Güte der Informationstrennung des Journalisten zu überprüfen. Zum anderen wird direkt die Entscheidung des Journalisten modelliert, eine Nachricht in der Kolumne als „Neuigkeit" darzustellen oder nicht.

Dazu wird zuerst ein zeit- und inhaltsspezifisches Klassifikationskriterium für Nachrichten in der Kolumne des WSJ entwickelt, das es erlaubt, den gesamten Nachrichtenfluß in drei Klassen aufzuteilen. Im zweiten Schritt werden dann die Nachrichten in den jeweiligen Klassen danach unterteilt, ob sie – nach Angaben des Journalisten des WSJ – „Neuigkeiten", daß heißt einen zum Zeitpunkt der Bekanntgabe der Nachricht nicht antizipierten Inhalt enthalten. Mit Hilfe der Technik der Ereignisstudie wird dann die Wirkung von diesen als „Neuigkeiten" und „Nicht-Neuigkeiten" bezeichneten Inhalten auf den Wechselkurs analysiert. Dabei ist theoretisch die Informationstrennung nach dem Kriterium des Neuigkeitsgehalts umso besser, je klarer sich Reaktionsunterschiede des Wechselkurses bei der Bekanntgabe von als „Neuigkeiten" und „Nicht-Neuigkeiten" unterteilten Ereignissen ausmachen lassen.

Es stellt sich heraus, daß die Wechselkursreaktionen, die mit den von den WSJ Journalisten vorgenommenen Einstufungen der Klasse I Variablen in „Neuigkeiten" und „Nicht-Neuigkeiten" assoziiert sind, signifikant deutlicher sind, als diejenigen, die sich bei einer rein statistischen Zerlegung des Vorhersagefehlers ergeben. Zins- und Interventionsereignisse, „Klasse II" Variablen, werden in der Regel ebenfalls gut entsprechend ihres Informationsgehalts zerlegt. Eher schwach sind die unterschiedlichen Wechselkursreaktionsmuster bei Klasse III Variablen, den politischen Ereignissen. Dies liegt darin, daß es auf Grundlage der Berichterstattung nicht möglich ist, den marktrelevanten Zeitraum eines Ereignis klar abzugrenzen. Nicht entschieden werden kann, ob die ungenauen Zeitangaben auf mangelnde Exaktheit der Journalisten zurückzuführen ist, oder ob es die zeitvage Natur der politischen Ereignisse ist, die zu einer zwar ereignisgetreuen, aber damit unscharfen Berichterstattung führen. Auch zeigte sich, daß die Vorgehensweise, ein „Nicht-Erwähnen" einer Klasse I Variable als explizite „Nicht-Neuigkeiten" zu werten, die Ergebnisse nicht veränderte und somit der Journalist tatsächlich nur nicht relevante Nachrichten nicht erwähnte.

Tatsächlich lassen sich also spezifische Wechselkursreaktionen in den nach „Neuigkeit" und „Nicht-Neuigkeit" unterschiedenen Nachrichten nachweisen.

Aber auch in umgekehrter Kausalitätsrichtung kann gezeigt werden, daß die Entscheidung eines Journalisten, die Bekanntgabe einer makroökonomischen Variable als „Neuigkeit" in der „currency markets" Kolumne zu berichten von den zeitgleich beobachteten Wechselkursbewegungen auf dem Devisenmarkt bestimmt ist. Das zeigte sich erstens darin, daß ein signifikanter Zusammenhang zwischen der Anzahl der „Neuigkeiten" bzw. „Erwähnungen" in der „currency markets" Kolumne und den geschätzten Standardabweichungen in den jeweiligen Ereignisfenstern besteht. Darüber hinaus stellte sich zweitens heraus, daß die Wahrscheinlichkeit, daß eine Ankündigung eines Klasse I Ereignisses in der „currency markets" Kolumne kommentiert wird, von der Höhe des Absolutwerts der Wechselkursreaktion abhängt, die mit ihrer Veröffentlichung einhergeht.

Ein interessanter Sonderfall unter den Klasse II Ereignissen sind Interventionen, anhand derer auf Grund der ex post zur Verfügung stehenden Daten die Genauigkeit mit der WSJ Journalisten berichten untersucht werden kann. Es zeigt sich, daß 72,1 Prozent der getätigten Interventionen tatsächlich berichtet wurden und 95,1 Prozent der berichteten Interventionen tatsächlich stattfanden. Der Fehler 1. Art, daß über tatsächliche Interventionen nicht berichtet wurde, beläuft sich damit auf 27,9 Prozent und der Fehler 2. Art, daß eine berichtete Intervention in Realität nicht stattfand, auf 4,9 Prozent. Das arithmetische Mittel der bei der Intervention eingesetzten Beträge liegt bei berichteten Interventionen über dem Durchschnitt der nicht berichteten Interventionen. In einem binären Logit-Modell kann darüber hinaus gezeigt werden, daß die Wahrscheinlichkeit, daß ein Bericht über eine tatsächlich erfolgte Intervention im WSJ veröffentlicht wird mit zunehmenden Interventionsbeträgen steigt.

Im Ergebnis zeigt sich, daß nach den hier entwickelten Gütekriterien, die Journalisten das Geschehen auf dem Devisenmarkt mit der Ausnahme der politischen Ereignisse erfolgreich wiedergeben.

1.2.7 Appendix Kapitel 1

1.2.7.1 ANOVA (Analysis of Variance)

Der Modified Levene Test (Brown-Forsythe-Test Statistik [1974])

Sei $s_{ij}=\mu_i+\varepsilon_{ij}$ die j-te (j=1,...n$_i$) Beobachtung in der i-ten Gruppe (i=1,...,g). Die Gruppenmittelwerte μ_i sind unbekannt und können verschieden sein. Die ε_{ij} seien unabhängig und gleichverteilt mit einem Mittelwert von Null. Die Varianzen der Zufallsgrößen ε_{ij} können verschieden sein.

Der modifizierte Levene Test basiert auf transformierten Ursprungswerten d_{ij}, wobei $d_{ij}=\left|s_{ij}-\tilde{s}_i\right|$ der Absolutabweichung des Ursprungswerts s_{ij} vom Gruppenmedian $\tilde{s}_i$ der Gruppe i entspricht.

Die Teststatistik F_L^* ist F verteilt mit r-1 Zähler- und n_T-r Nennerfreiheitsgraden, wobei n_T der Anzahl der Gesamtbeobachtungen entspricht.

$$F_L^* = \frac{MSTR}{MSE} \qquad (22),$$

wobei

$$MSTR = \frac{\sum n_i \left(\overline{d_{i\bullet}} - \overline{d_{\bullet\bullet}}\right)^2}{r-1}$$ (Mean square treatment) ,

$$MSE = \frac{\sum\sum \left(d_{ij} - \overline{d_{i\bullet}}\right)^2}{n_T - r}$$ (Mean square error),

$$\overline{d_{i\bullet}} = \frac{\sum_j d_{ij}}{n_i},$$

$$\overline{d_{\bullet\bullet}} = \frac{\sum\sum d_{ij}}{n_T}$$ sind.

Die $\overline{d_{i\bullet}}$ entsprechen dem Gruppenmittelwert über die Beobachtungen der Gruppe i und $\overline{d_{\bullet\bullet}}$ entspricht dem Gesamtmittelwert über aller Beobachtungen.

Der Standard F-Test, bezogen auf zwei Gruppen (mit i=1,2), entspricht:

$$F_{n_1-1,n_2-1} = \frac{\sum_1^{n_1} \left(s_{1j} - \bar{s}_{1\bullet}\right)^2 / n_1 - 1}{\sum_1^{n_2} \left(s_{2j} - \bar{s}_{2\bullet}\right)^2 / n_2 - 1} \qquad (23),$$

wobei $\bar{s}_{1\bullet}$ und $\bar{s}_{2\bullet}$ den Mittelwerten der Ursprungswerte s_{ij} in den Gruppen i=1,2 entsprechen.

Bezogen auf die Veröffentlichung der vom WSJ Journalisten kommentierten Arbeitsmarktdaten (Klasse I Ereignis: "non-farm payrolls") beläuft sich die Anzahl der Gruppen auf g=2, wobei die eine Gruppe Beobachtungen mit "Neuigkeiten nach Einschätzung des Journalisten im WSJ" enthält und die andere Gruppe Beobachtungen mit "Nicht-Neuigkeiten nach Einschätzung des Journalisten im WSJ". Die Ursprungswerte s_{ij} entsprechen der Differenz der logarithmierten Wechselkursebeobachtungen zwischen 14:30 – 15:00 MEZ der halbstündigen Wechselkurszeitreihe in der Zeit nach der Veröffentlichung von Arbeitsmarktdaten, also im Ereignisfenster.

1.2.7.2 Das Logit-Modell

Das Logit-Modell ist ein Modell zur Erklärung beobachtbarer Variablen y_t, die nur zwei diskrete Ausprägungen (z.B. 0 und 1) annehmen können. So ist z.B. der Status einer Lampe, die an- oder ausgeschaltet sein kann, eine solche Variable. Status „An" kann durch $y_t=1$ und Status „Aus" durch $y_t=0$ repräsentiert werden. Die Ausprägung von y_t hängt dabei möglicherweise von der Realisation weiterer u.U. stetiger Variablen x_t ab. Im Beispiel von oben könnte das z.B. die Lichtintensität im Raum der Lampe sein. Ziel des Logit-Modells ist es, die Beziehung zwischen der binären Variable y_t und der bzw. den abhängigen Variablen x_t zu quantifizieren.

Dabei wird angenommen, daß folgende funktionale Beziehung zwischen den Variablen gilt:

$$\begin{aligned} \Pr ob(y_t = 1 \mid \alpha, \beta; x_t) &= F(\alpha + \beta x_t) = 1 - F(-(\alpha + \beta x_t)) \\ \Pr ob(y_t = 0 \mid \alpha, \beta; x_t) &= 1 - F(\alpha + \beta x_t) = F(-(\alpha + \beta x_t)) \end{aligned} \qquad (24),$$

wobei F() eine kumulative Verteilungsfunktion ist, d.h. $0 \le F(\alpha + \beta x_t) \le 1$, $F(+\infty)=1$, $F(-\infty)=0$ und wenn $x_s > x_t \Rightarrow F(x_s) \ge F(x_t)$.

Eine Interpretationsmöglichkeit von (11) ist, daß hinter der Wahrscheinlichkeitsverteilung von F(.) ein lineares Modell mit einer nicht beobachtbaren (latenten) Variable

y_t^* steht. Im Beispiel von oben könnte das die subjektiv empfundene Lichtintensität von der Person sein, die den Schalter umlegt.

$$y_t^* = \alpha + \beta x_t + u_t \qquad (25),$$

wobei y_t genau dann den Wert 1 annimmt, wenn y_t^* einen Schwellenwert überschreitet.

$$y_t = \begin{Bmatrix} 1, & wenn & y_t^* > 0 \\ 0, & wenn & y_t^* \leq 0 \end{Bmatrix} \qquad (26).$$

In der Spezifikation von (12) ist – wegen des Einbezugs einer Konstanten in der Schätzgleichung – der Schwellenwert gleich Null. Die Wahrscheinlichkeit dafür, daß y_t den Wert 1 annimmt, ist damit, wegen der Symmetrie von F(.):

$$\begin{aligned} P &= \Pr ob(y_t = 1 \mid \alpha, \beta; x_t) \\ &= \Pr ob(y_t^* > 0) = \Pr ob(\alpha + \beta x_t + u_t > 0) \\ &= \Pr ob(u_t > -(\alpha + \beta x_t)) = \Pr ob(u_t < (\alpha + \beta x_t)) = F(\alpha + \beta x_t) \end{aligned} \qquad (27)$$

F(.) ist die Verteilungsfunktion von u_t. Die in der Arbeit verwendeten Modelle unterstellen eine logistische Verteilungsfunktion. Damit ist

$$P = \Pr ob(y_t^* > 0) = F(\alpha + \beta x_t) = \frac{1}{1 + e^{-(\alpha + \beta x_t)}} = \frac{e^{(\alpha + \beta x_t)}}{1 + e^{(\alpha + \beta x_t)}} \qquad (28)$$

Daraus ergibt sich für den logarithmischen Quotienten aus der Wahrscheinlichkeit P und der Gegenwahrscheinlichkeit (1-P) die Gleichung:

$$\ln\left(\frac{P}{1-P} \middle| x_t \right) = (\alpha + \beta x_t) \qquad (29)$$

Die Wahrscheinlichkeit dafür, daß $y_t=1$ ist, steigt mit steigenden Werten für x_t. Im Mittelpunkt der symmetrischen logistischen Verteilung (P=0,5) haben Änderungen der unabhängigen Variable x_t die größte Auswirkung.

1.2.7.2.1 Schätzung des Logit-Modells

Die Parameter α, β werden über die Maximum Likelihood Methode geschätzt:

$$l(\alpha, \beta) = \ln L(\alpha, \beta) = \sum_{t=1}^{N} y_t \ln(F(\alpha + \beta x_t)) + (1 - y_t)\ln(F(-(\alpha + \beta x_t))) \qquad (30),$$

wobei N die Anzahl der Beobachtungen ist. Zur Maximierung von $l(\alpha,\beta)$ wird der BHHH Algorithmus verwendet. Die Varianz/Kovarianz Matrix wird robust mit der GLM Methode (generalized linear model) geschätzt.

Das Bestimmtheitsmaß R^2 errechnet sich als:

$$McFadden \quad R^2 = 1 - \frac{l}{\tilde{l}} \tag{31}$$

wobei $\tilde{l}$ der Funktionswert der restringierten Maximum-Likelihood ist, mit der Restriktion: Steigungskoeffizient β=0. [71]

Im folgenden werden zwei Methoden („Erwartungswert" und „kritischer Wert") beschrieben mit denen der relative Prognoseerfolg des Logit-Modells im Vergleich zu einem Modell mit konstanten Wahrscheinlichkeiten abgeschätzt werden kann. Dabei wird der unter Zuhilfenahme der Prognosealternativen jeweilige Anteil an richtig vorausgesagten y_t=1 Beobachtungen als Sensitivität und der jeweilige Anteil an richtig vorausgesagten y_t=0 Beobachtungen als Spezifizität bezeichnet.

1.2.7.2.2 Methode I: Prognoseerfolg des Logit-Modells (Erwartungswert)

Bei Methode I werden jeweils die modellspezifischen Erwartungswerte für die Ausprägungen der binären abhängigen Variable berechnet und miteinander verglichen.

Zur Abschätzung des Prognoseerfolgs wird die erwartete Anzahl an y_t=1 und y_t=0 Ausprägungen a) bei Zugrundelegen der Wahrscheinlichkeiten des Logit-Modells und b) bei Zugrundelegen einer „konstanten" Wahrscheinlichkeit berechnet. Die konstante Wahrscheinlichkeit für die Ausprägung y_t=1 (y_t=0) entspricht dabei dem Anteil an y_t=1 (y_t=0) Ausprägungen in der Stichprobe.

I) Dem absoluten Prognoseerfolg des Logit-Modells bzgl. der y_t=1 (y_t=0) Ausprägungen entspricht die Differenz der Erwartungswerte für y_t=1 (y_t=0) Ausprägungen bei a) und b), dividiert durch die Anzahl der y_t=1 (y_t=0) Ausprägungen.

II) Dem prozentualen Prognoseerfolg des Logit-Modells bzgl. der y_t=1 (y_t=0) Ausprägungen entspricht die Differenz der Erwartungswerte für y_t=1 (y_t=0)

---

[71] Vgl. Greene [1990, 642ff] und Pindyck und Rubinfeld [1991, 258 ff].

Ausprägungen bei a) und b), dividiert durch die Differenz aus der Anzahl der y_t=1 (y_t=0) Ausprägungen in der Stichprobe und dem Erwartungswert für y_t=1 (y_t=0) Ausprägungen bei b). Die Bezugsbasis ist also die Anzahl der nicht korrekt eingeteilten y_t=1 (y_t=0) Ausprägungen.

Der absolute und prozentuale Prognoseerfolg des Logit-Modells kann auch für die Summe der Erwartungswerte für y_t=1 und y_t=0 berechnet werden (siehe unten).

a) Erwartungswert, Spezifizität und Sensitivität des Logit-Modells

a1.) Erwartungswert

Der auf das Logit-Modell und die Beobachtung der unabhängigen Variablen x_t bedingte Erwartungswert für y_t=0 (abhängige Variable y_t=0) ist:

$$\boldsymbol{E}(\#\boldsymbol{abhäng.}=0\mid\boldsymbol{Modell})=\sum_{t=1}^{n}\boldsymbol{P}\left(y_t=0\middle|\left(\hat{\alpha}+\hat{\beta}\boldsymbol{x}_t\right)\right)=\sum_{t=1}^{n}\left(\boldsymbol{F}\left(-\left(\hat{\alpha}+\hat{\beta}\boldsymbol{x}_t\right)\right)\right) \tag{32}$$

wobei n nur diejenigen der N Beobachtungen umschließt, bei denen y_t=0 ist. Der bedingte Erwartungswert entspricht der Summe der von den x_t-Realisationen abhängigen modellspezifischen Wahrscheinlichkeiten $P\left(y_t=0\middle|\left(\hat{\alpha}+\hat{\beta}x_t\right)\right)$ bei denen y_t=0 ist. Im Falle eines perfekten Modells wäre $P\left(y_t=0\middle|\left(\hat{\alpha}+\hat{\beta}x_t\right)\right)$ immer dann gleich 1, wenn tatsächlich zum Zeitpunkt t y_t=0 wäre. In diesem Fall entspräche der Logit-modellspezifische Erwartungswert $\boldsymbol{E}(\#\boldsymbol{abhäng.}=0\mid\boldsymbol{Modell})$ der tatsächlichen Anzahl an y_t=0 Realisationen. Die Berechnung von $\boldsymbol{E}(\#\boldsymbol{abhäng.}=1\mid\boldsymbol{Modell})$ erfolgt analog.

a2.) Spezifizität und Sensitivität im Falle des Logit-Modells

$$\frac{E(\#abhäng.=0\mid Modell)}{(\#abhäng.=0)}=p^{k;Modell}(y_t=0) \tag{33}$$

$p^{k;Modell}(y_t=0)$ wird als Spezifizität bezeichnet. Sie entspricht dem Quotienten aus bedingtem Erwartungswert für y_t=0 Ausprägungen $E(\#abhäng.=0\mid Modell)$ und der Anzahl der y_t=0 Ausprägungen in der Stichprobe ($\#abhäng.=0$). Die Berechnung für die Sensitivität ($p^{k;Modell}(y_t=1)$) erfolgt analog.

Der Quotient $p^{k;Modell}(y_t)$

$$\frac{E(\#abhäng.=0\mid Modell)+E(\#abhäng.=1\mid Modell)}{(\#abhäng.=0)+(\#abhäng.=1)}=p^{k;Modell}(y_t) \tag{34}$$

entspricht der Summe der (auf das Modell und die Beobachtungen) bedingten Erwartungswerte dividiert durch die Anzahl der Beobachtungen insgesamt.

b) Erwartungswert, Spezifizität und Sensitivität des Modell mit konstanter Wahrscheinlichkeit

b1.) Erwartungswert

Der auf die konstante Wahrscheinlichkeit bedingte Erwartungswert für y_t=1 (abhängige Variable y_t=0) ist:

$$E(\#abhäng. = 0 \mid N, n, \widetilde{p}) = n \cdot \widetilde{p} \qquad (35),$$

wobei N der Anzahl der Beobachtungen in der Stichprobe, n der Anzahl der Ausprägungen mit y_t=0 und $\widetilde{p} = \frac{n}{N}$ dem Anteil der Beobachtungen in der Stichprobe mit der Ausprägung y_t=0 entspricht. Die Berechnung von $E(\#abhäng. = 1 \mid N, n, \widetilde{p})$ erfolgt analog.

b2.) Spezifizität und Sensitivität im Falle der konstanten Wahrscheinlichkeit:

$$\frac{n \cdot \widetilde{p}}{(\#abhäng. = 0)} = p^{k;Konstante}(y_t = 0) \qquad (36)$$

entspricht dem Quotienten aus bedingtem Erwartungswert und der Anzahl der Ausprägungen bei denen tatsächlich y_t=0 ist. Die Berechnung für die Sensitivität ($p^{k;Konstante}(y_t = 1)$) erfolgt analog.

Der Quotient $p^{k;Konstante}(y_t)$

$$\frac{n \cdot \widetilde{p} + (N - n) \cdot (1 - \widetilde{p})}{(\#abhäng. = 0) + (\#abhäng. = 1)} = p^{k;Konstante}(y_t) \qquad (37)$$

entspricht der Summe der (auf konstanten Wahrscheinlichkeiten) bedingten Erwartungswerte dividiert durch die Anzahl der Beobachtungen insgesamt.

c.) Absoluter und prozentualer Prognoseerfolg

Dem absoluten Prognoseerfolg des Logit-Modells entspricht damit:

$$\frac{\left(E(\#abhäng.=0\,|\,Modell)+E(\#abhäng.=1\,|\,Modell)\right)-\left((n\cdot\tilde{p})+(N-n)\cdot(1-\tilde{p})\right)}{\left((\#abhäng.=0)+(\#abhäng.=1)\right)} \quad (38)$$

Dem prozentualen Prognoseerfolg (bezogen auf die Anzahl der falschen Klassifikationen $((n-n\tilde{p})+((N-n)-(N-n)(1-\tilde{p})))$ im Modell mit konstanter Wahrscheinlichkeit) des Logit-Modells entspricht damit:

$$\frac{\left(E(\#abhäng.=0\,|\,Modell)+E(\#abhäng.=1\,|\,Modell)\right)-\left((n\cdot\tilde{p})+(N-n)\cdot(1-\tilde{p})\right)}{\left[(n(1-\tilde{p}))+(N-n)\tilde{p}\right]} \quad (39)$$

1.2.7.2.3 Methode II: Prognoseerfolg des Logit-Modells (kritischer Wert)

Alternativ zur Methode der Erwartungswerte wird ein zwischen null und eins liegender Schwellenwert (in der Regel 0,5) vorgegeben. Liegt die modellgestützte oder konstant vorgegebene Wahrscheinlichkeit für das Eintreffen des Ereignisses y_t=1 oberhalb (unterhalb) dieses Schwellenwertes, dann wird das Ereignis y_t=1 (y_t=0) vorhergesagt.

1.) Die N Beobachtungen der abhängigen Variablen y_t werden in den Prognosemengen n_1^p und n_0^p eingeteilt, je nachdem, ob die auf Grundlage der $x_t, \hat{\alpha}, \hat{\beta}$ prognostizierten Wahrscheinlichkeiten $P(y_t=1\,|\,\hat{\alpha},\hat{\beta};x_t)$>c sind, wobei c∈[0,1]. Liegt die geschätzte Wahrscheinlichkeit über (unter) dem Schwellenwert c, dann wird die Beobachtung y_t der Gruppe n_1^p (n_0^p) zugeordnet.

2.) Die Anzahl der y_t Beobachtungen in der Gruppe n_1^p (n_0^p) bei denen y_t=1 (y_t=0) ist, wird mit n_1 (n_0) bezeichnet. In diesem Fall ist n_1 die Sensitivität und n_0 die Spezifizität. Der Quotient $Q=(n_1+n_0/N)$ gibt den Anteil der korrekt prognostizierten y_t Realisationen an.

3.) Alternativ zu 1.) kann die Einteilung in die Gruppen danach erfolgen, ob die konstante Wahrscheinlichkeit $\tilde{p}$>c ist. Diese Gruppen werden mit $\overline{n}_1^p$, $\overline{n}_0^p$ bezeichnet. Die Anzahl der y_t Beobachtungen in den Gruppe $\overline{n}_1^p$ ($\overline{n}_0^p$) bei denen y_t=1 (y_t=0) ist, wird mit $\overline{n}_1$ ($\overline{n}_0$) bezeichnet. Da c eine Konstante ist, entspricht immer eine der beiden Gruppen $\overline{n}_1$ und $\overline{n}_0$ der leeren Menge, bzw. ist identisch mit $\overline{n}_1^p$ ($\overline{n}_0^p$). Der

Quotient $\overline{Q} = (\overline{n}_1 + \overline{n}_0 / N)$ gibt den Anteil der korrekt prognostizierten y_t Realisationen bei konstanter Wahrscheinlichkeit $\tilde{p}$ an.

Die Güte der beiden Modelle kann durch einen Vergleich von $\overline{Q}$ und Q abgeschätzt werden.

Abb. 1.2.2a

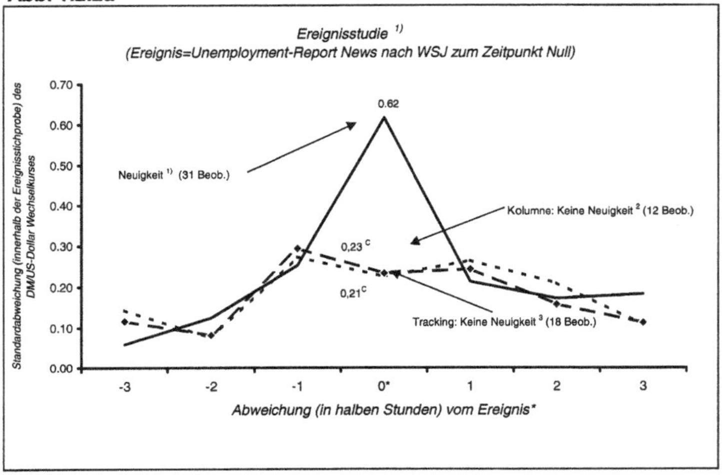

* F-Werte und Werte der Brown-Forsythe Statistik in Tabelle. Hier: Standardabweichung aus 'Keine Neuigkeit' signifikant unter Standardabweichung aus 'Neuigkeit' zum marg. Signifikanzniveau A: 0,1; B: 0,05; C: 0,01, nach Brown-Forsythe Statistik.

1) Ereignis: 31 Makroökonomische Neuigkeit, 18 Nicht Neuigkeiten nach Tracking, 12 Nicht Neuigkeiten nach Kolumne, klassifiziert nach WSJ

2) Standardabweichung bei Null (mal 100) der Kolumnen-Gruppe.

3) Standardabweichung bei Null (mal 100) der Tracking-Gruppe.

Abb. 1.2.2b

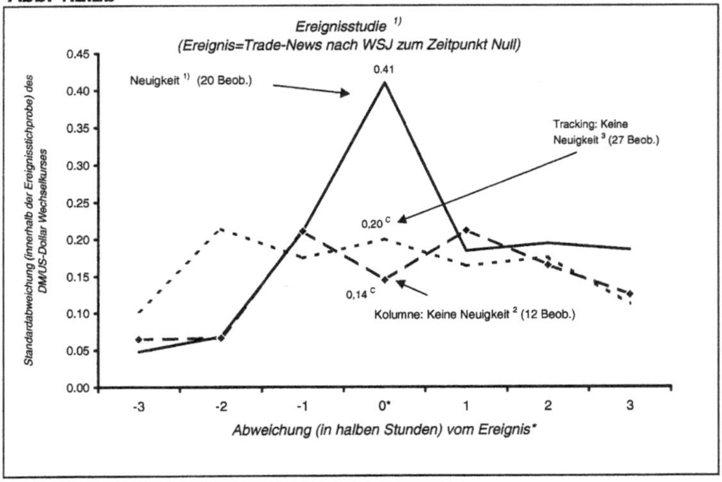

* F-Werte und Werte der Brown-Forsythe Statistik in Tabelle. Hier: Standardabweichung aus 'Keine Neuigkeit' signifikant unter Standardabweichung aus 'Neuigkeit' zum marg. Signifikanzniveau A: 0,1; B: 0,05; C: 0,01, nach Brown-Forsythe Statistik.

1) Ereignis: 20 Makroökonomische Neuigkeit, 27 Nicht Neuigkeiten nach Tracking, 12 Nicht Neuigkeiten nach Kolumne, klassifiziert nach WSJ

2) Standardabweichung bei Null (mal 100) der Kolumnen-Gruppe.

3) Standardabweichung bei Null (mal 100) der Tracking-Gruppe.

Abb. 1.2.2c

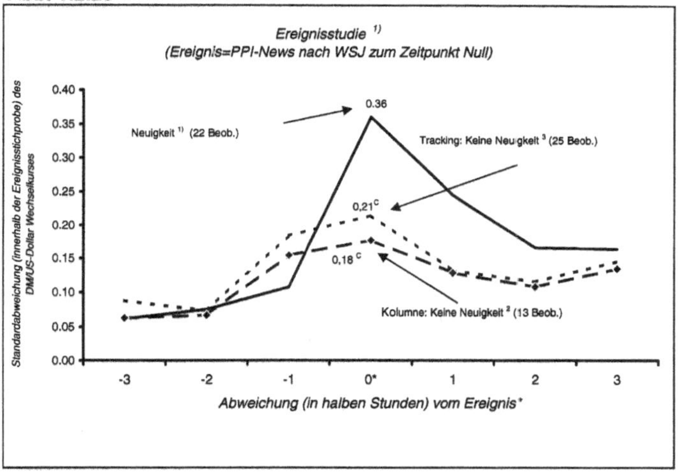

* F-Werte und Werte der Brown-Forsythe Statistik in Tabelle. Hier: Standardabweichung aus 'Keine Neuigkeit' signifikant unter Standardabweichung aus 'Neuigkeit' zum marg. Signifikanzniveau A: 0,1; B: 0,05; C: 0,01, nach Brown-Forsythe Statistik.

1) Ereignis: 22 Makroökonomische Neuigk., 25 Nicht Neuigk. nach Tracking, 13 Nicht Neuigk. nach Kolumne klassifiziert nach WSJ

2) Standardabweichung bei Null (mal 100) der Kolumnen-Gruppe.

3) Standardabweichung bei Null (mal 100) der Tracking-Gruppe.

Abb. 1.2.2d

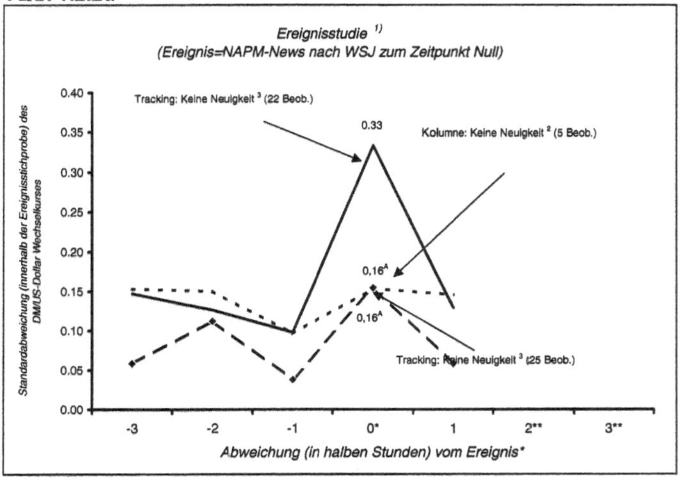

* F-Werte und Werte der Brown-Forsythe Statistik in Tabelle. Hier: Standardabweichung aus 'Keine Neuigkeit' signifikant unter Standardabweichung aus 'Neuigkeit' zum marg. Signifikanzniveau A: 0,1; B: 0,05; C: 0,01, nach Brown-Forsythe Statistik.

** Keine Beobachtungen, da NAPM um 17:00 MEZ bekanntgegeben werden.

1) Ereignis: 12 Makroökonomische Neuigk., 22 Nicht Neuigk. nach Tracking, 5 Nicht Neuigk. nach Kolumne, klassifiziert nach WSJ

2) Standardabweichung bei Null (mal 100) der Kolumnen-Gruppe.

3) Standardabweichung bei Null (mal 100) der Tracking-Gruppe.

Abb. 1.2.2e

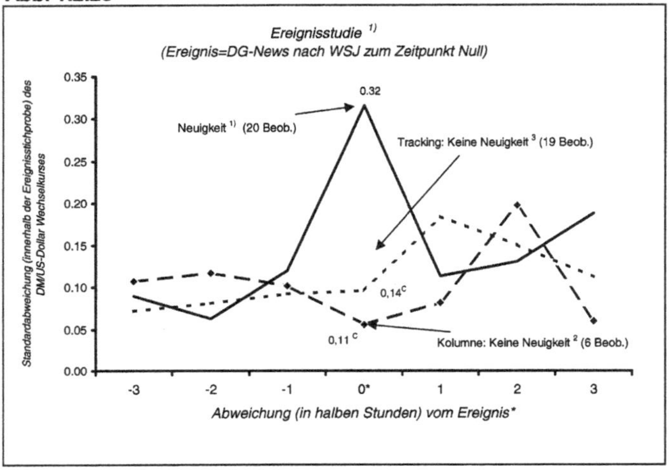

* F-Werte und Werte der Brown-Forsythe Statistik in Tabelle. Hier: Standardabweichung aus 'Keine Neuigkeit' signifikant unter Standardabweichung aus 'Neuigkeit' zum marg. Signifikanzniveau A: 0,1; B: 0,05; C: 0,01, nach Brown-Forsythe Statistik.

1) Ereignis: 27 Makroökonomische Neuigk., 19 Nicht Neuigk. nach Tracking, 6 Nicht Neuigk. nach Kolumne, klassifiziert nach WSJ

2) Standardabweichung bei Null (mal 100) der Kolumnen-Gruppe.

3) Standardabweichung bei Null (mal 100) der Tracking-Gruppe.

Abb. 1.2.2f

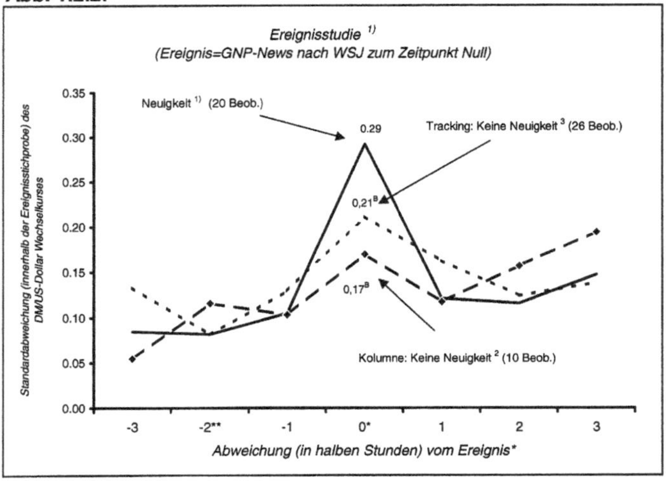

* F-Werte und Werte der Brown-Forsythe Statistik in Tabelle. Hier: Standardabweichung aus 'Keine Neuigkeit' signifikant unter Standardabweichung aus 'Neuigkeit' zum marg. Signifikanzniveau A: 0,1; B: 0,05; C: 0,01, nach Brown-Forsythe Statistik.

** Korrigiert um die Bewegung am 27.10.1992

1) Ereignis: 20 Makroökonomische Neuigk., 26 Nicht Neuigk. nach Tracking, 10 Nicht Neuigk. nach Kolumne, klassifiziert nach WSJ

2) Standardabweichung bei Null (mal 100) der Kolumnen-Gruppe.

3) Standardabweichung bei Null (mal 100) der Tracking-Gruppe.

Abb. 1.2.2g

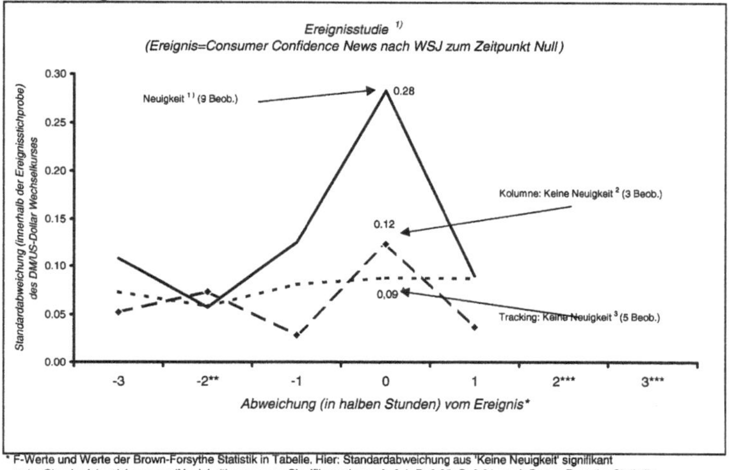

* F-Werte und Werte der Brown-Forsythe Statistik in Tabelle. Hier: Standardabweichung aus 'Keine Neuigkeit' signifikant unter Standardabweichung aus 'Neuigkeit' zum marg. Signifikanzniveau A: 0,1; B: 0,05; C: 0,01, nach Brown-Forsythe Statistik.

** Überlappung mit anderen Neuigkeiten um 8:30 MEZ

*** Keine Daten erhältlich, da nach 17:00 MEZ

1) Ereignis: Makroökonomische Neuigkeit, klassifiziert nach WSJ

2) Standardabweichung bei Null (mal 100) der Kolumnen-Gruppe.

3) Standardabweichung bei Null (mal 100) der Tracking-Gruppe.

Abb. 1.2.2h

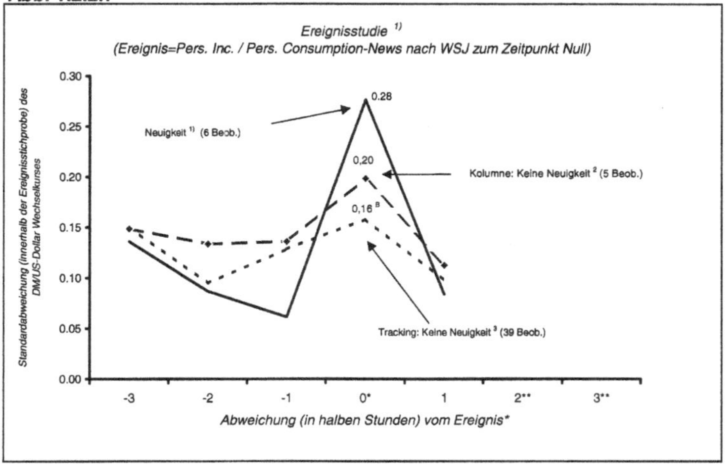

* F-Werte und Werte der Brown-Forsythe Statistik in Tabelle. Hier: Standardabweichung aus 'Keine Neuigkeit' signifikant unter Standardabweichung aus 'Neuigkeit' zum marg. Signifikanzniveau A: 0,1; B: 0,05; C: 0,01, nach Brown-Forsythe Statistik.

** Keine Beobachtungen, da Factory Orders um 17:00 MEZ bekanntgegeben werden.

1) Ereignis: 6 Makroökonomische Neuigkeit, 39 Nicht Neuigkeiten nach Tracking, 5 Nicht Neuigkeiten nach Kolumne, klassifiziert nach WSJ

2) Standardabweichung bei Null (mal 100) der Kolumnen-Gruppe.

3) Standardabweichung bei Null (mal 100) der Tracking-Gruppe.

Abb. 1.2.2i

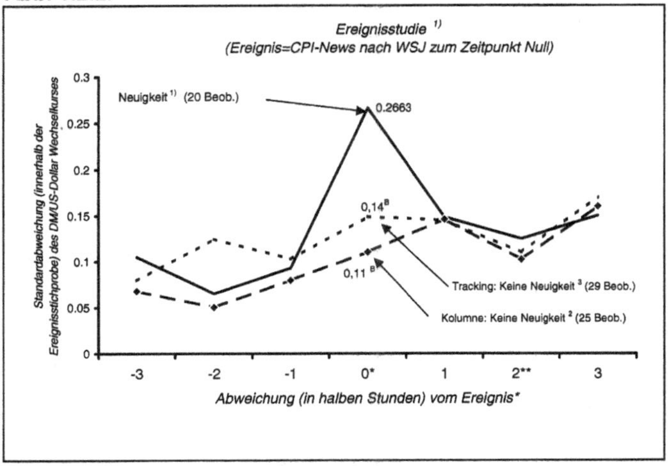

* F-Werte und Werte der Brown-Forsythe Statistik in Tabelle. Hier: Standardabweichung aus 'Keine Neuigkeit' signifikant unter Standardabweichung aus 'Neuigkeit' zum marg. Signifikanzniveau A: 0,1; B: 0,05; C: 0,01, nach Brown-Forsythe Statistik

** Bereinigt um die Abweichung vom 19.03.1991, 15:30 als Bundesbankpräsident Pöhl mit seiner Bemerkung über die "desaströsen Folgen der deutschen Währungsunion" eine Wechselkursbewegung um 6 Pfennig verursachte.

1) Ereignis: 20 Makroökonomische Neuigkeit, 29 Nicht Neuigkeiten, klassifiziert nach WSJ

2) Standardabweichung bei Null (mal 100) der Kolumnen-Gruppe.

3) Standardabweichung bei Null (mal 100) der Tracking-Gruppe.

Abb. 1.2.2k

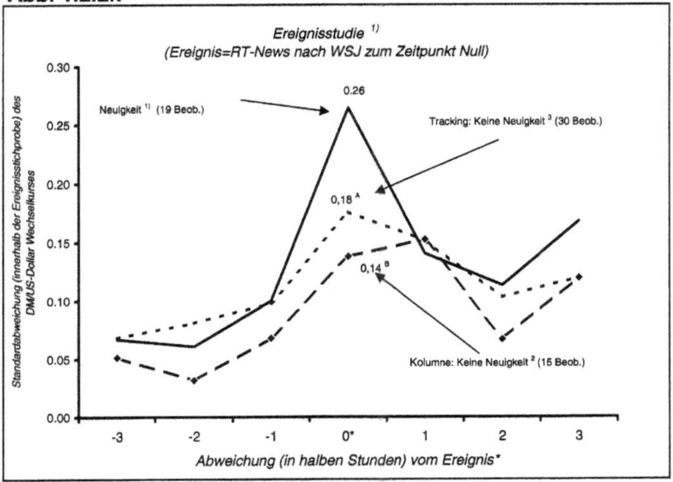

1) Ereignis: 19 Makroökonomische Neuigk., 30 Nicht Neuigk. nach Tracking, 15 Nicht Neuigk. nach Kolumne, klassifiz. nach WS.

2) Standardabweichung bei Null (mal 100) der Kolumnen-Gruppe.

3) Standardabweichung bei Null (mal 100) der Tracking-Gruppe.

Abb. 1.2.2l

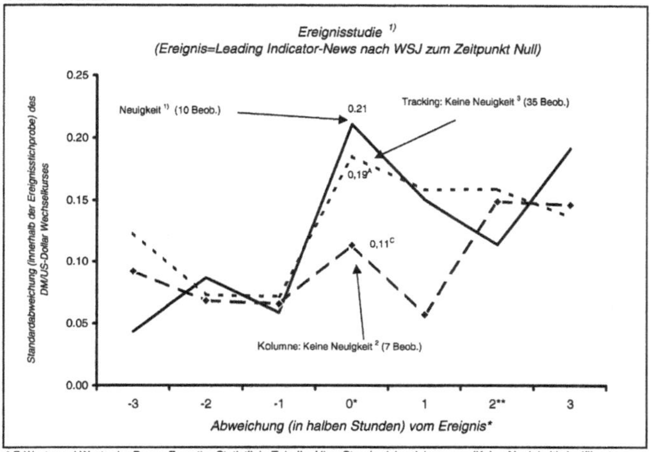

* F-Werte und Werte der Brown-Forsythe Statistik in Tabelle. Hier: Standardabweichung aus 'Keine Neuigkeit' signifikant unter Standardabweichung aus 'Neuigkeit' zum marg. Signifikanzniveau A: 0,1; B: 0,05; C: 0,01, nach Brown-Forsythe Statistik.
**Überlagerung (hier nicht bereinigt) mit anderen 8:30 a.m. EST Beobachtungen.
Zwei große Bewegungen sind nicht kommentiert: 2:03:90 und 3:11:92.
1) Ereignis: 10 Makroökonomische Neuigk., 35 Nicht Neuigk. nach Tracking, 7 Nicht Neuigk. nach Kolumne, klassifiz. nach WSJ
2) Standardabweichung bei Null (mal 100) der Kolumnen-Gruppe.
3) Standardabweichung bei Null (mal 100) der Tracking-Gruppe.

Abb. 1.2.2m

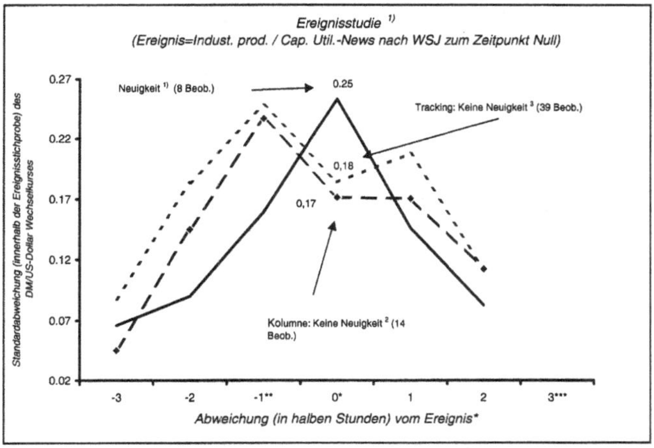

* F-Werte und Werte der Brown-Forsythe Statistik in Tabelle. Hier: Standardabweichung aus 'Keine Neuigkeit' signifikant unter Standardabweichung aus 'Neuigkeit' zum marg. Signifikanzniveau A: 0,1; B: 0,05; C: 0,01, nach Brown-Forsythe Statistik.
**Überlagerung (hier nicht bereinigt) mit anderen 8:30 a.m. EST Beobachtungen. 14.07.89: Retail sales.
Zwei große Bewegungen sind nicht kommentiert: 15:02 89 und 16:02:90.
*** Keine Beobachtungen, da Industrial Production (IPCU) um 9:15 a.m. EST bekanntgegeben werden.
1) Ereignis: 8 Makroökonomische Neuigk., 39 Nicht Neuigk.nach Tracking, 14 Nicht Neuigk.nach Kolumne, klassifiz. nach WSJ
2) Standardabweichung bei Null (mal 100) der Kolumnen-Gruppe.
3) Standardabweichung bei Null (mal 100) der Tracking-Gruppe.

Abb. 1.2.2n

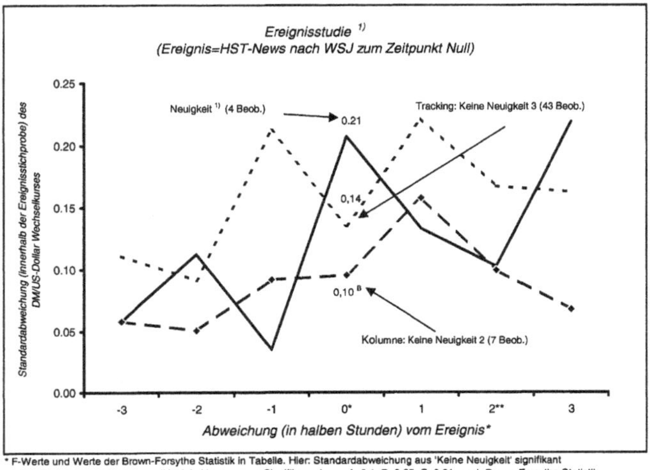

* F-Werte und Werte der Brown-Forsythe Statistik in Tabelle. Hier: Standardabweichung aus 'Keine Neuigkeit' signifikant unter Standardabweichung aus 'Neuigkeit' zum marg. Signifikanzniveau A: 0,1; B: 0,05; C: 0,01, nach Brown-Forsythe Statistik.

**Bereinigt um Überlagerung mit anderen Neuigkeiten: Industrial Production am 17.03.92 und um den Effekt der Bemerk. von Mitgliedern des FOMC am 18.01.90. WSJ:"In the wake of the remarks by Messrs. Johnson ...".

1) Ereignis: 4 Makroökonomische Neuigk., 43 Nicht Neuigk. nach Tracking, 7 Nicht Neuigk. nach Kolumne, klassifiz. nach WSJ

2) Standardabweichung bei Null (mal 100) der Kolumnen-Gruppe.

3) Standardabweichung bei Null (mal 100) der Tracking-Gruppe.

Abb. 1.2.2o

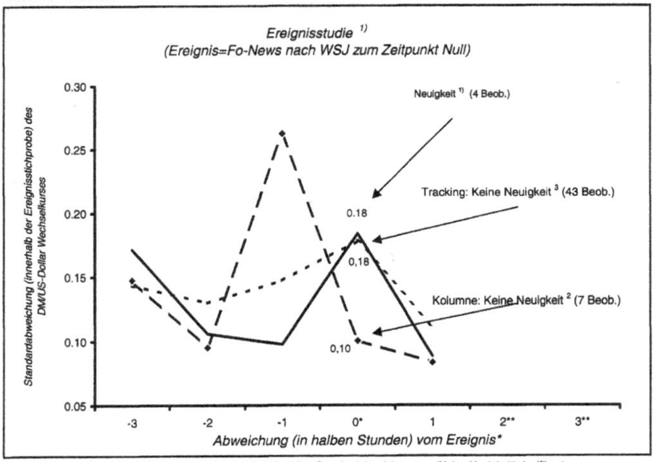

* F-Werte und Werte der Brown-Forsythe Statistik in Tabelle. Hier: Standardabweichung aus 'Keine Neuigkeit' signifikant unter Standardabweichung aus 'Neuigkeit' zum marg. Signifikanzniveau A: 0,1; B: 0,05; C: 0,01, nach Brown-Forsythe Statistik.

** Keine Beobachtungen, da Factory Orders um 17:00 MEZ bekanntgegeben werden.

1) Ereignis: 4 Makroökonomische Neuigk., 41 Nicht Neuigk. nach Tracking, 4 Nicht Neuigk. nach Kolumne, klassifiz. nach WSJ

2) Standardabweichung bei Null (mal 100) der Kolumnen-Gruppe.

3) Standardabweichung bei Null (mal 100) der Tracking-Gruppe.

Abb. 1.2.2p

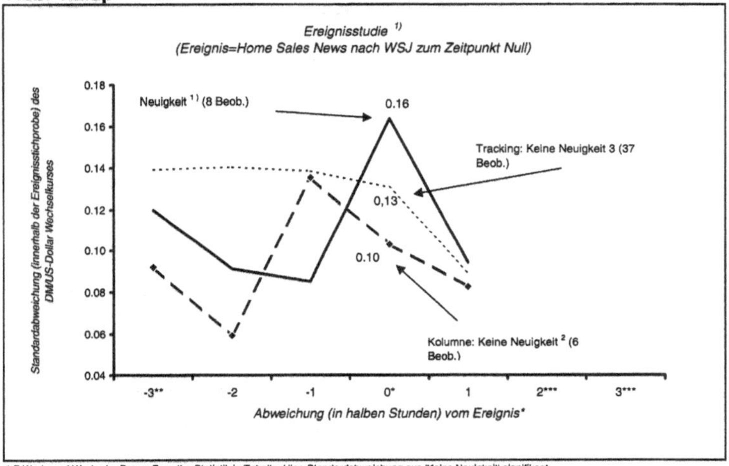

* F-Werte und Werte der Brown-Forsythe Statistik in Tabelle. Hier: Standardabweichung aus 'Keine Neuigkeit' signifikant unter Standardabweichung aus 'Neuigkeit' zum marg. Signifikanzniveau A: 0,1; B: 0,05; C: 0,01, nach Brown-Forsythe Statistik.

** Der Wert bei -3 ist bereinigt um die Abweich. vom 30.07.1992, 8:30 (EST): The dollar stumbled Thursday on late comments by FED Vice [...].

*** Keine Beobachtungen, da HS-Zahlen um 17:00 MEZ bekanntgegeben werden.

1) Ereignis: 8 Makroökonomische Neuigkeit, 37 Nicht Neuigkeiten nach Tracking, 6 Nicht Neuigkeiten nach Kolumne, klassifiziert nach WSJ

2) Standardabweichung bei Null (mal 100) der Kolumnen-Gruppe.

3) Standardabweichung bei Null (mal 100) der Tracking-Gruppe.

Abb. 1.2.2q

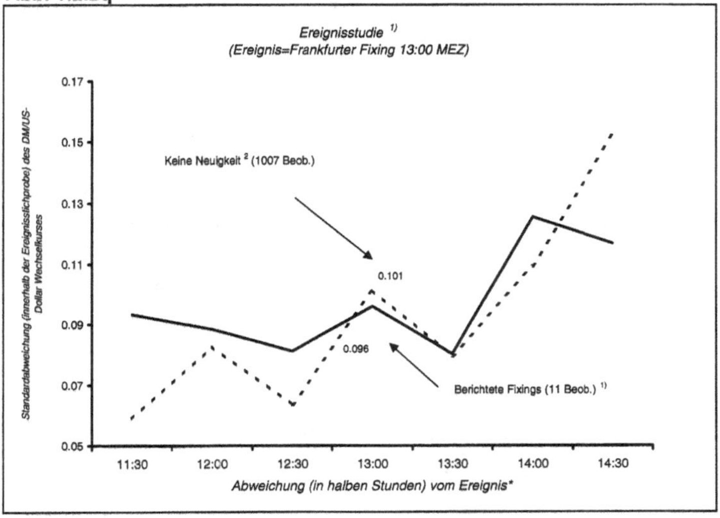

* Standardabweichung bei Null signifikant über der Standardabweichung von -3, -2, -1, 1, 2, 3. F-Wert (Prob.) bei 2: 1,05 (0,94); bei 3: 2,05 (0,27).

1) Ereignis: 11 Interventionen beim Frankfurter Fixing 13:00 MEZ, klassifiziert nach WSJ

2) Durchschnittliche Standardabweichung zum Zeitpunkt 13:00 (ohne Fixing-Tage nach WSJ), ohne Klasse I und Klasse II Ereignisse

2 Saisonalität und Risikoprämien auf dem D-Mark/US-Dollar Devisenmarkt

2.1 Die Berichterstattung im WSJ und Saisonalität

Die Preisschwankungen am Devisenmarkt werden bei effizienten Märkten durch neue Informationen verursacht, die die Marktteilnehmer dazu bringt, den Vermögenswert „Devise" neu einzuschätzen.

Die beobachteten Veränderungen der Wechselkurszeitreihe sind demnach ein Reflex der auf den Markt treffenden Informationen.[72] Ist der Informationsfluß stetig und ohne Muster weist auch die Wechselkurszeitreihe keine typischen Muster auf. Besteht ein Zusammenhang zwischen den Wechselkursbewegungen und dem Informationsgehalt einer Neuigkeit, dann übersetzen sich die im Laufe eines Zeitabschnitts auflaufenden – im Extremfall normalverteilten – Neuigkeiten in ebenso verteilte Änderungen des Wechselkurses.

Nähere Untersuchungen der Intratagesdaten zeigen jedoch, daß es saisonale, vom Zeitpunkt in der Woche abhängige Bewegungsmuster des zweiten empirischen Moments, also der Volatilität, gibt. Das deutet daraufhin, daß der Informationsfluß nicht nur zufallsabhängig kontinuierlich, sondern auch strukturiert, ‚sprunghaft' verläuft. So wurde in Kapitel 1.2. gezeigt, daß die Veröffentlichung der *Klasse I* Variablen den Informationsfluß zu bestimmten vorher bekannten Augenblicken anschwellen läßt.

In diesem Kapitel wird der Frage nachgegangen, in welchem Ausmaß saisonale Bewegungen der Wechselkurszeitreihe durch die Berichterstattung der *"currency markets"* Kolumne des WSJ nachgezeichnet werden. Würden die Berichterstatter alle saisonal eintreffenden Informationen vollständig und richtig beschreiben, dürfte – im Extremfall – nach der Herausnahme der durch als „Neuigkeiten" bezeichneten *Klasse I* Variablen verursachten Wechselkursbewegungen, nur noch weißes Rauschen zu beobachten sein, mithin die gesamte Volatilitätsstruktur aus der Zeitreihe herausgetrennt sein.

Das weitere Kapitel ist wie folgt gegliedert. Abschnitt 2.1.1 umfaßt einen Literaturüberblick über Saisonmuster in Zeitreihen. In Abschnitt 2.1.2 wird gezeigt, daß die halbstündige Wechselkurszeitreihe während des Betrachtungszeitraums im Wochenverlauf stabile Volatilitätsmuster aufweist, das nur zum Teil durch den Informationsgehalt der *Klasse I* Variablen erklärt wird. Dabei werden zeitpunktbezogene empirische Standardabweichungen geschätzt. In Abschnitt 2.1.3 schließlich werden die zeitspezifischen Volatilitätsbewegungen mit einem GARCH Modell abgebildet.

2.1.1 Literaturüberblick

Frühe Arbeiten über saisonale Muster – auch als Kalendereffekte bezeichnet – haben vor allem Mittelwerteffekte zum Inhalt. Eine der ersten Arbeiten stammt von French [1980], der für den Zeitraum von 1953 bis 1973 die täglichen Renditen des Standard & Poor's Aktienindex untersucht und zu dem Ergebnis kommt, daß der Mittelwert der Renditen an Montagen signifikant unter Null liegt. Dieses Ergebnis wird von Gibbons and Hess [1981] bekräftigt. Für den Devisenmarkt zeigt MacFarland [1982], daß der Mittelwert von Kassa- und Terminwechselkursrenditen von 1975 bis 1979 wochentagsspezifischen Auf- bzw. Abwertungsmustern folgt. Pearce [1996] überprüft die Robustheit von Kalendereffekten für den Zeitraum von 1972 bis 1994 und bestätigt Wochentagseffekte bis Ende 1985. Für den Zeitraum danach stellt er allerdings fest, daß die Wochentagseffekte für große Aktiengesellschaften zu verschwinden beginnen.

Erklärungen für wochentagsspezifische Mittelwerteffekte fallen in zwei Kategorien. Auf der einen Seite gibt es die Autoren, die Mittelwerteffekte für einen Artefakt halten. So z.B. Fama und Blume [1966], die die beobachteten Anomalien auf „fehlerhafte" Preisnotierungen zurückführt und Taylor [1994, 42] der die häufig auf Grundlage eines t-Tests festgestellte Signifikanz der wochentagsspezifischen Renditen bestreitet, da die Verteilungsannahmen (unabhängig, identisch) für einen t-Test nicht erfüllt sind. Auf der anderen Seite werden institutionelle Begründungen für die Effekte gegeben. MacFarland ed.al. [1982] z.B. führt die Kalendereffekte auf dem Devisenmarkt auf die Funktionsweise der Abrechnungssysteme zurück.

Deutlich robuster und in der Literatur unbestrittener sind wochentagsspezifische Volatilitätsmuster. Harvey and Huang [1991] stellen z.B. für Zins- und Wechselkursterminmärkte fest, daß an Donnerstagen und Freitagen die ersten 60 bis 70 Handelsminuten nach Öffnung der Märkte (8:45 EST bis 10:00 EST) die volatilste Zeit der

---

[72] Für den Aktienmarkt verwendet z.B. Ross [1989] die Volatilität als Maß für den Informationsfluß. Darunter subsumiert er auch exogene Schocks auf die die Wirtschaftssubjekte reagieren.

Woche ist. Lee und Ederington [1993] and McQueen et al. [1993] bestätigen dieses Ergebnis für „US-Treasury Bond" „Eurodollar" und „D-Mark-Future" Kontrakte, Bollerslev und Andersen [1999] für den D-Mark-US-Dollar Devisenmarkt. Alle vier genannten Arbeiten fußen auf Hochfrequenzdaten und die Autoren der Papiere isolieren „Announcements", in unserer Terminologie Ankündigung von *Klasse I* Variablen, als die strukturbildenden Kräfte. Allerdings verzichten sie darauf, den Informationsgehalt einer Ankündigung auf „Neuigkeiten" zu überprüfen. Die Ergebnisse scheinen allerdings sensibel bzgl. der Notierungsfrequenz der Daten zu sein. So findet z.B. Cutler et. al. [1989] in einer Arbeit auf Basis von Tagesdaten keinen Bezug zwischen Volatilität und neuer Information.

2.1.2 Die Daten

Die Untersuchung auf Saisonmuster der Zeitreihe erfolgt hier auf Basis der halbstündig in der Zeit von 8:30 bis 17:00 MEZ Uhr von der Deutschen Bundesbank aufgezeichneten D-Mark/US-Dollar Ankaufskurse am Interbankenmarkt in Frankfurt am Main.

Untersucht wird der Zeitraum vom 2. Januar 1989 bis zum 29. Januar 1993 (ohne Wochenenden). Diese Zeitspanne enthält 17040 halbstündige Intervalle an 1065 Tagen mit 16105 Notierungen (Datensatz T). Werden Intervalle ausgeschlossen, an denen WSJ-Neuigkeiten auf den Markt treffen, enthält der Datensatz 15903 Beobachtungen (Datensatz „Ohne Neuigkeiten nach WSJ" bzw. T/N). Der Datensatz ohne Ankündigen nach WSJ umschließt 15227 Beobachtungen (Datensatz „Ohne Ankündigungen insgesamt" bzw. T/A).

Dabei steht $S_{i(t),w(t)}$ für eine Interbankennotierung am Wochentag w(t) zum Intratagesintervall i(t), wobei $w(t) \in \{Mo, ..., Fr\}$ und $i(t) \in \{(8{:}30\text{-}9{:}00), ..., (16{:}30\text{-}17{:}00)\}$. Der Laufindex t numeriert alle Beobachtungen von 1-17040 durch. Die Indizes i(t) und w(t) weisen jeder Beobachtung t einen Wochentag und eine Uhrzeit zu. Der näherungsweise prozentualen Wechselkursveränderung $s_{i(t),w(t)}$ entspricht der logarithmischen Differenz zweier *unmittelbar* aufeinanderfolgender halbstündiger Wechselkursnotierungen $S_{i(t),w(t)}$, mit $s_{i(t),w(t)} = \left(\ln(S_{i(t),w(t)}) - \ln(S_{i(t-1),w(t-1)})\right)$. „Übernacht"-Wechselkursänderungen (z.B. $s_{i(t),w(t)} = \ln(S_{17:00,Fr}) - \ln(S_{8:30,Mo})$) und somit Wochenend- oder Ferieneffekte werden nicht berücksichtigt, da nur Intratagesmuster untersucht werden.

2.1.3 Die Darstellung der Volatilität über zeitpunktspezifische Standardabweichungen

2.1.3.1 Das Volatilitätsmodell

Im folgenden werden zeitpunktspezifische Verlaufsmuster mit „allen Beobachtungen" (T), mit „allen Beobachtungen ohne Ankündigungen" (T/A) und schließlich mit „allen Beobachtungen ohne Neuigkeiten nach WSJ" (T/N) gebildet.

Dabei wird überprüft, inwiefern die Struktur der Volatilität durch *Klasse I* Variablen beeinflußt ist. Als Maß für den relativen Berichtserfolg gilt dabei die Veränderung des Ausmaßes der Heteroskedastie bei Verwendung der verschiedenen Datensätzen T, T/A und T/N. Hier wird vorgeschlagen, die Veränderung der Heteroskedastie durch die Veränderung der Varianz-Teststatistikwerte zu messen, die sich bei den unterschiedlichen Datensätzen ergeben.

Volatilitätsmuster werden hier in drei verschiedenen zeitlichen Abgrenzungen geschätzt. Bei der *Standardabweichung im Wochenverlauf* (Std-80) wird sie aus den Wechselkursveränderungen an gleichen Wochentagen und während des gleichen Intratagesintervalls ermittelt. Da es 5 Wochentage mit 16 Beobachtungen pro Tag gibt, besteht das Muster aus 80 verschiedenen Standardabweichungen. Bei der *Standardabweichung im Tagesverlauf* (Std-16) wird über die 16 unterschiedlichen Intratagesintervalle aggregiert, unabhängig davon, an welchem Wochentag die Wechselkursveränderung stattfindet. Die *Standardabweichung an verschiedenen Wochentagen* (Std-5) wird aus Wechselkursveränderungen an den jeweiligen Wochentagen berechnet.

Das Volatilitätsmuster im Wochenverlauf (Std-80) ergibt sich damit aus den einzelnen Standardabweichungen an spezifischen Wochentagen $w(t)=\overline{w}$ zum Intratagesintervall $i(t)=\overline{i}$, wobei die Varianz berechnet wird nach

$$\sigma^2_{\overline{i},\overline{w}} \equiv \sigma^2_{i(t)=\overline{i},w(t)=\overline{w}} = \sum_t \left(s_{i(t)=\overline{i},w(t)=\overline{w}} - \overline{s}_{\overline{i},\overline{w}}\right)^2 / (n_{\overline{i},\overline{w}} - 1)$$

$$\forall t \in \{1,\ldots,T\}, i(t)=\overline{i}, w(t)=\overline{w}$$

$n_{\overline{i},\overline{w}}$ entspricht dabei jeweils der Anzahl der Beobachtungen bei denen $w(t)=\overline{w}$ und $i(t)=\overline{i}$. $\overline{s}_{\overline{i},\overline{w}}$ entspricht dem jeweiligen Stichprobenmittelwert bei denen $w(t)=\overline{w}$ und $i(t)=\overline{i}$.

Die Standardabweichungen im Tagesverlauf (STD-16) werden aus den Renditen $s_{i(t),w(t)}$ zur Intratageszeit $i(t)=\bar{i}$ geschätzt, unabhängig vom Wochentag *w(t)*:

$$\sigma_{\bar{i}}^2 \equiv \sigma_{i(t)=\bar{i}}^2 = \sum_t \left(s_{i(t)=\bar{i}} - \bar{s}_{\bar{i}}\right)^2 / (n_{\bar{i}} - 1) \quad \forall t \in \{1,\dots,T\}, i(t)=\bar{i}, w(t)$$

$n_{\bar{i}}$ entspricht jeweils der Anzahl der Beobachtungen zur vorgegebenen Uhrzeit $i(t)=\bar{i}$. $\bar{s}_{\bar{i}}$ entspricht dem jeweiligen Stichprobenmittelwert bei denen $i(t)=\bar{i}$.

Die Standardabweichungen an den verschiedenen Wochentagen (STD-5) werden aus den Renditen am vorgegebenen Wochentag $w(t)=\overline{w}$ ermittelt, unabhängig von der Uhrzeit *i(t).*

$$\sigma_{\overline{w}}^2 \equiv \sigma_{w(t)=\overline{w}}^2 = \sum_t \left(s_{w(t)=\overline{w}} - \bar{s}_{\overline{w}}\right)^2 / (n_{\overline{w}} - 1) \quad \forall t \in \{1,\dots,T\}, i(t), w(t)=\overline{w}$$

$n_{\overline{w}}$ entspricht jeweils der Anzahl der Beobachtungen am Wochentag $w(t)=\overline{w}$. $\bar{s}_{\overline{w}}$ entspricht dem jeweiligen Stichprobenmittelwert bei denen $w(t)=\overline{w}$.

Die Standardabweichungen $\sigma_{\bar{i},\overline{w}}, \sigma_{\bar{i}}, \sigma_{\overline{w}}$ werden unter Verwendung der drei Datensätzen T, T/N und T/A geschätzt, wobei der verwendete Datensatz jeweils als Superskript in der Notation für die geschätzte Standardabweichung vermerkt wird: $\sigma_{\bar{i},\overline{w}}^T, \sigma_{\bar{i}}^T, \sigma_{\overline{w}}^T$ bzw. $\sigma_{\bar{i},\overline{w}}^{T/N}, \sigma_{\bar{i}}^{T/N}, \sigma_{\overline{w}}^{T/N}$ und $\sigma_{\bar{i},\overline{w}}^{T/A}, \sigma_{\bar{i}}^{T/A}, \sigma_{\overline{w}}^{T/A}$.

Man beachte, daß hier im Gegensatz zur Ereignisstudie des Kapitels 1 auf die zeitpunktbezogenen Regelmäßigkeiten abgestellt wird. Ereigniszeit 0 der Ereignisstudie und „Echtzeit" der verschiedenen Veröffentlichung fallen damit häufiger auseinander. Neben den unterschiedlichen Veröffentlichungszeitpunkten für die makroökonomischen Neuigkeiten liegt das – für eine kleine Untergruppe der Beobachtungen – auch an den unterschiedlichen Sommerzeit/Winterzeitregelungen in den USA und Deutschland.[73]

---

[73] Die USA gingen während des Beobachtungszeitraumes am letzten Märzsonntag zur Sommerzeit (daylight saving time) über und beendeten diese am letzten Oktoberwochenende. Im Unterschied dazu lagen in Deutschland die Termine auf dem ersten April- bzw. letzten Septembersonntag. Die makroökonomischen US-Nachrichten werden in der Regel um 8:30 bzw. 10:00 Eastern Standard Time (EST) (siehe Tabelle (Wochentagstabelle)) bekanntgegeben. Das entspricht „normalerweise" 14:30 und 16:00 Mitteleuropäischer Zeit (MEZ), während der sommerzeitbedingten Zeitunterschiede allerdings 13:30 bzw. 15:00 MEZ. Dadurch kommt es nach europäischer Zeit zu einer vorübergehenden Verschiebung der Volatilitätsübertragung. Die Ereignisse sind damit in der „mitteleuropäischen Echtzeit"-Betrachtung weniger synchron als in der Ereigniszeitdarstellung.

2.1.3.2 Ergebnisse des Volatilitätsmodell

Die jeweils drei Verläufe der geschätzten Standardabweichungen, bzw. die dazugehörenden numerischen Werte, sind in den Schaubildern 2.1.1 bis 2.1.3 eingezeichnet bzw. in den Tabellen 2.1.1 bis 2.1.3 (siehe Seiten 170ff.) eingetragen. Daneben sind in den Tabellen die F- und Brown-Forsythe modifizierten Levene (B-F) Teststatistiken für die Tests auf Gleichheit der Varianz verzeichnet.

2.1.3.2.1 Im Wochenverlauf

Die geschätzten Standardabeichungen für den Wochenverlauf sind in Abbildung 2.1.1 (siehe Seite 188) und in der Tabelle 2.1.1 (siehe Seite 170) eingetragen.

An der Abszisse des Schaubildes ist der Stand des Intratageszeitindizes $i(t) = \bar{i}$ abgetragen, der für jeden Tag von 1 (8:30 MEZ) bis 17 (17:00 MEZ) verläuft. Der Stand des Index $w(t) = \overline{w}$ ist jeweils zu Beginn des Tages ($\bar{i} = 1$) mit Wochentagskürzeln (Mo,...,Fr) gekennzeichnet. Die Ordinate gibt die Höhe der geschätzten Standardabweichungen (mal Einhundert) an. Die Standardabweichungen im Wochenverlauf zeigen deutliche saisonale Einflüsse. Von erhöhten Volatilitätswerten zu Beginn des Tages, fällt die Standardabweichung leicht ab und erreicht jeweils am Ende des Frankfurter Handelstags (16:00 MEZ) ihren Gipfel. Aus dem Profil der einzelnen Wochentage sticht der Freitag besonders hervor. Freitags um 14:30 MEZ (8:30 EST), dem Veröffentlichungszeitpunkt der Arbeitsmarktdaten, der Mehrzahl der PPI- und der Handelsbilanzzahlen, erreicht die geschätzte Standardabweichung mit (0,32) das Maximum. Werden die Standardabweichungen mit den Datensätzen T/A und T/N geschätzt, ändert sich das Wochenverlaufsmuster der Volatilität im Großen und Ganzen nicht. Deutliche Ausnahme davon bildet die 8:30 EST Volatilitätsspitze am Freitag, die auf ein „normales" 8:30 EST Niveau zusammenfällt, wenn aus den Gesamtbeobachtungen die A und N herausgenommen werden. Auch die geschätzten Standardabweichungen (8:30 EST) von Dienstag bis Donnerstag sinken ab. Es läßt sich zeigen, daß auf Grundlage von F- bzw. B-F-Tests zu diesen vier Zeitpunkten die Nullhypothese, daß die Varianz unabhängig von der gewählten Stichprobe gleich groß ist, verworfen werden kann. (siehe Tabelle 2.1.1).

2.1.3.2.2 Im Tagesverlauf

Die geschätzten Standardabeichungen für den Tagesverlauf befinden sich in Abbildung 2.1.2 (siehe Seite 169) und in der Tabelle 2.1.2. (siehe Seite 173)

Die auf Grundlage des Datensatzes T geschätzte Standardabweichung im Tagesverlauf für $i(t) = \bar{i}$ ist ebenfalls zu Beginn des europäischen Handels recht rege, fällt bis zum Mittag auf eine Intratagestiefststand und steigt zum Ende des Tages wieder merklich an. Die Volatilitätsspitze wird um 8:30 EST mit 0,192 erreicht. Werden A und N Ereignisse bei der Schätzung nicht berücksichtigt, flacht der Verlauf – nach F- und B-F Test – signifikant ab. Die Volatilitätsverringerung um 8:00 EST ist nur nach dem F-Test zum marg. Signifikanzniveau von 0,08 signifikant.

2.1.3.2.3 Im Wochentagesverlauf

Die Ergebnisse für den Wochentagsverlauf sind in der Abbildung 2.1.3 (siehe Seite 169) und in der Tabelle 2.1.3 (siehe Seite 174) zusammengefaßt.

Die durch die Veröffentlichung von Makrodaten entstehenden Saisonmuster wirken sich ebenfalls auf die Standardabweichungen an verschiedenen Wochentagen aus. Werden alle T Beobachtung in die Schätzung der Standardabweichung einbezogen zeigt sich eine ‚flache' Volatilitätsentwicklung von Montag bis Mittwoch, die am Donnerstag anzieht und am Freitag mit 0,148 ihren Gipfel erreicht. Eine Herausnahme der A und N Ereignisse führt dazu, daß sich das Verlaufsmuster generell senkt. Überproportional stark reduziert sich dabei die durchschnittliche Standardabweichung am Freitag (von 0,148 auf 0,124) und am Dienstag (von 0,16 auf 0,114). Es gibt damit Evidenz für systematische Strukturen in den Volatilitätsbewegungen der Wechselkurszeitreihe, die sich nicht auflösen, wenn durch *Klasse I* Variablen verursachte Bewegungen aus der Analyse ausgeschlossen werden. In der Tabelle 2.1.4 (siehe Seite 172) sind die Teststatistikwerte des Bartlett-, des Levene- und des B-F Tests (W_B, W_L und $W_{B\text{-}F}$) eingetragen, die auf Gleichheit der Varianz der Untergruppen im Wochenverlauf (80 Untergruppen mit $w(t) = \overline{w}$, $i(t) = \overline{i}$), im Tagesverlauf (16 Unter-gruppen mit $i(t) = \overline{i}$) und an unterschiedlichen Wochentagen (5 Untergruppen mit $w(t) = \overline{w}$) testen. Dabei ist es umso unwahrscheinlicher, daß die Nullhypothese „Gleichheit der Varianz" in den jeweiligen Untergruppen zutrifft, je größer der dazu gehörende Teststatistikwert ist.[74] Im Ergebnis kann bei allen Datensätzen unabhängig vom eingesetzten Verfahren die Nullhypothese klar verworfen werden. Die extreme Hypothese, daß in der *"currency markets"* Kolumne des WSJ alle saisonale Information aufgegriffen wird und alle nicht kommentierte Bewegungen

---

[74] Die Levene- und B-F-Tests sind robust gegen Abweichungen der Normalverteilungsannahme und in diesen Fällen auch von größerer Macht als F-Tests (vgl. Brown and Forsythe [1974, 364]).

Abb. 2.1.1

Standardabweichung im Wochenverlauf

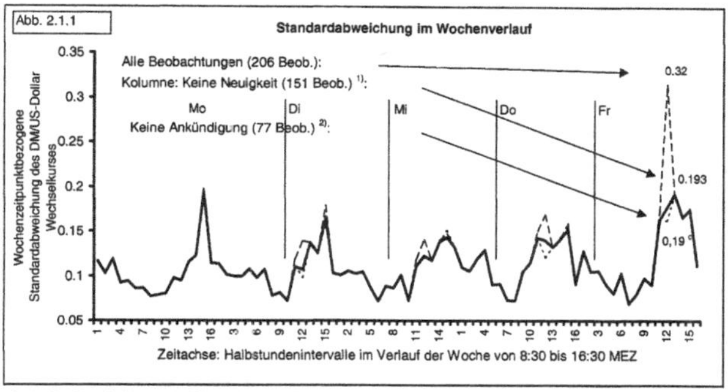

* Standardabweichung im Wochenverlauf 'Ohne Neuigkeit' signifikant unter Standardabweichung im Wochenverlauf mit allen Beobachtungen zum marg. Signifikanzniveau A: 0,1; B: 0,05; C: 0,01, nach Brown-Forsythe Statistik.

1) Ohne Ereignisse, die in der Kolumne des WSJ als Neuigkeit klassifiziert wurden.

2) Ohne im 'Tracking' aufgeführte Ereignisse .

Abb. 2.1.2

Standardabweichung im Tagesverlauf

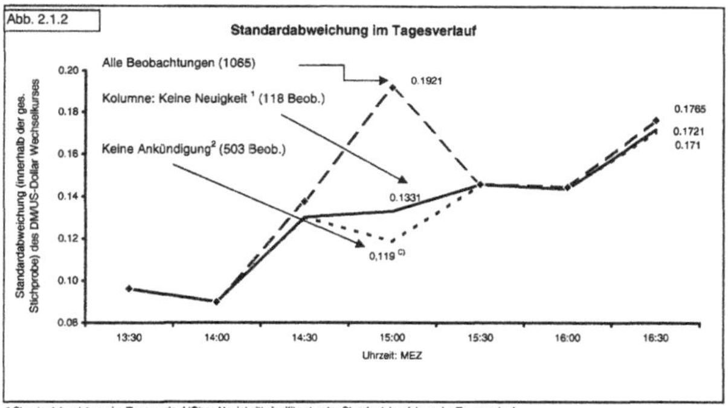

* Standardabweichung im Tagesverlauf 'Ohne Neuigkeit' signifikant unter Standardabweichung im Tagesverlauf mit allen Beobachtungen zum marg. Signifikanzniveau A: 0,1; B: 0,05; C: 0,01, nach Brown-Forsythe Statistik.

1) Ohne Ereignisse, die in der Kolumne des WSJ als Neuigkeit klassifiziert wurden.

2) Ohne im 'Tracking' aufgeführte Ereignisse .

Abb. 2.1.3

Standardabweichung an verschiedenen Wochentagen

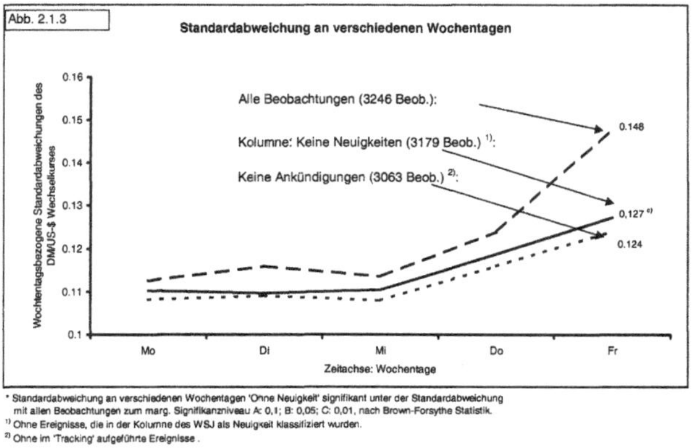

* Standardabweichung an verschiedenen Wochentagen 'Ohne Neuigkeit' signifikant unter der Standardabweichung mit allen Beobachtungen zum marg. Signifikanzniveau A: 0,1; B: 0,05; C: 0,01, nach Brown-Forsythe Statistik.

1) Ohne Ereignisse, die in der Kolumne des WSJ als Neuigkeit klassifiziert wurden.

2) Ohne im 'Tracking' aufgeführte Ereignisse .

Tabelle 2.1.1

Die geschätzte Standardabweichung im Wochenverlauf

Zeitraum: 2. Januar 1989 bis zum 31. Januar 1993

		Standardabweichungen 1)			ANOVA: Std(Alle) vs Std(ohne A) 2)				ANOVA: Std(Alle) vs Std(ohne N) 3)			
		Std (Alle)	Std (o.N)	Std (o.A)	B-F-Test	Wahrsch.	F-Test	Wahrsch.	B-F-Test	Wahrsch.	F-Test	Wahrsch.
Mo												
	09:00	0.12	0.12	0.12								
	09:30	0.10	0.10	0.10								
	10:00	0.12	0.12	0.12								
	10:30	0.09	0.09	0.09								
	11:00	0.09	0.09	0.09								
	11:30	0.09	0.09	0.09								
	12:00	0.09	0.09	0.09								
	12:30	0.08	0.08	0.08								
	13:00	0.08	0.08	0.08								
	13:30	0.08	0.08	0.08								
	14:00	0.10	0.10	0.10								
	14:30	0.10	0.10	0.10	0.00	0.96	1.00	0.97				
	15:00	0.12	0.12	0.12								
	15:30	0.12	0.12	0.12	0.00	0.99	1.00	0.99	0.00	0.99	1.00	0.99
	16:00	0.20	0.19	0.19	0.11	0.74	1.10	0.52	0.05	0.82	1.03	0.86
	16:30	0.11	0.11	0.11								
Di												
	09:00	0.11	0.11	0.11								
	09:30	0.10	0.10	0.10								
	10:00	0.10	0.10	0.10								
	10:30	0.10	0.10	0.10								
	11:00	0.11	0.11	0.11								
	11:30	0.10	0.10	0.10								
	12:00	0.11	0.11	0.11								
	12:30	0.08	0.08	0.08								
	13:00	0.08	0.08	0.08								
	13:30	0.07	0.07	0.07								
	14:00	0.12	0.11	0.11	0.13	0.72	1.17	0.26	0.13	0.72	1.17	0.26
	14:30	0.14	0.10	0.11	5,94***)	0,02***)	1,98***)	0***)	3,99***)	0,05***)	1,67***)	0***)
	15:00	0.14	0.14	0.14	0.00	0.96	1.01	0.97	0.00	0.96	1.01	0.97
	15:30	0.13	0.13	0.13	0.05	0.83	1.03	0.84	0.05	0.83	1.03	0.84
	16:00	0.18	0.16	0.17	0.83	0.36	1.30	0.07	0.55	0.46	1.16	0.31
	16:30	0.10	0.10	0.10								
Mi												
	09:00	0.10	0.10	0.10								
	09:30	0.11	0.11	0.11								
	10:00	0.10	0.10	0.10								
	10:30	0.11	0.11	0.11								
	11:00	0.09	0.09	0.09								
	11:30	0.07	0.07	0.07								
	12:00	0.09	0.09	0.09								
	12:30	0.09	0.09	0.09								
	13:00	0.10	0.10	0.10								
	13:30	0.07	0.07	0.07								
	14:00	0.12	0.11	0.11	0.15	0.70	1.15	0.32	0.15	0.70	1.15	0.32
	14:30	0.14	0.12	0.12	2,06**)	0,15**)	1,34**)	0,06**)	1,31**)	0,25**)	1,3**)	0,07**)
	15:00	0.12	0.12	0.12								
	15:30	0.14	0.14	0.14	0.01	0.91	1.02	0.88	0.01	0.91	1.02	0.88
	16:00	0.15	0.15	0.14	0.05	0.82	1.05	0.73	0.05	0.83	1.04	0.77
	16:30	0.13	0.13	0.13								

Tabelle 2.1.1 (fortgesetzt)

Die geschätzte Standardabweichung im Wochenverlauf

Zeitraum: 2. Januar 1989 bis zum 31. Januar 1993

		Standardabweichungen [1]			ANOVA: Std(Alle) vs Std(ohne A) [2]				ANOVA: Std(Alle) vs Std(ohne N) [3]			
		Std (Alle)	Std (o.N)	Std (o.A)	B-F-Test	Wahrsch.	F-Test	Wahrsch.	B-F-Test	Wahrsch.	F-Test	Wahrsch.
Do												
	09:00	0.11	0.11	0.11								
	09:30	0.11	0.11	0.11								
	10:00	0.12	0.12	0.12								
	10:30	0.13	0.13	0.13								
	11:00	0.09	0.09	0.09								
	11:30	0.09	0.09	0.09								
	12:00	0.07	0.07	0.07								
	12:30	0.07	0.07	0.07								
	13:00	0.11	0.11	0.11								
	13:30	0.12	0.12	0.12								
	14:00	0.15	0.14	0.14	0.13	0.72	1.12	0.42	0.13	0.72	1.12	0.42
	14:30	0.17	0.12	0.14	4,51***)	0,03***)	1,92***)	0***)	2,34***)	0,13***)	1,44***)	0,01***)
	15:00	0.13	0.13	0.13								
	15:30	0.14	0.14	0.14	0.01	0.92	1.02	0.88	0.01	0.92	1.02	0.88
	16:00	0.16	0.16	0.15	0.00	0.97	1.03	0.86	0.05	0.82	1.05	0.72
	16:30	0.09	0.09	0.09								
Fr												
	09:00	0.13	0.13	0.13								
	09:30	0.11	0.11	0.11								
	10:00	0.11	0.11	0.11								
	10:30	0.09	0.09	0.09								
	11:00	0.08	0.08	0.08								
	11:30	0.10	0.10	0.10								
	12:00	0.07	0.07	0.07								
	12:30	0.08	0.08	0.08								
	13:00	0.10	0.10	0.10								
	13:30	0.09	0.09	0.09								
	14:00	0.17	0.16	0.16	0.27	0.61	1.10	0.49	0.27	0.61	1.10	0.49
	14:30	0.32	0.16	0.18	10,17***)	0***)	3,68***)	0***)	11,55***)	0***)	3,09***)	0***)
	15:00	0.19	0.19	0.19								
	15:30	0.17	0.17	0.17	0.00	0.99	1.00	0.99	0.00	0.99	1.00	0.99
	16:00	0.18	0.18	0.18	0.00	1.00	1.00	0.99	0.00	0.99	1.00	0.99
	16:30	0.11	0.11	0.11								

[1] Empirische Standardabweichung über den Beobachtungszeitraum am Wochentag w(t) zum Zeitpunkt t,
mit w(t) = {Mo,...,Fr} und i(t)= {9:00,...,16:30}, MEZ.o.A: ohne Ankündigungen; o.N: ohne Klasse I Neuigkeit nach WSJ.

[2] ANOVA: Analysis of Variance: Brown-Forsythe (modifizierter Levene-Test). Bei Lücken ist Wert der Teststatistik = 0 und Wahrsch. = 1.

[3] ANOVA: Analysis of Variance: F-Test. Bei Lücken ist Wert der Teststatistik = 0 und Wahrsch. = 1.

Signifikanzlegende
marg. Signiveau: 0,01: ***)
marg. Signiveau: 0,05: **)

ein weißes Hintergrundrauschen bilden, muß damit verworfen werden.[75] Allerdings zeigt sich, daß die Werte der Teststatistiken und damit das Ausmaß der Heteroskedastie, in den Zeitabgrenzungen ohne Neuigkeit (T/N) und ohne Ankündigung (T/A) zum Teil sehr ausgeprägt unter denen des gesamten Datensatzes T liegen. So liegen die Teststatistikwerte (W_B, W_L und W_{B-F}) im Falle der Standardabweichungen an verschiedenen Wochentagen für den Datensatz T/A knappe 60 Prozent und für den Datensatz T/N gute 45 Prozent unter den Vergleichswerten der Teststatistiken von T. Für die Standardabweichungen im Tagesverlauf liegen diese Werte bei 23 Prozent und 19 Prozent und für die Standardabweichungen im Wochenverlauf bei 30 Prozent bzw. 34 Prozent. Die Berichterstattung in der *"currency markets"* Kolumne des WSJ bereitet somit Strukturinformation für den Leser auf und ist in diesem Sinne gut.

2.1.4 Die Darstellung der Volatilität über ein GARCH-Modell

Ist die Heteroskedastizität der Wechselkurszeitreihe durch Neuigkeiten verursacht ?

Ein alternatives Verfahren, um die Volatilität der Zeitreihe zu untersuchen bieten die in Appendix 2 technisch erläuterten GARCH-Modelle, die durch bedingte zweite Momente charakterisiert sind, die sich in „Volatilitätsklumpen“ äußern. Modelle mit bedingter Varianz (ARCH) wurden von Engle [1982] in die Literatur eingeführt und von Bollerslev [1986] erweitert (GARCH). Einen Überblick über die Literatur gibt z.B. Bollerslev, Engle Nelson [1994]. Erste Anwendungen dieses schnell wachsenden Literaturzweiges auf die Renditen der Wechselkurszeitreihe finden sich bei Bollerslev [1986], [1987], Hsieh [1989] und Diebold und Nerlove [1989]. Baillie und Bollerslev [1989] weisen in der D-Mark/US-Dollar Wechselkurszeitreihe mittels eines GARCH Modells Wochenend- und Feiertagseffekte nach. Eine Verbindung von ARCH-Modellen und „Neuigkeiten“ findet sich u.a. in Arbeiten von DeGennaro und Shrieves [1997] und Kim [1998].

ARCH-Effekte sind abhängig von der Stichprobenfrequenz. Während sie in Intratages-, Tages- und Wochendaten prominent sind, nehmen sie bei monatlicher oder

[75] Dieses Ergebnis steht im Widerspruch zu Lee und Ederington [1993] und Chang, Pinegar und Ravichandran [1998], die in den „Announcements“ (in der hier verwendeten Terminologie: Ankündigungen) die maßgebliche Volatilitätsquelle bzw. Ursache für Saisonmuster identifizieren, deckt sich aber mit den Resultaten von Bollerslev und Andersen [1999], die von den Ankündigungen unabhängige systematische Einflüsse vermuten.

Tabelle 2.1.2

Die geschätzte Standardabweichung im Tagesverlauf
Zeitraum: 2. Januar 1989 bis zum 31. Januar 1993

	Standardabweichungen [1]			ANOVA: Std(Alle) vs Std(ohne N)				ANOVA: Std(Alle) vs Std(ohne A)			
	Std (Alle)	Std (o.N)	Std (o.A)	B-F-Test [2]	Wahrsch.	F-Test [3]	Wahrsch.	B-F-Test [2]	Wahrsch.	F-Test [3]	Wahrsch.
09:00	0.120	0.120	0.120								
09:30	0.123	0.123	0.123								
10:00	0.107	0.107	0.107								
10:30	0.112	0.112	0.112								
11:00	0.107	0.107	0.107								
11:30	0.095	0.095	0.095								
12:00	0.093	0.093	0.093								
12:30	0.089	0.089	0.089								
13:00	0.081	0.081	0.081								
13:30	0.096	0.096	0.096								
14:00	0.090	0.090	0.090								
14:30	0.138	0.130	0.130	0,65**)	0,42**)	1,12**)	0,08**)	0,65**)	0,42**)	1,12**)	0,08**)
15:00	0.192	0.133	0.119	20,3***)	0***)	2,08***)	0***)	31,15***)	0***)	2,62***)	0***)
15:30	0.146	0.146	0.146	0.00	0.99	1.00	0.99	0.00	0.99	1.00	0.99
16:00	0.145	0.144	0.144	0.04	0.85	1.01	0.84	0.04	0.85	1.01	0.84
16:30	0.177	0.172	0.171	0.40	0.53	1.05	0.42	0.21	0.65	1.07	0.33

1) Empirische Standardabweichung über den Beobachtungszeitraum über alle Wochentage zum Tageszeitpunkt i(t), mit i(t)= {9:00,...,16:30}, MEZ .o.A: ohne Ankündigungen; o.N: ohne Klasse I Neuigkeit nach WSJ.

2) ANOVA: Analysis of Variance: Brown-Forsythe (modifizierter Levene-Test). Bei Lücken ist Wert der Teststatistik = 0 und Wahrsch. = 1.

3) ANOVA: Analysis of Variance: F-Test. Bei Lücken ist Wert der Teststatistik = 0 und Wahrsch. = 1.

Tabelle 2.1.3

Die geschätzte Standardabweichung an verschiedenen Wochentagen
Zeitraum: 2. Januar 1989 bis zum 31. Januar 1993

	Standardabweichungen [1]			ANOVA: Std(Alle) vs Std(ohne N)				ANOVA: Std(Alle) vs Std(ohne A)			
	Std (Alle)	Std (o.N)	Std (o.A)	B-F-Test [2]	Wahrsch.	F-Test [3]	Wahrsch.	B-F-Test [2]	Wahrsch.	F-Test [3]	Wahrsch.
Mo	0.113	0.11	0.108	0.03	0.87	1.01	0.78	0.13	0.72	1.04	0.24
Di	0.116	0.110	0.109	1.26	0.26	1,08***)	0,02***)	2.33	0.13	1,12***)	0***)
Mi	0.114	0.111	0.108	0.41	0.52	1.05	0.20	0.98	0.32	1.06	0.13
Do	0.124	0.119	0.116	0.71	0.40	1,07**)	0,07**)	1.36	0.24	1,09***)	0,02***)
Fr	0.148	0.127	0.124	5,09***)	0,02***)	1,29***)	0***)	9,01***)	0***)	1,35***)	0***)

1) Empirische Standardabweichung über den Beobachtungszeitraum an verschiedenen Wochentage w(t), mit w(t)= {Mo,...,Fr}.o.A: ohne Ankündigungen; o.N: ohne Klasse I Neuigkeit nach WSJ.

2) ANOVA: Analysis of Variance: Brown-Forsythe (modifizierter Levene-Test). Bei Lücken ist Wert der Teststatistik = 0 und Wahrsch. = 1.

3) ANOVA: Analysis of Variance: F-Test. Bei Lücken ist Wert der Teststatistik = 0 und Wahrsch. = 1.

Signifikanzlegende
marg. Signiveau: 0,01: ***)
marg. Signiveau: 0,05: **)

noch höherer Notierungsfrequenz scharf ab (vgl. Baillie und Bollerslev [1989]). Deshalb bietet es sich an zu untersuchen, ob die Struktur der Volatilität durch Mikrostrukturen – wie Ankündigungen und Neuigkeiten – erklärt werden kann, die vor allem in der kurzen Frist die Eigenschaft der Zeitreihe beeinflussen. Als Maß für die in der Volatilität systematisch enthaltene Struktur wird hier der Teststatistik-Wert des Lagrange-Multiplier Tests verwendet, mit dem eine Zeitreihe auf ARCH-Fehler, d.h. auf bedingte Heteroskedastie, untersucht werden kann. Analog zu dem Vorgehen von oben wird die Güte der Berichterstattung durch das Ausmaß abgeschätzt, in welchem der Lagrange-Multiplier Teststatistikwert durch die Modellierung der dem WSJ entnommenen exogenen Einflüsse sinkt. Im Extremfall wird das gesamte Volatilitätsmuster durch die der *"currency markets"* Kolumne des WSJ entnommene Information erklärt, so daß der Teststatistikwert so weit absinkt, daß die Nullhypothese „Homoskedastie" nicht mehr verworfen werden kann.

Das hier verwendete GARCH-Modell wird so parametrisiert, daß die Varianz der D-Mark/US-Dollar Wechselkurszeitreihe durch a) die eigene Volatilitätsgeschichte und b) durch exogene Einflüsse beschrieben wird. Zu den exogenen Einflüssen zählen die in Abschnitt 2.1.1 beschriebenen saisonalen Tages- und Wochenverlaufsmuster (mit $w(t) = \overline{w}$, $i(t) = \overline{i}$), sowie die „Neuigkeiten N nach WSJ" bzw. „Ankündigungen A nach WSJ".

2.1.4.1 Das GARCH-Modell

Das hier geschätzte GARCH(1,1) Modell mit saisonalen Komponenten hat folgende Form:

$$s_{i(t),w(t)} = s_t = c + \varepsilon_t \text{, mit } \varepsilon_t \mid \varepsilon_{t-1} \sim N(0, \sigma_t^2). \tag{40}$$

mit dem bedingten Varianzterm:

$$\sigma_t^2 = \alpha_0 + \alpha_1 \varepsilon_{t-1}^2 + \beta_1 \sigma_{t-1}^2 + \sum_{j=Mo,\dots,Fr} \delta_j D_{jt} + \sum_{k=(8:30,\dots,17:00)} \delta_k D_{kt} + \delta_A A_t + \delta_N N_t \tag{41}$$

Dabei entspricht $s_{i(t),w(t)} = s_t$ der logarithmischen Wechselkursdifferenz zweier direkt aufeinanderfolgenden halbstündigen Notierungen.[76] *c* ist eine konstante Driftrate (z.B. als Resultat eines konstanten Zinsdifferentials zwischen den Währungsräumen) und ε_t entspricht der zufälligen Abweichung von dieser Konstanten. Man beachte,

---

[76] Zur genaueren Datenbeschreibung siehe den Ausführungen zu „Daten" unter Abschnitt 2.1.1.

Tabelle 2.1.4

Veränderung der Heteroskedastie unter dem Einfluß von Neuigkeiten und Ankündigungen
Zeitraum: 2. Januar 1989 bis zum 31. Januar 1993

Im Wochenverlauf (80 Untergruppen)

Methode	Wert der Teststatistik Alle (1)	ohne Neuigkeit (2)	ohne Ankündigung (3)	Freiheitsgrade	proz. Veränderung (1)-(2)/(1)	(1)-(3)/(1)
Bartlett	2911	1943,4	1778	79	33,2%	38,9%
Levene	15,5	10,9	10,2	79; 15898	29,7%	34,2%
Brown-Forsythe	15,3	10,8	10,1	79; 15522	29,4%	34,0%
Beobachtungen	16025	15903	15527			

Im Tagesverlauf (16 Untergruppen)

Methode	Wert der Teststatistik Alle (1)	ohne Neuigkeit (2)	ohne Ankündigung (3)	Freiheitsgrade	proz. Veränderung (1)-(2)/(1)	(1)-(3)/(1)
Bartlett	2104,6	1396	1280	15	33,7%	39,2%
Levene	55,1	44,9	42,5	15; 15898	18,5%	22,9%
Brown-Forsythe	54,7	44,4	42,1	15; 15522	18,8%	23,0%
Beobachtungen	16105	15903	15527			

In der Woche (5 Untergruppen)

Methode	Wert der Teststatistik Alle (1)	ohne Neuigkeit (2)	ohne Ankündigung (3)	Freiheitsgrade	proz. Veränderung (1)-(2)/(1)	(1)-(3)/(1)
Bartlett [1)]	358,6	126,6	107,7	4	64,7%	70,0%
Levene [2)]	17,1	9,4	7,2	4; 15898	45,0%	57,9%
Brown-Forsythe [3)]	17,2	9,4	7,2	4; 15522	45,3%	58,1%
Beobachtungen	16105	15903	15527			

[1)] Der Test vergleicht den Logarithmus der gewichteten durchschnittlichen Varianz mit der gewichteten Summe der logarithmierten Varianzen. Unter der Null-Hypothese, daß die Varianz der G Untergruppen gleich groß ist, ist die Teststatistik X^2, G-1 verteilt.

[2)] Der Levene Test basiert auf der Analyse der absoluten Differenz vom arithmethischen Mittel (einseitige Varianzanalyse) Die Teststatistik für den Levene Test ist unter der Nullhypothese der Homoskedastie approximativ F,K-1;N-K verteilt.

[3)] Der modifizierte Levene Statistik (Levene [1960]). Die absolute Abweichung vom arithmetischen Mittel wird ersetzt durch die absoluter Differenz vom Median. Die Teststatistik scheint robuster und mächtiger als der ursprüngliche Levene Test. (Conover, Johnson and Johnson [1981, 355] und Brown und Forsythe [1974])

daß bedingter und unbedingter Erwartungswert identisch sind ($E[s_{(t)}] = E[s_{(t)}|\varepsilon_t] = c$).[77]

Die Gleichungen (40) und (41) stellen damit ausschließlich auf die Modellierung der bedingten Varianz in t ab, wobei $\varepsilon_t | \varepsilon_{t-1}$ bedingt normalverteilt ist. Der Varianzausdruck σ^2_t hängt von der in der Vorperiode realisierten Varianz σ^2_{t-1} und dem in der Vorperiode realisierten quadrierten Fehler ε^2_{t-1}, sowie den Koeffizienten $\delta_j, \delta_k, \delta_A, \delta_N$ vor den Dummyvariablen D_{jt}, D_{kt}, A_t, N_t ab. Aus (41) ergibt sich direkt, daß σ^2_t positiv von den ε-Realisationen bis t-1 abhängt, was den oben erwähnten „Verklumpungseffekt" zur Folge hat. Die Parameter α_1 und β_1 sowie die „exogenen" Parameter $\delta_j, \delta_k, \delta_A, \delta_N$ treiben dabei den Varianzprozeß. Setzt man die Koeffizienten α_1, β_1 und die $\delta_j, \delta_k, \delta_A, \delta_N$ gleich Null ergibt sich eine klassisch normalverteilte Störgröße, mit einem Mittelwert von Null und einer Varianz von α_0.

Die saisonalen Dummyvariablen D_{jt}, D_{kt}, A_t, N_t nehmen jeweils den Wert 1 an zu bestimmten Tageszeiten $k \in \{8{:}30,...,16{:}30\}$ und an bestimmten Wochentagen $j \in \{Mo,...,Fr\}$ und haben ansonsten den Wert 0. Die A_t und N_t Dummyvariablen sind genau dann gleich 1, wenn es sich nach den Angaben der *"currency markets"* Kolumne des WSJ um eine Neuigkeit N_t bzw. eine Ankündigung A_t handelt. Dabei quantifizieren die verschiedenen $\delta_j, \delta_k, \delta_A, \delta_N$ jeweils den Einfluß der verschiedenen exogenen Größen auf die Varianz. Die Gleichung (40) wird in den drei Spezifizierungen a) $\delta_A = 0 \wedge \delta_N = 0$, b) $\delta_A = 0 \wedge \delta_N \neq 0$ sowie c) $\delta_A \neq 0 \wedge \delta_N = 0$ geschätzt. Man beachte, daß dabei für die WSJ-Dummyvariablen das Prinzip der gegenseitigen Ausschließlichkeit gilt, d.h. wenn $\delta_A \neq 0 \Leftrightarrow \delta_N = 0$ bzw. wenn $\delta_A = 0 \Leftrightarrow \delta_N \neq 0$.

[77] Zur genaueren Beschreibung des GARCH-Prozesses siehe Appendix des Kapitels 2. Die theoretische Darstellung von saisonalen Volatilitätsmustern in Form von GARCH-Modellen wird beispielsweise in Bollerslev und Ghysels [1996] beschrieben. Empirische Anwendungen dieses Konzepts auf den Aktienmarkt finden sich beispielsweise bei Beller und Nofsinger [1998] und Franses und Paap [2000]. Allerdings sind GARCH-Modelle dieses Typs nicht kovarianzstationär, da die unbedingte Varianz keinen festen, zeitpunktunabhängigen Wert annimmt. In der empirischen Literatur wird auf dieses Problem meist nicht eingegangen.

2.1.4.2 Die Ergebnisse des GARCH-Modells

Die Ergebnisse der Schätzung sind in der Tabelle 2.1.5 (siehe Seite 179) eingetragen. Für die Schätzung wurde der gleiche Datensatz T wie im vorherigen Abschnitt verwendet.

Die Schätzergebnisse des GARCH-Prozesses bestätigen die Resultate des Abschnitts 2.1.1. In allen drei Varianten lassen sich wochentagsspezifische Saisonmuster nachweisen, die zwar durch die Modellierung der exogenen δ_A- und δ_N-Variablen weniger ausgeprägt sind, die aber nicht gänzlich verschwinden. Wie in Abschnitt 2.1.1 ist jeweils der Freitag der Tag mit der höchsten Varianz, gefolgt vom Donnerstag.

Diese wochentagsspezifische Volatilität ist überlagert von der intratagesspezifischen Volatilität, deren Maxima am Nachmittag des Handelstages in Frankfurt liegen. In der Spezifikation a) $\delta_A = 0 \wedge \delta_N = 0$ findet sich ein ausgeprägter Volatilitätsgipfel für die Zeit zwischen 14:30 und 15:00 MEZ (*i(t)*=14), dem Zeitpunkt der wichtigsten Ankündigungen in den USA. Beim Alternativmodell c) $\delta_A \neq 0 \wedge \delta_N = 0$, bei expliziter Berücksichtigung der Ankündigungen, wird dieses Intratagessaisonmuster undeutlicher, verschwindet aber nicht gänzlich. Im Falle der Spezifikation b) $\delta_A = 0 \wedge \delta_N \neq 0$ ist der Volatilitätsverlauf zwischen 14:30 und 15:00 MEZ eingeebnet und die tageszeitspezifische Volatilitätsspitze befindet sich am Ende des Tages zwischen 15:30 bis 16:00 MEZ.

Die Koeffizienten der Dummyvariablen δ_N und δ_A sind zu marginalen Signifikanzniveaus von 0,00 signifikant, wobei der Einfluß der Neuigkeiten N_t größer ist als der der Ankündigungen A_t, d.h. $\delta_N > \delta_A$ (mit δ_N=3,41E-06 und δ_A=1,97E-06). Daraus kann abgeleitet werden, daß Wechselkursbewegungen, die durch als „Neuigkeiten" N_t eingestufte Ereignisse im Durchschnitt ausgelöst werden, stärker ausgeprägt sind als diejenigen, die von „Ankündigungen" A_t resultieren.[78] Wird davon ausgegangen, daß Wechselkursbewegungen durch neue Information entstehen, kann daraus geschlossen werden, daß der Informationsgehalt der Variabel N_t größer ist, als der der Variabel A_t. Wird das Volatilitätskriterium zu Grunde gelegt, schätzt der Journalist des WSJ den Informationsgehalt von makroökonomischen Bekanntgaben also gut ein. Für den Volatilitätsgipfel zwischen 14:30 MEZ bis 15:00 MEZ ist die Informati-

[78] Dies entspricht ebenfalls dem Ergebnis des Kapitels 1. Die Standardabweichung der Gruppe „Alle Ankündigungen" liegt bei 0,0026 während sie in der Gruppe „Neuigkeiten nach WSJ" bei 0,0036 liegt (siehe Tabelle (Standardabweichung)).

Tabelle 2.1.5

Ergebnisse der Garch-Schätzung[1]
Zeitraum: 2. Januar 1989 bis zum 31. Januar 1993

	a): ohne Neuigkeit		b): mit Neuigkeit		c): mit Ankündigung	
	Koeff.	Wahrsch.	Koeff.	Wahrsch.	Koeff.	Wahrsch.
c	1.09E-05	0.20	1.12E-05	0.19	1.34E-05	0.15
α_0	1.64E-09	0.30	1.43E-08	0.08	6.27E-08	0.00
α_1 : ARCH(1)	0.168850	0.00	0.212351	0.00	0.192735	0.00
β_1: GARCH(1)	0.723825	0.00	0.655654	0.00	0.614833	0.00
Dummys						
δ (13:00)					6.13E-07	0.06
δ(13:30)	4.84E-07	0.01			5.51E-07	0.01
δ(14:00)	3.56E-07	0.01	5.36E-07	0.03	2.46E-07	0.05
δ(14:30)	-8.00E-07	0.01	4.25E-07	0.02	3.09E-07	0.02
δ(15:00)	1.79E-06	0.00	2.79E-07	0.02	6.72E-07	0.00
δ(15:30)	8.35E-07	0.00	4.03E-07	0.00	1.40E-07	0.09
δ(16:00)	1.50E-07	0.08	6.54E-07	0.00	2.09E-07	0.00
δ(16:30)	1.19E-07	0.00	1.82E-07	0.01	-1.33E-07	0.00
Mo	-8.33E-11	1.00	3.08E-08	0.14	1.15E-08	0.57
Di	-1.82E-08	0.12				
Mi			3.21E-08	0.03	-2.08E-08	0.15
Do	8.25E-09	0.65	4.48E-08	0.03	3.94E-08	0.05
Fr	3.28E-08	0.10	5.92E-08	0.00	6.20E-08	0.02
Neuig. (WSJ)[2]	--		3.41E-06	0.00	1.97E-06	0.00
Loglikelihood	87217		87367.5		87337.45	
Aike-Informationskr.	-10.82914		-10.84787		-10.84389	
LM* auf ARCH (5)	4.035383	(0,54)	2.732322	(0,73)	1.746227	(0,78)
LM* auf ARCH (10)	17.29099	(0,06)	26.51249	(0,04)	27.92599	(0,00)
LM* auf ARCH (50)	111.493	(0,000)	151.0881	(0,00)	180.2349	(0,00)
LM* auf ARCH (100)	147.994	(0,000)	189.1234	(0,00)	212.3914	(0,00)
Jarque-Bera:	68415	(0,000)	59682	(0,000)	56006	(0,000)

* Likelihood Multiplier Test

1) Logarithmierte erste Differenzen der halbstündigen Notierungen der Deutschen Bundesbank (ohne Übernachtbeobachtungen).

2) Nach der in der "currency markets" Kolumne des WSJ geäußerten Einschätzung des Journalisten.

onstrennung so erfolgreich, daß scheinbar exogene saisonale Muster für die Leser transparent werden. Auch bei einer Beurteilung der Schätzungen nach dem Akaike-Informationskriterium (AIC) liegt die Schätzung mit N_t vor der Schätzung mit A_t. Die Schätzung ohne In-formationsvariable (Neuigkeit (N_t und Ankündigung A_t) schneidet am Schlechtesten ab. Allerdings unterscheiden sich die Werte nur marginal. So liegt das AIC für die Schätzung ohne Neuigkeiten bei –10,829, für die Schätzung mit A_t bei –10,844 und für die Schätzung mit N_t bei –10,848.

Um zu überprüfen, in welchem Ausmaß die Informationsvariabeln A_t und N_t Heteroskedastie erklären, werden die Residuen der drei Spezifikationen durch einen LM-Test auf bedingte Heteroskedastie untersucht. Es stellt sich heraus, daß die χ^2-Werte des ARCH-Tests bei den Schätzungen mit den erklärenden Variablen A_t und N_t zwar vermindert werden, aber weiterhin deutlich oberhalb der 1 Prozent Signifikanzschwelle liegen. Die Teststatistiken für einen Test auf ARCH-Effekte bis zur Ordnung 100 fallen in der Reihenfolge „ohne Informationsvariabel", mit A_t und mit N_t von 212,4 über 189,1 auf 148,0.

Die Teststatistik-Werte der Jarque-Bera Tests auf Normalverteilung der Residuen stehen im Einklang mit diesen Resultaten. In der gleichen Spezifikationsreihenfolge wie oben fallen sie von 68415 über 59682 auf 56006. In allen Fällen kann die Hypothese normalverteilter Residuen klar verworfen werden.

Die Ergebnisse dieses Abschnittes bestätigen somit die Schlußfolgerung des vorangegangene Abschnitts dieses Kapitels.

2.1.5 Zusammenfassung des Kapitels 2.1

Insgesamt trägt die Berichterstattung der Journalisten der *"currency markets"* Kolumne dazu bei, Bruchstücke volatilitätsverursachender Informationen zu isolieren und damit – da diese im Zusammenhang mit festen Uhrzeiten stehen –eine Erklärung für saisonale Regelmäßigkeiten in der empirischen Standardabweichung des Wechselkurses zu liefern.

Dies konnte anhand zweier Ansätze gezeigt werden. Zum einen zeigte sich, daß die zeitpunktspezifisch geschätzten Standardabweichungen sensitiv darauf reagierten, daß potentiell informationstragende Datenpunkte aus der Gesamtdatenmenge herausgetrennt wurden. Zum anderen konnte ein Teil der bedingten Heteroskedastie eines ARCH-Modells direkt über Informationsvariablen der *Klasse I* im Varianzterm erklärt werden, die aufgrund ihrer institutionell geregelten Veröffentlichungszeiten meist mit bestimmten Tageszeiten in Verbindung stehen.

2.2 Die Berichterstattung im WSJ und Risikoprämien

Nach dem endgültigen Zusammenbruch der Wechselkursordnung von Bretton-Woods, hat die Frage nach der Effizienz des Devisenmarktes bei freien oder „floatenden" Wechselkursen große Aufmerksamkeit auf sich gezogen. Eine Vielzahl von Autoren befaßt sich in diesem Zusammenhang mit der sog. Terminkursprämien-Anomalie (forward premium), die sie sich auf das empirisch häufig beobachtete Phänomen bezieht, daß der Steigungskoeffizient einer KQ-Schätzung der Terminkursprämie auf die logarithmische Differenz des Wechselkurses oftmals signifikant kleiner als eins und zum Teil sogar negativ ist. Dies impliziert systematische Abweichungen der realisierten Wechselkursveränderungen von der durch die ungedeckte Zinsparität vorhergesagten Wechselkursveränderungen. Diese Divergenz wird entweder Fehlern in der Erwartungsbildung (d.h. Ineffizienz des Devisenmarktes) oder aber einer zeitvariablen Risikoprämie zugerechnet. [79]

2.2.1 Literaturüberblick

Bei dem Versuch die Anomalie zu erklären, hat es sich als sehr schwierig herausgestellt, ein empirisches Modell zu finden, mit dem die Irrationalitätsvermutung zu Gunsten eines Modells mit zeitabhängiger Risikoprämie verworfen werden kann. Verschiedene Autoren (Mark [1985], Domowitz und Hakkio [1985], Engel und Rodriguez [1989], Kaminsky und Peruga [1990], sowie Hu [1997]) versuchen die Risikoprämie im Kontext eines theoretischen, ursprünglich auf Lucas [1982] zurückgehendes internationales Konsum-Wertpapierpreismodell, dem sog. Konsum-CAPM-Modell, zu implementieren. In diesen Modellen hängt die Risikoprämie von der Konkavität der Nutzenfunktion eines repräsentativen risikoaversen Agenten ab und der be-

[79] Siehe für frühe Arbeiten z.B. Bilson [1981] für die Wechselkurse des US-Dollars gegenüber dem Britischen Pfund, dem Kanadischen Dollar, dem Japanischen Yen und dem Schweizer Franken für den Zeitraum von 1974 bis 1980. Die Steigungskoeffizienten schwanken zwischen –0,804 (CD) und 0,628(BP). Fama [1984] schätzt für die gleichen Wechselkurse für den Zeitraum von 1973 bis 1982 Werte für die Steigungsparameter, die zwischen –0,69 und –1,15 liegen. Bei Taylor [1988] liegen die Steigungsparameter – während 1976 bis 1986 – zwischen 0,02 und –0,178. Froot und Thaler [1990] fassen die Ergebnisse von 75 Veröffentlichungen zusammen und weisen daraufhin, daß der Mittelwert des Steigerungsparameters (für verschiedene Währungen und Zeiträume) der Arbeiten bei -0,88 liegt. Neuere Evidenz für Abweichungen von der ungedeckten Zinsparität findet sich z.B. bei Malliaropulos [1997]. Übersichtsaufsätze sind von Hodrick [1987], Lewis [1995] sowie Engel [1996] erschienen.

dingten Kovarianz zwischen der intertemporalen Grenzrate der Substitution und dem zukünftigen Wechselkurs.

Ein zweiter Forschungszweig untersucht die Risikoprämie im Zusammenhang eines zwei-periodigen Portfolio-Gleichgewichtsmodells.[80] Bei Frankel [1982] und Engel [1994] z.B. hängt die Risikoprämie, die risikoaverse Wirtschaftssubjekte (mit μ-σ Präferenzen) beim Halten von nominellen Staatsschuldtiteln erhalten, vom relativen Angebot der in verschiedenen Währungseinheiten denominierten Bonds und der Varianz des Wechselkurses ab.

Ein dritter Typ von Modellen mit latenten, also nicht direkt beobachteten Variablen, geht auf Hansen und Hodrick [1983] und Gibbons and Ferson [1985] zurück. Ausgehend von einem Modell intertemporaler Nutzenmaximierung mit Wertpapierhaltung leiten sie Restriktionen für die direkt nicht beobachtbaren Überschußrenditen ab. Sie zeigen, daß das Verhältnis der Risikoprämien zweier Wertpapiere bestimmt ist durch das Verhältnis der bedingten Kovarianzen der Renditen der Wertpapiere mit der intertemporalen Grenzrate der Substitution. Im länderübergreifenden Kontext ist dabei eines der Wertpapiere in heimischer und eines in Fremdwährung denominiert.[81] Um zu überprüfen, ob eine Risikoprämie vorliegt wird angenommen, daß der Quotient der bedingten Kovarianzen im Zeitverlauf stabil ist. In diesem Fall müßte ebenfalls das Verhältnis der Risikoprämien stabil sein. Dies ist eine Implikation, die testbar ist. Die empirischen Ergebnisse zeigen, daß die Nullhypothese einer Gleichbewegung von Risikoprämien zwar bei Daten mit niedriger Frequenz schwer zu verwerfen ist, nicht aber bei höherer Periodizität (vgl. z.B. Hodrick und Srivastava [1984] und Campbell and Clarida [1987]).[82]

Ein gemeinsames empirisches Problem der zwei erstgenannten Ansätze ist die niedrige Periodizität der Schlüsselvariablen. Üblicherweise werden Daten über Konsumausgaben, Konsumpreise und Wertpapierbestände max. monatlich veröffentlicht.[83]

---

[80] Giovanni und Jorion [1989] zeigen, daß eine μ,σ-Maximierung über die nächste Periode bei einer intertemporalen Substitutionselastizität nahe von 1 mit einem allgemeinen intertemporalen Optimierungsmodell vereinbar ist.

[81] Die ex ante Rendite der Investition einer D-Mark in einen D-Mark-Titel und der nicht durch Termingeschäft abgesicherten Investition in einen US-$ Titel unterscheidet sich bei Risikoaversion durch die Wechselkursrisikoprämie.

[82] Dabei muß allerdings bedacht werden, daß möglicherweise die Tendenz, die Nullhypothese bei niedriger Frequenz nicht zu verwerfen, mit der niedrigen Macht der Tests in Verbindung steht.

[83] Siehe z.B. Obstfeld und Rogoff [1996, 588ff.].

Wechselkurse dieser Frequenz verlieren typische Finanzmarktdateneigenschaften, wie z.B. die der bedingten Heteroskedastie und der Überschußkurtosis, so daß Informationen, die für die empirische Bestimmung der Risikoprämie von Bedeutung sein können, verloren gehen.[84] Darüber hinaus verschwinden auch die durch Neuigkeiten verursachten Saisonmuster (wie in Kapitel 2.1), wie sie z.B. in wöchentlichen Daten aufscheinen. Die Hypothesen des dritten Ansatzes (Modell mit latenten Variablen) zur Erklärung einer zeitvariablen Risikoprämie können zwar mit höherfrequenten Daten getestet werden, müssen aber gerade dann verworfen werden.

In dem hier eingeschlagen Weg zur Erklärung der Anomalie wird darauf verzichtet, eine Risikoprämie – z.B. des Konsum-CAPM-Typs – mikroökonomisch abzuleiten, da man zur Überprüfung der Modellimplikationen auf die empirisch nicht sehr gehaltvollen monatlichen Datenfrequenzen zurückgreifen müßte. Statt dessen wird auf Grundlage von wöchentlichen Daten direkt anhand eines GARCH-M-Modells überprüft, ob ein möglicher Zusammenhang zwischen der Varianz und dem Mittelwert einer Zeitreihe abgebildet werden kann.[85] Analog zu Preisbewegungen auf anderen Wertpapiermärkte wird dabei die Varianz als Risiko und ein möglicherweise zeitabhängiger Mittelwert der Zeitreihe als variable Wechselkursrisikoprämie interpretiert. Durch diese Vorgehensweise kann untersucht werden, ob risikoaverse Wirtschaftssubjekte Saisonmuster berücksichtigen, wenn sie Terminkontrakte abschließen, die an – ex ante bekannten – besonders volatilitätsbehafteten Tagen fällig werden. Es handelt sich damit um einen Test darauf, ob Individuen Informationen, wie sie durch die *"currency market"* Kolumne des WSJ öffentlich werden, berücksichtigen.

Diese Vorgehensweise ist ein Kompromiß, wie er z.B. von Baillie und Bollerslev [1990, 2000]) und Malliaropulos [1997] vorgeschlagen wird.[86] Den „Kosten" des Verzichts auf die mikroökonomische Modellierung steht der Nutzen der „Handhabbarkeit" entgegen, den man aus der höheren Periodizität ziehen kann. Neu an dem hier vorgestellten Ansatz ist die Anwendung eines GARCH-M Modells auf wöchentliche Daten mit monatlichen Terminkursen bei expliziter Berücksichtigung eines „Wo-

[84] Siehe z.B. Boothe und Glassmann [1987] für abnehmende bedingte Heteroskedastie in Monatsdaten bzw. Baillie und Bollerslev [1989], die zeigen, daß die Verteilung der logarithmischen Differenzen mit zunehmender Datenfrequenz zur Normalverteilung übergehen.

[85] Zu ARCH-M Modellen siehe z.B. Engle, Lilien und Robins [1987].

[86] Auch Domowitz und Hakkio [1985] begründen zwar die Existenz einer Risikoprämie auf Grundlage eines Modells mit monetären Schocks, schätzen aber eine „reduzierte" Version ohne diese zentralen Variablen.

chentageffekts", der aus der Veröffentlichung makroökonomischer Entwicklungen resultiert.

Der Rest dieses Abschnitts ist wie folgt organisiert. In Teil 1 wird auf das Problem überlappender Daten eingegangen und ein zeitreihentechnisches GARCH-M Modell einer Risikoprämie auf dem Devisenmarkt eingeführt. Darüber hinaus kann innerhalb des Modells getestet werden, ob der Devisenmarkt schwach effizient ist und ob die Agenten rationale Erwartungen bilden. In Teil 2 werden die monatlichen und wöchentlichen Daten beschrieben und erklärt, wie die 30-Tage Terminkursprämie gebildet wurde. In Teil 3 werden die Schätzergebnisse beschrieben. Es zeigt sich, daß für Kontrakte, die an Freitagen reifen, die Nullhypothese, daß eine Risikoprämie vorliegt, nicht verworfen werden kann. Außerdem findet sich Evidenz dafür, daß der Devisenmarkt schwach effizient ist und die Händler ihre Preise rational bilden.

2.2.2 Ein zeitreihentechnisches Modell der Risikoprämie

Nach Mussa [1976] ist der Devisenmarkt mit einem Wertpapiermarkt verwandt und damit ein auf die Zukunft ausgerichteter Bestandshaltemarkt. Währungsbeträge sind demnach Vermögenstitel und der Wechselkurs entspricht dem Relativpreis zwischen zwei Papieren. Die Preisbildung auf den Devisenmärkten erfolgt dabei nach den von Fama [1970] formulierten Prinzipien eines effizienten Marktes.[87] Die Wirtschaftssubjekte bilden ihre Erwartungen rational, also unter Zugrundelegen aller zum Zeitpunkt der Erwartungsbildung (hier *t*) verfügbaren Information:

$$s_{t+4} = E_t(s_{t+4} \mid \Omega_t) + \varepsilon_{t+4} \qquad (42),$$

Dabei entspricht s_{t+4} dem logarithmierten Wechselkurs zum Zeitpunkt t+4.[88] $E_t(.)$ ist der mathematische Erwartungswertoperator und $E_t(s_{t+4} \mid \Omega_t)$ entspricht dem auf der

---

[87] Vgl. die Diskussion in Kapitel 1 über effiziente Märkte.

[88] Die Schätzung in logarithmischen Werten anstelle in absoluten Werten entspricht der Konvention in der Literatur. Bei Finanzmarktpreisen, wird häufig unterstellt, daß Preisänderungen lognormalverteilt sind, d.h. die prozentualen und nicht die absoluten Änderungen der Preise sind normalverteilt.

Darüber hinaus umgeht man bei einer Schätzung in Logarithmen dem sog. Siegel Paradoxon [1972]. Aus Jensens Ungleichheit geht hervor, daß E(1/x)>1/E(x), wobei x eine Zufallsvariabel ist und E(.) der Erwartungswertoperator. Damit ist es unmöglich, daß der Terminwechselkurs aus der Sicht beider Länder ein unverzerrter Schätzer des zukünftigen Kassakurses ist. Im Folgenden sind nicht logarithmierte Variablen in Großbuchstaben. Da $F_{t,t+4}=E_t(S_{t+4})$ ist, muß aus der Sicht des anderen Währungsraumes gelten, daß $1/F_{t,t+4}= E_t(1/S_{t+4})$ ist. Dies impliziert aber, daß $1/E_t(S_{t+4})=E_t(1/S_{t+4})$, was nach Jensens Ungleichheit unmöglich ist. In logarithmierter Form tritt dieses Problem nicht auf. Aus der Sicht des Währungsraumes 1

Informationsmenge Ω_t fußenden bedingten mathematischen Erwartungswert zum Zeitpunkt *t*. Bei rationalen Erwartungen und effizienter Verwertung aller Information beinhaltet $E_t(s_{t+4} \mid \Omega_t)$ den besten Schätzer für den zukünftigen Wechselkurs. Abweichungen ε_{t+4} vom erwarteten Wechselkurs sind in diesem Fall weißes Rauschen, d.h. orthogonal zur Informationsmenge Ω_t, so daß $E_t(\varepsilon_{t+4} \mid \Omega_t)=0$.

In einem perfekten Markt gibt es keine Arbitragehindernisse, wie Kapitalverkehrskontrollen und Steuern (administrative Arbitragehindernisse), Kreditrationierungen und Ausfallrisiken (Informationsasymmetrien) sowie anderen Formen der Transaktionskosten. Unter der Annahme, daß die Wirtschaftssubjekte risikoneutral sind, entspricht zum Zeitpunkt *t* der Kurs eines Terminkontrakts $f_{t,t+4}$, der zum Zeitpunkt *t+4* reift, dem erwarteten Kassakurs zum Zeitpunkt *t+4*, so daß folgende Marktgleichgewichtsbeziehung gilt[89].

$$E_t(s_{t+4} \mid \Omega_t) = f_{t,t+4} \tag{43}$$

Gleichung (43) wird als Terminmarkteffizienzgleichung (forward efficiency equation) bezeichnet. Nur bei Geltung von (43) ist der Erwartungswert einer Terminkursspekulation gleich Null.

Sind die Wirtschaftssubjekte hingegen risikoavers, gilt die Gleichgewichtsbeziehung (43) nicht mehr. In diesem Fall werden Wirtschaftssubjekte für das Halten von Beträgen in der als risikoreicher eingeschätzten Währung eine Risikoprämie verlangen. Die einzige Möglichkeit über den Terminkurs eine Risikoprämie auszuzahlen, besteht darin, sich auf einen Terminkurs zu einigen der vom erwarteten Kassakurs abweicht.

---

gilt $E_t(\ln S_{t+4})=\ln F_{t,t+4}$. Für Währungsraum 2 ist dann der logarithmierte Kehrwert der beiden Kurse gleich, d.h. es gilt $E_t(\ln(1/S_{t+4}))=\ln(1/F_{t,t+4})$. $E_t(\ln(1/S_{t+4}))$ ist aber $-E_t(\ln(S_{t+4}))$ und $\ln(1/F_{t,t+4})$entspricht $-\ln F_{t,t+4}$. Multipliziert man beide Ergebnisse mit -1 durch, so erhält man die Gleichung des Währungsraumes 1.

Siegels Paradoxon tritt nicht auf, wenn davon ausgegangen wird, daß die risikoneutralen Investoren nur an realen und nicht an nominellen Returns interessiert sind. (vgl. Frenkel und Razin [1980]). Es tritt ebenfalls nicht auf wenn man – wie in der Arbeit hier – auf die logarithmischen Differenzen abgestellt, d.h. $E_t(\ln(S_{t+4}/S_t)=\ln(F_{t,t+4}/S_t)$.

[89] Der Terminkontrakt (forward) ist ein Finanzinstrument des außerbörslichen Verkehrs (des sogenannten Over-The-Counter-Markts). Im Gegensatz zu den börslich gehandelten Kontrakten (Futures) mit standardisierten Fälligkeitsterminen werden Verträge des OTC-Markts jeweils neu abgeschlossen und haben konstante Vorlaufzeiten (wie beispielsweise von einem oder drei Monaten) bis zu ihren jeweiligen Fälligkeitsterminen. In der Notation hier entspricht der Terminkurs $F_{t,t+4}$ [D-Mark/US-Dollar]. Der Terminkurskontrakt schreibt das zukünftige (zum Zeitpunkt t+4) D-Mark/US-Dollar Wechselkursverhältnis fest, zu dem die Parteien die Währungsbeträge tauschen. Der Tausch zur vereinbarten Relation ist für beide Parteien (Aussteller des Kontraktes und Käufer des Kontraktes) verpflichtend.

Rationale Erwartungen und Risikoaversion der Wirtschaftssubjekte können modelliert werden durch:

$$E_t(s_{t+4} \mid \Omega_t) = f_{t,t+4} + \rho_{t+4} \tag{44}$$

Dabei entspricht ρ_{t+4} einer möglicherweise zeitabhängigen Risikoprämie.

Um kurzfristige Einflüsse und Saisonmuster, wie sie z.B. durch die makroökonomischen Ankündigungen verursacht werden, einzufangen, arbeiten wir in diesem Abschnitt mit Wochendaten. Bei wöchentlichen Daten und Terminkurskontrakten mit einer Laufzeit von einem Monat (bzw. 30 Tagen) entsteht allerdings das sogenannte Überlappungsproblem. Dieses Problem tritt immer dann auf, wenn der Vorhersagehorizont einer Finanzmarktvariablen länger ist, als die bei der Untersuchung verwendete Datenfrequenz und äußert sich darin, daß die z.B. wöchentlichen Vorhersagefehler von aufeinanderfolgenden Monatsterminkursen seriell miteinander korreliert sind (z.B. Stockmann [1978, 166] oder Levich [1977]). Dies liegt daran, daß jede neue kursrelevante Information mehrere Kontrakte auf einmal berührt. Dies kann – bei einer Kontraktlänge von einem Monat (*t+4*) und einer Datenfrequenz von einer Woche – dargestellt werden durch einen gleitenden Durchschnitt (MA) der Ordnung (*t+4*) – *t:*

$$\varepsilon_{t+4} = \eta_{t+4}\left(1 + \sum_{i=1}^{4} \theta_i L^i\right) \tag{45}$$

wobei ε_{t+4} die Gesamtstörung im Zeitraum von t bis t+4 enthält und diese Störung sich zusammensetzt aus wöchentlichen Innovationen η_{t+i}. Der Überlappungscharakter von zwei aufeinanderfolgenden Fehlern (z.B. ε_{t+4} und ε_{t+5}) wird an folgenden Gleichungen deutlich:

$$\begin{aligned} \varepsilon_{t+4} &= \psi(Neuigkeit_t, Neuigkeit_{t+1}, Neuigkeit_{t+2}, Neuigkeit_{t+3}, Neuigkeit_{t+4}) \\ \varepsilon_{t+5} &= \psi(Neuigkeit_{t+1}, Neuigkeit_{t+2}, Neuigkeit_{t+3}, Neuigkeit_{t+4}, Neuigkeit_{t+5}) \end{aligned} \tag{46}$$

wobei ψ für einen hier nicht näher bestimmten funktionalen Zusammenhang zwischen den Neuigkeiten und ε_{t+i} steht. Aus Gleichung (46) geht hervor, daß die Fehler ε_{t+4} und ε_{t+5} zu 80% durch die gleichen Neuigkeiten beeinflußt sind. Dies wird auch in der nachstehenden Abbildung 2.2.1 (siehe Seite 188) deutlich.

In Abbildung 2.2.1 (siehe Seite 188) symbolisieren die Pfeile Terminkontrakte mit einer Laufzeit von 30 Tagen. Kontrakt 1 wird am Tag 1 abgeschlossen und reift am

Tag 30. Kontrakt 2 wird eine Woche später, am Tag 7 abgeschlossen, und läuft am Tag 37 aus. Insgesamt entsteht so eine Überlappung von 23 Tagen. Zufällig eintreffende neue Informationen (Neuigkeiten 1 bis 5) führen dazu, daß der aktuelle Kurs vom vorhergesagten Kurs abweicht. Die Neuigkeiten 1 bis 4 betreffen dabei beide Kontrakte gemeinsam und verursachen so in den Vorhersagefehlern den gleitenden Durchschnitt vierter Ordnung (MA 4). Neuigkeit 5 aber beinhaltet Informationen von Tag 35 bis 41 und beeinflußt deswegen nicht den Vorhersagefehler des ersten Kontraktes, der am Tag 30 ausläuft.

Man beachte in diesem Zusammenhang, daß bei turnusgemäß veröffentlichten makroökonomischen Daten der Zeitpunkt der Bekanntgabe und damit der Zeitpunkt, zu dem möglicherweise die Volatilität höher ist, den Marktteilnehmern bekannt ist. Damit ergibt sich die Möglichkeit durch folgenden Ansatz eine zeitabhängige *ex ante* Risikoprämie zu schätzen:

$$\rho_{t+4} = \delta_0 + \delta_1 h_{t+4} \qquad (47),$$

wobei ρ_{t+4} die Risikoprämie ist, die ein Händler beim Reifen des Terminkontraktes erhält. Die Risikoprämie besteht aus einer fixen Zahlung δ_0 und einem zeitvariablen Teil $\delta_1 h_{t+4}$. Die Vertragsparteien müssen sich dabei auf die Prämie ρ_{t+4} auf Grundlage von Informationen einigen, die ihnen zum Zeitpunkt t, also bei Vertragsabschluß, bekannt sind.

Die Volatilitätsprognose für den Zeitpunkt t+4 erfolgt hier auf Grundlage der GARCH-Spezifikation:

$$h_{t+4} = \alpha_0 + \sum_{j=1}^{p} \alpha_j \eta_{t+4-j}^2 + \sum_{k=1}^{q} \beta_k h_{t+4-k} \qquad (48)$$

Dabei entspricht h_{t+4} dem bedingt heteroskedastischen Varianzterm des GARCH-M Prozesses. In (48) hängt die Risikoprämie von vorangegangenen quadrierten Vorhersagefehlern ab. Die zum Zeitpunkt *t* auftretende „Störung" in der Zeitreihe kann mitgenutzt werden um über die GARCH-Volatilitätsprognose den Effekt auf den Mittelwert der Zeitreihe und damit auf die Risikoprämie zu berechnen.[90] Folgt man der

[90] Die Volatilätsprognosefunktion im Falle einer GARCH(1,1)-Spezifikation hat folgende Gestalt: $E_t(\sigma_{t+s}^2) = \sigma^2 + (\alpha_1 + \beta_1)^{s-1}(\sigma_{t+1}^2 - \sigma^2)$ mit $\sigma^2 = \frac{\alpha_0}{1-\alpha_1-\beta_1}$. Der Parameter s gibt den

Argumentation von Bollerslev und Ghysels [1996, 141], kann dabei der α Parameter als ein Maß für den unmittelbaren oder direkten Einfluß einer neuen Information auf die Volatilität interpretiert werden, während der β Parameter den Einfluß auf die langfristige Volatilitätsentwicklung einfängt. Der Gesamteinfluß von neuer Information auf die Risikoprämie hängt darüber hinaus auch davon ab, mit welcher „Geschwindigkeit", eine Abweichung von der unbedingten Varianz $\sigma^2 = \frac{\alpha_0}{1-\alpha_1-\beta_1}$ eingeebnet werden. Ein Maß für diese Geschwindigkeit ist die Persistenz der Varianz, die von der Summe der α und β bestimmt ist (siehe Appendix 2).

Abbildung 2.2.1
Überlappende Terminkontrakte

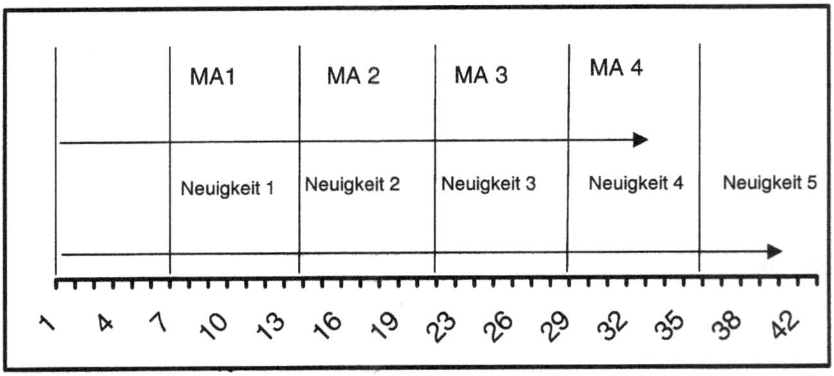

Man beachte ebenfalls, daß das Vorzeichen von ρ_{t+4} im Zeitverlauf wechseln kann. Ist z.B. δ_0 positiv und δ_1 negativ, dann ist die Risikoprämie für kleine prognostizierte Varianzwerte positiv, kann aber mit höheren Varianzwerten ins Negative umschlagen.

Prognosehorizont wieder und σ^2 entspricht der unbedingten (langfristigen) Varianz, gegen die die zeitabhängige Varianz mit zunehmendem Prognosehorizont strebt (vgl. Baillie und Bollerslev [1992, 98]).

Werden die Gleichungen (41) bis (48) zusammengefaßt ergibt sich folgendes Modell einer zeitvariablen Risikoprämie:

$$s_{t+4} - s_t = \delta_0 + SL(f_{t,t+4} - s_t) + \delta_1 h_{t+4} + \eta_{t+4}\left(1 + \sum_{i=1}^{4}(\theta_i L^i)\right) \quad (49)$$

mit *SL* dem Steigungsparameter. Bei rationalen Erwartungen und Risikoaversion der Anleger ist $SL=1$, und die realisierte Abweichung ($s_{t+4}-s_t$) weicht von der durch den Terminkurs vorhergesagten Änderung ($f_{t,t+4}-s_t$) in Höhe der Summe der konstanten Risikoprämie δ_0 und der zeitvariablen Risikoprämie $\delta_1 h_{t+4}$ ab. Die Vorhersagefehler sind dabei – wegen des Problems der überlappenden Daten – seriell miteinander korreliert.[91]

2.2.2.1 Ein Modell mit konstanter Risikoprämie mit nicht überlappenden Daten.

Als Ausgangsmodell wird Gleichung (49) unter den Restriktionen $\delta_1=0$ und $\alpha_i=\beta_j=0$ geschätzt mit nicht überlappenden Daten, so daß die $\theta_i=0$ sind. Unter diesen Restriktionen entspricht ρ_{t+4} der Konstanten δ_0:

$$s_{t+4} - s_t = \delta_0 + SL(f_{t,t+4} - s_t) + \varepsilon_{t+4} \quad (50)$$

Unter der verbundenen Hypothese von Rationalität, Effizienz der Devisenmärkte und Risikoneutralität ist der Steigungsparameter $SL=1$ und die Risikoprämie $\delta_0=0$. Bei Risikoaversion und konstanten Risikofaktoren ist die Risikoprämie $\delta_0 \neq 0$. Der Steigungsparameter bleibt davon unberührt, d.h. es gilt weiterhin $SL=1$.

Interessant ist in diesem Zusammenhang ein Ergebnis von Fama [1984]. Er stellt den Wahrscheinlichkeitslimes des OLS-Schätzers plim($\hat{SL}$) als eine Funktion der zeitvariablen Risikoprämie ρ_{t+4} dar:

$$p\lim \hat{\boldsymbol{SL}} = \frac{\boldsymbol{Var}(\boldsymbol{E}_t(s_{t+4} \mid \Omega_t) - s_t) + \boldsymbol{Cov}(\rho_{t+4}, \boldsymbol{E}_t(s_{t+4} \mid \Omega_t) - s_t)}{\boldsymbol{Var}(\rho_{t+4}) + \boldsymbol{Var}(\boldsymbol{E}_t(s_{t+4} \mid \Omega_t) - s_t) + 2\boldsymbol{Cov}(\rho_{t+4}, \boldsymbol{E}_t(s_{t+4} \mid \Omega_t) - s_t)} \quad (51)$$

Im Falle einer konstanten, nicht stochastischen Risikoprämie ($Var(\rho_{t+4})=0$, $Cov(\rho_{t+4}, E_t(s_{t+4} \mid \Omega_t) - s_t)=0$) geht – rationale Erwartungen vorausgesetzt – der Wahrscheinlichkeitslimes gegen eins (*plim* $\hat{SL}=1$).

---

[91] Zur Interpretation des Steigungsparameters $SL=1$ siehe auch Kapitel 1.1.

Ist hingegen die Risikoprämie stochastisch ($Var(\rho_{t+4})\neq 0$, $Cov(\rho_{t+4}, E_t(s_{t+4} \mid \Omega_t) - s_t)\neq 0$) und übersteigt die Varianz der Risikoprämie die Varianz der erwarteten Wechselkursänderungen ($Var(\rho_{t+4}) > Var(E_t(s_{t+4} \mid \Omega_t) - s_t)$), dann ist *plim(*$\hat{SL}$*)*≤½. Besteht eine negative Korrelation zwischen der stochastischen Risikoprämie und der erwarteten Änderung des Wechselkurses, dann ist sogar *plim(*$\hat{SL}$*)*<0. Eine nicht explizit modellierte stochastische Risikoprämie kann damit nach (51) einen Steigungskoeffizienten $\hat{SL}\neq 1$ „erzwingen".

2.2.2.2 Ein Modell mit konstanter Risikoprämie bei überlappenden Daten

Werden in Gleichung (49) die Restriktionen δ_1=0, α_i=β_j=0 gesetzt und mit überlappenden Daten geschätzt erhält man ein Modell einer zeitkonstanten Risikoprämie mit Residuen, die einem gleitenden Durchschnitt (MA) folgen.[92]

$$s_{t+4} - f_{t,t+4} = \delta_0 + \eta_{t+4}\left(1 + \sum_{i=1}^{4}\left(\theta_i L^i\right)\right) \qquad (52)$$

Die θ_i entsprechen den Koeffizienten des gleitenden Durchschnitts (MA) in den Vorhersagefehlern. Mit Ansatz (52) kann auch geprüft werden, ob eine GARCH-M Spezifizierung Sinn macht. Für den Fall, daß die Residuen der Schätzung bedingt heteroskedastisch sind, liegt möglicherweise eine zeitvariable Risikoprämie des mit (47) und (48) beschriebenen Typs vor.

2.2.2.3 Ein Modell mit zeitvariabler Risikoprämie und überlappenden Daten

Ohne Parameterrestriktionen und unter Berücksichtigung der Orthogonalitätseigenschaft *schwach* effizienter Märkte kann Gleichung (49) geschrieben werden als:

$$\begin{aligned} s_{t+4} - s_t = {} & SL\left(f_{t,t+4} - s_t\right) + OR_1\left(f_{t-5,t-1} - s_{t-5}\right) + OR_1\left(s_{t-1} - s_{t-5}\right) \\ & + \delta_0 + \delta_1 h_{t+4} + \eta_{t+4}\left(1 - \sum_{i=1}^{4}\left(\theta_i L^i\right)\right) \end{aligned} \qquad (53),$$

Die Spezifikation (53) erlaubt es, die verbundenen Nullhypothesen eines effizienten Marktes, Rationalität der Akteure und der Risikoneutralität der Wirtschaftssubjekte (d.h. einer Risikoprämie von Null) zu testen.

---

[92] Anstelle des ARMA–Prozesses kann auch die unrestringierte Gleichung $s_{t+4}=\alpha+\beta f_{t,t+4}+\varepsilon_{t+4}$ geschätzt werden. Hansen und Hodrick [1980] zeigen, daß – bei Homoskedastie – die KQ-Schätzung dieser Gleichung zu konsistenten, allerdings ineffizienten Parametern führt. Der Ansatz von Hsieh [1984] gestattet die Verwendung des KQ-Schätzers auch bei Vorliegen von bedingter Heteroskedastie, indem er – nach der Methode von White [1980] – eine konsistente Varianz/Kovarianz Matrix schätzt.

Bei rationalen Erwartungen und richtiger Modellierung der – möglicherweise zeitvariablen – Risikoprämie kann die Nullhypothese, daß *SL*=1 ist, nicht verworfen werden. OR_1 und OR_2 sind die Koeffizienten, die in (49) eingefügt werden, um die *schwache* Form der Markteffizienz zu testen. Unter der Nullhypothese eines *schwach* effizienten Marktes sind OR_1 und OR_2 nicht signifikant von Null verschieden, d.h. vergangene Wechselkursänderungen $(s_{t-1} - s_{t-5})$ bzw. vergangene Terminkursprämien $(f_{t-5,t-1} - s_{t-5})$ liefern keinen Erklärungsbeitrag zur laufenden Prognose der Wechselkursänderungen $(f_{t,t+4} - s_t)$-ρ_{t+4}. Da der Terminkontrakt 30 Tage läuft und mit wöchentlichen Daten geschätzt wird, müssen die vergangenen Wechselkursänderungen bzw. vergangenen Terminkursprämie um mehr als 4 Wochen (=28 Tage) verzögert werden, um eine Überlappung der Kontrakte und damit eine zwangsläufige Korrelation zu verhindern. Mit einem Test darauf, ob $\delta_0=\delta_1=0$ ist, wird überprüft, ob die zeitvariable bedingte Varianz h_{t+4} und damit eine zeitabhängige Risikoprämie, Abweichungen der Terminkursprämien von den tatsächlichen Wechselkursänderungen erklärt. Durch den Test der Hypothese $\delta_0 \neq 0$ und $\delta_1=0$ wird kontrolliert, ob in der Terminkursprämie eine konstante Risikoprämie enthalten ist. Ein gemeinsamer Test auf die verbundene Hypothese *SL*=1 und $\delta_0=\delta_1=OR_1=OR_2=0$ ist ein verbundener Test auf rationale Erwartungen, Markteffizienz und Risikoneutralität der Wirtschaftssubjekte.

2.2.3 Die Daten

Zur Schätzung der Gleichungen werden D-Mark/US-Dollar Wechselkurse und D-Mark/US-Dollar Ein-Monats-Terminkurse für den Zeitraum vom 1. Januar 1988 bis zum 30. Dezember 1995 verwendet. Dabei handelt es sich um tägliche Geld-Brief Mittelkurse vom Londoner Devisenmarkt, wie sie von der Barklay's Bank in London um 16:00 WEZ aufgezeichnet werden. Mögliche *Klasse I* Neuigkeitseffekte, die von New York zwischen 14:00 und 17:00 MEZ ausgehen und auf den Londoner Markt treffen, sind damit in den Daten enthalten.

An jedem Tag *t* entspricht die Ein-Monats-Terminkursprämie $(f_{t,t+4} - s_t)$ der Differenz aus Termin- und Kassakurs zum Zeitpunkt *t*. Die dazu gehörenden Ein-Monats-Wechselkursänderungen $(s_{t+4} - s_t)$ werden gebildet, indem von dem Wechselkurs zum Zeitpunkt *t+4*, der entsprechende Wechselkurs zum Zeitpunkt *t* (Einen Monat, bzw. 30 Tage später) abgezogen wird. Eine Woche enthält somit fünf wochentagsspezifische „Drillinge“ aus $f_{t,t+4}, s_t, s_{t+4}$. Werden z.B. Kassa- und Terminkurs von einem Montag genommen, wird dem Montagskassakurs der Mittwochskassakurs 30 Tage später zugeordnet. Dienstagskurse werden mit Donnerstagskursen (30 Tage) und Mittwochskurse mit Freitagskursen (30 Tage) gepaart. Donnerstags- und Freitagskassakurse werden – wegen fehlender Wochenenddaten – mit dem Kassakurs des darauffolgenden Montags assoziiert, so daß sie 31 bzw. 32 Tage überspannen. Insgesamt besteht der Datensatz somit aus ungefähr 5 mal 398 Beobachtungen (Wochendaten), die alle wochentagsspezifisch sind.

Bei den Schätzungen mit bzw. ohne Überlappung werden jeweils diese wochentagsspezifischen Daten verwendet. Die Terminologiekonvention besteht dabei darin, daß bei einer Schätzung unter Verwendung von z.B. „Mittwochskontrakten“ diejenigen Ein-Monats-Terminkursprämien und Ein-Monats-Wechselkursänderungen gemeint sind, die 30 Tage von Mittwoch bis Freitag laufen.

2.2.4 Ergebnisse

Die Ergebnisse der Schätzungen (50), (52) und (53) sind in den Tabellen 2.2.1, 2.2.2 (Seite 196 ff.) und 2.2.3a bis 2.2.3e (Seite 202 ff.) eingetragen.

2.2.4.1 Monatsdaten

Die Ergebnisse der KQ-Schätzung (50) mit nicht überlappenden Daten variieren in Abhängigkeit des Wochentags (siehe Tabelle 2.2.1, siehe Seite 194). So schwankt der Schätzwert für den Steigungskoeffizienten *SL* zwischen –0,43 (Donnerstag) und +1,37 (Montag). Dieses Resultat kann – bei rationalen Erwartungen – entsprechend des Resultats von Fama [1984] in (51), als Indiz für eine zeitvariable Risikoprämie gewertet werden. Allerdings ist in keinem Fall der Steigungskoeffizient signifikant von Null verschieden – oder signifikant kleiner als 0,5 – was zeigt wie volatil die Beziehung zwischen der Terminkursprämie und der realisierten Wechselkursänderung ist. Die Nullhypothese, daß die Risikoprämie einen konstanten Wert von Null hat, kann im Falle der monatlichen Daten nicht verworfen werden. Die verbundene Hypothese von rationalen Erwartungen und Risikoneutralität der Agenten kann ebenfalls in keinem Fall abgelehnt werden. An keinem Wochentag kann die Nullhypothese, daß keine serielle Korrelation in den quadrierten Residuen vorliegt, verworfen werden. Die Ergebnisse bestätigen, daß ARCH-Effekte in Monatsdaten verschwinden. Auf Grundlage von Monatsdaten ist damit – wie eingangs erläutert – ein eindeutiger Rückschluß auf eine evtl. zeitvariable Risikoprämie nicht möglich.

2.2.4.2 Wochendaten

Die MA(4)–Gleichung (52) wird auf Grundlage von Wochendaten mit dem Gauß-Newton Algorithmus geschätzt (siehe Tabelle 2.2.2, Seite 196). Wie erwartet, sind die MA-Koeffizienten – unabhängig vom Wochentag – bis zur vierten Ordnung signifikant, wobei das marginale Signifikanzniveau jeweils unter 0,01 liegt. Die θ_4 Koeffizienten sind dabei wegen der geringeren Überlappung in der 4. Woche (lediglich 2 Tage) deutlich kleiner als die Koeffizienten θ_1 bis θ_3 (siehe Schaubild (2.2.1). MA-Koeffizienten hö-herer Ordnung sind hingegen insignifikant. Die Residuen der Schätzung weisen nach der Ljung-Box Statistik ebenfalls auf keine weitere serielle Korrelation hin. Die Nullhypothese einer Risikoprämie von Null kann ebenfalls in keinem Fall verworfen werden. Interessant für die weitere Analyse sind die Testergebnisse bzgl. der quadrierten Residuen. Sowohl der Ljung-Box Test Q^2, als auch der LM-Test auf bedingte Heteroskedastie (Engle [1982]) zeigen, daß die Residuen der Schätzungen seriell korreliert sind bzw. ARCH-Effekte aufweisen. Die GARCH-M Gleichung (53) wird ebenfalls wochentagsspezifisch geschätzt, ohne daß den Parametern *a priori* Restriktionen auferlegt werden. Die Ergebnisse dieser Kerngleichung des Kapitels (53) finden sich in den Tabellen (2.2.3a)-(2.2.3e) auf den Seiten 202ff. Es stellt sich heraus, daß – unabhängig vom Wochentag – eine übliche GARCH(1,1) Parametrisierung die Verzögerungsstruktur adäquat wiedergibt. Dabei steht die erste "1" für die um eine Periode verzögerten quadrierten Residuen und die zweite "1" für den autoregressiven Teil des Varianzterms. Diese Spezifikation erfaßt vollständig die Korrelationsstruktur der Residuen, wie der Ljung-Box-Test und der LM-Test zeigen, deren Nullhypothesen „keine Autokorrelation der Residuen", bzw. „keine ARCH-Fehler" für keine der fünf verschiedenen wochentagsspezifischen Schätzungen verworfen werden kann. Darüber hinaus kann die Nullhypothese, daß die (standardisierten) Residuen des GARCH-M normalverteilt sind auf Grundlage des Jarque-Bera Normalverteilungstests in der Regel nicht verworfen werden. Nur für Donnerstagskontrakte muß zu einem marginalen Signifikanzniveau von 0,02 die Nullhypothese abgelehnt werden.

Die Schätzwerte und die Signifikanzniveaus der MA-Koeffizienten in (53) sind denen in (52) sehr ähnlich. Die θ-Werte liegen für die ersten drei Wochen bei Werten nahe 0,9 und 0,7 und fallen für die vierte Woche, bei der die Überlappung zwei bzw. drei – anstelle von fünf – Tage beträgt, auf Werte zwischen 0,3 bzw. 0,4. Die Varianzparameter α_0, α_1 und β_1 sind für alle wochentagsspezifischen Schätzungen signifikant. Ausnahme davon bilden die α_1 Koeffizienten bei Donnerstags- und Freitagskontrak-

Tabelle 2.2.1

Der „Terminkursswap" als Schätzer der zukünftigen Wechselkursänderungen bei nicht überlappenden Ein-Monats-Terminkontrakten (D-Mark/US-$)
Zeitraum: Januar 1988 – Dezember 1995
Regressionsgleichung (KQ): $s_{t+4} - s_t = \delta_0 + SL(f_{t,t+4} - s_t) + \varepsilon_{t+4}$

Freitag auf Montag (31 Tage)

Koeffizienten	Wert (t-Wert)	Marginales Signifikanzniveau
δ_0 (Absolutglied)	0,02 (0,8)	0,48
SL (Steigungskoeff.)	-0,002 (-0,003)	0,98
F-Test: $\delta_0 = 0$, $SL=1$	1,25	0,29
e^2 : LM - Hetero ($T*R^2$) [1)]	22,9	unter H_0: χ^2_{29}

Donnerstag auf Montag (32 Tage)

Koeffizienten	Wert (t-Wert)	Marginales Signifikanzniveau
δ_0 (Absolutglied)	-0,001 (-0,0045)	0,92
SL (Steigungskoeff.)	-0,43 (-0,36)	0,71
F-Test: $\delta_0 = 0$, $SL=1$	0,86	0,43
e^2 : LM - Hetero ($T*R^2$) [1)]	28,1	unter H_0: χ^2_{29}

Mittwoch auf Freitag (30 Tage)

Koeffizienten	Wert (t-Wert)	Marginales Signifikanzniveau
δ_0 (Absolutglied)	-0,001 (-0,004)	0,69
SL (Steigungskoeff.)	0,61 (0,73)	0,67
F-Test: $\delta_0 = 0$, $SL=1$	1,4	0,23
e^2 : LM - Hetero ($T*R^2$) [1)]	29,2	Unter H_0: χ^2_{29}

Dienstag auf Donnerstag (30 Tage)

Koeffizienten	Wert (t-Wert)	Marginales Signifikanzniveau
δ_0 (Absolutglied)	-0,001 (-0,91)	0,65
SL (Steigungskoeff.)	0,89 (0,64)	0,75
F-Test: $\delta_0 = 0$, $SL=1$	2,1	0,23
e^2 : LM - Hetero ($T*R^2$) [1)]	28,2	unter H_0: χ^2_{29}

Montag auf Mittwoch (30 Tage)

Koeffizienten	Wert (t-Wert)	Marginales Signifikanzniveau
δ_0 (Absolutglied)	-0,02 (-0,66)	0,5
SL (Steigungskoeff.)	1,37 (0,93)	0,14
F-Test: $\delta_0 = 0$, $SL=1$	1,3	0,27
e^2 : LM - Hetero ($T*R^2$) [1)]	32,6	unter H_0: χ^2_{29}

[1)] e: Residuen der OLS-Schätzung.

ten. Das Absolutglied α_0 im bedingt heteroskedastischen Varianzterm (48) schwankt zwischen 0,00003 (Dienstag) und 0,00006 (Freitag). Der Varianzparameter α_1, der den spezifischen Einfluß der Störung der Vorperiode quantifiziert schwankt zwischen 0,03 (Freitag) und 0,09 (Mittwoch). Dieser ereignisspezifische Einfluß ist mittwochs – also bei 30-Tagen Kontrakten, die an einem Mittwoch ausgestellt werden und an einem Freitag vier Wochen später reifen – am Höchsten, also genau dann, wenn die meisten der in Kapitel 1 genannten Neuigkeiten mit bekanntem Veröffentlichungszeitpunkt (*Klasse I*) den Devisenmarkt beeinflussen. Der geschätzte β_1 Parameter im Varianzterm h_{t+4} ist bei den Mittwochsdaten (0,78) am Kleinsten und bei Dienstags- und Freitagsdaten (0,85 und 0,81) am Größten. Die Summe aus α_1 und β_1, die das Maß für die Persistenz bilden, liegt bei den Schätzungen zwischen 0,85 und 0,92 und damit deutlich unter der kritischen Marke von 1.

Zur Überprüfung der verschiedenen Hypothesen (Rationalität, Effizienz, Risikoprämien) wird der Likelihood-Ratio Test (LR-Tests) angewendet. Dabei kann die Nullhypothese, daß OR_1, der Koeffizient vor der verzögerten Terminkursprämie, bzw. daß OR_2, der Koeffizient vor der um eine Periode retardierten Wechselkursänderung, gleich Null ist, für keinen Wochentag verworfen werden. Die Hypothese, der Informationseffizienz wird deshalb durch die Daten nicht widerlegt.

Bei der unrestringierten Schätzung zeigt sich, daß der Steigungskoeffizient *SL* in keinem der wochentagsspezifischen Datensätze einen Wert annimmt, der signifikant von Null verschieden ist. Die Punktschätzungen variieren zwischen 0,05 (Freitagskontrakte) und 1,04 (Mittwochskontrakte). Allerdings kann auch die Nullhypothese eines Steigungskoeffizienten von $SL=1$ (Rationalität bzw. unverzerrter Schätzer) an keinem der Tage verworfen werden. Das gleiche gilt – mit einer Einschränkung für die Dienstagskontrakte, für die die verbundene Nullhypothese von Rationalität und Effizienz zu einem Signifikanzniveau von 0,07 abgelehnt wird – für den Test der Zwillingshypothese „Effizienter Markt und Rationalität ($OR_1=OR_2$, $SL=1$)".

Ob die Differenz aus Devisenterminkurs und dem Kassakurs zum Zeitpunkt der Reife signifikante Risikoprämien enthält, wird durch das Auferlegen von Restriktionen auf die δ_0, δ_1 Parameter überprüft. Die verbundene Nullhypothese, daß es keine Risikoprämie gibt ($\delta_0=\delta_1=0$) kann für Mittwochskontrakte zu einem marg. Signifikanzniveau von 0,00 und für Dienstagskontrakte zu einem marg. Signifikanzniveau von 0,02 abgelehnt werden. Die Hypothese, daß der konstante Teil der Risikoprämie gleich null ist ($\delta_0=0$), kann ebenfalls für diese beiden Tage verworfen werden (0,00

Tabelle 2.2.2

Der Terminkursvorhersagefehler bei überlappenden Ein-Monats-Terminkontrakte (D-Mark/US-$)
Zeitraum: von Januar 1988 – Juni 1995

Regressionsgleichung (MA 4)
Gleichung 52

$$(f_{t,t+4} - s_t) = \delta_0 + \sum_{i=1}^{4} \Theta_i \eta_{t+4-i} + \eta_{t+4}$$

Montag auf Dienstag (30 Tage)

Koeffizient	Wert (t-Wert)	marg, Signifikanzniveau
δ_0	-0,003(-0,92)	0,35
θ_1	0,82 (16,1)	0,000
θ_2	0,79 (14,4)	0,000
θ_3	0,71 (12,9)	0,000
θ_4	0,22 (4,4)	0,000
	χ^2 - **Wert**	**marg, Signifikanzniveau**
Q(36) Ljung-Box Test	39,6	0,16
Q^2(36) Ljung-Box Test	51,0	0,05
e^2 :LM-Hetero *(TR^2), NDF =241* 1)	131,9	

Dienstag auf Donnerstag (30 Tage)

Koeffizient	Wert (t-Wert)	marg, Signifikanzniveau
δ_0	-0,003 (-0,81)	0,41
θ_1	0,88 (17,4)	0,000
θ_2	0,77 (13,0)	0,000
θ_3	0,65 (10,9)	0,000
θ_4	0,15 (2,98)	0,003
	χ^2 - **Wert**	**marg, Signifikanzniveau**
Q(36) Ljung-Box Test	38,1	0,21
Q^2 (36) Ljung-Box Test	68,0	0,00
e^2 :LM-Hetero *(TR^2), NDF =241* 1)	151,7	

Mittwoch auf Freitag (30 Tage)

Koeffizient	Wert (t-Wert)	marg, Signifikanzniveau
δ_0	-0,002 (-0,75)	0,45
θ_1	0,83 (17,4)	0,000
θ_2	0,81 (13,0)	0,000
θ_3	0,70 (10,9)	0,000
θ_4	0,28 (2,98)	0,000
	χ^2 - Wert	**marg, Signifikanzniveau**
Q(36) Ljung-Box Test	29,3	0,6
Q^2 (36) Ljung-Box Test	94,6	0,000
e^2 :LM-Hetero *(TR^2), NDF =241* [1)]	151,3	

Donnerstag auf Montag (32 Tage)

Koeffizient	Wert (t-Wert)	marg, Signifikanzniveau
δ_0	-0,003 (-0,78)	0,43
θ_1	0,79 (16,4)	0,000
θ_2	0,79 (15,0)	0,000
θ_3	0,69 (13,3)	0,000
θ_4	0,36 (7,44)	0,003
	χ^2 - Wert	**marg, Signifikanzniveau**
Q(36) Ljung-Box Test	29,7	0,58
Q^2 (36) Ljung-Box Test	35,05	0,51
e^2 :LM-Hetero *(TR^2), NDF =241* [1)]	129,3	

Freitag auf Montag (31 Tage)

Koeffizient	Wert (t-Wert)	marg, Signifikanzniveau
δ_0	-0,003 (-0,78)	0,32
θ_1	0,79 (16,4)	0,000
θ_2	0,76 (15,0)	0,000
θ_3	0,67 (13,3)	0,000
θ_4	0,10 (7,44)	0,040
	χ^2 - Wert	**marg, Signifikanzniveau**
Q(36) Ljung-Box Test	28,3	0,66
Q^2 (36) Ljung-Box Test	26,76	0,87
e^2 :LM-Hetero *(TR^2), NDF =241* [1)]	126,7	

[1)] *e*: Residuen der Schätzung.

(Mi.) und 0,00 (Di.)). Für den variablen Teil der Risikoprämie liegen die Signifikanzniveaus für den Test auf δ_1=0 bei 0,05 (Di.) bzw. 0,01 (Mi.). Für diese beiden Tage kann ebenfalls durch einen verbundenen Test auf „SL=1, $\delta_0=\delta_1$=0, $OR_1=OR_2$=0" zu einem marg. Signifikanzniveau von 0,03 (Mi.) und 0,04 (Do.) ausgeschlossen werden, daß die Risikoprämien möglicherweise auf Irrationalität ($SL\neq1$) bzw. Marktineffizienz ($OR_1\neq0$, $OR_2\neq0$) zurückzuführen ist. Auf Grundlage dieser Testergebnisse kann die Hypothese, daß die Terminkursprämien an Mittwochen und – mit Einschränkungen an Dienstagen – zeitvariable Risikoprämien enthalten, nicht zurückgewiesen werden. Aufgrund der Schätzergebnisse scheint gesichert, daß Marktteilnehmer die in der Zeitreihe enthaltene Volatilitätsinformation nutzen, um für Mittwochskontrakte (und mit Einschränkung für Dienstagskontrakte) einen Risikoaufschlag zu verlangen. Diese Risikoprämie steht im Zusammenhang mit der Bekannt-gabe der *Klasse I* Variabeln, die die Preisfindung auf dem Devisenmarkt vor allem an Freitagen stark beeinflußt (siehe Kapitel 1.2). Die Risikoprämie enthält dabei einen positiven konstanten Teil δ_0> 0 und eine negative zeitvariable Komponente δ_1<0. Dadurch wechselt die Risikoprämie ρ_{t+4} – bei der hier vorliegenden Datenkonstellation – im Zeitverlauf das Vorzeichen in Abhängigkeit der Höhe des bedingten (in *t* für *t+4* prognostizierbaren) Varianzterms h_{t+4}. Bei eher kleinen Varianzen ist die Risikoprämie positiv. Sie wird negativ bei hohen Varianzausschlägen.[93] Die geschätzte Risikoprämie für Mittwochskontrakte ist in Graphik 2.2.2a veranschaulicht, wobei SL=1 und $OR_1=OR_2$=0 sind. Die Risikoprämie schwankt bei Mittwochskontrakten (Dienstagskontrakten) zwischen –2,5% (–3,0%) und +1% (0,6%) mit einem Durchschnitt von 0,5% (0,2%), der signifikant von Null verschieden ist.

2.2.5 Eine Interpretation der Risikoprämie

Im Folgenden wird kurz erläutert, wie eine Risikoprämie auf dem Devisenmarkt, die im Zeitverlauf das Vorzeichen wechselt, zu interpretieren ist. Dazu wird eine Risikoprämie ($\ln F_{t,t+4}-E(\ln S_{t+4})$)>0 auf dem US-Dollar/D-Mark Devisenmarkt aus der Sicht beider Währungsräume betrachtet. Man beachte dabei, daß die positive Risikoprämie aus der Sicht des einen Währungsraumes ($\ln F_{t,t+4}-E(\ln S_{t+4})>0$) zwangsläufig eine negative Risikoprämie aus der Sicht des anderen Währungsraumes impliziert

---

[93] Ein Vorzeichenwechsel in der Risikoprämie findet auch Stockmann [1978, 172] in den zwei Hälften seines Untersuchungszeitraumes von 1973 bis 1977: „The [constant J.K.] risk premium on forward pounds

$(\ln(1/F_{t,t+4})-E((\ln(1/S_{t+4})<0)$. Der Wechselkurs S_t sei dabei in D-Mark/US-Dollar-Einheiten notiert.[94]

Im nachfolgenden Beispiel betrage der aktuelle Kassakurs S_t=0,95 [D-Mark/US-Dollar], der Ein-Monats-Terminkurs $F_{t,t+4}$=1 [D-Mark/US-Dollar] und der in einem Monat erwartete Kassakurs $E[S_{t+4}]$=0,99 [D-Mark/US-Dollar]. Die erwartete prozentuale Wechselkursänderung $(E(\ln S_{t+4})-\ln S_t)$ ist demnach 4% und die aktuelle Terminkursprämie $(\ln F_{t,t+4}-\ln S_t)$ 5%. Wie verhält sich in dieser Wechselkurssituation ein Händler, der auf D-Mark Basis kalkuliert und beim Engagement in eine Terminkursspekulation im Schnitt einen Gewinn erwirtschaften möchte? Er verkauft zum Zeitpunkt t 1 US-Dollar auf Termin zum Kurs $F_{t,t+4}$ (hier: 1 D-Mark/US-Dollar, d.h. er erhält zum Zeitpunkt t+4 eine D-Mark und muß im Gegenzug einen US-Dollar liefern). Zum Zeitpunkt t+4 kauft er US-Dollar zum dann herrschenden Wechselkurs S_{t+4} (hier: 0,99 D-Mark/US-Dollar, wobei unterstellt wird, daß $E(S_{t+4})=S_{t+4}$, also die Wechselkurserwartung erfüllt wird). Der erwartete prozentuale Überschuß dieses Geschäfts (1-0,99/1,0) beläuft sich auf $\ln F_{t,t+4}-E(\ln S_{t+4})$=1%. Ein auf D-Mark-Basis kalkulierender Händler, der den Terminkontrakt zum Zeitpunkt t ausstellt, erhält somit für die Ausstellung des Terminkontraktes eine (Risiko)-Prämie in Höhe von 1%. Diese Prämie erhält er für den Verkauf von US-Dollar auf Termin. Dabei muß man sich vor Augen halten, daß die Prämie nur im Erwartungswert gezahlt wird. Weicht der realisierte Wechselkurs S_{t+4} zu einem bestimmten Zeitpunkt zufallsbedingt vom erwarteten Wechselkurs $E(S_{t+4})$ nach oben ab (z.B. 1,01 D-Mark/US-Dollar), dann macht der Aussteller Verluste (hier: -1%).

Für einen Händler, der aus auf US-Dollar Basis rechnet, ergibt sich in der gleichen Situation folgendes Bild: Die erwartete prozentuale Wechselkursänderungen beträgt $E(\ln(1/S_{t+4}))-\ln(1/S_t))=-(E(\ln S_{t+4})-\ln S_t))=-4\%$ und – analog dazu – die aktuelle Terminkursprämie – $(\ln F_{t,t+4}-\ln S_t)=-5\%$. Der US-Händler befindet sich also im Vergleich zum D-Mark-Händler in einer spiegelbildlichen, d.h. vorzeichenverdrehten Situation. Dem Verkauf eines US-Dollars auf Termin zum Kurs $F_{t,t+4}$ eines D-Mark-Währungshändlers entspricht dabei dem Kauf einer D-Mark auf Termin zum Kurs $1/F_{t,t+4}$ eines US-Händlers.

---

sterling changed form negative to positive from the first period to the second."

[94] Siehe Fußnote 10) für eine Diskussion um das sog. Siegel Paradoxon und die daraus resultierende Praxis, die Terminkursprämie in logarithmischen Differenzen zu schreiben.

Abbildung 2.2.2a
Die zeitvariable Risikoprämie (Mittwoch bis Freitag)

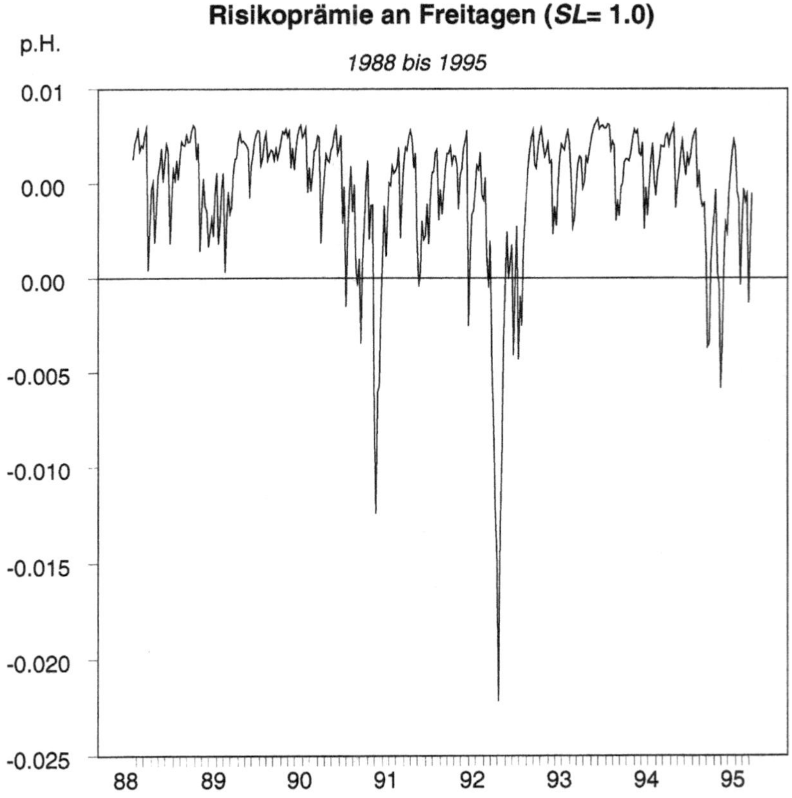

Abbildung 2.2.2b
Die zeitvariable Risikoprämie (Dienstag bis Donnerstag)

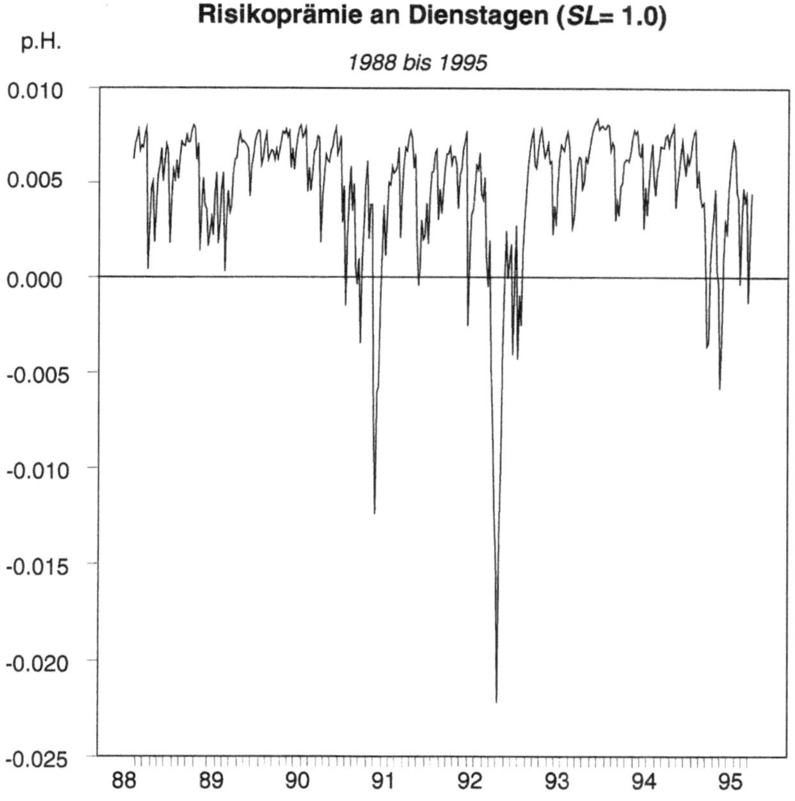

Tabelle 2.2.3a

Die Schätzergebnisse des GARCH-M Modells
(überlappende D-Mark/US-Dollar Ein-Monats-Terminkontrakte)
Zeitraum: Januar 88 – Dezember 1995
Montag bis Mittwoch (30 Tage)

Regressionsgleichung (53)

$$\eta_{t+4} = (s_{t+4} - s_t) - SL(f_{t,t+4} - s_t) - OR_1(f_{t-5,t-1} - s_{t-5}) -$$
$$OR_2(s_{t-1} - s_{t-5}) - \delta_0 - \delta_1 h_{t+4} - \sum_{i=1}^{4} \Theta_i \eta_{t+4-i}; \quad mit \quad h_{t+4} = \alpha_0 + \alpha_1 \eta_{t+3}^2 + \beta_1 h_{t+3}$$

Maximum Likelihood: MA(4)-GARCH (1, 1)

Koeff.	Wert (t-Wert)	marg. Signifikanzniveau
SL	0,78 (1,60)	0,11
OR_1	0,53 (0,68)	0,19
OR_2	0,08 (1,09)	0,47
δ_0	0,005 (0,72)	0,10
δ_1	-0,44 (-0,03)	0,27
θ_1	0,81 (15,6)	0,00
θ_2	0,79 (13,5)	0,00
θ_3	0,73 (12,6)	0,00
θ_4	0,27 (4,7)	0,00
α_0	0,00005 (1,9)	0,05
α_1	0,07 (2,1)	0,03
β	0,79 (9,9)	0,00

Likelihood Ratio Tests

Restriktion	χ^2 – Wert	marg. Signifikanzniveau
$SL = 1$	0,04	0,94
Keine Risikoprämie: $\delta_0 = \delta_1 = 0$	3,9	0,14
Konst. Risikoprämie: $\delta_0 = 0$	2,5	0,11
$SL = 1$, $\delta_0 = \delta_1 = 0$	3,9	0,28
$SL = 1$, $\delta_0 = \delta_1 = 0, OR_1 = OR_2 = 0$	6,3	0,28
Effizienz: $OR_1 = OR_2 = 0$	2,5	0,28
Rationalität: $SL = 1, OR_1 = OR_2 = 0$	2,7	0,45

A) Ljung-Box-Q-Test auf serielle Korrelation in den Residuen: LB(24): Teststatistik (marginales Signifikanzniveau): 27,2 (0,29)
B) Jarque Bera Normalitätstest der Residuen: JB(χ^2(2)): Teststatistik (marginales Signifikanzniveau): 5,3 (0,07)
C) F-Test auf Keine ARCH vs. ARCH-Fehler in den Residuen: F-Test (ARCH 4):0,81 (0,52)

Tabelle 2.2.3b

Die Schätzergebnisse des GARCH-M Modells
(überlappende D-Mark/US-Dollar Ein-Monats-Terminkontrakte)
Zeitraum: Januar 88 – Dezember 1995
Dienstag bis Donnerstag (30 Tage)

Regressionsgleichung 53

$$\eta_{t+4} = (s_{t+4} - s_t) - SL(f_{t,t+4} - s_t) - OR_1(f_{t-5,t-1} - s_{t-5}) -$$

$$OR_2(s_{t-1} - s_{t-5}) - \delta_0 - \delta_1 h_{t+4} - \sum_{i=1}^{4} \Theta_i \eta_{t+4-i}; \quad mit \quad h_{t+4} = \alpha_0 + \alpha_1 \eta_{t+3}^2 + \beta_1 h_{t+3}$$

Maximum Likelihood: MA(4)-GARCH (1,1)

Koeff.	Wert (t-Wert)	marg. Signifikanzniveau
SL	0,11 (0,17)	0,87
OR_1	0,06 (1,01)	0,31
OR_2	-0,83 (-1,2)	0,23
δ_0	0,015 (2,67)	0,00
δ_1	-36,5 (-1,93)	0,05
θ_1	0,87 (17,0)	0,00
θ_2	0,81 (13,7)	0,00
θ_3	0,74 (12,6)	0,00
θ_4	0,25 (4,02)	0,00
α_0	0,0003 (2,54)	0,01
α_1	0,07 (3,04)	0,00
β	0,85 (21,9)	0,00

Likelihood Ratio Tests

Restriktionen	χ^2 - Wert	marg. Signifikanzniveau
$SL = 1$	1,7	0,18
Keine Risikoprämie: $\delta_0 = \delta_1 = 0$	7,6	0,02
Konst. Risikoprämie: $\delta_0 = 0$	11,1	0,00
$SL = 1,\ \delta_0 = \delta_1 = 0$	8,9	0,03
$SL = 1,\ \delta_0 = \delta_1 = 0, OR_1 = OR_2 = 0$	11,4	0,04
Effizienz: $OR_1 = OR_2 = 0$	2,7	0,26
Rationalität: $SL = 1, OR_1 = OR_2 = 0$	7,1	0,07

A) Ljung-Box-Q-Test auf serielle Korrelation in den Residuen: LB(24): Teststatistik (marginales Signifikanzniveau): 27,2 (0,3)

B) Jarque-Bera Normalitätstest der Residuen: JB(χ^2(2)): Teststatistik (marginales Signifikanzniveau): 0,55 (0,75)

C) F-Test auf Keine ARCH vs. ARCH-Fehler in den Residuen: F-Test (ARCH 4):0,3 (0,9)

Tabelle 2.2.3c

Die Schätzergebnisse des GARCH-M Modells
(überlappende D-Mark/US-Dollar Ein-Monats-Terminkontrakte)
Zeitraum: Januar 88 – Dezember 1995
Mittwoch bis Freitag (30 Tage)

Regressionsgleichung 53

$$\eta_{t+4} = (s_{t+4} - s_t) - SL(f_{t,t+4} - s_t) - OR_1(f_{t-5,t-1} - s_{t-5}) - OR_2(s_{t-1} - s_{t-5}) - \delta_0 - \delta_1 h_{t+4} - \sum_{i=1}^{4} \Theta_i \eta_{t+4-i}; \quad mit \quad h_{t+4} = \alpha_0 + \alpha_1 \eta_{t+3}^2 + \beta_1 h_{t+3}$$

Maximum Likelihood: MA(4)-GARCH (1,1)

Koeff.	Wert (t-Wert)	marg. Signifikanzniveau
SL	1,04 (0,6)	0,57
OR1	0,12 (1,7)	0,09
OR2	-1,8 (-1,0)	0,29
δ_0	0,02 (3,11)	0,00
δ_1	-52,9 (-2,6)	0,01
θ_1	0,88 (17,4)	0,00
θ_2	0,85 (14,1)	0,00
θ_3	0,80 (12,6)	0,00
θ_4	0,41 (5,9)	0,00
α_0	0,00005 (2,2)	0,03
α_1	0,095 (3,1)	0,00
β	0,782 (11,1)	0,00

Likelihood Ratio Tests

Restriktionen	χ^2 - Wert	marg. Signifikanzniveau
$SL = 1$	0,00	0,99
Keine Risikoprämie: $\delta_0 = \delta_1 = 0$	9,7	0,00
Konst. Risikoprämie: $\delta_0 = 0$	7,6	0,00
$SL = 1$, $\delta_0 = \delta_1 = 0$	9,7	0,02
$SL = 1$, $\delta_0 = \delta_1 = 0$, $OR_1 = OR_2 = 0$	11,8	0,03
Effizienz: $OR_1 = OR_2 = 0$	3,85	0,15
Rationalität: $SL = 1$, $OR_1 = OR_2 = 0$	5,55	0,14

A) Ljung-Box-Q-Test auf serielle Korrelation in den Residuen: LB(24): Teststatistik (marginales Signifikanzniveau): 22,9 (0,52)
B) Jarque Bera Normalitätstest der Residuen: JB(χ^2(2)): Teststatistik (marginales Signifikanzniveau): 0,73 (0,69)
C) F-Test auf Keine ARCH vs. ARCH-Fehler in den Residuen: F-Test (ARCH 4): 0,47 (0,8)

Tabelle 2.2.3d

Die Schätzergebnisse des GARCH-M Modells
(überlappende D-Mark/US-Dollar Ein-Monats-Terminkontrakte)
Zeitraum: Januar 88 – Dezember 1995
Donnerstag bis Montag (32 Tage)

Regressionsgleichung 53

$$\eta_{t+4} = (s_{t+4} - s_t) - SL(f_{t,t+4} - s_t) - OR_1(f_{t-5,t-1} - s_{t-5}) - OR_2(s_{t-1} - s_{t-5}) - \delta_0 - \delta_1 h_{t+4} - \sum_{i=1}^{4} \Theta_i \eta_{t+4-i}; \quad mit \quad h_{t+4} = \alpha_0 + \alpha_1 \eta_{t+3}^2 + \beta_1 h_{t+3}$$

Maximum Likelihood: MA(4)-GARCH (1,1)

Koeff.	Wert (t-Wert)	marg. Signifikanzniveau
SL	0,43 (0,28)	0,77
OR_1	0,08 (1,06)	0,29
OR_2	0,10 (0,07)	0,95
δ_0	0,014 (-0,9)	0,37
δ_1	-27,0 (-0,7)	0,51
θ_1	0,78 (14,6)	0,00
θ_2	0,80 (15,2)	0,00
θ_3	0,72 (12,7)	0,00
θ_4	0,40 (5,6)	0,00
α_0	0,00006 (2,9)	0,01
α_1	0,054 (1,4)	0,14
β	0,81 (11,4)	0,01

Likelihood Ratio Tests

Restriktion	χ^2 - Wert	marg. Signifikanzniveau
$SL = 1$	0,13	0,72
Keine Risikoprämie: $\delta_0 = \delta_1 = 0$	1,79	0,41
Konst. Risikoprämie: $\delta_0 = 0$	1,23	0,88
$SL = 1$, $\delta_0 = \delta_1 = 0$	1,54	0,67
$SL = 1$, $\delta_0 = \delta_1 = 0, OR_1 = OR_2 = 0$	3,27	0,66
Effizienz: $OR_1 = OR_2 = 0$	1,12	0,57
Rationalität: $SL = 1, OR_1 = OR_2 = 0$	1,42	0,70

A) Ljung-Box-Q-Test auf serielle Korrelation in den Residuen: LB(24): Teststatistik (marginales Signifikanzniveau): 27,4 (0,3)
B) Jarque Bera Normalitätstest der Residuen: JB(χ^2(2)): Teststatistik (marginales Signifikanzniveau):8,5 (0,014)
C) F-Test auf Keine ARCH vs. ARCH-Fehler in den Residuen: F-Test (ARCH 4):0,8 (0,5)

Tabelle 2.2.3e

Die Schätzergebnisse des GARCH-M Modells
(überlappende D-Mark/US-Dollar Ein-Monats-Terminkontrakte)
Zeitraum: Januar 88 – Dezember 1995
Freitag bis Montag (31 Tage)

Regressionsgleichung 53

$$\eta_{t+4} = (s_{t+4} - s_t) - SL(f_{t,t+4} - s_t) - OR_1(f_{t-5,t-1} - s_{t-5}) -$$
$$OR_2(s_{t-1} - s_{t-5}) - \delta_0 - \delta_1 h_{t+4} - \sum_{i=1}^{4} \Theta_i \eta_{t+4-i}; \quad mit \quad h_{t+4} = \alpha_0 + \alpha_1 \eta_{t+3}^2 + \beta_1 h_{t+3}$$

Maximum Likelihood: MA(4)-GARCH (1,1)

Koeff.	Wert (t-Wert)	marg. Signifikanzniveau
SL	0,01 (0,01)	0,99
OR_1	0,11 (1,43)	0,15
OR_2	-0,28 (-097)	0,33
δ_0	0,036 (1,7)	0,09
δ_1	-87,1 (-1,5)	0,14
θ_1	0,78 (14,1)	0,00
θ_2	0,78 (12,4)	0,00
θ_3	0,73 (10,9)	0,00
θ_4	0,31 (4,5)	0,00
α_0	0,00006 (1,9)	0,05
α_1	0,04 (1,6)	0,11
β	0,81 (9,5)	0,00

Likelihood Ratio Tests

Restriktionen	χ^2 – Wert	marg. Signifikanzniveau
$SL = 1$	0,15	0,70
Konst. Risikoprämie: $\delta_0 = 0$	1,36	0,51
Keine Risikoprämie: $\delta_0 = \delta_1 = 0$	4,06	0,13
$SL = 1, \delta_0 = \delta_1 = 0$	4,48	0,21
$SL = 1, \delta_0 = \delta_1 = 0, OR_1 = OR_2 = 0$	8,23	0,14
Effizienz: $OR_1 = OR_2 = 0$	3,23	0,20
Rationalität: $SL = 1, OR_1 = OR_2 = 0$	4,20	0,24

A) Ljung-Box-Q-Test auf serielle Korrelation in den Residuen: LB(24): Teststatistik (marginales Signifikanzniveau): 28,5 (0,24)
B) Jarque Bera Normalitätstest der Residuen: JB(χ^2(2)): Teststatistik (marginales Signifikanzniveau): 5,7 (0,06)
C) F-Test auf Keine ARCH vs. ARCH-Fehler in den Residuen: F-Test (ARCH 4):0,47 (0,75)

Wie engagiert sich nun (bei gleichen Kursen wie oben) ein US-Händler zum Zeitpunkt t in einer Terminkursspekulation, wenn er im Erwartungswert einen Gewinn erwirtschaften möchte? Er kauft zum Zeitpunkt t einen D-Mark Terminkontrakt, und geht damit die Verpflichtung ein, zum Zeitpunkt t+4 1 D-Mark zum Kurs $1/F_{t,t+4}$ zu beziehen (im Beispiel: 1 US-Dollar/D-Mark, d.h. er erhält zum Zeitpunkt t+4 1 D-Mark für 1 US-Dollar). Er kann dann die D-Mark zum Wechselkurs $1/S_{t+4}$ verkaufen (Hier: $1/S_{t+4}=1/0{,}99$ [US-Dollar/D-Mark] ≈ 1,01 [US-Dollar/D-Mark]). Auf US-Dollar Basis ergibt sich damit ein prozentualer Überschuß in Höhe von ebenfalls 1%. Im Unterschied zum D-Mark Händler erhält der US-Händler die Prämie dabei – in der oben geschilderten Kurssituation – im Mittel beim Kauf von D-Mark auf Termin. Der US-Händler kann dabei als Käufer des Kontraktes – genauso wie der D-Mark-Händler – Verluste realisieren. Besteht zum Zeitpunkt der Kontraktreife zufallsbedingt eine negative Differenz zwischen dem realisierten Wechselkurs ($1/S_{t+4}$) und dem erwarteten Wechselkurs $E(1/S_{t+4})$ (hier: = 1/1,01 [US-Dollar/D-Mark] ≈ 0,99 [US-Dollar/D-Mark] anstelle von 1,01 [US-Dollar/D-Mark]), dann ist der US-Händler verpflichtet die D-Mark zum vereinbarten Terminkurs (hier 1 [US-Dollar/D-Mark]) abzunehmen. Am Markt erhält er dafür dann lediglich 0,99 [US-Dollar/D-Mark]), so daß er einen Verlust erleidet. Wenn ($\ln F_{t,t+4}-E(\ln S_{t+4})>0$) wird also im D-Mark-Währungsraum für das Ausstellen von Terminkontrakten (Verkauf von US-Dollar auf Termin) eine Prämie in p.H. an den Aussteller gezahlt und im US-Währungsraum für den Kauf eines Terminkontraktes (Kauf von D-Mark auf Termin). Dabei handelt es sich um das gleiche Geschäft. Bei umgedrehtem Vorzeichen ($\ln F_{t,t+4}-E(\ln S_{t+4})<0$) wird die Prämie für Kauf von Dollar auf Termin bzw. Verkauf von D-Mark auf Termin gezahlt. Ein negatives Vorzeichen der Risikoprämie bzw. ein Vorzeichenwechsel im Zeitverlauf läßt sich also ohne Probleme ökonomisch interpretieren.

Aus der Sicht beider Währungsräume wird die Risikoprämie auf den gleichen Kontrakt gezahlt (entweder Kauf von D-Mark auf Termin und äquivalent dazu Verkauf von US-Dollar oder aber Verkauf von D-Mark auf Termin und äquivalent dazu Kauf von US-Dollar). Anhand dieser Überlegungen kann allerdings nicht die Anzahl der Kontrakte bestimmt werden, die im Marktgleichgewicht gehandelt werden.

2.2.6 Zusammenfassung des Kapitels 2.2

Zielsetzung dieses Abschnitts war es zu zeigen, daß es möglicherweise einen Zusammenhang gibt zwischen der von *Klasse I* Variablen verursachten Volatilitätssaisonalität und einer zeitvariablen Risikoprämie in der Terminkursprämie. Dazu wurde ein GARCH-M Modell mit Ein-Monats-Terminkursprämien auf Grundlage von wöchentlichen Daten geschätzt. In der hier vorgestellten Spezifikation hing dabei die zeitvariable Risikoprämie von der bedingten Varianz vergangener Terminkursvorhersagefehler ab, die zum Zeitpunkt des Abschlusses des Vorhersagefehlers den Agenten bekannt sind. Die hier modellierte Risikoprämie ist deshalb eine ex-ante Risikoprämie, da sie zum Zeitpunkt der Terminkursbildung berücksichtigt wird.

In den Daten gibt es Evidenz dafür, daß in den Terminkurskontrakten, die an Mittwochen (bzw. Dienstagen) ausgestellt werden und an Freitagen (bzw. Donnerstagen) reifen eine Risikoprämie enthalten ist. Dies deckt sich mit der Beobachtung aus 2.1, in dem gezeigt werden konnte, daß es an Freitagen (und mit Einschränkung an Donnerstagen) Volatilitätsgipfel gibt. Die hier geschätzte Risikoprämie schwankt zwischen –2,5% und 1% (bzw. -3,0% und 0,6%) mit einem signifikanten Durchschnitt von 0,2%. Für Terminkontrakte, die an Tagen reifen, die keine wochentagsspezifische Volatilitätsmuster aufweisen, kann die Nullhypothese, daß es keine Risikoprämie gibt, nicht verworfen werden.

2.2.7 Appendix Kapitel 2

GARCH Modell

GARCH (Generalized Autoregressive Conditional Heteroscedacaticity) Modelle sind Zeitreihenmodelle zur Beschreibung und Vorhersage von bedingten Varianzen. Die Varianz der abhängigen Variabel hängt dabei grundsätzlich von vergangenen Realisationen der abhängigen Variabeln und von exogenen Variabeln ab.

Das GARCH-Modell ist wie folgt spezifiziert:

$$y_t = b'x_t + \varepsilon_t \text{, mit } \varepsilon_t \mid \varepsilon_{t-1} \sim N(0,\sigma_t^2). \tag{54}$$

mit dem bedingten Varianzterm:

$$\sigma^2_t=\alpha_0+\Sigma_{i=1,p}\alpha_i\varepsilon^2_{t-i}+\Sigma_{j=1,q}\beta_j\sigma^2_{t-j} \tag{55}$$

Dabei ist y_t die abhängige Variabel, x_t ist der Vektor der unabhängigen Variablen, b ein Parametervektor (einschl. eines Absolutgliedes) und ε_t die Störgröße. N symbolisiert die Normalverteilung. ε_t ist bedingt normalverteilt. σ^2_t entspricht der zeitabhängigen Varianz zum Zeitpunkt t, die durch die p α und q β Variablen parametrisiert ist.

Alternativ zu (55) gibt es sogenannte periodische, sogenannte P-GARCH Modelle, bei denen die Varianz neben den p α und q β Variablen, zusätzlich noch beispielsweise r additiv verknüpfte saisonalen Dummyvariablen D enthält (vgl. beispielsweise Bollerslev, T. und Ghysels, E. [1996]):

$$\sigma^2_t =\alpha_0+\Sigma_{i=1,p}\alpha_i\varepsilon^2_{t-i}+\Sigma_{j=1,q}\beta_j\sigma^2_{t-j}+\Sigma_{s=1,r}\gamma_s D_{st} \tag{55'}$$

$\Sigma_{s=1,r}\gamma_s D_{st}$ symbolisiert die r Dummy-Variablen, die zu bestimmten Zeitpunkten t entweder den Wert 1 oder 0 annehmen. γ_s ist der zur Dummy-Variable $D_{s.}$ gehörende Parameter.

Das GARCH Modell enthält autoregressive (AR) und gleitende Durchschnitts Komponenten (MA). Es erlaubt deswegen – analog zu ARMA-Modellen – eine sparsamere Modellierung der Volatilitätsdynamik als z.B. ein reines ARCH Modell, das nur autoregressive Elemente beinhaltet.

Stationarität

Der GARCH-Prozeß ist kovarianzstationär, mit

$$E(\varepsilon_t)=0, \quad var(\varepsilon_t)=\alpha_0/(1-\Sigma_{i=1,p}(\alpha_i)-\Sigma_{i=1,q}(\beta_i)); \qquad cov(\varepsilon_t,\varepsilon_{t-s})=0 \text{ für } s\neq 0 \tag{56}$$

wenn die Bedingung

$$\Sigma_{i=1,p}(\alpha_i)+\Sigma_{i=1,q}(\beta_j)<1 \quad (57)$$

erfüllt ist (vgl. z.B. Bollerslev, Engle Nelson [1994, 2978]. Die Summe $\Sigma_{i=1,p}(\alpha_i)+\Sigma_{i=1,q}(\beta_j)$ in (16) bestimmt die Geschwindigkeit, mit der die bedingte Varianz zum Zeitpunkt *t* gegen die unbedingte Varianz strebt.[95]

Im Gegensatz zu (55) ist das P-GARCH-Modell (55') nicht kovarianzstationär, da der unbedingte Mittelwert $E[(\varepsilon_t)^2]= \sigma^2$ durch die Dummyvariablen zeitabhängig ist.

GARCH-M Modell

Das GARCH–M Modell hat folgende Form

$$y_t = b'x_t + \delta\sigma_t^2 + \varepsilon_t \text{, mit } \varepsilon_t \mid \varepsilon_{t-1} \sim N(0,\sigma_t^2). \quad (58)$$

mit dem bedingten Varianzterm:

$$\sigma^2_t=\alpha_0+\Sigma_{i=1,p}\alpha_i\varepsilon^2_{t-i}+\Sigma_{j=1,q}\beta_j\sigma^2_{t-j} \quad (59)$$

und der Verteilung:

$$y_t \mid (\Omega_{t-1}) \sim N(b'x_t + \delta\sigma_t^2, \sigma_t^2) \quad (60)$$

Beim GARCH–M Modell ist neben der Varianz auch der bedingte Mittelwert der Zeitreihe im Zeitverlauf variabel. In Gleichung (58) hängt der bedingte Erwartungswert von y_t vom zeitabhängigen σ^2_t Wert ab. So ist $E[y_t|\Omega_{t-1}]= b'x_t + \delta\sigma_t^2$. Stationaritätsbedingungen gelten analog zum GARCH Modell. In Kapitel 2.2 ist $b'x_t + \delta\sigma_t^2$ = $(f_{t-4,t} - s_{t-4}) + \delta_0 + \delta_1 h_t$, mit $\sigma_t^2 \equiv h_t$. Ursprünglich eingeführt in die Literatur wurde das ARCH-M Modell von Engle, Lilien und Robins [1987].

Schätzung

Die Parameter b, α_i, β_j δ und γ_s der Funktionen (58) und (60) werden über die Maximum Likelihood Methode geschätzt. Die Likelihood hat folgende Form:

---

[95] Diese Bedingung ist strikter als die eigentliche Stationaritätsbedingung für ARMA-Prozesse, die nur auf den AR Teil des Modells abstellt: 1-B(z)=0, mit $B(z)=1-\beta_1 z - \beta_2 z^2 - \ldots - \beta_p z^p = 0$. Für ARMA-Prozesse ist es hinreichend, daß die charakteristischen Wurzeln des Polynoms B(z) außerhalb des Einheitskreises liegen.

$$\ln L = T^{-1} \sum_{t=1}^{T} L_t \text{, mit } L_t = -\ln \sigma_t - 0{,}5\left(\varepsilon_t^2 \big/ \sigma_t^2 \right) \tag{61}$$

Zur Maximierung wird der BHHH - Algorithmus (Berndt, Hall, Hall, Hausmann [1974]) verwendet.

Tests

Parameterrestriktionen werden über Likelihood Ratio Tests durchgeführt.

Test auf Normalverteilung der Residuen erfolgt durch Jarque-Bera Test.

Untersuchung der Residuen auf serielle Autokorrelation bzw. der quadrierten Residuen auf ARCH-Effekte erfolgt über Ljung-Box-Q Test bzw. Lagrange Multiplier Test.

3 Die Berichterstattung im WSJ und die Profitabilität von Handelsregeln

Bei der technischen Analyse handelt es sich um verschiedene graphische oder numerische Analyseinstrumente mit deren Hilfe Währungshändler versuchen, aus in der Vergangenheit beobachteten Wechselkursbewegungen zukünftige Kursentwicklungen abzuleiten und gewinnbringende Kaufs- und Verkaufssignale herauszufiltern. Die Erwartungsbildung der Akteure ist damit nicht 'rational' im Sinne des in die Zukunft gerichteten mathematischen Erwartungswertes, wie sie in der Regel in Fundamentalwertmodellen unterstellt wird. Vielmehr ist sie wegen der Extrapolation vergangener Trends rückgerichtet und steht damit im offenen Widerstreit zu der im akademischen Bereich weitgehend akzeptierten Hypothese der 'Informationseffizienz' der Finanzmärkte, deren 'schwachen' Geltung den Aufbau von gewinnträchtigen Handelspositionen durch die Aufbereitung von Vergangenheitswerten ausschließt.[96]

3.1 Literaturüberblick

Die Profitabilität der Chartanalyse ist deshalb in der Literatur heftig umstritten. Vor allem vom theoretisch ausgerichteten akademischen Lager aus wird die Debatte mit einer gewissen Gereiztheit geführt. Malkiel [1990, 254] z.B. formuliert spitz:

> *„Technical strategies are usually amusing, often comforting, but of no real value" und er fügt hinzu: „We love to pick on it. Our bullying tactics are prompted by two considerations: (1) the method is patently false; and (2) it's easy to pick on. And while it may seem a bit unfair to pick on such sorry targets, just remember: it's your money we are trying to save."*

Auch Fama und Blume [1966] und Fama [1970] fassen die Bemühungen um ein gewinnträchtiges Einsetzen der Chartanalyse nach Einbezug von Transaktionskosten als ein ‚nutzloses Unterfangen' zusammen.

Diese Einschätzungen stehen im krassen Widerspruch zu der Vielzahl der empirischen Untersuchungen, bei denen die Anwendung der technischen Analyse signifikante Profite erwirtschaften und zu der weiten Verbreitung der technischen Verfahren in der Praxis. So veröffentlichten beispielsweise Alexander [1961], [1964], Cornell und Dietrich [1978] und Dooley und Shafer [1983] Arbeiten, in denen Filterregeln

---

[96] Zur Definition der Effizienz der Finanzmärkte siehe Kapitel 1.1.

Überschußrenditen zum Ergebnis haben, die über denen einer 'buy and hold' Strategie liegen. Sweeny [1986] wendet erfolgreich Filterregeln auf den D-Mark/Dollar Wechselkurs an und Taylor [1992a, 1992b] und Levich und Thomas [1993] bestätigen diese Ergebnisse für weitere Regeln und andere Datensätze. Neuere Arbeiten, welche die Profitabilität von Handelsregeln auf dem Devisenmarkt bekräftigen, sind von Sweeny [1997], Mills [1997], LeBaron [1999], sowie Chang und Osler [1999]. Lucac, Brorsen und Irwin [1988] dokumentieren die Profitabilität von Handelsregeln auf verschiedenen Güter- und Währungsfuturesmärkten. Insbesondere auf Futures Märkten wird häufig die Effizienz der Märkte bezweifelt und von Evidenz für positive Renditen berichtet, so z.B. für Korn Futures (Cabral und Guimaras [1988]), sowie für Kakao und Zucker Futures (Taylor und Tari [1989]). Brock et al. [1992] schließlich testen verschiedene Regeln mit Hilfe von simulierten Tageszeitreihen und kommen zu dem Ergebnis, daß die mit Handelsregeln auf 'wirklichen' Märkten abgeschöpften Gewinne zu systematisch seien, um sie durch bekannte Zeitreihenmodelle erklären zu können.

Für die Gewinnträchtigkeit von Handelsregeln spricht ebenfalls die Beobachtung von Schulmeister [1988, 355], daß im Zeitraum von 1977-1985 zwölf US-Banken sich in jedem einzelnen Jahr erfolgreich auf dem Devisenmarkt engagierten und dabei alleine 1985 einen Nettoertrag in Höhe von fast 1,2 Mrd US-Dollar durch u.a. charttechnischen Devisenhandel erwirtschaftet haben.

Auch die Verbreitung der Verfahren ist ein Hinweis auf die Profitabilität der Verfahren. Umfrageergebnissen zufolge nutzen bis zu 90 Prozent der Devisenhändler einfache technische Hilfsinstrumente, wie Chartanalysen, Momentummethoden und Musterwiedererkennungsverfahren, um Wechselkursbewegungen vorherzusagen. Dabei wächst die Bedeutung der Chartanalyse mit Abnahme des Vorhersagehorizonts (vgl. Allen und Taylor [1992] für England, Menkoff [1997] und [1998] für Deutschland, Lui und Mole [1998] für Hong Kong, Cheung und Chinn [1999], [2000] und [2001] für die USA und Oberlechner [2001] für Händler in London, Frankfurt, Wien und Zürich).

Dies deckt sich mit der Beobachtung, daß die Journalisten des WSJ häufig von „technischen Faktoren" berichten, die das Wechselkursgeschehen – vor allem während des Intratagesverlaufs – bestimmen und daß diese „technisch" gewonnenen Informationen offenbar profitabel eingesetzt werden können. So führten die der *„currency markets"* Kolumne des WSJ entnommenen technischen Prognosen zu signifikanten Gewinnen (siehe Kapitel 1.1., Tabelle 1.1.11, Seite 65).

Im Rest dieses Kapitels wird zum einen ein kurzer Überblick über die verschiedenen technischen Verfahren gegeben. Zum anderen werden Handelsregeln auf Tagesdaten und auf halbstündliche Notierungen des US-Dollar/D-Mark Wechselkurses angewendet und überprüft, wie robust die Gewinne sind, die dabei anfallen. Dabei stellt sich heraus, daß – nach Einbezug von Transaktions- und Opportunitätskosten – einfache nicht optimierte Handelsregeln für verschiedene Untersuchungszeiträume signifikante Gewinne vor allem im Intratagesbereich erbracht hätten. Die Signifikanz der Gewinne wird dabei über Bootstrap-Verfahren getestet. Weiterführend zur bisherigen Literatur im Wechselkursbereich wird das Bootstrap-Verfahren nicht nur unter der Nullhypothese eines Irrfahrtmodells, sondern auch unter den Nullhypothesen verschiedener ARCH-Modelle angewendet.

Die Gewinnträchtigkeit der Handelsregeln wird dann vor dem Hintergrund untersucht, daß den Kursbewegungen auf den Finanzmärkten die Verarbeitung von Informationen zugrunde liegt. Die Analyse stellt darauf ab – über den bisher in der Literatur untersuchten Einfluß von Interventionen hinaus – weitere Faktoren zu isolieren, auf die der Wechselkurs möglicherweise nur verzögert reagiert und die deshalb profitable Vorhersagen erlauben. Die analysierten Faktoren sind hier die in Kapitel 1 eingeführten drei Informationsklassen.

Es stellt sich heraus, daß weder *Klasse I* (Ankündigungen) noch *Klasse III* (Politikereignisse) Ereignisse mit dem Auftreten von Gewinnen koinzidieren. Im Gegensatz dazu fallen während des Untersuchungszeitraumes substantielle Gewinne an den Tagen an, an denen die Zentralbanken aktiv sind, d.h. an denen sie auf dem US-Dollar/D-Mark Devisenmarkt intervenieren bzw. an denen sich der Zentralbankrat der Deutschen Bundesbank trifft (*Klasse II* Ereignisse). Zinsentscheidungen der US-Notenbank wirken sich dagegen in dieser Untersuchung nicht auf die Gewinne aus. Ein beachtlicher Teil der Gewinne aus technischer Handelstätigkeit kann allerdings nicht durch den hier untersuchten Informationsfluß erklärt werden.

3.2 Methoden der technischen Analyse

Unter den Begriff der technischen Analyse fällt eine Vielzahl sehr unterschiedlicher Verfahren. Gemeinsam ist den verschiedenen Techniken die Verwendung historischer Kurse aus den z.T. in Verbindung mit aktuellen Kursen zukünftige Kursentwicklungen abgeleitet werden. Sie sind so angelegt, daß sie – wenn die Zeitreihe stabilen Mustern gehorcht – Vorhersagen generieren, die öfters als nur zufällig korrekt sind.

Zur Analyse einzelner Zeitreihen werden folgende Verfahren unterschieden:

3.2.1 I) Chart Reading

Unter dem Begriff des 'Charting' werden verschiedene graphische Verfahren zusammengefaßt, bei denen die Trendmethode, das Verfahren der gleitenden Durchschnitte und die Formationswiedererkennung die verbreitetsten Methoden sind. Davon zu trennen sind numerische Verfahren, die anhand bestimmter Kennziffern über den weiteren Kursverlauf Aufschluß geben sollen. Dazu zählen Momentum- und Filterregeln. Während die Einzelmethoden deutlich voneinander abgegrenzt werden können, kommen sie in der Praxis häufig kombiniert zum Einsatz, so daß z.B. nur dann ein Kaufsignal generiert wird, wenn unterschiedliche Verfahren das gleiche Signal erzeugen.

Bei der Trendmethode werden tägliche Kurswerte zur Ableitung von Bandbreiten (trading ranges) verwendet, innerhalb derer sich die Kurse nach Auffassung des Chartisten wahrscheinlich bewegen werden. Dazu werden in den Kursverlauf eines Stabdiagramms mit Tageshoch- und Tiefkursen Hilfslinien eingezeichnet (sog. pole charts). Horizontale Linien auf einem Kursniveau, das für einen längeren Zeitraum nicht unterschritten bzw. überschritten wurde, werden als Unterstützungs- bzw. Widerstandslinien bezeichnet. Sie stecken für den Chartisten den 'wahrscheinlichen' zukünftigen 'horizontalen' Bewegungsbereich des Kurses ab. Auf- bzw. abwärtsgerichtete Linien, die durch die Verbindung zeitlich 'etwas' auseinander liegender lokaler Kursminima bzw. Maxima auf unterschiedlichen Kursniveaus entstehen, werden als Trendlinien bezeichnet und geben für Händler eine bestimmte Richtung der Kursentwicklung bzw. eine bestimmte Änderungsrate vor. Parallel verlaufende Trendlinien, die einen Kursverlauf exakt eingrenzen, werden als Trendkanäle bezeichnet.

Werden die durch die Hilfslinien vorgegebenen Kursniveaus bzw. -verläufe nach unten oder oben durchbrochen (trading range break-out), so gilt dies als Kaufs- bzw. Verkaufssignal. Durchstößt eine Zeitreihe z.B. eine Widerstandslinie von unten wird dies als Kaufsignal ausgelegt. Umgekehrt wird es als Verkaufssignal gewertet, wenn z.B. ein neues lokales Kursminimum unterhalb des von der Trendlinie abgegrenzten Bereiches liegt, da der vorherrschende Trend damit als unterbrochen gilt. Für die

Trendlinien eines Trendkanals gelten die Regeln analog. Viele Händler erweitern das durch die Extrema vorgegebene Band um x Prozent, so daß erst extremere Wechselkursbewegungen Signalwirkungen haben (Curcio [1997, 270]).

Professionellen Händlern stehen die Werte der lokalen Extrema z.B. über Informationssysteme wie z.B. Reuters ständig zur Verfügung.

Der Formationstechnik liegt der Gedanke zu Grunde, daß es bestimmte typische Kursverläufe gibt, die sich wiederholen und bei deren Auftreten ein in der Regel erfolgreicher Rückschluß auf den weiteren Kursverlauf möglich ist. Dabei unterscheidet man in der Charttechnik Umkehrformationen, die eine Trendumkehr anzeigen und trendbestätigende Formationen die Anlaß zu der Vermutung geben, der bestehende Trend setze sich fort.

Bei der Methode der gleitenden Durchschnitte werden aus der Kurskurve zwei gleitende Durchschnitte mit Zeitabschnitten unterschiedlicher Länge (1 Tag, 50 Tage, 60 Tage, 90 Tage, 200 Tage) gebildet, wobei die Tageskurskurve selber als kurzfristige Durchschnittskurve gilt. Dahinter steht die Idee, kurzfristige Kursschwankungen aus dem Verlauf der Zeitreihe herauszuglätten, in der Hoffnung evtl. vorhandene Trends, d.h. verzögerte Anpassungen an ein neues Gleichgewicht, zu erkennen. In seiner einfachsten Form wird in die Tageskurskurve eine längerfristige Durchschnittskurve eingezeichnet. Ausschlaggebend für die Positionierung am Markt ist der relative Verlauf der Durchschnittskurven. Ein Positionswechsel im Falle von Wechselkursen von einer Währung in die andere, ist nach dieser Handelsstrategie immer dann angezeigt, wenn die Durchschnittskurven sich schneiden. Durchstößt z.B. der D-Mark/US-Dollar Tageskurskurve die 200 Tage D-Mark/US-Dollar gleitende Durchschnittskurve von unten, so legt diese Methode dem Händler nahe, US-Dollar zu kaufen. Um 'nervöse' Positionswechsel durch eine Abfolge sich widerstreitender Kaufs/Verkaufssignale in kurzen Zeiträumen, sogenannte 'whiplash' Signale, zu verhindern, wird die Regel zum Teil so modifiziert, daß ein Kaufs-/Verkaufsignal nicht schon beim Schnittpunkt abgegeben wird, sondern erst, wenn der Abstand zwischen den Durchschnittskurven nach dem Schneiden z.B. mindestens 1 Prozent beträgt. Die populärste 'Gleitende Durchschnittsregel' ist die 1-200 Regel, bei der in den Tageskursverlauf der 200 Tage Durchschnitt eingezeichnet wird. Beliebt sind aber auch 1- 50 Tage, 1-150 Tage ,5-150 Tage Regeln oder auch Vergleiche zwischen schneller (5, 9, 25 Tage) und träger reagierenden Durchschnitten (13, 26, Wochen bzw. 75 bis 200 Tagen). Verkaufssignale werden in diesem Zusammenhang als 'dead cross', Kaufsignale als 'golden cross' bezeichnet.

3.2.2 II) Momentum und Filterregeln

Bei der Klasse der Momentum- Regeln wird der aktuelle oder der Kurs der Vorperiode mit dem Kurs von vor 'x' Tagen (x = 5, 8 10 Tage) verglichen. Liegt der aktuelle Kurs einen bestimmten Prozentsatz 'g' (der auch nur marginal über 0 Prozent sein kann) über dem Vergangenheitswert wird dies als Kaufsignal interpretiert. In einer anspruchsvolleren Fassung werden die prozentualen Unterschiede des vorgegebenen x-Tage Abstandes miteinander verglichen. Steigt/fällt dieser Unterschied im Zeitverlauf gilt dies als Kauf-/Verkaufsignal und die Kurslinie gewinnt/verliert an 'Momentum'.

Filterregeln beziehen sich auf einen Vergleich des aktuellen Kurswertes mit einem lokalen Extremwert. Liegt der aktuelle Kurswert 'g' Prozent über/unter dem Kursmaximum/minimum seit dem Zeitpunkt t, dann wird dies als Kauf-/Verkaufsignal aufgefaßt. Im Unterschied zu Momentum-Regeln wächst bei Filterregeln das Ereignisfenster.

3.2.3 III) Optimierte Regeln

Bei der Vielzahl der Regeln die ein Händler anwenden kann, entsteht das Problem, wann welche Regel zum Einsatz kommen soll. Insbesondere ist nicht davon auszugehen, daß eine Regel, die in einem gewissen historischen Intervall die höchste Rendite abwirft, dies auch in Zukunft tun wird. Es liegt auf der Hand, daß bei einer beliebigen Anzahl von Chart-Regeln es rein zufällig 'Regeln' geben wird, die bei gegebener Zeitreihenhistorie positive Überschußrenditen erwirtschaften. Insofern können mögliche Profite von im nachhinein ausgewählter Regeln Ausdruck eines 'datamining' sein bei dem nicht der Profit der Grundgesamtheit aller getesteter Regeln berechnet und berichtet wird, sondern nur der Teilmenge der ex post profitablen Regeln. Von erfolgreichen Regeln kann man deshalb allenfalls dann sprechen, wenn es möglich ist ex-ante eine Regel oder eine Kombination von Regeln zu finden, die Gewinne erzeugen.

Eine Vorgehensweise um ex ante erfolgreiche Regeln ausfindig zu machen besteht nach Auffassung einiger Anhänger technischer Regeln (z.B. Taylor [1994, 213ff.]) in der ex-post Simulation. Bei diesem Verfahren wird die Gesamtheit der Beobachtungen in zwei Teilzeiträume unterteilt. Die erste Gruppe der Beobachtungen wird dazu genutzt, eine 'optimale' Regel zu finden (historische Simulation), deren Strategie auf die zweite Gruppe angewendet wird (ex post Vorhersage). Es wird diejenige Regel zur ex ante Vorhersage gewählt, welche die höchste Rendite bei der ex post Vorhersage erwirtschaftet hat. Neuere computergestützte Verfahren verwenden sogenannte genetische Algorithmen, die einen Rekombinationsmechanismus festlegen nach dem Ur-Regeln miteinander gekreuzt werden. Das Programm bewertet den Erfolg einer Regel in einer zeitreihenspezifischen Umwelt gemäß einer Zielfunktion, die z.B. Rendite oder aber auch gewichtete Varianz/Rendite Elemente enthalten kann. Dabei wird das oben beschriebene zweistufige Grundprinzip beibehalten, d.h. die im ersten Zeitabschnitt angepaßten Regeln werden im zweiten Abschnitt auf ihre Überlebensfähigkeit hin getestet und im Falle geringer Leistungsfähigkeit vom Programm ausgemerzt. Die genetischen Programme unterscheiden sich bezüglich des eingesetzten Zeitreihenumfeldes, der Zielfunktion und den Rekombinationsoperatoren (vgl. z.B. Neely, Weller und Dittmar [1997] oder Allen und Karjalainen [1999]). Allerdings läßt sich auch bei durch Simulationsverfahren optimierten Regeln einwenden, daß das oben umrissene Zufallsproblem nur verlagert wird. Bei hinreichend vielen Regeln gibt es sicher immer eine Regel bei welcher der Eindruck entsteht, daß die in der Phase der ex post Vorhersage erzeugten Gewinne, auf die im ersten Teil der Simulation angewendete Optimierung (historische Simulation) zurückzuführen seien, obwohl es sich letztendlich ebenfalls nur um ein Zufallsergebnis handeln könnte.

3.3 Die Daten

Zur Untersuchung der Profitabilität der Handelsregeln werden in diesem Abschnitt Intratages- und Tageswechselkursdaten von 1988 bis 1995 verwendet. Die Intratagesdaten entsprechen den in den vorherigen Kapiteln verwendeten Interbankenankaufskursen in Frankfurt, die halbstündig von der Deutschen Bundesbank aufgezeichnet werden. Bei den Tagesdaten handelt es sich um die 13:00 MEZ Notierung der halbstündlichen Datenreihe und bei den Zinsen um die an die BIZ gemeldeten Zinssätze für Tagesgeld der jeweiligen Währung auf dem Euromarkt. Die Intratageszinssätze werden als geometrisches Mittel der Tageszinssätze ermittelt.[97]

Zusätzlich zu dem gesamten Zeitraum wird die Unterperiode von 1989 bis 1993 untersucht für welche die Auswertungsergebnisse der *"currency markets"* Kolumne des WSJ bzgl. der drei Ereignisklassen vorliegen.

---

[97] Bei 17 Notierungen am Tag entspricht $i_{Intratag}=(1+i_{Tag})^{1/17}-1$.

Die verwendeten Informationsdaten entsprechen den in Kapiteln 1.2 beschriebenen Ereignisklassen für den WSJ Untersuchungszeitraum von Anfang Januar 1989 bis Ende Januar 1993.

In Tabelle 3.1 (siehe Seite 219) sind einige stilisierten Fakten der Differenz der hier untersuchten (logarithmierten) Wechselkurszeitreihen eingetragen.

Tabelle 3.1
D-Mark/ US-Dollar Wechselkursdaten (1988–1995)

	Tagesdaten	Halbstündliche Daten
Arithm. Mittel	-4,71E-05	-2,90E-06
Std.-Abw.	0,007395	0,00176
Schiefe	0,14	0,0447
Kurtosis	5,78	48,3
Jarque-Bera	677,9 (0,00)	2913059 (0,00)
ACF(1)*	5,2 (0,02)	5,3 (0,02)
ACF(5)*	8,5 (0,14)	13,9 (0,02)
Quadr. ACF(1)*	5,8 (0,02)	14,5 (0,00)
Quadr. ACF(36)*	138 (0,00)	1920 (0,00)
PP-Teststatistik**	-47,9	-186,9

*H_0: keine Autokorr.: Q-Stat. (marg. Wahrscheinlichkeit)
**Philipp Peron Test ohne Trend und Absolutglied

Beide Zeitreihen sind differenzenstationär. Die empirischen Häufigkeitsverteilungen sind leicht schief und kurtosisch. Die quadrierten Abweichungen vom Mittelwert der Residuen sind signifikant korreliert (ARCH-Effekte).

3.4 Die Implementierung der Gleitenden Durchschnittsregel

Zur Bildung von technischen Vorhersagen werden hier einfache gleitende Durchschnittsregeln verwendet, bei denen der aktuelle Kurs mit einem gleitenden Durchschnittskurs aus vergangenen Notierungen verglichen wird. Dabei sei S_t die aktuelle halbstündliche bzw. tägliche D-Mark/US-Dollar Kursnotierung. Man beachte, daß im Falle der halbstündlichen Notierungen der gleitende Durchschnitt die „Übernachtlücke" von 17:00 MEZ bis 8:30 MEZ des nächsten Tages miteinschließt. Man kann sich die Verarbeitung der halbstündlichen Notierungen vorstellen als ein Prozeß bei dem ein Rechner die eingehenden Daten in Kauf- und Verkaufsignale umsetzt, die sofort – mit dem Eintreffen des Signals – in Handelspositionen übertragen werden. Diese Positionierung beruht nur auf Informationen, die zum Zeitpunkt t bekannt sind.

Der gleitende Durchschnitt MA_{tk} wird berechnet als:

$$MA_{tk} = \frac{1}{k}\sum_{i=1}^{k} S_{t-i} \text{, mit } k \in \{2,...,N\} \tag{62}$$

wobei $k \in \{2,...,N\}$ die Länge des gleitenden Durchschnitts definiert. S_{t-i} entspricht der Wechselkursnotierung zum Zeitpunkt t-i.

Die Kauf- bzw. Verkaufsignale x_{tK} ergeben sich aus:

$$x_{tk} = \begin{Bmatrix} 1 & wenn & MA_{tk} < S_t \\ -1 & wenn & MA_{tk} > S_t \\ -1 & wenn & t = T \end{Bmatrix} \text{, mit } k \in \{2,...,N\} \tag{63}$$

Ist x_{tk} gleich 1, dann liegt der aktuelle Kurs S_t der D-Mark über dem Durchschnittswert der letzten k Perioden.[98] Das gleitende Durchschnittsmodell prognostiziert weiter fallende D-Mark Kurse. Ein nach Gewinn strebender Devisenhändler, der sich bei seinen Entscheidungen nur von dieser Methode leiten läßt, verkauft deshalb D-Mark und geht damit eine „long-Position" Position in US-Dollar ein (bzw. eine „short-Position" in D-Mark). Für t=T ist x_{tk} gleich –1, da hier davon ausgegangen wird, daß der Devisenhändler auf D-Mark-Basis rechnet und am Ende des Beobachtungszeitraumes seine möglicherweise noch offenen US-Dollar Positionen schließt.

Die Einzelrendite r_t ist als „long-Position" in US-Dollar, bzw. „short-Position" in D-Mark definiert (also x_{tk}=1). r_t ist damit diejenige Rendite, die anfällt, wenn ein Händler zum Zeitpunkt *t* einen D-Mark Kredit in Höhe von einer D-Mark aufnimmt davon zum Kurs S_t [DEM/USD] US-Dollar erwirbt, diese zum Zinssatz i_t^* in US-Dollar anlegt und dann zum Zeitpunkt *t+1* die US-Dollar-Erträge (US-Dollar*($1+i_t^*$)) zum Wechselkurs S_{t+1} in D-Mark zurücktauscht. Die Einzelrendite r_t wird auch als die „augenblickliche" Rendite einer „Kaufe und Halte" Strategie (also zum Zeitpunkt *t*) bezeichnet. Von diesem Betrag zahlt er dann den Kredit samt D-Mark Zinsen in Höhe von ($1+i_t$) zurück. Formal entspricht das:

$$r_t = \ln S_{t+1} - \ln S_t + \ln(1 + i_t^*) - \ln(1 + i_t) \tag{64}$$

Hält der Händler anstelle einer „short-Position" in D-Mark eine „short-Position" in US-Dollar dreht sich das Vorzeichen der Einzelrendite r_t um, so daß die Einzelrendite einer „long-Position" in D-Mark (-1)* r_t entspricht.

---

[98] Ist der Kurs $S_t > MA_{tk}$, dann liegt der aktuelle Wert der D-Mark unter dem Durchschnittswert der letzten *k* Perioden.

Zu jedem Zeitpunkt *t* ergibt sich damit die Rendite der Handelstätigkeit q_{tk} aus dem Produkt von x_{tk} und r_t, da x_{tk} bestimmt, ob ein Händler „long" oder „short" in US-Dollar ist.

$$q_{tk} = x_{tk} r_t \qquad (65)$$

Werden Transaktionskosten mitberücksichtigt, vermindert sich bei jedem Wechsel von einer D-Mark in eine US-Dollar Position (und umgekehrt) die Rendite q_{tk} um einen Bruchteil des eingesetzten Betrages. Modelliert wird dies dadurch, daß bei jedem Vorzeichenwechsel des x_{tk} Faktors prozentuale oder fixe Transaktionskosten in Anrechnung gebracht werden. Die um die Transaktionskosten verminderte Rendite wird mit q_{tk}^C bezeichnet.

Die Überschußrendite (einschl. Transaktionskosten) $ür_{tk}^C$ zu einem beliebigen Zeitpunkt *t* ergibt sich als Differenz zwischen der Rendite aus Handelstätigkeit und der Rendite, die sich bei einer „Kaufe und Halte" Strategie ergeben hätte:

$$ür_{tk}^C = q_{tk}^C - r_t \qquad (66)$$

Die kumulierte Rendite aus Handelstätigkeit R_k, die sich bei Anwendung einer gleitenden Durchschnittsregel der Länge *k* ergibt, entspricht der Summe der jeweiligen Positionen:

$$R_k = \sum_{t=1}^{T} q_{tk} \qquad (67),$$

bzw. bei Beachtung von Transaktionskosten als

$$R_k^C = \sum_{t=1}^{T} q_{tk}^C \qquad (68)$$

Die kumulierte Rendite R_k wird mit der Rendite R_{BH} einer „Kaufe und Halte" Strategie verglichen. R_{BH} wird berechnet als:

$$R_{BH} = \sum_{t=1}^{T} r_t \qquad (69)$$

Die Rendite R_{BH} entspricht dabei dem prozentualen Anlageerfolg einer am Beginn des Beobachtungszeitraumes (t=1) in US-Dollar getauschten und zu US-Zinsen verzinsten D-Mark, die am Ende des Betrachtungszeitraumes (t=T) zum Kurs S_T zurückgetauscht wird, wobei aus dem Umtauschbetrag die zu zahlenden D-Mark-Zinsen zu bestreiten sind.

Die kumulierte Überschußrendite $\ddot{U}R_k$ ergibt sich damit aus:

$$\ddot{U}R_k = R_k - R_{BH} \tag{70}$$

und die kumulierte Überschußrendite inkl. Transaktionskosten ist:

$$\ddot{U}R_k^C = R_k^C - R_{BH} \tag{71}$$

3.5 Wie kann die Signifikanz von Handelsregelrenditen getestet werden?

Ein Problem bei der statistischen Einschätzung der Überschußrenditen besteht darin, daß die dem renditeerzeugenden Prozeß zugrundeliegende Verteilung nicht bekannt ist. In der Literatur finden sich deshalb verschiedene Annahmen bzgl. der Verteilung. Schulmeister [1988] und Curcio ed. al. [1997] unterstellen, daß die einzelnen (Überschuß)-Renditen stationär, in der Zeit unabhängig und identisch normalverteilt sind und überprüfen mit einem t-Test die Hypothese, ob der Mittelwert der $\ddot{u}r_{tk}^C$ gleich Null ist.

Im Gegensatz dazu gehen Cornell und Dietrich [1978] sowie Logue, Sweeny und Willet [1978] davon aus, daß die Chartrenditen einer stabilen Pareto Verteilung gehorchen. Trifft diese Annahme zu, kann c.p. die Nullhypothese, daß die einzelnen Überschußrenditen gleich null sind, erst bei höheren durchschnittlichen $\ddot{u}r_{tk}^C$ verworfen werden, da die 1 Prozent bzw. 5 Prozent Quantile der Verteilung nach außen verschoben sind.

Aufgrund der empirisch bekannten Abweichungen von der Normalverteilungsannahme der Einzelrenditen wird häufig auf die Bootstrap-Methode zurückgegriffen, um die Konfidenzintervalle von Handelsstrategiegewinnen unter verschiedenen Annahmen bzgl. des unterliegenden Wechselkursprozesses abzuleiten (vgl. z.B. Sweeny [1997, 6], Mills [1997], LeBaron [1999, 131], sowie Chang und Osler [1999]).

Im folgenden werden die verschiedenen Methoden kurz dargestellt.

3.5.1 t-Test

Die einzelnen Überschußrenditen $\ddot{u}r_{tk}^{C}$ werden mit einem t-test darauf hin untersucht, ob ihr Mittelwert von Null verschieden ist.

$$t = \sqrt{T}\,\frac{\overline{\ddot{u}r_{tk}^{C}}}{\hat{\sigma}_k}, \qquad (72),$$

wobei T der Anzahl der Beobachtungen, $\overline{\ddot{u}r_{tk}^{C}}$ dem Mittelwert der einzelnen Überschußrenditen $\ddot{u}r_{tk}^{C}$ und $\hat{\sigma}_k$ der aus einzelnen Überschußrenditen $\ddot{u}r_{tk}^{C}$ berechneten empirischen Standardabweichung entspricht.

3.5.2 Bootstrap

Zur Durchführung der Bootstrap-Simulationen werden im ersten Schritt – unter verschiedenen Nullhypothesen – Wechselkurszeitreihenmodelle geschätzt. Im zweiten Schritt werden aus der Menge der Residuen der jeweiligen Schätzung Elemente mit Zurücklegen gezogen, standarisiert und unter Verwendung der geschätzten Parameterwerte eine neue Zeitreihe unter der Nullhypothese konstruiert. Die Handelsregeln werden dann auf die simulierten Wechselkurszeitreihen angewendet und die Überschußrenditen der simulierten Zeitreihen mit denen der empirischen Zeitreihen verglichen. Die relative Häufigkeit, mit der die simulierten Überschußrenditen die empirischen Überschußrenditen übertreffen werden als marginales Signifikanzniveau bzgl. der Hypothese interpretiert, daß die empirische Rendite zufälliges Ergebnis des unterliegenden Wechselkursmodells ist.[99] Die Simulationen werden nach der Methode von Freedman und Peters [1984a, b] und Brock ed. al. [1992] durchgeführt.

Die maximale Standardabweichung für die Schätzung eines Bootstrap p-Werts, mit $P(X > a)$ liegt bei $\sqrt{0{,}5^2/W}$, wobei X eine Zufallsvariable, a eine Konstante und W die

[99] Wissenschaftstheoretisch besteht hier das Problem der verbundenen Hypothesen, das darin besteht, daß die Effizienz und damit die Gleichgewichtsrendite eines Marktes nur modellspezifisch überprüft werden kann. Die Nullhypothese lautet hier: "Der Wechselkurs folgt (z.B.) einem nicht linearen ARCH/GARCH Modell usw. und die Überschußrendite ist gleich null." Die Hypothese, daß die abnormale Rendite gleich null ist, kann nicht isoliert, sondern nur im Zusammenhang mit dem spezifisch unterstellten Wechselkursmodell verworfen werden.

Anzahl der Wiederholungen des Bootstrap-Experiments ist.[100] Hier entspricht *X* der Überschußrendite der unter den jeweiligen Nullhypothesen simulierten Wechselkurszeitreihen und *a* der empirischen Überschußrendite der Wechselkurszeitreihe während des Untersuchungszeitraumes. Jeder p-Wert der einzelnen Modelle beruht auf 1000 Wiederholungen, was eine maximale Standardabweichung von ca. 0,01 impliziert.[101]

Bei der Auswahl der Nullhypothese bzgl. des unterliegenden Wechselkursmodells werden theoretische und empirische Faktoren berücksichtigt. Aus theoretischer Sicht sind Prognosen auf Grundlage von technischen Handelsregeln dann linearen ARMA Zeitreihenmodellen überlegen, wenn die Wechselkurszeitreihe nichtlineare Strukturen enthält, auf welche Handelsregeln ansprechen, die aber von ARMA-Modellen per definitione nicht erfaßt werden (Neftci [1991]), (Genacy [1999]). Aus empirischer Sicht weichen die logarithmischen Differenzen des Wechselkurses von der Normalverteilung ab (u.a. Leptokurtie, bedingte Heteroskedastie, im Zeitverlauf variable bedingte arithmetische Mittel).

Eine weitverbreitete nichtlineare Modellfamilie, die auf die oben genannten Faktoren abstellt ist die ARCH-Familie. In diesen Modellen ist die aktuelle Varianz eine nichtlineare Funktion der historischen Varianz (bedingte Heteroskedastie). Im empirischen Verhalten der Wechselkurszeitreihe spiegelt sich das in den miteinander verbundenen Phasen hoher und niedriger Volatilität, sowie in der davon implizierten – gemessen an der Normalverteilung – höheren Kurtosis der prozentualen Veränderungen des Wechselkurses wider.

Um zu überprüfen, ob die Gewinnträchtigkeit der Handelsregeln im Zusammenhang mit der Nichtlinearität bzw. nicht Normalverteilung der Änderungsraten der oben umrissenen Modellfamilie steht, werden mittels des Bootstrap-Verfahrens Irrfahrt- (random-walk), ARCH, GARCH, GARCH-M und E-GARCH Wechselkurszeitreihen simuliert. Detailliertere Beschreibungen zu diesen Modellen befinden sich in den Anhän-

---

[100] Der p-Wert des Bootstrap-Experiments mit W Ziehungen gehorcht einer angepaßten (rescaled) Students' t-Verteilung $p \xrightarrow{a} t\left(p_{true}, \sigma^2/W\right)$. Da Maximum [Var(p_{true})]=0,5 ist, entspricht die Varianz von p gleich $(0{,}5^2/W)^{0,5}$ (vgl. Hall, P. [1992, 14 und 288]).

[101] p-Wert in den Tabellen ergibt sich somit als relative Häufigkeit der 1000 Realisationen, bei denen der Simulationsgewinn größer als der empirische Gewinn war. In einer Anwendung von technischen Handelsregeln auf simulierte Verläufe des Dow Jones berichtet Brock ed.al. [1992, 1751], daß der p-Wert nach 500 Simulationen stabil bleibt.

gen im Kapitel 2 und 3. Die Ergebnisse der ML-Schätzungen für die den Simulationen zugrunde gelegten Parameterwerte befinden sich in der Tabelle 3.2. (siehe Seite 226)

Das Irrfahrtmodell wurde erzeugt, indem die T logarithmischen Differenzen des (täglichen bzw. halbstündlichen) Wechselkurses gemischt und danach T mal mit Zurücklegen gezogen und integriert wurden.[102] Die so konstruierte Wechselkurszeitreihe der Differenzen hat die gleiche Volatilität und dieselbe unbedingte Verteilung wie die ursprüngliche Zeitreihe. Mögliche andere Eigenschaften der ursprünglichen Zeitreihe verschwinden per Konstruktion. Bei den Simulationen der ARCH-, GARCH-GARCH-M-, EGARCH Wechselkurszeitreihen wurde auf die T standarisierten Residuen $\hat{v}_t$ und die Parameterwerte der jeweiligen Schätzungen zurückgegriffen.[103] In allen Modellen ändert sich die bedingte Varianz im Zeitverlauf als Funktion der Residuen. Beim ARCH Modell hängt die bedingte Varianz in *t* – neben der Realisation von v_t – nur vom Residuum der Vorperiode ab. Beim GARCH-Modell spielt in *t* – mit abnehmenden geometrischen Gewichten – die gesamte Historie der Residuen in die Realisation der Varianz in *t* mit ein. Beim EGARCH-Modell reagiert darüber hinaus die Varianz in *t* asymmetrisch auf positive oder negative Residuen in *t-1*. Beim GARCH-M Modell ist der bedingte Mittelwert der Zeitreihe in *t* eine Funktion der bedingten Varianz.

3.5.3 Sharpe-Ratio

Renditen werden von risikoaversen Agenten nicht nur hinsichtlich ihres Erwartungswertes, sondern auch bzgl. ihres Risikos bewertet. Bei einem Renditevergleich wird deshalb neben dem durchschnittlichen Ertrag auch eine Risikogröße angegeben.[104] Ein in der Finanzwelt populäres Rendite/Risiko Maß ist die Sharpe-Ratio, die wie folgt definiert ist:

---

[102] Auf die Darstellung der Simulationsergebnisse der Ar-Prozesse wird verzichtet, da der AR1 Koeffizient der hier untersuchten Wechselkurszeitreihen 0,996 beträgt, mithin sich nur unwesentlich vom Irrfahrtmodell (random walk) unterscheidet, bzw. statistisch – im Sinne eines Dickey-Fuller bzw. Philipp-Perron Tests nicht von ihm zu unterscheiden ist.

[103] Wegen des „unendlichen Gedächtnisses“ des GARCH- bzw. EGARCH-Prozesses fehlt bei den ersten 100 Zügen einer Simulation die Historie einer Zeitreihe. Diese ersten Züge werden deshalb bei der Bildung der Wechselkurszeitreihe nicht mitberücksichtigt.

[104] Ein anderes Maß ist z.B. daß β eines Portfolios.

Tabelle 3.2

Die Bootstrap Null-Hypothesen

Irrfahrtmodell (random-walk)

$s_t = c + \varepsilon_t, \qquad \varepsilon_t \sim N(0,\sigma^2).$

	c
Tag	-0,00015
	(-0,95)

	c
Halbstd.	-2,9E-06
	(-0,31)

ARCH

$s_t = c + \varepsilon_t, \qquad \varepsilon_t = v_t\sqrt{h_t} \qquad v_t \sim N(0,1) \qquad \varepsilon_t \mid \varepsilon_{t-1} \sim N(0,\sigma_t^2).$

$h_t = \alpha_0 + \alpha_1 \varepsilon^2_{t-1}$

	c	α_0	α_1
Tag	-4,4E-05	5,7E-05	0,06
	(-0,27)	(43,2)	(3,5)

	c	α_0	α_1
Halbstd.	1,54E-05	2,04E-06	0,75
	(0,79)	(21,8)	(11,5)

GARCH

$s_t = c + \varepsilon_t, \qquad \varepsilon_t = v_t\sqrt{h_t} \qquad v_t \sim N(0,1) \qquad \varepsilon_t \mid \varepsilon_{t-1} \sim N(0,\sigma_t^2).$

$h_t = \alpha_0 + \alpha_1 \varepsilon^2_{t-1} + \beta_1 \sigma^2_{t-1}$

	c	α_0	α_1	β_1
Tag	-0,001	1,8E-06	0,05	0,91
	(-0,65)	(4,7)	(6,7)	(73,4)

GARCH (fortgesetzt)

	c	α_0	α_1	β_1
Halbstd.	1.6E-05	1,23E-06	0,67	0,27
	(1,3)	(5,5)	(10,0)	(12,3)

GARCH-M

$$s_t = c + \delta h_t + \varepsilon_t \qquad \varepsilon_t = v_t \sqrt{h_t} \qquad v_t \sim N(0,1) \qquad \varepsilon_t \mid \varepsilon_{t-1} \sim N(0, \sigma_t^2).$$

$$h_t = \alpha_0 + \alpha_1 \varepsilon^2_{t-1} + \beta_1 \sigma^2_{t-1}$$

	c	α_0	δ	α_1	β_1
Tag	-0,0006	1,8E-06	9,8	0,05	0,91
	(-1,4)	(0,2)	(1,2)	(5,1)	(46,3)

	c	α_0	δ	α_1	β_1
Halbstd.	3,17E-05	1,1E-06	-10,7	0,33	0,42
	(1,48)	(4,6)	(-1,56)	(9,5)	(13,1)

EGARCH

$$s_t = c + \varepsilon_t, \qquad \varepsilon_t = e^{(1/2)h_t} v_t, \qquad v_t \sim N(0,1)$$

$$h_t = \alpha_0 + \alpha_1 \left(\left| \frac{\varepsilon_{t-1}}{\sigma_{t-1}} \right| - \sqrt{2/\pi} \right) + \beta_1 h_{t-1} + \gamma \frac{\varepsilon_{t-1}}{\sigma_{t-1}}, \text{ mit } \quad e^{h_t} = \sigma_t^2$$

$$\log(\sigma_t^2) = \alpha_0 + \beta_1 \log(\sigma_{t-1}^2) + \alpha_1 \left(|v_t| - \sqrt{2/\pi} \right) + \gamma v_t$$

	c	α_0	α_1	β_1	γ
Tag	-0,00015	-0,51	0,13	0,96	0,033
	(-0,95)	(-5,8)	(7,6)	(116)	(0,41)

Halbstd.	3,7E-05	-7,51	0,44	0,46	-0,38
	(0,63)	(-3,1)	(2,88)	(2,58)	(-2,7)

$$S_{Ratio} = \sqrt{T_J}\,\frac{\overline{ür_k^C}}{\hat{\sigma}_k} \qquad (73)$$

Die Kennziffer gibt die – in der Regel auf ein Jahr bezogene – realisierte Überschußrendite während des Anlagezeitraums pro Risikoeinheit $\hat{\sigma}_k$ an. $\overline{ür_k^C}$ entspricht der Überschußrendite pro Zeiteinheit (dem Mittelwert der $ür_k^C$ Reihe) und $\hat{\sigma}_k$ symbolisiert die empirische Standardabweichung der $ür_k^C$ Einzelrenditen. $\sqrt{T_J}$ ist der Zeitnormierungsfaktor. Im Falle von Tagesdaten beläuft sich T_J beispielsweise auf 252 Handelstage. Überschußrenditen mit einer im Vergleich zu alternativen Anlagemöglichkeiten hohen Sharpe-Kennziffer werden von Investoren – beispielsweise bei Zugrundelegung von μ,σ-Präferenzen – bevorzugt.

3.6 Die Ergebnisse der technischen Analyse

In den Tabelle 3.3 und 3.4 (siehe Tabelle 233) sind die Resultate der Untersuchungen für die beiden Untersuchungszeiträume und die verschiedenen Datenfrequenzen eingetragen.

3.6.1 Anwendung auf Tagesdaten

Für den WSJ-Untersuchungszeitraum von 1989 bis 1993 (1065 Beobachtungen) beträgt die annualisierte Überschußrendite (unter Einberechnung der Zinsdifferenzen und einschl. Transaktionskosten in Höhe von 0,025 Prozent pro Handel), die bei Anwendung einer Gleitenden Durchschnittsregel (50,1) angefallen wäre, 10 Prozent.[105] Davon entfallen 5,5 Prozent p.a. auf die „reine" technische Handelstätigkeit und 4,5 Prozent p.a. auf die Opportunitätskosten der „Kaufe und Halte US-Dollar" Strategie. Die Opportunitätskosten sind hier positiv, da während des Untersuchungszeitraumes – wegen der Abwertung des US-Dollars – auf einer US-Dollar Position Verluste aufgelaufen wären. Während der Handelstätigkeit wird im Durchschnitt einmal im Monat die Position gewechselt (12,5 mal im Jahr). Für den Zeit-

[105] Die Veränderung der Länge des GD ändert die Ergebnisse nur unwesentlich. Bei einem GD(1,200) z.B. sinkt die annualisierte Überschußrendite auf 7,0 Prozent und die Sharpe- Kennziffer beträgt 0,53. Bei den Intratagesdaten wird genauer auf den Zusammenhang zwischen GD-Länge und Profitabilität eingegangen. Es ist allerdings nicht Ziel der Arbeit, Handelsregeln zu optimieren.

Tabelle 3.3

MA (1,50) Handelsregel mit Tagesdaten, Frankfurt a.M. 15:00 MEZ [1]

Ergebnisse: 1.1.1989 bis 31.01.1993		*Klasse I*	*Klasse II*				*Klasse III*
Beobachtungen	Alle	ohne Makro [2]	ohne IV [4]	ohne ZBR [5]	Ohne Zins D [6]	ohne Zins US [7]	ohne Politik [3]
Beobachtungen	1065	1065	1065	1065	1065	1065	1065
Anzahl der News-Beobachtungen	/	85	144	97	23	19	58
Annualisierte Rendite [9]	5.8%	/	/	/	/	/	/
Annualisierte Rendite einschl. TK [9]/[10]	5,5%						
Arithmetisches Mittel der dynamischen Einzelrenditen	2.7E-03						
Standardabweichung der dynamischen Einzelrenditen	7.9E-03						
t-Wert der dynamischen Renditen [10]	1.0						
Annualisierte Überschußrendite einschl. TK [8]/[9]/[10]/[11]	10.0%	-0.0% (10.3%)	0.6% (9.6%)	0.9% (9.4%)	1.4% (9.0%)	2.1% (8.5%)	-1.5% (11.9%)
Arithmetisches Mittel der dynamischen Einzelrenditen	4.7E-03	-1.1E-05	2.4E-05	5.7E-05	5.7E-05	8.6E-05	-5.0E-05
Standardabweichung der dynamischen Einzelrenditen	1.1E-02	2.1E-03	3.2E-03	2.9E-03	1.4E-03	1.0E-03	3.2E-03
t-Wert der dynamischen Renditen [12]	1.3	-0.5	0.3	0.6	1.3	2.7***	-0.5
Sharpe Ratio [13]	0.63	-0.23	1.32	0.29	0.66	1.35	-0.26
Positionswechsel / Jahr	12.5						

Tabelle 3.3 (fortgesetzt)

Ergebnisse: 1.1.1989 bis 31.01.1993 Beobachtungen	Alle	*Klasse I* ohne Makro [2]	*Klasse II* ohne IV [4]	ohne ZBR [5]	Ohne Zins D [6]	ohne Zins US [7]	*Klasse III* ohne Politik [3]
Ergebnisse: 01.01.1988 bis 31.12.1995							
Beobachtungen	Alle						
Beobachtungen	2086		2086	2086			
Anzahl der News-Beobachtungen	/		144	97			
Annualisierte Rendite [9]	5.7%*						
Annualisierte Rendite einschl. TK [9) / 10)]	5.4%						
Arithmetisches Mittel der dynamischen Einzelrenditen	2.5E-04						
Standardabweichung der dynamischen Einzelrenditen	7.3E-03						
t-Wert der dynamischen Renditen [10]	1.6						
Annualisierte Überschußrendite einschl. TK [8) / 9) / 10) / 11)]	7.3%		1.8% (5.9%)	2.2% (5.5%)			
Arithmetisches Mittel der dynamischen Einzelrenditen	3.6E-04		7.7E-05	9.4E-05			
Standardabweichung der dynamischen Einzelrenditen	1.1E-02		2.9E-03	2.7E-03			
t-Wert der dynamischen Renditen [12]	1.5		1.2	1.6			
Sharpe Ratio [13]	0.57		0.4	0.54			

1) Gleitende Durchschnittsregel (Moving Average, GD). Die Anwendung einer kombi. Regel aus GD und Momentum ändert die Resultate nur unwesentlich. Die Anwendung verschiedener Momentum-Regel alleine war der Regel des Gleitenden Durchschnitts unterlegen.
2) Unter Ausschluß der Renditen an "Makro-News-Tagen im WSJ"
3) Unter Ausschluß der Renditen an "Politik-News-Tagen im WSJ".
4) Unter Ausschluß der Renditen an us-amerikanischen und deutschen "IV-Tagen".
5) Unter Ausschluß der Renditen an "ZBR Tagen".
6) Unter Ausschluß der Renditen an Tagen von Deutschen Leitzinsänderungen (Diskont und Lombard).
7) Unter Ausschluß der Renditen an Tagen von US-amerikanischen Leitzinsänderungen (Diskont und Federal Funds Rate).
8) Wert in Klammer: Anualisierte Rendite an den Non-News Tagen
9) einschl. der Zinsunterschiede für Tagesgeld (Angaben der BIZ) für DM / US-Dollar Einlagen.
10) Für die Berechungen wurden TK in Höhe von 0,025 % pro Handel unterstellt.
11) Berechnung der Überschußrendite als die Differenz zwischen Handelsregelrendite und der Rendite einer "kaufe und halte" Strategie.
12) * / ** / *** Signifikant zum 10% / 5% / 1%/ Niveau.
13) realisierte Überschußrendite (per annum) dividiert durch realisierte Standardabweichung (per annum).

raum von 1988 bis 1995 sinkt die annualisierte Überschußrendite auf 7,3 Prozent. Trotz der recht hohen annualisierten Renditen kann mit einem t-Test die Nullhypothese, daß der Mittelwert der dynamischen Einzelrenditen null ist, für beide Zeiträume nicht verworfen werden. In Tabelle 3.5 (siehe Seite 235) sind die p-Werte für die unter den verschiedenen Nullhypothesen durchgeführten Bootstrap-Experimente eingetragen.[106] Neben den p-Werten für die Renditen sind in der Tabelle ebenfalls die p-Werte für Strukturmerkmale der Einzelrenditen aus Handelstätigkeit q_{tk} eingetragen. Diese Merkmale sind der Positionsquotient (PQ), der Haltequotient (HQ), der Renditequotient (RQ), und der Quotient aus der Gesamthaltedauer von Gewinn- zu Verlustpositionen (G/V) angegeben. Die p-Werte beziehen sich dabei jeweils auf die relative Häufigkeit mit der die simulierten Kennziffern größer sind als ihre empirischen Entsprechungen.

Eine Position besteht dabei aus einem Zeitabschnitt in dem nach Maßgabe der Handelsregel ohne Unterbrechung entweder US-Dollar oder D-Mark gehalten werden. In der Terminologie von (63) entspricht das einer Sequenz von x_{tk} ohne Vorzeichenwechsel. Eine Gewinnposition ist dabei eine Position bei der die Summe der $x_{tk}*r_t=q_{tk}$ über diesen Zeitabschnitt positiv ist. Der PQ entspricht dem Verhältnis aus der Anzahl von Gewinn- zu Verlustpositionen und der HQ dem Verhältnis aus der durchschnittlichen Haltedauer von Gewinn- zu Verlustpositionen. Der RQ ist die Relation der geometrischen Mittel der Gewinn- bzw. Verlustrenditen. Der G/V schließlich ist das Produkt aus PQ und HQ und entspricht dem Quotienten aus der Gesamthaltedauer (in Tagen) von Gewinn- zu Verlustpositionen. Diese Größen wiesen auf eine Asymmetrie bei der Gewinn- bzw. Verlustentstehung hin, die unabhängig davon ist, ob das GD-Verfahren auf simulierte oder empirische Zeitreihen angewendet wird. So schwankt der PQ zwischen 0,24 und 0,395, d.h. beim Schließen einer Position fällt deutlich öfters ein Verlust an als ein Gewinn entsteht. Auf der anderen Seite übersteigt die durchschnittliche Haltedauer von Gewinnpositionen die der Verlustpositionen ebenfalls kräftig (HQ zwischen 8,4 und 9,2). Dies führt zu einem G/V, der grundsätzlich über zwei liegt, d.h. es gibt mindestens doppelt so viele Gewinnpositionstage wie Verlustpositionstage. Der RQ schwankt dabei zwischen 0,49

---

[106] Jedes Experiment besteht aus der Simulation von jeweils 1000 Zeitreihen, wobei bei der Erzeugung einzelner Zeitreihen immer aus der Menge der standardisierten Residuen der jeweiligen Nullhypothese für den Zeitraum von 1988 bis 1995 gezogen wird.

und 0,43, d.h. die durchschnittliche Rendite (geometrisches Mittel) an Gewinnpositionstagen ist grundsätzlich höchstens halb so groß, wie an Verlustpositionstagen.

Auf ähnliche Asymmetrien in den Einzelrenditen weist z.B. Schulmeister [1988, 353] hin, der technische Handelsregeln auf den D-Mark/US-Dollar Wechselkurs von 1973 bis 1986 anwendet. Für diesen Zeitraum liegt der – in unserer Terminologie – HQ zwischen 3 und 4. Allerdings macht er keine Angaben über die Dichten (also p-Werte) der Quotienten. Brock ed. al. [1992] untersuchen ebenfalls Symmetrieeigenschaften von durch Handelsregeln erzeugten Einzelrenditen des Dow Jones von 1897 bis 1986. Die Autoren stellen auf die Renditeunterschiede von Kauf- und Verkaufspositionen ab und stellen durch Simulation der Dichten fest, daß Kaufssignale signifikant höhere Renditen bei geringer Volatilität erzeugen. Auf Unterschiede von Gewinn- und Verlustpositionen gehen sie nicht ein.

Von Interesse sind hier aber vor allem die Unterschiede zwischen den empirischen und den simulierten Überschußrenditen und deren Strukturmerkmalen. Die p-Werte für die Simulationsrenditen liegen zwischen 3 Prozent (Irrfahrtmodell) und 9,6 Prozent (GARCH-M). Darüber hinaus sind die p-Werte für den PQ und den G/V signifikant. Der empirische PQ-Wert schwankt zwischen 1,3 Prozent (GARCH-M) und 2,2 Prozent (Irrfahrtmodell) und der G/V Wert variiert von 0,02 (Irrfahrtmodell) Prozent und 0,04 (E-GARCH) Prozent. Ausschlaggebend für die Renditeunterschiede ist, daß bei der empirischen Zeitreihe der PQ gegenüber den simulierten Reihen nach oben schnellt (+63 Prozent), während der RQ gegenüber dem Höchstwert des GARCH-M nur recht schwach absinkt (-12,5 Prozent). Im Ergebnis werden damit Gewinnpositionen bei der empirischen Zeitreihe im Vergleich zu den simulierten Zeitreihen länger gehalten, während die „Verzinsung" nahezu genauso hoch ist. Die verbundene Hypothese, daß alle Kennziffern (Rendite und Strukturmerkmale) der simulierten Zeitreihe, denen der empirischen Zeitreihe entsprechen, kann zu einem Signifikanzniveau zwischen 0,004 und 0,003 abgelehnt werden. Die empirischen Ergebnisse sind deshalb nicht mit den simulierten Zeitreihenmodellen vereinbar.

Interessant ist in diesem Zusammenhang, daß ein Teil der Vorhersagbarkeit der Wechselkursbewegungen im Zusammenhang mit der Nicht-Linearität des Varianzprozesses steht, da alle p-Werte der ARCH–Modelle über denen des Irrfahrtmodells liegen. Diese Ergebnisse stehen im gewissen Widerspruch zu Brock ed. al. [1992, 1757], die keine Verbindung zwischen den simulierten Renditen und der Nicht-Linearität der simulierten Zeitreihen feststellen können.

Tabelle 3.4

MA (1,350) Handelsregel mit Intra-Tagesdaten, Frankfurt a.M. 8:00 bis 16:30 MEZ [1]

Ergebnisse: 1.1.1989 bis 31.01.1993		Klasse I		Klasse II			Klasse III		
Beobachtungen	Alle	ohne Makro [2]	ohne IV [3]	ohne ZBR [4]	Ohne Zins D [5]	ohne Zins US [6]	ohne Politik [7]	Insgesamt	Alle (Schluß) [8]
Beobachtungen	18088	18088	18088	18088	18088	18088	18088	18088	18088
Anzahl der News-Beobachtungen	/	1360	2418	1552	368	357	928	5639	/
Annualisierte Rendite [10]	12.3%***	/	/	/	/	/	/	/	7.20%
Annualisierte Rendite einschl. TK [10]/[11]	10.0%								3.10%
Arithmetisches Mittel der dynamischen Einzelrenditen	3.4E-05								1.20E-06
Standardabweichung der dynamischen Einzelrenditen	1.9E-03								1.90E-03
t-Wert der dynamischen Renditen [11]	2.2**								0.1
Annualisierte Überschußrendite einschl. TK [9]/[10]/[11]/[12]	14.4%	1% (14.3%)	5.1% (11.1%)	5.7% (10%)	4.4% (11.1%)	1.4% (13.6%)	1% (14.3%)	7,4% (9%)	5.00%
Arithmetisches Mittel der dynamischen Einzelrenditen	4.1E-05	8.2E-07	1.2E-05	1.5E-05	1.1E-05	3.5E-06	2.7E-06	2,1E-05	1.20E-05
Standardabweichung der dynamischen Einzelrenditen	2.6E-03	5.4E-04	6.3E-04	7.3E-04	5.1E-04	2.3E-04	6.4E-04	1,2E-03	3.30E-03
t-Wert der dynamischen Renditen [13]	2.1**	0.2	2.7 ***	2.7 ***	2.9***	2**	0.6	2,3**	0.5
Sharpe Ratio [14]	1.01	0.1	1.32	1.31	1.4	0.98	0.27	1,03	0.25
Positionswechsel / Jahr	59								254

Tabelle 3.4 (fortgesetzt)

Ergebnisse: 1.1.1989 bis 31.01.1993 Beobachtungen	Alle	Klasse I ohne Makro [2]	ohne IV [3]	Klasse II ohne ZBR [4]	Ohne Zins D [5]	ohne Zins US [6]	Klasse III ohne Politik [7]	Insgesamt	Alle (Schluß) [8]
Ergebnisse: 01.01.1988 bis 31.12.1995 Bobachtungen	Alle								
Beobachtungen	35112		35112	35112					35112
Anzahl der News-Beobachtungen	/		3757	3247					/
Annualisierte Rendite [10]	8.3% ***								6.20%
Annualisierte Rendite einschl. TK [10)/11]	7.1%								-0.50%
Arithmetisches Mittel der dynamischen Einzelrenditen	2.1E-05								-1.20E-06
Standardabweichung der dynamischen Einzelrenditen	1.7E-03								1.70E-03
t-Wert der dynamischen Renditen	2.3**								-0.1
Annualisierte Überschußrendite einschl. TK [9)/10)/11)/12]	9.0%		3.3% (6.7%)	4.1% (6.3%)					2.20%
Arithmetisches Mittel der dynamischen Einzelrenditen	2.8E-05		8.4E-06	1.1E-05					5.50E-06
Standardabweichung der dynamischen Einzelrenditen	2.5E-03		5.8E-04	6.6E-04					3.10E-03
t-Wert der dynamischen Renditen [13]	2.1**		2.7***	3.0***					0.3
Sharpe Ratio [14]	0.72		0.97	1.04					0.11

1) Gleitende Durchschnittsregel (Moving Average, GD). Die Anwendung einer kombinierten Regel aus GD und Momentum ändert die Resultate nur unwesentlich
Die Anwendung verschiedener Momentum-Regel alleine war der Regel des Gleitenden Durchschnitts unterlegen

2) Unter Ausschluß der Renditen an "Makro-News-Tagen im WSJ"

3) Unter Ausschluß der Renditen an us-amerikanischen und deutschen "IV-Tagen". Bei Interventionen einschl. Fed, Einbezug der Übernachtrendite von 17:00 bis 8:30 MEZ

4) Unter Ausschluß der Renditen an "ZBR Tagen"

5) Unter Ausschluß der Renditen an Tagen von Deutschen Leitzinsänderungen (Diskont und Lombard)

6) Unter Ausschluß der Renditen an Tagen von US-amerikanischen Leitzinsänderungen (Diskont und Federal Fundsrate) und einer Übernachtrendite von 17:00 bis 8:30 MEZ.

7) Unter Ausschluß der Renditen an "Politik-News-Tagen im WSJ"

8) Die Position wird am Ende des Tages geschlossen (Keine offene Fremdwährungsposition über Nacht)

9) Wert in Klammer: Anualisierte Rendite an den Non-News Tagen

10) einschl. der Zinsunterschiede für Tagesgeld (Angaben der BIZ) für DM / US-Dollar Einlagen

11) Für die Berechungen wurden TK in Höhe von 0,025 % pro Handel unterstellt.

12) Berechnung der Überschußrendite als die Differenz zwischen Handelsregelrendite
und der Rendite einer "kaufe und halte" Strategie.

13) * / ** / *** Signifikant zum 10% / 5% / 1%/ Niveau

14) realisierte Überschußrendite (per annum) dividiert durch realisierte Standardabweichung (per annum).

Tabelle 3.5
Die Simulationsergebnisse

	Tagesdaten MA(50,1)	p - Wert [1]	Halbstündliche Daten MA(350,1)	p - Wert [1]
Empirsch				
Rendite nach 7 Jahren	0,56	/	0,89	/
PQ: Positionsquotient [2]	0,395 =(32/81)		0,211 =(88/418)	
HQ: Haltequotient [3]	9,19 = (48,7/5,3)		14,4 =(300,3/20,8)	
RQ: Renditequotient [4]	0,43		0,5	
G/V =PQ*HQ [5]	3,63		3,04	
Irrfahrtsmodell (random walk)				
durchschn. Rendite	-0.03	0,031	-0.01	0,000
PQ: Positionsquotient [2]	0,25	0,022	0,154	0,000
HQ: Haltequotient [3]	8,55	0,307	15,68	0,763
RQ: Renditequotient [4]	0,47	0,315	0,413	0,021
G/V =PQ*HQ [5]	2,17	0,018	2,42	0,076
Alle Restriktionen [6]		0,003		0,000
ARCH				
durchschn. Rendite	0,01	0,065	0,031	0,034
PQ: Positionsquotient [2]	0,25	0,019	0,153	0,000
HQ: Haltequotient [3]	8,24	0,285	14,97	0,663
RQ: Renditequotient [4]	0,45	0,648	0,41	0,057
G/V =PQ*HQ [5]	2,14	0,026	2,34	0,048
Alle Restriktionen [6]		0,003		0,000
GARCH				
durchschn. Rendite	0,04	0,063	0,045	0,026
PQ: Positionsquotient [2]	0,24	0,018	0,162	0,0013
HQ: Haltequotient [3]	8,56	0,362	14,79	0,643
RQ: Renditequotient [4]	0,45	0,645	0,42	0,037
G/V =PQ*HQ [5]	2,17	0,025	2,40	0,071
Alle Restriktionen [6]		0,004		0,000
EGARCH				
durchschn. Rendite	0,07	0,041	0,11	0,031
PQ: Positionsquotient [2]	0,24	0,015	0,159	0,005
HQ: Haltequotient [3]	8,73	0,41	15,9	0,793
RQ: Renditequotient [4]	0,46	0,685	0,42	0,027
G/V =PQ*HQ [5]	2,2	0,039	2,53	0,114
Alle Restriktionen [6]		0,000		0,000
GARCH-M				
durchschn. Rendite	0,09	0,096	0,14	0,035
Positionsquotient [2]	0,246	0,013	0,158	0,000
Haltequotient [3]	8,41	0,375	15,9	0,79
Renditequotient [4]	0,491	0,657	0,42	0,068
G/V =PQ*HQ [5]	2,04	0,036	2,52	0,114
Alle Restriktionen [6]		0,004		0,000

[1] p-Wert: relative Häufigkeit mit der die Handelsregelrendite bzw. PQ, HQ, RQ, GV aus durch Bootstrapping Verfahren erzeugten Wechselkursverläufen größer war als die empirische Rendite bzw. PQ, HQ, RQ, GV (Bootstrapping: 1000 Züge).
[2] Quotient aus Anzahl der Gewinnpositionen zu Verlustpositionen
[3] Quotient aus der durchschnittl. Haltedauer von Gewinnpositionen zu Verlustpositionen
[4] Quotient aus geometrischen Mitteln der Gewinnrenditen und Verlustrenditen
[5] Gesamthaltedauer von Gewinnpositionen zu Verlustpositionen
[6] p-Wert dafür, daß alle Restriktionen (PQ >.; HQ >.; RQ >.; G/V >.) zusammen erfüllt sind.

Die Ergebnisse bzgl. der Profitabilität von Handelsregeln scheinen somit nicht eindeutig. So kann man auf Grundlage eines t-Tests die Nullhypothese, daß die empirischen Renditen zufällig angefallen sind, nicht ablehnen. Im Gegensatz dazu werden bei den Bootstrap-Experimenten die empirischen Renditen in höchstens 9,6 Prozent aller Simulationen überschritten. Auf Grundlage der Strukturmerkmale sinkt das Signifikanzniveau sogar auf 0,00. Beim Bootstrap-Verfahren müssen allerdings keine Annahmen an die Verteilung der Einzelrenditen gestellt werden, während die Validität des t-Tests von der – hier nicht gegebenen - asymptotischen Normalverteilung abhängt. Die simulierten p-Werte haben deshalb bei der Abwägung der Ergebnisse ein größeres Gewicht.

Auch die Sharpe-Ratios (bezogen auf die Überschußrenditen inkl. Transaktionskosten) lassen eher den Schluß zu, daß die empirischen Renditen vergleichsweise hoch sind. So liegen die Sharpe-Ratio Werte von 0,63 bzw. 0,57 am oberen Rand der Werte, die von breiten makroökonomischen Aktienpreisindizes während der Untersuchungszeiträume erreicht wurden.[107]

3.6.2 Anwendung auf halbstündliche Daten

Die Handelsregeln werden für die gleichen Zeitabschnitte wie oben auf die halbstündlichen Daten angewendet. In der Tabelle 3.4 (siehe Seite 233) sind die Ergebnisse für eine GD (1,350) eingetragen. Für den WSJ-Untersuchungszeitraum beträgt die auf das Jahr bezogenen Überschußrendite (inkl. Zinsdifferenzen und Transaktionskosten in Höhe von 0,025 Prozent) 14,4 Prozent. Davon entfallen 10 Prozent auf die Anwendung der Handelsregel und – wie oben – knappe 4,5 Prozent auf die annualisierte Rendite der ‚Kaufe und Halte'-Strategie. Die Anzahl der Positionswechsel pro Jahr beträgt 59. Für den längeren Zeitraum von Januar 1988 bis Dezember 1995 beträgt die aufs Jahr gerechnete Überschußrendite 9 Prozent, wovon 7,1 Prozent auf die Anwendung der Handelsregel zurückzuführen sind. Die Anzahl der jährlichen Positionswechsel liegt hier bei 63.

---

[107] Nach eigenen Berechnungen lag die Sharpe-Kennziffer (per annum) für den S&P während des Zeitraumes vom 4. Januar 1988 bis 28. Dezember 1995 bei durchschnittlich 0,53, für den DAX bei 0,35 und den Nikkei-Index bei 0,12. In der Literatur werden für längere Zeiträume deutlich geringere Werte genannt. Neely [1998, 6] – in der Zeit vom 1. März 1973 bis zum 2. Januar 1997 – und LeBaron [1999, 131] – ohne genaue Zeitangabe – geben z.B. für den S&P eine Sharpe-Kennziffer von 0,3 an.

Die Nullhypothese, daß der Mittelwert der Einzelrenditen von Null verschieden ist, kann – im Gegensatz zu den Tagesdaten – auf Grundlage eines t-Tests zu einem Signifikanzniveau von 0,01 verworfen werden. Um zu untersuchen, inwiefern die – willkürlich – ausgewählte GD-Regel (1,350) das Ergebnis beeinflußt, ist in Abbildung 3.1 (siehe Seite 238) der t-Wert des jeweiligen t-Tests auf Signifikanz der Einzelrenditen (inkl. Transaktionskosten) in Abhängigkeit der Länge der GD eingetragen. Es stellt sich heraus, daß bei einer Länge des GD zwischen 100 und 450 der t-Wert nahezu ausschließlich über 1,96 liegt und er in einem Bereich von 450 bis 1000 knapp unterhalb der 1,96 Schwelle pendelt. Die Ergebnisse sind somit robust gegenüber Änderungen der GD-Länge.

Darüber hinaus ist in dem Schaubild die Anzahl der durch die jeweilige GD-Länge induzierten Positionswechsel eingetragen, wobei die Anzahl der Wechsel geometrisch degressiv mit der Länge des GD fällt. Lediglich bei GDs unterhalb von 100 wird das Signifikanzniveau maßgeblich durch die Transaktionskosten des Positionswechsels bestimmt. Analog zu den Tagesdaten befinden sich in der Tabelle 3.5 (siehe Seite 235) die p-Werte für die Renditen der halbstündlichen Wechselkurszeitreihe und deren Strukturmerkmale. Auch hier zeigen sich unabhängig davon, ob die analysierten Zeitreihen simuliert oder empirisch sind, Asymmetrien zwischen Verlust- und Gewinnpositionen. Im Vergleich zu den Strukturziffern der Tagesdaten verschärft sich bei den höherfrequenten Daten tendenziell der Unterschied zwischen den simulierten und den empirischen Ergebnisse der Handelsanalyse. So verdoppeln sich die HQs gegenüber den Resultaten der Tagesdaten auf Werte zwischen 14,4 (empirisch) und 15,9 (Bootstrap, EGARCH). Die RQs liegen in einem Band von 0,41 (Bootstrap, ARCH) und 0,5 (empirisch). Die G/Vs nehmen bei den simulierten Reihen leicht auf Werte um 2,46±0,5 zu, während der G/V bei der empirischen Zeitreihe von 3,6 auf 3,0 sinkt, d.h. bei den halbstündlichen Daten werden im Ergebnis Gewinnpositionen nur noch gut dreimal solange gehalten wie Verlustpositionen (bei Tagesdaten 3,6 mal). Bei den PQs liegen die Werte für die halbstündlichen Daten zwischen 0,153 (Bootstrap, ARCH) und 0,211 (empirisch), während sie bei Tagesdaten bei 0,24 (Bootstrap, GARCH) und 0,4 (empirisch) liegen.

Die Ergebnisunterschiede zwischen den simulierten Zeitreihen und dem empirischen Wechselkursverlauf sind bei Verwendung der halbstündlichen Daten deutlicher.[108] So

---

[108] Das Ausmaß der Asymmetrie ist möglicherweise eine Funktion der Frequenz. Dies stünde zumindest mit der Beobachtung im Einklang, daß die logarithmischen Differenzen von Intratagesdaten in erheblich

Abbildung 3.1

Signifikanz der Handelsregelrenditen in Abhängigkeit der Länge des GD (Intra-Tagesdaten)

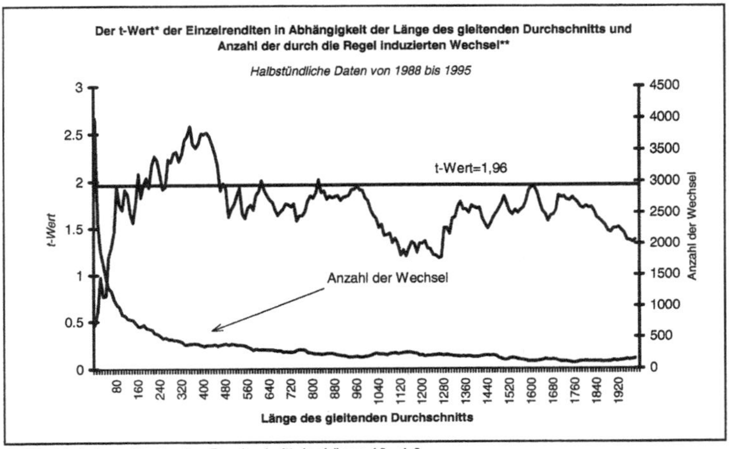

* t-Wert bei einem Gleitenden Durchschnitt der Länge 10: -1,9

**Anzahl der Wechsel bei GD=10 / 20 = 14529 / 3999

Abbildung 3.2

Signifikanz der Handelsregelrenditen in Abhängigkeit der Länge des GD (Tagesdaten)

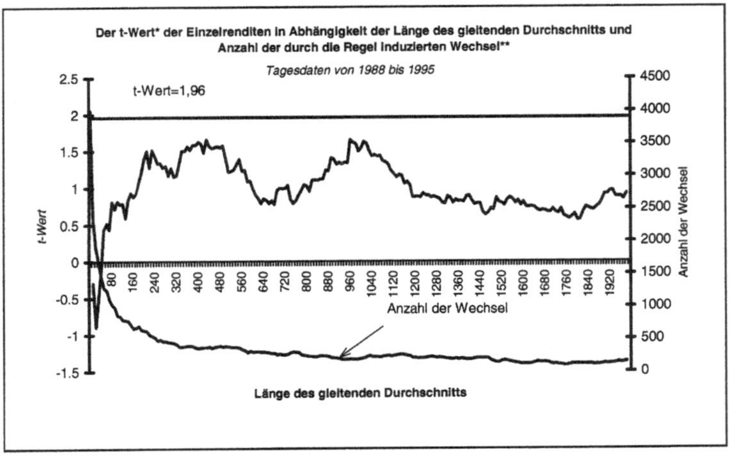

* t-Wert bei einem Gleitenden Durchschnitt der Länge 10: -1,9

**Anzahl der Wechsel bei GD = 10 / 20 = 1122 / 823

stärkerem Maße von der Normalverteilung abweichen als die logarithmischen Differenzen von Tages- bzw. Wochen- und Monatsdaten (vgl. Baillie und Bollerslev [1989]).

liegen die p-Werte der simulierten Renditen bei maximal 0,035 (GARCH-M) und die simulierten PQ-Werte übersteigen in weniger als 1 Prozent der Fälle diejenigen der empirischen PQs (max.: EGARCH mit 0,005). Darüber hinaus sind – im Gegen-satz zu den Ergebnissen bei den Tagesdaten – auch die RQs signifikant (max. EGARCH.: 0,068). Lediglich die p-Werte der G/Vs liegen vergleichsweise hoch (max.: 0,114 EGARCH). Maßgeblich für den Renditeunterschied zwischen der historischen Wechselkurszeitreihe und den simulierten Reihen ist, daß die empirischen Gewinnpositionen länger gehalten (+20 Prozent) und besser ‚verzinst' werden (+20 Prozent). Die verbundene Hypothese (Rendite und Strukturmerkmale), daß alle Kenngrößen simultan bei einer Simulation überschritten werden, kann zu einem Signifikanzniveau von 0,000 verworfen werden. Die Irrfahrt-, ARCH-, GARCH-, EGARCH- GARCH-M-Zeitreihenmodelle sind somit nicht in der Lage, alle Aspekte der empirischen Zeitreihen abzubilden. Die Ergebnisse des Bootstrap-Experiments und des t-Tests widersprechen sich für die halbstündlichen Daten nicht.

Die Sharpe-Ratios steigen für die Intratagesdaten auf 1,01 (WSJ Auswertungszeitraum von 1.1.1989 bis 31.1.1993) bzw. 0,72 (Zeitraum von 1988 bis 1995) und liegen damit deutlich über den üblicherweise gegebenen Referenzwerten risikobehafteter Anlagen.

3.7 Woher stammen die Profite?

Durch den Einsatz von einfachen GD Handelsregeln fallen für die halbstündige Zeitreihe offenbar signifikante Profite an, die nicht mit üblichen Zeitreihenmodellen vereinbar sind. Im folgenden Abschnitt wird nach Erklärungen für die Profitabilität der technischen Analyse gesucht.

3.7.1 Herkunft der Gewinne

A) Eine mögliche Begründung für signifikante Renditen ist eine sich über mehrere Perioden hinziehende Anpassung des Wechselkurses an ein neues Gleichgewicht, wenn das alte Gleichgewicht aufgrund neuer Ereignisse gestört wird. Da technische Analyseverfahren solche temporäre Trends aufspüren, ermöglichen sie eine profitable Positionierung.

Eine Reihe von Autoren vermutet in diesem Zusammenhang, daß es eine Verbindung zwischen der *Klasse II* Variablen „Intervention" und der Profitabilität der Handelsregeln gibt. Diese Erklärung ist insofern elegant, als daß man in den Aktionen der Notenbanken nicht nur die Ursache für die Profitabilität ausgemacht hätte, sondern darüber hinaus auch die Gruppe derer benennen könnte, die in dem Nullsummenspiel des „technischen Handels" Geld verloren hätten. Die Identifizierung dieser Verlierergruppe stellt sich in der Regel als sehr schwer heraus.

Szakmary and Mathur [1997] zeigen für den Zeitraum von 1977 bis 1991, daß die Anwendung von GD-Regeln auf tägliche US-Dollar/D-Mark Notierungen Überschußrenditen zwischen 5,4 Prozent und 9,8 Prozent erbracht hätten. Die täglichen Renditen werden zu monatliche Renditen aggregiert und dann mit einer KQ-Schätzung auf systematische Einflüsse hin untersucht. Dabei stellen sie fest, daß die Handelsregelrenditen und die Interventionen (approximiert durch den Absolutbetrag der Reserveänderungen) der Federal Reserve bzw. der Deutschen Bundesbank in einem signifikanten Zusammenhang stehen. Bezogen auf den D-Mark/US-Dollar Wechselkurs beträgt das R^2 der Schätzung ca. 8 Prozent.

Neely [1998] untersucht für tägliche Daten die Profitabilität von Handelsregeln für den D-Mark/US-Dollar und den Yen/US-Dollar Wechselkurs für die nach Bretton-Woods Zeit von März 1973 bis Dezember 1996. Unter Verwendung einer GD (1,150) Regel beträgt die Überschußrendite 5,6 Prozent p.a. (Bootstrap p-Wert 0,00). Werden Tage von US-Interventionen ausgeschlossen fällt die Überschußrendite auf 1,2 Prozent p.a. (Bootstrap p-Wert 0,16).

LeBaron [1999] wendet GD-Regeln auf tägliche und wöchentliche JY/US-Dollar und D-Mark/US-Dollar Wechselkursdaten für den Zeitraum von Januar 1979 bis Ende 1992 an und erhält für die täglichen Daten annualisierte Renditen (inkl. Zinsen) von 5,5 Prozent für den D-Mark/US-Dollar und 6,3 Prozent für den JY/US-Dollar, deren Bootstrap p-Werte jeweils unter 0,01 liegen. Unter Ausschluß von Interventionstagen sinken die Überschußrenditen p.a. auf 1,5 Prozent (D-Mark/US-Dollar) und 3,2 Prozent (JY/US-Dollar). Die Nicht-Berücksichtigung von Interventionstagen führt dazu, daß die Überschußrenditen nicht mehr (D-Mark) bzw. nur schwach (Yen) signifikant sind (p-Wert 0,2 bzw. 0,08).

Eine mögliche Erklärung für die Kanäle, über die Geschäftsbanken von den Interventionsabsichten der Notenbank erfahren könnte liefert Peiers [1997]. In einer empirischen Untersuchung stellt sie fest, daß 60 Minuten vor der öffentlichen Bekanntgabe von Interventionen, die im Auftrag der Bundesbank von Geschäftsbanken getätigt werden, ein Informationsvorsprung entsteht, der eine etwa halbstündige Preisführerschaft ermöglicht.[109]

In dieser Arbeit wird über die *Klasse II* Ereignisse hinaus für alle in Kapitel 1.2 definierten Ereignisklassen untersucht, inwiefern diese möglicherweise das Niveau des Wechselkurses zeitverzögert beeinflussen. Um zu untersuchen, ob eine Verbindung zwischen dem Auftreten von Neuigkeiten und signifikanten Handelsgewinnen besteht, wird die Gesamtrendite $\ddot{u}r_{tk}^{C}$ in (66) für Tages- und halbstündige Daten unter Ausschluß von Neuigkeitstagen berechnet. Da im Falle der halbstündigen Daten ein Tag aus 17 halbstündigen Beobachtungen besteht, werden dem Gesamtrenditevektor pro Ereignis jeweils 17 Einzelrenditen entnommen. Für den Fall, daß das Ereignis in der „Übernachtzeit" von 17:00 MEZ bis 8:30 MEZ des nächsten Tages stattfindet (z.B. Interventionen der Federal Reserve am Devisenmarkt in New York) wird zusätzlich die Übernachtrendite ausgeschlossen. Da sich in den meisten Fällen die hier untersuchten Neuigkeiten zwischen 8:30 und 17:00 MEZ ereignen, werden durch das Herauslösen des gesamten Tages, alle – d.h. vor, während oder nach dem Ereignis – anfallenden Renditen entfernt, die mit der Neuigkeit möglicherweise in Verbindung stehen. Unter der Voraussetzung, daß die Informationsverarbeitung auf dem Devisenmarkt nicht länger als ein paar Stunden dauert wird bei dieser Vorgehensweise der Gewinnbeitrag der Information streng nach oben abgeschätzt.

B) Eine alternative Erklärung ist, daß die Gewinne nur potentiell anfallen, in der Praxis aber wegen institutioneller Regelungen nicht ausgeschöpft werden können. So berichten z.B. Händler daß sie am Ende des Handelstages ihre offenen Fremdwährungspositionen auf Anweisung der Controlling Abteilungen schließen müssen. Ein auf D-Mark-Basis arbeitender „technischer" Händler in Frankfurt verkauft demnach am Ende des Tages z.B. seine US-Dollar. Um den Einfluß solcher bankinterner Regelungen zu überprüfen wird eine 17:00 MEZ Fremdwährungsverkaufsrestriktion in (63) eingeführt und die Gesamtrendite neu berechnet.

---

[109] Peiers wendet einen Granger-Kausalitätstest auf die D-Mark/US-Dollar Notierungen einzelner Geschäftsbanken an und kommt zu dem Ergebnis, daß in dem Zeitfenster von –60 Minuten bis –25 Minuten vor einer Intervention, zwischen den Notierungen der Deutschen Bank, und den Notierungen der Konkurrenzbanken eine einseitige Granger-Kausalitätsbeziehung von der Deutschen Bank zu den anderen Banken besteht. Während dieses Zeitintervalls fließt die Information erst zum Preisführer (Deutsche Bank) und dann zu den Konkurrenzbanken.

3.7.2 Der Einfluß von Einzelereignissen auf die Profite

Die kumulierte Überschußrendite (inkl. Transaktionskosten) ohne Neuigkeitstage $\ddot{U}R^C_{k,\text{"ohne Neuigkeit"}}$ ist definiert als:

$$\ddot{U}R^C_{k,\text{"ohne Neuigkeit"}} = \sum_{t=1}^{T} \ddot{u}r^C_{tk} \text{ mit } \ddot{u}r^C_{tk} = 0 \text{, wenn } \text{"}Neuigkeit_t\text{"} = 1 \qquad (74),$$

wobei *Neuigkeit*$_t$ ∈ {„IV$_t$", „Makro$_t$" „Politik$_t$", „Schluß$_{\text{"}1,17\text{"},t}$", „ZBR$_t$"; „Zins D$_t$"; „Zins US$_t$"} ist. *Neuigkeit*$_t$=1 steht für einen Tag (Zeiteinheit) *t*, an dem sich *Neuigkeit*$_t$ ereignet (und *Neuigkeit*$_t$=0 dementsprechend für einen Tag *t* ohne diese *Neuigkeit*$_t$). Die kumulierte Überschußrendite $\ddot{U}R^C_{k,\text{"ohne Neuigkeit"}}$ entspricht $\ddot{U}R^C_k$ in (71), mit Ausnahme der Positionen, an denen einzelne Überschußrenditen $\ddot{u}r^C_{tk} = 0$ gesetzt werden. $\ddot{U}R^C_{k,\text{"Neuigkeit"}}$ entspricht der kumulierten Überschußrendite an Neuigkeitstagen *t*. Für die halbstündige Zeitreihe umfaßt *Neuigkeit*$_t$ 16 bzw. 17 (inkl. Übernachtrenditen) Einzelbeobachtungen. Die Ergebnisse für die annualisierten Überschußrenditen nach Herauslösen der Neuigkeitstage befinden sich in den Tabellen 3.2 und 3.3 (siehe Seiten 226ff. und 229).

Bei „Makro$_t$"=1 beispielsweise werden alle Renditen an Makro-Neuigkeitstagen im WSJ aus der Gesamtrendite herausgerechnet (*Klasse I* Ereignisse). „IV$_t$"=1 bezieht sich auf Interventionstage, an denen entweder die Deutsche Bundesbank oder die Federal Reserve Bank am Devisenmarkt aktiv waren; „ZBR$_t$"=1 auf Tage, an denen der Zentralbankrat der Deutschen Bundesbank tagte. „Zins D$_t$" =1 steht für Tage, an denen deutsche und „Zins US$_t$" =1 für Tage, an denen US-amerikanische Leitzinsänderungen beschlossen wurden (*Klasse II* Ereignisse). Bei „Politik$_t$" =1 werden alle Tage ausgeschlossen, an denen ein in Kapitel 1.2 definiertes *Klasse III* Ereignis stattfand. „Schluß$_{\text{"}1,17\text{"},t}$" =1 bezieht sich jeweils auf die Übernachrendite von 17:00 MEZ bis 8:30 MEZ (institutionelle Regelung).

3.7.2.1 Die Reaktion der Profite bei Tagesdaten bei Eliminierung des Einflusses von Einzelereignissen

3.7.2.1.1 WSJ-Untersuchungszeitraum

In keinem der Fälle wird die annualisierte Gesamtrendite durch den Ausschluß von Neuigkeitstagen stark reduziert. Im Falle der *Klasse I* und *Klasse III* Variablen erhöht sich sogar die Gesamtrendite. Bei den *Klasse II* Variablen sinken die Renditen nur geringfügig. Die $\ddot{U}R^C_{k,\text{"ohne Neuigkeit"}}$ Rendite in Höhe von 10 Prozent p.a. fällt für Interventionstage auf 9,6 Prozent, für ZBR-Tage auf 9,4 Prozent, für Tage mit deutschen Leitzinsänderungen auf 9,0 Prozent und für Tage mit US-amerikanischen Leitzinsänderungen auf 8,5 Prozent. Der t-Wert der dynamischen Renditen ist – bis auf den Fall der US-amerikanischen Leitzinsänderung – nicht signifikant. In letzterem Fall steigt der t-Wert, da Tage mit amerikanischen Leitzinsänderungen überdurchschnittlich volatil sind und der Ausschluß dieser Tage die geschätzte Standardabweichung der Untersuchungszeitraumes deutlich reduzieren. US-amerikanische Leitzinsänderungen tragen deshalb nicht dazu bei, die höhere Gesamtrendite zu erklären.

3.7.2.1.2 Untersuchungszeitraum 1988 - 1995

Für den Untersuchungszeitraum von 1988 bis 1995 liegen nur *Klasse II* Informationen nicht aber weitere WSJ Auswertungsergebnisse vor. Im Falle des Ausschlusses der Interventionstage sinkt die annualisierte Überschußrendite um 1,8 Prozent, im Falle des Ausschlusses von ZBR-Tagen um 2,2 Prozent. Dieses Ergebnis unterscheidet sich recht deutlich von den Ergebnissen in der Literatur, wo Autoren zu dem Schluß kamen, daß die annualisierte Überschußrendite um bis zu 4½ Prozent sank, wenn Tage, an denen Zentralbanken an den Devisenmärkten intervenierten bei der Berechnung der Handelsregelrendite nicht berücksichtigt werden (siehe oben). Offensichtlich sind die Ergebnisse nicht unabhängig vom untersuchten Zeitraum. So schwinden in den Jahren nach 1993 zum einen die Profite, zum anderen wird der Zusammenhang zwischen Interventionen und Profitabilität lockerer. Insbesondere bestätigt sich während des hier untersuchten Zeitabschnitts nicht, daß die Interventionen der Zentralbanken mit nahezu der gesamten Überschußrendite koinzidieren.

3.7.2.2 Die Reaktion der Profite bei halbstündlichen Daten bei Eliminierung des Einflusses von Einzelereignissen

3.7.2.2.1 WSJ-Untersuchungszeitraum

In Tabelle 3.4 (siehe Seite 233) sind die Handelsregelrenditen für die halbstündige Zeitreihe eingetragen. Die gesamte annualisierte kumulierte Überschußrendite $\ddot{U}R_{ik}^{C}$ beläuft sich auf 14,4 Prozent. Diese Gesamtrendite wird – getrennt für jede Ereignisklasse – aufgeteilt in die Rendite, die an Ereignistagen anfällt und die Rendite, die an Nicht-Ereignistagen anfällt. Beim Ausschluß von „*Klasse I* Neuigkeiten nach WSJ“ sinkt die annualisierte $\ddot{U}R_{k,\text{"ohne Makro"}}^{C}$ auf 14,3 Prozent. An Tagen, an denen ein *Klasse I* Ereignis verzeichnet ist, läuft eine Gesamtrendite von

$\ddot{U}R^{C}_{k,\text{"Makro"}}$=1 Prozent p.a. auf. Neuigkeitsereignisse lösen demnach keine durch z.B. zögerliche Informationsverarbeitung verursachte nachhaltige von technischen Regeln verwertbare Trendbewegung aus. Die an Neuigkeitstagen auf den Markt treffenden Ankündigungen werden augenblicklich in einen Kurs umgesetzt, der die gesamte neue Information enthält.

Klasse III (Tage mit Politikereignissen nach WSJ) führen ebenfalls nicht zu Preisbewegungen, die durch Handelsregeln vorhersagbar sind. Insgesamt beläuft sich die Handelsregelrendite an ‚Politiktagen' auf knapp unter $\ddot{U}R^{C}_{k,\text{"Politik"}}$ = 1 Prozent.

Die Ergebnisse ändern sich, wenn *Klasse II* Ereignisse untersucht werden. Werden die Einzelrenditen über die Tage, an denen die Deutsche Bundesbank oder die Federal Reserve Bank auf dem Devisenmarkt intervenierten akkumuliert, ergibt sich bei Anwendung der GD-Regel eine Überschußrendite von $\ddot{U}R^{C}_{k,\text{"IV"}}$ = 5,1 Prozent p.a. Dieser Wert entspricht ungefähr den Angaben in der Literatur, in der bei Tagesdaten annualisierte Renditen um die 4,5 Prozent genannt werden. Vor dem Hintergrund einer verbleibenden Überschußrendite von 11,1 Prozent an „interventionsfreien" Tagen wird klar, daß Interventionen alleine nicht für die Profitabilität von Handelsregeln verantwortlich sein können, zumal sich die 5,1 Prozent nicht auf einzelne halbstündige Zeitabschnitte, sondern auf vollständige Interventionstage (mit 16 bzw. bei Interventionen bei denen die Federal Reserve involviert ist, mit 17 Beobachtungen) beziehen.

Die Überschußrendite an Tagen, an denen die deutschen Leitzinsen geändert werden, liegt bei $\ddot{U}R^{C}_{k,\text{"deutsche-Zinsen"}}$ = 4,4 Prozent. Dies kann als Evidenz dafür gewertet werden, daß im Umfeld von Zinsänderungen möglicherweise Anpassungen an den neuen Gleichgewichtswechselkurs über temporäre Trends stattfinden. Interessant ist in diesem Zusammenhang auch, daß vor allem Sitzungstage des Zentralbankrates der Deutschen Bundesbank (ZBR) mit einer $\ddot{U}R^{C}_{k,\text{"ZBR"}}$=5,7 Prozent stark zur Gesamtrendite $\ddot{U}R^{C}_{tk}$ beitragen. Dies bedeutet, daß nicht nur tatsächliche, sondern auch potentielle Zinsänderungen möglicherweise Anpassungsvorgänge auslösen, die von der Handelsregel aufgespürt werden. Der Renditebeitrag der Tage (inkl. einer Übernachtrendite), an denen US-amerikanische Leitzinsen geändert werden beläuft sich hingegen auf nur insgesamt $\ddot{U}R^{C}_{k,\text{"US-Zinsen"}}$=1,4 Prozent.

Die Rendite (5639 Beobachtungen), die insgesamt an allen *Klasse I*, *Klasse II* und *Klasse III* Neuigkeitstagen anfällt, addiert sich auf $\sum_{Neuigkeit_t=IV_t}^{Zins-US_t} \ddot{U}R^C_{k,"Neuigkeit_t"}$ =7,4 Prozent p.a. In ungefähr einem Drittel der Tage fällt also knapp die Hälfte der Gesamtüberschußrendite $\ddot{U}R^C_k$ an. Die Handelsregelrenditen sind somit zwar an Ereignistagen überdurchschnittlich hoch, doch beträgt die akkumulierte Überschußrendite an Nicht-Neuigkeitstagen $\sum_{Neuigkeit_t=IV_t}^{Zins-US_t} \ddot{U}R^C_{k,"ohne\ Neuigkeit_t"}$ weiterhin 9 Prozent, mit einem t-Wert von 0,02. Die Handelsregelrenditen nur auf spezielle Ereignisse zurückzuführen greift damit offensichtlich zu kurz.

Anschaulich wird dies ebenfalls in den Abbildungen 3.3 und 3.4 (siehe Seite 246). Die beiden Schaubilder enthalten Entwicklungen der akkumulierten Renditen $\ddot{U}R^C_k$, R^C_k, R_{BH} und von verschiedenen $\ddot{U}R^C_{k,"ohne\ Neuigkeit"}$ in der Zeit von Anfang Januar 1989 bis Ende Januar 1993. Im oberen Schaubild ist die gesamte kumulierte Überschußrendite $\ddot{U}R^C_k$ eingetragen, aufgespaltet in ihre zwei Bestandteile kumulierte Handels(regel)rendite R^C_k und kumulierte „Kaufe und Halte"-Rendite R_{BH}. R^C_k entspricht dabei der bei der Anwendung der GD-Regel (1,350) aufgelaufenen Rendite bis zum Zeitpunkt t und die „Kaufe und Halte"-Rendite R_{BH}, dem Verlauf eines Wechselkursindexes, der zu Beginn der Untersuchung auf null normiert wird.

Im unteren Schaubild befindet sich die Überschußrendite $\ddot{U}R^C_k$ und drei ihrer Neuigkeits-Komponenten $\ddot{U}R^C_{k,"Neuigkeit"}$. Durch das eher selten auftretende Ereignis „US-Zins" und „IV" entwickeln sich die Renditen dieser zwei Neuigkeiten recht „sprunghaft", während die regelmäßig wiederkehrenden ZBR-Tage zu einem treppenförmi-gen Verlauf der Renditekurve führt. Insgesamt zeigt sich, daß sich die Überschußrendite recht unabhängig von den in der unteren Graphik dargestellten Neuigkeitsrenditen $\ddot{U}R^C_{k,"Neuigkeit"}$ entwickelt.

In der letzten Spalte der Tabelle 3.4 (siehe Seite 233) ist die Rendite eingetragen, die sich ergibt, wenn am Ende des Handelstages in Frankfurt der Händler seine Position schließen muß (Hypothese B). Sie beläuft sich auf annualisierte 5 Prozent, mit einem t-Wert von 0,5. Mit anderen Worten, ein Großteil der Renditen fallen Übernacht an und können unter Umständen nicht abgeschöpft werden.

Abbildung 3.3.

Die Überschußrendite

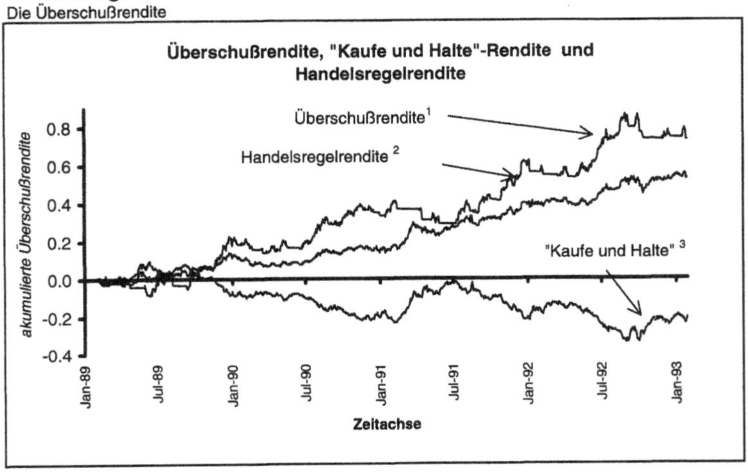

Abbildung 3.4

Die Überschußrendite und ihre Komponenten

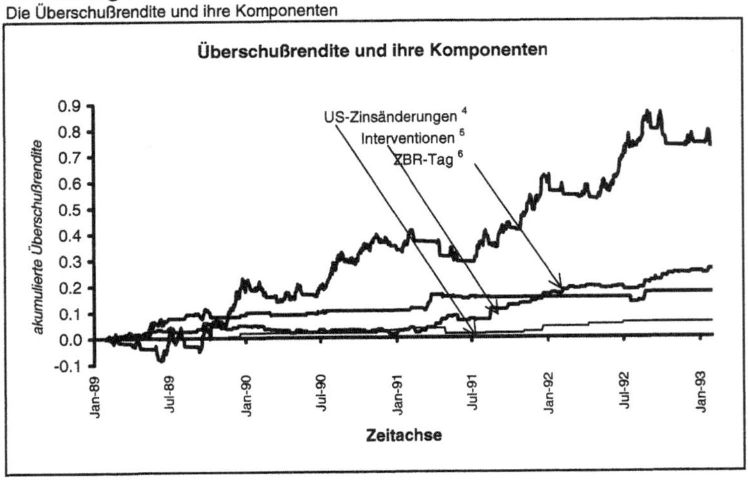

[1] Akumulierte Überschußrendite

[2] "Handelsrendite" ist die Summe aller Einzelrenditen

[3] Rendite aus der Strategie: Kaufen von Dollar, Anlegen in den USA, Verkaufen am Ende des Untersuchungszeitraumes

[4] Summe aus 16 halbstündigen Einzelrenditen während des mitteleuropäischen Tages (8:30 MEZ bis 17:00) und einer Übernachtrendite (17:00 bis 8:30) an Tagen von Leitzinsänderungen (Diskont und Federal Fund) der Fed.

[5] Summe der 16 halbstündigen Einzelrenditen an Tagen, an denen die Bundesbank interveniert sowie Summe der 16 halbstündigen Einzelrenditen und einer Übernachtrendite an Tagen, an denen die Fed interveniert.

[6] Summe der 16 halbstündigen Einzelrenditen an ZBR-Sitzungstagen

3.7.2.2.2 Untersuchungszeitraum 1988 - 1995

Für die Zeitperiode von 1988 bis 1995 beträgt die Gesamtüberschußrendite p.a. $\ddot{U}R_k^C$ = 9 Prozent. Analog zu den Tagesdaten werden – wegen fehlender Angaben – bei der Untersuchung der neuigkeitsabhängigen Renditeentwicklung $\ddot{U}R^C_{k,\text{"ohne Neuigkeit"}}$ wiederum nur *Klasse II* Informationen berücksichtigt. Die Interventionsrendite $\ddot{U}R^C_{k,\text{"IV"}}$ sinkt auf p.a. 3,3 Prozent, was in erster Linie darauf zurückzuführen ist, daß nach Januar 1993 nur sehr wenige Interventionen durchgeführt wurden. Auch die Bedeutung der Zentralbankratsitzungen für die Renditeentwicklung geht während des Betrachtungszeitraumes zurück ($\ddot{U}R^C_{k,\text{"ZBR"}}$ =4,1 Prozent, d.h. –28 Prozent), wenn auch unterproportional gemessen an dem Renditerückgang $\ddot{U}R_k^C$ insgesamt (von 14,4 Prozent auf 9 Prozent, was einem Renditerückgang von 37,5 Prozent entspicht). Auch für den längeren Zeitraum gilt, daß die positive Gesamtrendite nicht auf Einzelereignisse zurückzuführen ist.

Dramatisch wirkt sich hingegen für den längeren Zeitraum das Auferlegen der „17:00 MEZ Positionsschließung“ aus. In diesem Fall geht die annualisierte Überschußrendite auf 2,2 Prozent zurück und ist nicht – gemessen am t-Wert – insignifikant.

3.8 Zusammenfassung des Kapitels 3

Handelsregeln sind eine Kombination aus Analyseinstrumentarium und Entscheidungsregel, die trotz einer weitverbreiteten Skepsis unter Anhängern der Hypothese „Effizienter Märkte“ bei Devisenhändlern weit verbreitet sind.

Übereinstimmend mit den Ergebnissen einer Vielzahl anderer Arbeiten konnte in diesem Abschnitt gezeigt werden, daß bei Anwendung einer einfachen, nicht optimierten „Gleitenden Durchschnittsregel“ nach Abzug von Transaktionskosten Überschußrenditen angefallen wären. Die Profite fielen dabei in geringem Umfang bei Tages- massiv allerdings bei Intratagesdaten an, wie hier erstmalig untersucht wurde. Die Signifikanz der Ergebnisse konnte durch Verteilungen bestätigt werden, die unter verschiedenen Nullhypothesen bzgl. des unterliegenden Wechselkursprozesses mittels des Bootstrap-Verfahrens erzeugt wurden. Für den Zeitraum, für den die *"currency markets"* Kolumne des WSJ ausgewertet wurde, betrug die aufs Jahr gerechnete Überschußrendite (inkl. Zinsgefälle und Transaktionskosten) 14,4 Prozent und für den längeren Kontrollzeitraum von 1988 bis 1995 immerhin noch 9 Prozent. Auch die Sharpe-Werte für die zwei Beobachtungszeiträume lagen mit 1,01 und 0,72 über den üblichen Vergleichswerten risikoreicher Anlagealternativen.

Diese Ergebnisse warfen die Frage auf, ob die Handelsregelprofite unter Umständen mit anderen ökonomischen Variablen korreliert sind. Im Zentrum der Diskussion um eine Erklärung der Gewinnträchtigkeit von Handelsregeln standen in diesem Zusammenhang ‚leaning against the wind' Interventionen der Zentralbanken. Diese treten, z.B. nach den Resultaten der Arbeiten von Szakmary und Mathur [1997] oder LeBaron [1999] simultan mit den Gewinnen der auf Grundlage von Tagesdaten erzeugten technischen Handelssignalen auf. Werden die Profite an „Interventionstagen" bei der Gewinnkalkulation nicht mitberücksichtigt, dann zeigt sich für die jeweiligen Untersuchungszeiträume, daß die „technischen Gewinne" nahezu vollständig verschwinden.

Bei den hier verwendeten halbstündigen Daten stellte sich allerdings heraus, daß Interventionsepisoden nicht die entscheidende Rolle bei der Erklärung der während des Tagesverlaufs anfallenden Gewinne spielen. Für den WSJ-Untersuchungszeitraum sank die Überschußrendite bei Nicht-Beachtung von Interventionsepisoden geringfügig von 14,4 Prozent auf 11 Prozent pro Jahr, obwohl gesamte Tage – und nicht nur die kürzeren Intratagesinterventionsepisoden – aus den halbstündigen Renditen herausgetrennt wurden. Etwas stärker sank die Überschußrendite beim Heraustrennen von ZBR-Sitzungstagen. Auffallend ist, daß beide „renditereduzierende" Ereignisse im Zusammenhang mit Tätigkeiten der Notenbank stehen.

Das legte den Gedanken nahe, daß Störungen des Gleichgewichtswechselkurses durch makroökonomische *Klasse I* bzw. *Klasse II* Neuigkeiten möglicherweise verzögerte Anpassungsreaktionen auslösen, auf die trendsensitive Handelsregeln ansprechen. Diese Hypothese konnte allerdings klar verworfen werden. Es gab während des Beobachtungszeitraums keine Hinweise darauf, daß eine gewinnbringende Anwendung von Handelsregeln auf einen Wechselkurs hätte zurückgeführt werden können, der träge in sein neues Gleichgewicht „hineinfindet".

Es konnte allerdings nachgewiesen werden, daß es eine starke Korrelation zwischen den Profiten und den Übernachtpositionen besteht. Wird den Anwendern der – fiktiven – Handelsregel die in Handelsräumen übliche Restriktion auferlegt, am Ende eines Tages jeweils offene US-Dollar Positionen zu schließen, bricht die Gesamtrendite dramatisch auf 2,2 Prozent ein. Möglicherweise besteht somit nur ein

Scheinwiderspruch zwischen den Ergebnissen, daß Handelsregeln Profite abwerfen und der Hypothese eines effizienten Devisenmarktes. In den engen Grenzen, die Händlern durch interne Risiko-Controlling Abteilungen gesteckt sind und auf Grund der Tatsache, daß es zwischen dem Schließen der amerikanischen und dem Öffnen der asiatischen Märkte eine „Illiquiditätsphase" gibt, ist es vielleicht nicht möglich die „fiktiven Gewinne" zu realisieren. Unter diesen Umständen handelte es sich bei den simulierten Gewinne um einen institutionellen Artefakt.

3.9 Appendix Kapitel 3

Das EGARCH-Modell hat folgende Spezifikation:

$$y_t = b'x_t + \varepsilon_t \quad \text{mit} \quad \varepsilon_t = e^{(1/2)h_t} v_t \quad \text{und} \quad v_t \sim N(0,1) \tag{75}$$

y_t ist die abhängige Variabel, x_t ist der Vektor der unabhängigen Variablen, b der Parametervektor (einschl. absolutem Glied) und ε_t die Störgröße. v_t ist die standardnormalverteilte Innovation. h_t ist beim EGARCH-Modell definiert als:

$$h_t = \alpha_0 + \alpha\left(\left|\frac{\varepsilon_{t-1}}{\sigma_{t-1}}\right| - \sqrt{2/\pi}\right) + \beta h_{t-1} + \gamma\frac{\varepsilon_{t-1}}{\sigma_{t-1}} \quad \text{mit} \quad \log E[\varepsilon_t^2] = \log E[e^{h_t}] = \log(\sigma_t^2)$$

Damit ergibt sich für die logarithmierte bedingte Varianz:

$$\log(\sigma_t^2) = \alpha_0 + \beta\log(\sigma_{t-1}^2) + \alpha\left(|v_t| - \sqrt{2/\pi}\right) + \gamma v_t \tag{76}$$

Durch die logarithmische Spezifikation der Varianz ist a) immer die Nichtnegativitätsbedingung für die Varianz erfüllt und b) der Hebeleffekt der vergangenen Varianz nicht mehr quadratisch, wie bei GARCH-Modellen, sondern exponentiell. Sind die Reaktionen auf positive oder negative v_t asymmetrisch schlägt sich das in einem signifikant von Null verschiedenen γ nieder. $\gamma<0$ führt dazu, daß negative Realisationen von v_t zu heftigeren Varianzreaktionen führt, als positive.

4 Schlußbetrachtung

Wie ist insgesamt gesehen, die Güte der Berichterstattung im Wall Street Journal zu beurteilen? Lohnt sich die 450 Euro Investition in ein Jahresabonnement des Wall Street Journals? Um die Fragen zu beantworten sollen die beiden in der Marktkolumne angebotenen Informationsdienstleistungen, die ex post Berichterstattung und die verschiedenen Prognosen, evaluiert werden.

Bei der Qualitätseinschätzung der Berichterstattung wird hier die Position eines am Devisenmarkt aktiven Händlers eingenommen. Für einen solchen Leser ist es von überragender Bedeutung, ob die in der Kolumne abgedruckten Prognosen und Stimmungen es erlauben, sich so am Devisenmarkt aufzustellen, daß ein Extragewinn erwirtschaftet werden kann. Erst in zweiter Linie geht es für ihn um die Genauigkeit, mit der das Geschehen des Vortages auf dem Devisenmarkt wiedergegeben wird. Die Beurteilung der beiden Berichtsinhalte erfolgt deshalb nach lexikographischer Ordnung. Je besser die Prognosen sind, desto höher ist die Qualität der Berichterstattung und zwar unabhängig davon, wie exakt die Journalisten das ex post Geschehen auf dem Devisenmarkt wiedergeben. Allerdings verhalten sich die beiden Elemente dabei wie Pflicht und Kür im Eiskunstlauf. Ohne eine solide Arbeit im Pflichtteil, in der Bericherstattung, wird es kaum möglich sein, die Kür der Kolumne, die Güte der Prognose, mit Glanz abzulegen.

Natürlich ist die hier vorgenommene Gewichtung und Benotung von Teilaspekten der Berichterstattung ein recht subjektives Instrument, um zu einem Güteurteil über journalistische Arbeit zu gelangen. Alternativ zu dem hier beschrittenen Weg bestünde natürlich die Möglichkeit, sich vollständig einer Bewertung zu enthalten und dem Leser selbst die Abwägung der vorgestellten Ergebnisse zu überlassen. Höchstwahrscheinlich wird sich nicht jeder Nutzer des Wall Street Journals in der Position des profitorientierten „Händlers“, dessen Perspektive hier eingnommen wird, wiederfinden. Insofern ist die Bewertung nicht objektiv, weder mit Hinblick auf den Untersuchungsgegenstand (Prognosen und Bericht), noch mit Hinblick auf die unterstellte Rangordnung und die vergebenen Noten. Der Vorteil einer solchen Vorgehensweise mag aber darin liegen, dem Leser ein Urteil vorzugeben, an dem sich der eigene Standpunkt klarer herauskristallisiert und durch dessen Kenntnis es einfacher wird sich zu verdeutlichen, wo die eigenen Schwerpunkte liegen und diesen entsprechend, eine individuelle Neugewichtung der herausgearbeiteten Fakten vorzunehmen.

Zur Evaluierung der *Güte der Wechselkursprognosen* werden drei in Kapitel 1 erarbeitete Kriterien

a) „Unverzerrtheit",

b) „Effizienz" und

c) „relativer Erfolg"

herangezogen. Darüber hinaus wird das Ergebnis, daß einfache Handelsregeln profitabel sein können, mit dem in Kapitel 3 erarbeiteten Kriterium

d) „Profitabilität einfacher Handelsregeln"

auf seine Plausibilität hin überprüft.

Für jede dieser Kategorien werden Bewertungen zwischen 0 (schlecht), 1 (mittelmäßig) bis 2 (gut) vergeben und zu einem Gesamtergebnis addiert. Zwischen den drei Kriterien herrscht damit keine Rangordnung.

Mit Bezug auf das erste Kriterium, „der Unverzerrtheit" der Wechselkursprognosen, läßt sich anhand der in Kapitel 1.1 durchgeführten Tests zeigen, daß nahezu alle Punktprognosen, sowie die beiden Bereichsprognosen (Tages- und Wochenverlausfsprognosen) verzerrt sind. Sie werden deshalb unter diesem Gesichtspunkt mit 0 bewertet. Ausnahme davon bilden lediglich die Prognosen mit einem Vorhersagehorizont von einem Tag und einem Monat, die im geringeren Maße Verzerrungen aufweisen und eine 1 erhalten.

Nach dem Evaluierungskriterium b), der „Effizienz" der Prognosen, schneiden die Wechselkurspunktprognosen (mit einem Vorhersagehorizont von mehr als einem Monat) sehr schlecht ab. So sind zum überwiegenden Teil die laufenden Prognosefehler sowohl mit vergangenen Prognosefehlern als auch mit vergangenen Realisationen von Makrovariablen korreliert. Die Wechselkursprognosen werden deshalb mit Ausnahme der Ein-Monatsprognose bezüglich ihrer „Effizienz" mit 0 bewertet.

Beim „relativen Prognoseerfolg", dem Kriterium c), bestehen klare Leistungsunterschiede zwischen den 10 verschiedenen Vorhersagen. Alle Wechselkursprognosen (die durch Umfragen bei mehreren Fachleuten vom *Dow Jones International News Service* erhoben werden) mit einem Vorhersagehorizont von mehr als einem Monat, erhalten die Note 0, da diese selbst unpräziser sind als die Vorhersagen, die aus einem autoregressiven Modell bzw. aus einem Irrfahrtsmodell abgeleitet werden. Das gleiche trifft auch für die Ein-Wochenprognosen sowie für die auf politische Ereignisse bedingten Prognosen zu, die ebenfalls im Vergleich mit dem Irrfahrtsmodell schlechter abschneiden und 0 Punkte erhalten. Bei den Bereichsprognosen im Wochenverlauf hingegen zeigt sich – im Gegensatz zu den Bereichsprognosen im Tagesverlauf – eine schwach signifikante Korrelation zwischen vorhergesagter Korridorbreite und der tatsächlichen empirischen Korridorbreite der Wechselkursbewegungen. Die Bereichsprognosen erhalten deshalb für ihre Prognoseleistungen die Punktzahlen 1 und 0. Sehr gut stehen hingegen die sehr kurzfristigen Prognosen dar und zwar sowohl die Vorhersagen für den nächsten Tag, als auch die Vorhersagen auf Grundlage von technischen Analysen, die von den Journalisten bei „technisch" arbeitenden Händlern erfragt werden. In beiden Fällen schlagen die im Wall Street Journal getroffenen Prognosen signifikant die Vorhersagen des Alternativmodells (Irrfahrtsmodell). Mit anderen Worten: Wechselkurspositionen, die ein Händler nach Maßgabe der im WSJ geäußerten Kauf- und Verkaufssignale eingegangen wäre, hätten innerhalb von ein bis zwei Tagen zu signifikanten Gewinnen geführt. Ein solches Resultat ist bemerkenswert, da es im Widerspruch zur Hypothese der „Effizienz" der Devisenmärkten steht, nach der die Korrektur eines Finanzmarktpreises in dem Augenblick erfolgt, an dem die Marktakteure von einer bewertungsrelevanten „Neuigkeit" erfahren und es damit nicht möglich wäre, in Antizipation zukünftiger Kursbewegungen gewinnbringende Positionen einzugehen. Die beiden Prognosen erhalten deshalb jeweils die Höchstnote 2.

Kriterium d), die „Profitabilität von Handelsregeln", ist eine Meßlatte mit der das Phänomen signifikanter Renditen, die beim Anwenden einfacher, weit verbreiteter Handelsregeln anfallen auf seine Plausibilität hin abgeschätzt wird. Für den hier untersuchten Zeitabschnitt zeigt sich – wie in Kapitel 3 dargelegt –, daß technische Analysen hohe Renditen abgeworfen hätten. Nach der hier angestellten Untersuchung stehen diese Gewinne nicht in Verbindung mit einer stockenden Verarbeitung von „Neuigkeiten". Vielmehr zeigt sich bei dem verwendeten Datensatz halbstündiger D-Mark/US-Dollar Quotierungen vom Frankfurter Interbankenmarkt von 8:30 MEZ bis 16:30 MEZ, daß der Löwenanteil der charttechnischen Überschüßrenditen bei einer Handelstätigkeit „über Nacht" angefallen wären. Da aber Handel „rund um die Uhr" von einem Handelsplatz aus nicht möglich ist und Fremdwährungspositionen auf Grund von Vorgaben der Regulierungsbehörde am Ende des jeweiligen Handelstages geschlossen werden müssen, kann nicht überprüft werden, in welchem Ausmaß die Profite auf Zeitabschnitte des Tages fallen, in dem das weltweite Arbitragegeflecht durch geschlossene Devisenmärkte brüchig ist und die ex post simulierten Gewinne somit unter Umständen aus „institutionellen" Gründen ex ante nicht hätten abgeschöpft werden können. Insofern sind die Ergebnisse zwar plausibel, gewisse Restzweifel können aber nicht ausgeräumt werden. Bezüglich des Kriteriums d) wird deshalb die Note 1 vergeben.

Zusammengefaßt erhält der Prognoseteil des Wall Street Journals 13 von 38 möglichen Punkten. Es gelingt den Journalisten nur in wenigen Ausnahmen, Prognosen zu veröffentlichen, die in profitable Anlageentscheidungen umgemünzt werden können. Erfolgreich sind vor allem die kurzfristigen Vorhersagen, die marktnah bei Händlern erfragt werden. Es ist eine beachtliche Leistung der Berichterstatter, diejenigen Händler aus der Vielzahl der Marktaktiven herauszufiltern, die ein Gefühl für den „Trend" zu haben scheinen.

Zur Evaluierung der *Exaktheit der Berichterstattung* werden fünf in Kapitel 1 und Kapitel 2 entwickelte Bewertungsmaßstäbe auf die Aussagen in der Kolumne angelegt. Die Aussagen sind dabei entsprechend der in Kapitel 1 definierten Merkmale in drei Klassen unterteilt und zwar je nachdem ob der Typ und der Zeitpunkt des vom Journalisten beschriebenen Ereignisses ex ante bekannt sind. Die Gütekriterien sind

a) die „Vollständigkeit der Berichterstattung",

b) die Genauigkeit mit der die „Einteilung in Neuigkeiten und Nicht-Neuigkeiten" erfolgt,

c) die Sorgfalt mit der „das Stimmungsumfeld über rein quantitative Größen (Vorhersagefehler) hinaus" beachtet wird,

d) das Gespür mit der die „Auswahl relevanter Neuigkeiten" getroffen wird und schließlich

e) das „Ausmaß der erklärten Volatilität".

Auch hier werden „Noten" für die einzelnen Kriterien vergeben, die zwischen 0 (schlecht), I (mittelmäßig) und II (gut) liegen und die zu einer Gesamtnote addiert werden. Zur Verdeutlichung, daß die Güte von Prognosen und der Berichterstattung lexikographisch geordnet sind, werden die „Noten" für die Berichterstattung in der Evaluierungstabelle (siehe Seite 258) in römischen Zahlen vergeben.

Bezüglich a), der „Vollständigkeit der Berichterstattung", schneidet das WSJ mit 7 von maximal 8 erreichbaren Punkten sehr gut ab. So werden 92% der beobachteten Makrovariablen, sowie alle Leitzinsänderungen seitens der Zentralbanken in der Zeitung wiedergegeben. Auch findet sich zu 72% aller – offiziell geheimen – Interventionen auf dem Devisenmarkt ein Bericht in der Zeitung. Darüber hinaus werden 48 der 50 größten Volatilitätsereignisse auf dem Devisenmarkt in der Kolumne kommentiert. Lediglich bei den Politikereignissen bleibt eine gewisse Unschärfe, die allerdings nur zum Teil den Berichterstattern des Wall Street Journals angelastet werden kann, da der politische Informationsfluß oftmals eine unkontinuierliche Abfolge von Ereignissen und Stellungnahmen ist und deshalb nur schwer oder überhaupt nicht identifiziert werden kann.

Auch bei der Einteilung in „Neuigkeiten" und „Nicht-Neuigkeiten", dem Kriterium b), erhält das Wall Street Journal mit 5 von 6 Punkten eine gute Beurteilung. Ausgenommen von der Evaluierung bzgl. dieses Kriteriums sind Interventionen, da dieses Ereignis per definitione eine „Neuigkeit" darstellt. Es zeigt sich, daß von den WSJ Journalisten als „Neuigkeiten" dargestellte Nachrichten im Vergleich zu als „Nicht-Neuigkeiten" berichteten Nachrichten mit signifikant höheren Wechselkursvolatilitäten assoziiert sind. Da Wechselkursbewegungen zum großen Teil von neuen nicht antizipierten Entwicklungen preisrelevanter Faktoren verursacht werden, wird dies als Indiz dafür gewertet, daß die Berichterstatter gut einzuschätzen vermögen, ob eine einkommende Nachrichten für den Markt eine „Neuigkeit" darstellt oder nicht. Darüber hinaus stellt sich heraus, daß der Leser darauf vertrauen kann, daß makroökonomische Daten mit festen Veröffentlichungsterminen von denen nicht berichtet wird, tatsächlich von geringem Informationsgehalt sind und bei der Bestimmung des Wechselkurses kaum eine Rolle spielen.

Gemäß des dritten Beurteilungsmaßstabes c), der „Beachtung des Stimmungsumfelds über rein quantitative Größen hinaus", erhält das WSJ 2 von 2 möglichen Punkten. Dieses Kriterium kann lediglich auf die makroökonomischen Variablen angewendet werden, deren Veröffentlichungstermine und Erwartungen im voraus bekannt sind, da nur für diesen Typ von Nachrichten exakte Vorhersagefehler berechnet werden können. Es zeigt sich, daß die journalistische, kontextsensitive Aufteilung dieses Typs von Ankündigungen in „Neuigkeiten" und „Nicht Neuigkeiten" einer rein „statistischen" Zerlegung, im Sinne des realisierten Vorhersagefehlers, überlegen ist. Der Journalist erfaßt somit quantitativ nur schwer erfaßbare Größen und stellt sie im Bericht richtig dar.

Auch beim vierten Kriterium d), der „Auswahl relevanter Neuigkeiten“, erhält das Wall Street Journal mit 1 von 2 Punkten eine recht gute Beurteilung. Dabei wird Relevanz gleichgesetzt mit der Höhe der Preisänderungen, die eine auf den Markt treffende makroökonomische Information auslöst. Im Ergebnis kann festgehalten werden, daß ein makroökonomischer Einflußfaktor umso häufiger im Bericht kommentiert wird, desto größer die Wechselkursvolatilität ist, die mit der Veröffentlichung dieses Nachrichtentyps einhergeht. Dabei steigt sowohl die Anzahl der Erwähnungen insgesamt als auch die darunter explizit als „Neuigkeiten“ dargestellten Erwähnungen mit der Höhe der geschätzten Standardabweichung der Wechselkursbewegungen zu den Veröffentlichungszeitpunkten. Allerdings übersetzt sich die höhere mit der Bekanntgabe einer makroökonomischen Variablen verbundenen Wechselkursvolatilität nicht eins zu eins in eine verstärkte Berücksichtigung im Kommentar. Nur gute 50% des Zusammenhangs zwischen Volatilität einerseits und Anzahl der Erwähnungen im WSJ anderseits werden durch diesen Ansatz erklärt.

Dem letzten Evaluierungskriterium e), „dem Ausmaß der erklärten saisonalen Volatilität“, genügt das Wall Street Journal recht gut und erhält deshalb in dieser Kategorie 1 von 2 möglichen Punkten. Mit saisonaler Volatilität sind dabei die wochenperiodisch regelmäßig wiederkehrenden Volatilitätsmuster gemeint, die sich – wie in Kapitel 2.1 gezeigt – zum Teil aus den institutionell geregelten Veröffentlichungszeitpunkten makroökonomischer Variablen ergeben. Für risikoscheue Marktteilnehmer sind diese wochentagsspezifischen Regelmäßigkeiten von Relevanz, da sie beispielsweise – wie in Kapitel 2.2 gezeigt – beim Abschließen von Devisenterminverträgen die unterschiedlichen vom Fälligkeitsdatum abhängigen Risikoprofile bei der Preisfindung berücksichtigen. Es zeigt sich, daß diese im Wall Street Journal kommentierten makroökonomischen Ereignisse nur partiell für die Volatilitätsstruktur in der Zeitreihe verantwortlich sind und ein großer Teil der Saisonalität durch die Kommentare in der Kolumne nicht erfaßt wird.

Insgesamt gesehen ist nach dem hier vorgeschlagenen Evaluierungskriterien die Güte der Berichterstattung mit 17 von 20 möglichen Punkten im Wall Street Journal sehr hoch. Es gelingt den Journalisten sehr gut, die für den Einzelnen unüberschaubare Flut der Informationen nach für den Devisenmarkt relevanten Einzelheiten zu filtern und den Leser in die Lage zu versetzen, ein Gespür für das Marktumfeld zu entwickeln.

Im 15. und 16. Jahrhundert war eine „neue Zeitung“ nichts anderes als die „Kunde von einem bemerkenswerten Ereignis“. Die schwierige Frage danach, wie man die

Güte der Berichterstattung eines Mediums mißt wurde in diesem zweiten Abschnitt der Arbeit im ursprünglichen Sinne des Wortes beantwortet: Eine guter Bericht ist ein Bericht, der das Unwichtige schweigen läßt und dem Bemerkenswerten eine Stimme verleiht. Ihr zuzuhören hat sich gelohnt.

Tabelle Schlußbetrachtung

Evaluierungsbogen der Berichterstattung*)

Güte der Wechselkursprognosen [1]

	Unverzerrtheit	*Effizienz*	*Relativer Erfolg*	*Profitabilität einfacher Handelsregeln*	*Teilnote A*
Unbedingte Wechselkursprognosen					
Prognose für den nächsten Tag	1	/	2	2	5 / 6
Prognose für den Wochenverlauf	0	/	0		0 / 4
1 Monat	1	1	0		2 / 6
3 Monat	0	0	0		0 / 4
6 Monat	0	0	0		0 / 4
1 Jahr	0	0	0		0 / 4
Ereignisbezogene Prognosen					
Auf Makroereignisse bedingte Prognosen	/	/	1		1 / 2
Auf politische Ereignisse bedingte Prognosen	/	/	0		0 / 2
Technische Prognosen	/	/	2		2 / 2
Bereichsprognosen			*Relativer Erfolg zu "konstanter" Standardabweichung*		
Wochenverlaufsprognosen	0	/	1		1 / 4
Tagesverlaufsprognosen	0	/	0		0 / 4
					11 / 38

Güte der Berichterstattung [2]

	Vollständigkeit in der Berichterstattung	*Einteilung in Neuigkeit und Nicht-Neuigkeit*	*Beachtung des Stimmungsumfelds über rein quantitative Größen (Vorhersagefehler) hinaus*	*Auswahl "relevanter" Neuigkeite (Volatilitätssensitivität)*	*Ausmaß der erklärten saisonalen Volatilitätsmuster*	*Teilnote B*
Makro-Neuigkeiten	II	II	II	II	I	IX / X
Interventionen	II	/	/	/	/	II / II
Zinsen	II	II	/	/	/	IV / IV
Politik	I	I	/	/	/	II / IV
						XV / XX
						Gesamtnote 11,XVII / 38,XX

*) Lexikographische Ordnung: Ein Bericht aus Prognosen (=A) und Ereignisbeschreibung (=B) (A_1,B_1) wird einem Bericht (A_2,B_2) vorgezogen, falls $A_1>A_2$, oder falls $A_1=A_2$ und $B_1>B_2$ mit AE(0,1,2) und BE(0,I,II)

[1] Bewertungsmaßstab: 0=schlecht, 1=mittelmässig, 2=gut, / = "Keine Aussage"

[2] Bewertungsmaßstab: 0=schlecht, I=mittelmässig, II=gut, / = "Keine Aussage"

WSJ Muster, 2. August 1991

Dollar Rises as Economics Turns Many Bears to Buyers

CURRENCY MARKETS

By Alwyn Scott
AP-Dow Jones News Service

Einschätzung „News“ →

NEW YORK — The dollar rose as encouraging U.S. economic news forced dollar bears to buy the currency.

In late New York trading Thursday, the dollar was quoted at 1.7570 marks, up from 1.7440 marks late Wednesday. The U.S. currency also fetched 137.55 yen, up slightly from 137.36 yen on Wednesday, while sterling traded at $1.6745, down from $1.6860.

Klasse I Ereignis →

A decline in weekly claims for U.S. state unemployment insurance, an advance in the July national purchasing managers' index and a slight gain in June construction spending prompted the market to buy dollars during the North American morning after quiet sessions in Asia and Europe, foreign-exchange traders said.

The buying, moderate at first, was just strong enough to lift the currency above technical chart resistance around 1.7500 marks and 137.50 yen. The advance forced traders to snap up more dollars to cover short, or oversold, positions, marching the currency to intraday highs of 1.7617 marks and 137.75 yen late in the New York morning.

Traders said the mark was pressured by comments of Bundesbank President Helmut Schlesinger, who said that monetary policy shouldn't be used to combat the inflationary effects of German tax increases that took effect on July 1.

A reading of 51.8% in the July national purchasing manager's index, up from 50.9% in June, wasn't enough to galvanize market sentiment, even though the index remained about the 50% level, which indicates expansion of the manufacturing sector.

Market uncertainty wasn't abated by the 0.3% rise in June construction spending, to a seasonally adjusted $400.3 billion, after May's 1.7% decline.

Traders are looking for Friday's report on U.S. July employment to clear up some of the confusion. And some read positive signs into Thursday's report on jobless claims. U.S. claims for state unemployment insurance fell 21,000 to 404,000 in the week ended July 20, compared with an increase of 30,000 the previous week. The number of people receiving state unemployment benefits fell by 142,000 in the week ended July 13, the latest available figure, to 3,304,000.

But some regarded Mr. Schlesinger's comment as a ploy to cast doubt on what many in the market consider the obvious need for a rise in German interest rates. "Just when we thought we were reading him right, he managed to throw in some confusion," said Nicholas Sargen, director of research at Salomon Brothers Inc. in New York.

Despite the positive U.S. economic data, the market is far from being of one mind about the strength of the U.S. economy and the direction of the dollar.

Kiyohiko Yoshizawa, assistant director of foreign exchange at Midland Bank, said that although the U.S. economy clearly is in a recovery, he said he expects it to contract again by year end. This "double-dip," seen in three of the past four recessions, bodes well for the dollar in the near term, but not in the long run, he added. "The dollar should go higher in the summer and lower by the end of the year," Mr. Yoshizawa said.

On the other hand, Bob Near, a corporate trader at Bank of New York said, "I really haven't seen a lot of evidence for a double dip." He noted that business inventories, which usually expand at the first sign of an upturn in the economy, have declined. Business inventories fell 0.5% in May after a 0.3% drop in April. The decline was caused partly by a 1% rise in business sales in May and a 1.5% advance in April. "The classic reasons for a double dip are not in place," he said.

A double-dip recession consists of two six-month periods of negative growth bracketing a period of expansion in gross national product. The fourth quarter of 1990 and the first quarter of 1991 both saw contractions in GNP, while the broadest measure of the nation's economy expanded modestly in the second quarter.

As for the dollar, Thursday's performance had to be considered bullish, Mr. Near said. But "it's going to be very difficult to get back through 1.8000" marks, he added.

The uncertainty has left the dollar in a narrow range, which traders put between 1.7400 marks and 1.7630 marks and 136 yen and 138 yen.

↑

Prognosen

Literaturverzeichnis

AGGARWAL, R.S. MOHANTY UND F. SONG [1995]: Are Survey Forecasts of Macroeconomic Variables Rational?, Journal of Business, 68, 99–119.

ALEXANDER, S.S. [1961]: Price Movements in Speculative Markets: Trends or Random Walks, Industrial Management Review, 2, 7–26.

ALLEN, H. UND M. TAYLOR [1992]: The Use of Technical Analysis in the Foreign Exchange Market, Journal of International Money and Finance, 11, 304-314.

ALLEN, H. UND R. KARJALAINEN [1999]: Using Genetic Algorithms to Find Technical Trading Rules, Journal of Financial Economic, 51, 245–271.

ALMEIDA, A., C. GOODHART UND R. PAYNE [1998]: The Effects of Macroeconomic News on High Frequency Exchange Rate Behavior, Journal of Financial and Quantitative Analysis, 33, 383–408.

ANDERSON, G.T. UND T. BOLLERSLEV [1998]: Deusche Mark-Dollar Volatility: Intrady Activity Patterns, Macroeconomic Announcements, and Longer Run Dependecies, Journal of Finance, 8, 219–264.

BAGHESTANI H. [1992]: Survey Evidence on the Muthian Rationality of the Inflation Forecast of US Consumers, Oxford Bulletin of Economics and Statistics, 54, 173–186.

BAILLIE, R.T. UND T. BOLLERSLEV [2000]: The Forward Premium Anomaly is not as Bad as You Think, Journal of International Money and Finance, 19, 471-488.

BAILLIE, R.T. UND T. BOLLERSLEV [1989]: The Message in Daily Exchange Rates: A Conditional Variance Tale, Journal of Business and Economic Statistics, 7, 297–305.

BAILLIE, R.T. UND T. BOLLERSLEV [1990]: A Multivariate Generalized ARCH Approach to Modeling Risk Premia in Forward Foreign Exchange Rate Markets, Journal of International Money and Finance, 9, 309-324.

BAILLIE, R.T. UND T. BOLLERSLEV [1992]: Prediction in Dynamic Models with Time-Dependent Conditional Variances, Journal of Econometrics, 52, 91-113.

BELLER, K. UND NOFSINGER, J. R. [1998]: On Stock Return Seasonality and Conditional Heteroskedasticity, Journal of Financial Research, Summer 1998, Vol. XXI (2), 229-246.

BOLLERSLEV, T. UND E. GHYSELS [1996]: Periodic Autoregressive Conditional Heteroscedasticity, Journal of Business & Economic Statistics, April 1996, 14 (2), 139 – 151.

BARRO, J.A. [1977]: Unanticipated Money Growth and Unemployment in the United States of Amerika, American Economic Review, 67, 105–115.

BERNDT, E.K., B.H. HALL, R.E. HALL UND J.A: HAUSMANN [1974]: Estimating and Inference in Non-Linear Structural Models, Annals of Economic Social Measurement, 3, 653–665.

BILSON, J.F.O. [1981]: The „Speculative Efficiency" Hypothesis, Journal of Business, 54, 435–452.

BOLLERSLEV, T. [1986]: Generalized Autoregressive Conditional Heteroskedaciticity, Journal of Econometrics, 31, 307–327.

BOLLERSLEV, T. [1987]: A Conditionally Heteroskedastic Time Series Model for Speculative Prices and Rates of Return, The review of Economics and Statistics, 69, 542-547.

BOLLERSLEV, T. UND T.G. ANDERSON [1999]: Forecasting Financial Market Volatility: Sample Frequency vis-a-vis Forecasting Horizon, Journal of Empirical Finance, 6, 457-477.

BOLLERSLEV, T., R.F. ENGLE UND D.B. NELSON [1994]: ARCH Models, in: Engle, R.F. und D.L. McFadden (Hrsg.): Handbook of Econometrics, IV, 2961 – 2984.

BOOTHE, P. UND D. GLASSMANN [1987]: The Statistical Distribution of the Exchange Rates, Journal of International Economics, 22, 297–313.

BRANSON, W.H. [1977]: Asset Market and Relative Prices in Exchange Rate Determination, Sozialwissenschaftliche Annalen, 1, 69–89.

BROCK, W., J. LAKONISHOK UND B. LEBARON [1992]: Simple Trading Rules and the Stochastic Properties of Stock Returns, Journal of Finance, 47, 1731–1764.

BROWN, M.B. UND A.B. FORSYTHE [1974]: Robust Tests for the Equality of Variances, Journal of the American Statistical Association, 69, 364–367.

CABRAL, J.S. UND R.M.S. GUIMARES [1988]: Are Commodity Futures Markets Really Efficient?, a Purchaising-Oriented Study of the Chicago Corn Futures Market, The Review of Futures Markets, 7, 456-638.

CAMPBELL, J.Y. UND R.H. CLARIDA [1987]: The Term-Structure of Euromarket Interest-Rates: an Empirical Investigation, Journal of Monetary Econmics, 19, 25-44.

CAMPBELL, J.Y., A.W. LO UND A. C. MACKINLAY [1997]: The Econometrics of Financial Markets, Princeton University Press, Princeton, New Jersey.

CHANG, E.C., J.M. PINEGAR UND R. RAVICHANDRAN [1998]: US Day-of-the-Week Effects and Asymmetric Responses to Macroeconomic News, Journal of Banking and Finance, 22, 513 – 534.

CHANG, P.H.K. UND OSLER, C.L. [1999]: Methodological Madness: Technical Analysis and Irrationality of Exchange-Rate Forecasts, Economic Journal, 109, 636-661.

CHEUNG, Y.-W. UND CHINN, M. [2000]: A Survey of Market Practioners' Views on the Exchange Rate Dynamics, Journal of International Economics, 51, 401-419.

CHEUNG, Y.-W. UND M.D. CHINN [2001]: Currency Traders and Exchange Rate Dynamics: a Survey of the US market, Journal of International Money and Finance, 20, 439–471.

CHEUNG, Y.-W. UND M.D: CHINN [1999]: Macroeconomic Implications of the Beliefs and Behavior of Foreign Exchange Traders, NBER Working Paper 7416.

CHINN, M. UND J. FRANKEL [1994]: Patterns in the Exchange Rate Forecasts for Twenty-Five Currencies, Journal of Money, Credit and Banking, 26, 759-770.

CONOVER, W.J., M.E. JOHNSON UND M.M. JOHNSON [1981]: A Comparative Study of Tests for Homogeneity of Variance with Applications to the Outer Continental Shelf Bidding Data, Technometrics, 23, 351-361.

CORBAE, D. UND S. OULIARIS [1986]: Robust Test for Unit Roots in the Foreign Exchange Market, Economic Letters, 22, 375–380.

CORNELL, W.B. UND DIETRICH, J.K. [1978]: The Efficiency of the Market for Foreign Exchange under Floating Exchange Rates, Review of Econonomics and Statistics, 60, 111-120.

CUKIERMANN, A. [1986]: Measuring Inflationary Expectations, Journal of Monetary Economics, 17, 315–24.

CURCIO, R., C. GOODHARD, D. GUILLAUME UND R. PAYNE [1997]: Do Technical Trading Rules Generate Profits? Conclusions from the Intra-Day Foreign Exchange Market, International Journal of Financial Economics, 2, 267–280.

CUTLER, D.M., J.M. POTERBA UND L.H. SUMMERS [1989]: What Moves Stock Prices? Moves in Stock Prices Reflect Something other than News about Fundamental Values, The Journal of Portfolio Management, 15, 4-12.

DEGENNARO, R.P. UND R.E. SHRIEVES [1997]: Public Inormation Releases, Private Information Arrival and Volatility in the Foreign Exchange Market, Journal of Empirical Finance, 4, 295-315.

DENZAU, A.T. UND D.C. NORTH [1994]: Shared Mental Models: Ideologies and Institutions, 47, 3–31.

DICKEY, D.A. UND W.A. FULLER W.A. [1979]: Distributions of the Estimates of Autoregressive Time Series with a Unit-Root, Journal of the American Statistical Association, 74, 427–437.

DIEBOLD, F.X. UND M. NERLOVE [1989]: The Dynamics of Exchange Rate Volatility. A Multivariate Latent Factor ARCH Model, Journal of Applied Econometrics, 4, 1-21.

DOLLEY, J. [1933]: Common Stock Split-Ups Motives and Effects, Harvard Business Review, 12, 70-81.

DOMINGUEZ, K.M. [1986]: Are Foreign Exchange Forecasts Rational?: New Evidence from Survey Data, Economics Letters, 21, 277-281.

DOMINGUEZ, K.M. [1993]: Does Central Bank Intervention Increase the Volatility of foreign Exchange Rates?, Working Paper Series: National Bureau of Economic Research, Nr. 4532.

DOMINGUEZ, K.M. UND J.A. FRANKEL [1993]: Does Foreign Exchange Intervention Work?, Institute for International Economics, Washington (DC), 141 – 147.

DOMOWITZ, I. UND C.S. HAKKIO [1985]: Conditional Variance and the Risk Premium in the Foreign Exchange Market, Journal of International Economics, 19, 47–66.

DORNBUSCH, R. [1976]: Expectation and Exchange Rate Dynamics, Journal of Political Economy, 84, 1161–1176.

DORNBUSCH, R. [1980]: Exchange Rate Economics: Where Do We Stand?, Brookings Papers on Economic Activity, 1, 143–206.

EDWARDS, S. [1983]: Exchange Rates and „News“: a Multi Currency Approach, Journal of International Money and Finance, 1, 211–224.

EHRBECK, T. UND R. WALDMANN [1996]: Why are Professional Forecasters Biased? Agency versus Behavioral Explanations, Quarterly Journal of Economics, 111, 21–40.

EICHBERGER, J., S. GRANT UND S.P. KING [1999]: On Relative Performance Contracts and Fund Manager's Incentives, European Economic Review, 43, 135–161.

ENDERS, W. [1995]: Applied Econometric Time Series, John Wiley & Sons, Inc. New York.

ENGEL, C. M. [1994]: Tests of CAPM on an International Portfolio of Bonds and Stocks, In: Jeffrey A. Frankel (Hrsg.): The Internationalization of Equity Markets, University of Chicago Press, Chicago, IL, USA.

ENGEL, C.M. [1996]: The Forward Discount Anomaly and the Risk Premium: A Survey of Recent Evidence, Journal of Empirical Finance, 3, 123-192.

ENGEL, C.M. UND A.P. RODRIGUEZ [1989]: Test of International CAPM with Time-Varying Covariances, Journal of Applied Econometrics, 4, 119-138.

ENGEL, C.M. UND J. FRANKEL [1984]: Why Interest Rates React to Money Announcements: An Answer from the Foreign Exchange Market, Journal of Monetary Economics, 13, 31–39.

ENGLE, R.E., D. LILIEN UND R. RUSSEL [1987]: Estimating Time-Varying Risk Premia in the Term Structure: The ARCH-M Modell, Econometrica, 55, 391-407.

ENGLE, R.F. [1982]: Autoregressive Conditional Heteroskedasticity with Estimates of the Variance of the United Kingdom Inflation, Econometrica, 50, 987–1007.

ENGLE, R.F. UND D.M. LILIEN UND R.P. ROBINS [1982]: Uncertainty and the Term Structure, U.C.S.D., Discussion Paper, 82-84.

ENGLE, R.F. UND D.M. LILIEN UND R.P. ROBINS [1987]: Estimating Time Varying Risk Premia in the Term Structure: The ARCH-M Modell, Econometrica, 55, 391-407.

FAMA, E. [1970]: Efficient Capital Markets: A Review of Theory and Empirical Work, Journal of Finance, 25, 383–417.

FAMA, E. [1984]: Forward and Spot Exchange Rate, Journal of Monetary Economics, 14, 319–338.

FAMA, E. UND M.E. BLUME [1966]: Filter Rules and Stock-Market Trading Journal of Business, 2, 226-241.

FAMA, E., L. FISHER, M. JENSEN UND R. ROLL [1969]: The Adjustment of Stock Prices to New Information, International Economic Review, 10, 1–21.

FLEMING, M.J. UND E.M. REMOLANA [1997]: What moves the Bond market?, FRBNY Economic Policy Review, 31-50.

FRASES, HANS PHILIP UND RICHARD PAAP [2000]: Modelling day-of-the-week seasonality in the S&P 500 index, Applied Financial Economics, 483 – 488.

FRANKEL, A.J. UND K.A. FROOT [1987]: Using Survey Data to Test Standard Propositions Regarding Exchange Rate Expectations, American Economic Review, 77, 133–153

FRANKEL, J. UND K. FROOT [1989]: Forward Discount Bias: Is it an Exchange Risk Premium?, Quarterly Journal of Economics, 104, 139–161.

FRANKEL, J. UND K. FROOT [1990]: Exchange Rate Forecast Techniques, Survey Data, and Implications for the Foreign Exchange Market, IMF Working Paper.

FREEDMANN, D. [1984B]: Bootstrapping an Econometric Model: Some Empirical Results, Journal of Business and Economic Statistics, 2, 150-158.

FREEDMANN, D. UND S. PETERS [1984A]: Bootstrapping a Regression Equation: Some Empirical Results, Journal of the American Statistical Society, 79, 97-106.

FRENCH, K.R. [1980]: Stock Returns and the Weekend effect, Journal of Financial Economics, 8, 55 – 69.

FRENKEL, J.A. [1976]: A Monetary Approach to the Exchange Rate: Doctrinal Aspects and Empirical Evidence, Scandinavian Journal of Economics, 78, 200–224.

FRENKEL, J.A. [1981]: Flexible Exchange Rates, Prices and the Role of „News": Lessons from the 1970s, Journal of Political Economy, 70, 235–242.

FRENKEL, J.A. UND A. RAZIN [1980]: Stochastic Prices and Tests of Efficiency of Foreign Exchange Markets, Economics Letters, 6, 165–170.

FROOT, K.A. UND R. THALER [1990]: Anomalies: Foreign Exchange Rate, Journal of Economic Perspectives, 4, 179 – 192.

GENECAY, R. [1999]: Linear, Non-Linear and Essential Foreign Exchange Rate Prediction with Simple Technical Trading Rules, Journal of International Economics, 47, 91-107.

GIBBONS, M. UND W.E. FERSON [1985]: Testing Asset Pricing Models with Changing Expectations and an Unobservable Market Portfolio, Journal of Financial Economics, 14, 217 – 236.

GIBBONS, M.R. UND P. HESS [1982]: Day of the Week Effects and Asset Returns, Journal of Business, 54, 579 – 596.

GIOVANNI, A. UND P. JORION [1989]: Time-variation of Risk and Return in the Foreign Exchange Markets, Journal of Finance, 44, 307 – 326.

GRANGER, C. AND P. NEWBOLD [1974]: Spurious Regression in Econometrics, Journal of Econometrics, 2, 111–120.

GREENE, W.H. [1990]: Econometric Analysis, MacMillian Publishing Company, Zweite Auflage, New York.

HAKKIO, C.S. UND D.K. PEARCE [1985]: The Reaction of Exchange Rates to Economic News, Economic Inquiry, 3, 621–636.

HALL, P. [1992]: The Bootstrap and Edgeworth Expansion, Springer Series in Statistics, Sydney, Australia.

HANSEN, L.P. UND R.J. HODRICK [1980]: Forward Exchange Rates as Optimal Predictor of Future Spot Rates: An Econometric Analysis, Journal of Political Economy, 88, 829–853.

HANSEN, L.P. UND R.J. HODRICK [1983]: Risk Averse Spekulation in Forward Exchange Markets: An Econometric Analysis, in: J.A. Frankel (Hrsg.): Exchange Rates and International Macroeconmomics, Chicago: University of Chicago Press, 1983.

HARDOUVELIS, G.A. [1988]: Economic News, Exchange Rates and Interest Rates, Journal of International Money and Finance, 7, 23-35.

HARVEY, C.R. UND R. HUANG [1991]: Volatility in the Foreign Currency Futures Market, The Review of Financial Studies, 4, 543–569.

HAYASHI, F. [2000]: Econometrics, Princeton University Press, Princeton, New Jersey.

HODRICK, R.J. [1987]: The Empirical Evidence on the Efficiency of Forward and Futures Foreign Exchange Markets, Harwood Academic Publishers, Chur, Switzerland.

HODRICK, R.J. [1989]: Risk, Uncertainty, and Exchange Rates, in: Papers from the Rochester-Western Ontario Conference on Exchange-Rate Variability, Journal of Monetary Economics, 23, 355-521.

HODRICK, R.J. UND S. SRIVASTAVA [1984]: An Investigation of Risk and Return in Forward Foreign Exchange, Journal of International Money and Finance, 3, 5-29.

HSIEH, D.A. [1989]: Modeling Heteroscedasticity in Daily Foreign-Exchange Rates, Journal of Business & Economic Statistics: A Publication of the American Statistical Association, 7, 307-317.

HU, X. [1997]: Macroeconomic Uncertainty and the Risk Premium in the Foreign Exchange Market, Journal of International Money and Finance, 16, 699-718.

HULL, J.C. [1999]: Options, Futures and Other Derivatives, Vierte Auflage, Prentice Hall, Upper Saddle River, NJ 07458.

ITO, T. [1994]: Short-run and Long-run Expectations of the Yen-Dollar Exchange Rate, Journal of the Japanese and International Economies, 8, 119-143.

ITO, T. UND V.V. ROLEY [1987]: News from the US and Japan: Which Moves the Yen/Dollar Exchange Rate, Journal of Monetary Economics, 19, 255-277.

JURGENSEN, P. [1984]: Bericht der Arbeitsgruppe über Interventionen an den Devisenmärkten, Übersetzung des englischen Orginaltext, in: W. Ehrlicher und Richter, R. (Hrsg.), Devisenmarktinterventionen der Zentralbanken, Schriften des Vereins Socialpolitik, München/Berlin, 139, 83ff.

KAMINSKY, G. UND R. PERUGA [1990]: Can a Time Varying Risk Premium Explain Excess Returns in the Forward Market of Foreign Exchange, Journal of International Economics, 28, 47–70.

KARFAKIS, C. UND S.-J. KIM [1995]: Exchange Rates, Interest Rates, and Current Account News: Some Evidence from Australia, Journal of International Money and Finance, 14, 575–595.

KEYNES, J.M. [1936]: The General Theory of Employment, Interest and Money, London.

KIM, S.-J. [1998]: Do Australiens and the US Macroeconomic News Announcements Affect the USD/AUD Exchange Rate? Some Evidence from E-GARCH Estimations, Journal of Multinational Management, 8, 233-348.

KLEIN, M.W. [1993]: The Accuracy of Reports of Foreign Exchange Intervention, Journal of International Money and Finance, 12, 644–653.

LASTER, D.P., P. BENNET UND I.S. GEOUM [1999]: Rational Bias in Macroeconomic Forecasts, Quarterly Journal of Economics, 114, 293–318.

LEBARON, B. [1999]: Technical Trading Rule Profitability and Foreign Exchange Intervention, Journal of International Economics, 49, 125-143.

LEE, J.H. UND L.H. EDERINGTON [1993]: How Markets Process Information: News Releases and Volatility, Journal of Finance, 48, 1161–1191.

LEVENE, H. [1960]: Robust Tests for the Equality of Variances, in I. Olkin, S.G. Ghurye, W.Hoeffding, W.G. Madow und H.B. Mann [Hrsg.]: Contributions to Probability and Statistics, Stanford University Press.

LEVICH, R.M. [1978]: Tests of Forecasting Models and Market Efficiency in the International Money Market, reproduced in: Frenkel, J.A. and Johnson, H.G (Hrsg.): The Economics of Exchange Rates, Addison-Wesley Reading, Massachusetts, 129–159.

LEVICH, R.M. UND THOMAS L.R. [1993]: The Significance of Technical Trading Rule Profits in the Foreign Exchange Rate, the Bootstrap Approach, Journal of International Money and Finance, 12, 451-474.

LEWIS, K.K. [1995]: Puzzles in International Financial Markets, In: Gene Grossmann and Kenneth Rogoff (Hrsg.): Handbook of International Economics, 3, North-Holland.

LIU, P.C. UND G.S. MADDALA [1992]: Rationality of Survey Data and Tests for Market Efficiency in the Foreign Exchange Markets, Journal of International Money and Finance, 11, 366–381.

LLOYD, B.T. [1999]: Survey Measures of U.S. Inflation, Journal of Economic Perspectives, 13, 125–144.

LOGUE , D.E., R.J. SWEENY UND T.D. WILLET [1978]: The Speculative Behavior of Foreign Exchange Rate During the Current Float, Journal of Business Research, 6, 159-174.

LUCAC, L.P., B.W. BRORSEN UND S.H. IRWIN [1988]: A Test of Futures Market Desequilibrium Using Twelve Different Trading Systems, Applied Economics, 20, 623–639.

LUCAS, R.C. [1978]: Asset Pricing in an Exchange Economics, Econometrica, 46, 1429 –1445.

LUCAS, R.C. [1982]: Interest Rates and Currency Prices in a two Country World, Journal of Monetary Economics, 50, 335–360.

LUI, Y. UND D. MOLE [1998]: The Use of Fundamental and Technical Analysis by Foreign Exchange Dealers: Hong Kong Evidence, Journal of International Money and Finance, 17, 535-545.

MACDONALD R. UND C. KEARNEY [1987]: On the Specification of Granger-Causality Tests Using the Cointegration Methodology, Economics Letters, 2, 149-153.

MACFARLAND, J.W., R.P. PETTIT UND S.K. SUNG [1982]: The Distribution of Foreign Exchange Price Changes, Trading effects and Risk Measurement, Journal of Finance, 37, 693-715.

MALKIEL, B.G. [1990]: A Random Walk Down Wall Street, Fünfte Auflage, W.W. Norton & Company.

MALLIAROPULOS, D. [1997]: A Multivariate GARCH Model of Risk Premia in Foreign Exchange Markets, Economic Modelling, 14, 61–79.

MARK, N. [1985]: On Tme Varying Risk Premia in the Foreign Exchange Market: An econometric analysis, Journal of Monetary Economics, 16, 3-18.

MCDONALD, R. UND I.W. MARSH [1996]: Currency Forecasters are Heterogenous: Confirmation and Consequences, Journal of International Money and Finance, 15, 665-685

MCQUEEN; G. UND V.V. ROLEY [1993]: Stock Prices, News and Business Conditions, Review of Financial Studies, 6, 683–707.

MEESE, R.A. UND K.J SINGELTON [1982]: On Unit Roots and the Empirical Modelling of Exchange Rates, Journal of Finance, 37, 1029–1035.

MENKOFF, L. [1995]: Spekulative Verhaltensweisen auf Devisenmärkten, J.C.B. Mohr (Paul Siebeck), Tübingen.

MENKOFF, L. [1997]: Examining the Use of Technical Currency Analysis, International Journal of Finance and Economics, 2, 3-24.

MENKOFF, L. [1998]: The Noise Trading Approach: Questionaire Evidence from Foreign Exchange, Journal of International Money and Finance, 17, 547-564.

MILLS, T. [1997]: Technical Analysis and the London Stock Exchange: Testing Trading Rules Using the FT30, Journal of the International Economics, 2, 319–331.

MUSSA, M.L. [1976]: A Monetary Approach to Balance of Payments Analysis, Journal of Money, Credit and Banking, 6, 333–351.

MUSSA, M.L. [1979]: Empirical Regularities in the Behavior of Exchange Rates and Theories of the Foreign Markets, in: K. Brunner und Meltzer, A.H. (Hrsg.), Policies for Employment, Prices and Exchange Rates, Carnegie-Rochester Conference Series on Public Policy, Supplement to the Journal of Monetary Economics, 9–57.

NEELY, C. [1997]: Technical Analysis in the Foreign Exchange Marktet, Review of the Federal Reserve Bank of St. Louis, Sep./Oct.

NEELY, C. [1998]: Technical Analysis and the Profitability of U.S. Foreign Exchange Intervention, Review of the Federal Reserve Bank of St. Louis, Jul./Aug.

NEELY, C. UND P. WELLER [1997]: Technical Analysis and Central Bank Intervention, Federal Reseve Bank of St. Louis Working Paper 97-002A, January.

NEFTCI, S.N. [1991]: Naive Trading Rules in Financial Markets and Wiener-Kolmogorov Prediction Theory: A Study of "Technical Analysis", Journal of Business, 64, 549-571.

NORTH, D.C. [1990]: Institutions, Institutional Change and Economic Performance, Cambridge: Cambridge University Press.

OBERLECHNER, T. [2001]: Importance of Technical and Fundamental Analysis in the European Foreign Exchange Market, International Journal of Finance and Economics, 6, 81-93.

OBSTFELD, M. UND K. ROGOFF [1996]: Foundations of International Macoreconomics, The MIT Press, Cambride, Massachusetts und London, England.

OSTERBERG, W.P. [1998]: New Results on the Rationality of Survey Measures of Exchange-Rate Expectations, Federal Reserve Bank of St. Louis, 14–21.

OSTERBERG, W.P. UND R.W. HUMES [1993]: The Inaccuracy of Newspaper Reports of U.S. Foreign Exchange Intervention, Federal Reserve Bank of St. Louis, 25–33.

PACQUET, A. [1992]: Inflationary Expecations and Rationality, Economics Letters, 40, 303–308.

PEARCE, D.K. [1996]: The Robustness of Calendar Anomalies in Daily Stock Returns, Journal of Economics and Finance, 20, 69-80.

PEIERS, B. [1997]: Informed Traders, Intervention, and Price Leadership: A Deeper View of the Microstructure of the Foreign Exchange Market, Journal of Finance, 52, 1589 – 1614.

PHILIPPS, P. UND P. PERRON [1988]: Testing for a Unit Root in Time Series Regression, Biometrica, 75, 335-346.

PINDYCK, R.S. UND D.L. RUBINFELD [1991]: Econometric Models and Economic Forecasts, Dritte Auflage, Internationl Edition, McGraw-Hill, Inc.

RICHTER, R. [1989]: The Louvre Accord From the Viewpoint of the New Institutional Economics, in R. Richter (Hrsg.): Views and Comments on Transaction Costs and the Governance Structure of Political Institutions, Journal of Institutional and Theoretical Economics, 145, 659-719.

ROSENBERRY, J.M. [1982]: Inside the Wall Street Journal, MacMillan Publishing Co., Inc., New York.

ROSS, S. [1989]: Information and Volatilitly: the Non-Arbitrage Martingale Approach to Timing and Resolution Irrelevancy, Journal of Finance, 44, 1-17.

SCHULMEISTER, S. [1988]: Currency Speculation and Dollar Fluctuations, Banca Nazionale del Lavoro, Quarterly Review, 1, 343–365.

SCOTESE, C.A. [1994]: Forecast Smoothing and the Optimal Under-Utilization of Information at the Federal Reserve, Journal of Macroeconomics, 16, 653–670.

SIEGEL, J.J. [1972]: Risk Interest Rates and the Forward Exchange, Quarterly Journal of Economics, 89, 173–175.

STOCK, J. UND M. WATSON [1988]: Testing for Common Trends, Journal of American Statistical Association, 83, 1097-1107.

STOCKMAN, A. [1978]: Risk, Information, and Forward Exchange Rates, in: J.A. Frenkel und Johnson, H.G (Hrsg.): The Economics of Exchange Rates, Addison-Wesley Reading, Massachusetts, 159–177.

STÜTZEL, W. [1969]: Über einige Währungstheorien, Walter-Eucken-Institut, Vorträge und Aufsätze, Nr. 23, Tübingen.

SWEENY, R.J. [1986]: Beating the Foreign Exchange Market, Journal of Finance, 41, 163-182.

SWEENY, R.J. [1997]: Do Central Banks Lose on Foreign Exchange Intervention? A Review Article, Journal of Banking and Finance, 21, 1667-1684.

SZAKMARY, A.C. UND I. MATHUR [1997]: Central Bank Intervention and Trading Rule Profits in Foreign Exchange Markets, Journal of International Money and Finance, 16, 513–535.

TAGAKI, S. [1991]: Exchange Rate Expectations: A Survey of Survey Studies, International Monetary Fund Staff Papers, 38, 156–183.

TAYLOR, M.P. [1988]: A DYMIMIC Model of Forward Foreign Exchange Risk with Estimates for Three Major Exchange Rates, Manchester School of Economics and Social Studies, 56, 55-68.

TAYLOR, S.J. [1992A]: Rewards Available to Currency Futures Speculators: Compensation for Risk or Evidence of Inefficient Pricing?, Economic Record, 68, 105–116.

TAYLOR, S.J. [1992B]: Trading Furtures Using the Channel Rule. A Study of the Predictive Power of Technical Analysis with Currency Examples. The management school, Lancaster University, UK.

TAYLOR, S.J. UND A. TARI [1989]: Further Evidence Against the Efficiency of Futures Markets, in R.M.C. Guimares ed. al. (Hrsg.): A Reappraisal of the Efficiency of Financial Markets, Spinger-Verlag, Heidelberg, 577–601.

TAYLOR, S.T. [1994]: Modelling Financial Time Series, John Wiley & Sons, Zweite Auflage, Chichester, New York, Brisbane, Toronto, Singapore.

THOMAS, L.B. [1999]: Survey Measures of Expected U.S. Inflation, Journal of Economic Perspectives, 13, 125–144.

TURNOVSKY, S.J. UND S.K. BALL [1983]: Covered Interest Parity and Speculative Efficiency: Some Empirical Evidence for Australia, Economic Record, 59, 271–280.

WHITE, H. [1980]: A Heteroskedacaticity Consistent Covariance Matrix Estimator and a Direct Test of Heteroskedacaticity, Econometrica, 48, 817-837.

WILLIAMSON, J. [1975]: Understanding the Employment Relation: The Analysis of Idiosyncratic Exchange, Bell Journal of Economics, 6, 250–280.

Bernd Hacker

Segmentberichterstattung – Eine ökonomische Analyse

Frankfurt/M., Berlin, Bern, Bruxelles, New York, Oxford, Wien, 2002.
278 S., zahlr. Abb., 19 Tab.
Betriebswirtschaftliche Studien. Rechnungs- und Finanzwesen, Organisation und Institution. Herausgegeben von Wolfgang Ballwieser und Christoph Kuhner. Bd. 62
ISBN 3-631-39881-6 · br. € 45.50*

In letzter Zeit erfolgt eine stete Ausweitung der Informationspflichten deutscher Konzerne und die Hinwendung zu vermeintlich besseren internationalen und US-amerikanischen Normen. So fand auch die Segmentberichterstattung Eingang in das deutsche Recht. Für deutsche Unternehmen sind aufgrund der §§ 292a und 297 Abs. 1 S. 2 HGB die Regelungen nach SFAS 131, IAS 14 und DRS 3 relevant. Diese weisen viele Gemeinsamkeiten auf, unterscheiden sich aber auch in wesentlichen Punkten, vor allem bei der Ausrichtung am Managementansatz und am Risiko und Chancen-Ansatz. In dieser Arbeit werden nach einer Aufarbeitung der Kosten und Nutzen der Segmentberichterstattung empirische Befunde insbesondere aus den USA und Großbritannien gewürdigt. Darauf aufbauend werden die vorliegenden Standards ausführlich verglichen und diskutiert. Die Diskussion zeigt: SFAS 131 ist den anderen Standards – vor allem IAS 14 (revised) – nicht überlegen, sondern schneidet in einigen Bereichen deutlich schlechter ab.

Aus dem Inhalt: Problemstellung · Informationsfunktion der Segmentberichterstattung · Kosten und Nutzen der Segmentberichterstattung · Empirische Untersuchungen zur Vorteilhaftigkeit von Segmentberichten · Würdigung der Segmentberichterstattung im internationalen Vergleich

Kolibri 360 GmbH
Ferdinand-Jühlke-Straße 7
99095 Erfurt, Deutschland
produktsicherheit@kolibri360.de

Druck:
CPI Druckdienstleistungen GmbH
im Auftrag der
Kolibri 360 GmbH
Ferdinand-Jühlke-Str. 7
99095 Erfurt